ergründe
& Infos

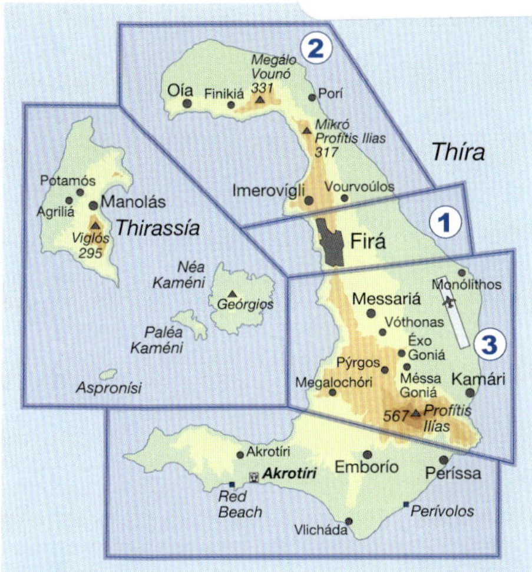

Kleiner Wanderführer

UNTERWEGS MIT DIRK SCHÖNROCK

Unvermittelt steigen aus dem tiefblauen Meer über 300 m hohe Kraterwände auf, hoch oben klammern sich schneeweiße Häuserwürfel auf die brandroten Kämme. Schwarzes Lavagestein, ockerbraune Bimssteinadern, üppig-grüne Weinreben auf

schwerem Boden, überall das leuchtende Blau der Kirchenkuppeln ... Santoríni ist ein einziger Farbenrausch – und die vulkanische Natur der Insel entführt in eine beeindruckend faszinierende, andere Welt. Der Archipel mit seiner Hauptinsel Thíra ist absolut einzigartig in Griechenland und ganz Europa. Nicht von ungefähr wird eine erbitterte wissenschaftliche Diskussion darüber geführt, ob Santoríni das sagenumwobene Atlantís gewesen sein könnte. Als ich vor vielen Jahren das erste Mal nach Santoríni kam, stieg noch beständig eine Rauchsäule aus der Caldéra-Insel Néa Kaméni auf. Mittlerweile ist der Rauch erloschen, doch es heißt, die Götter des Meeres und der Vulkane – Poseidón und Héphaistos – betreiben in der Caldéra ihre untermeerische Werkstatt weiter ... Einstweilen scheinen sie aber besänftigt und lassen uns griechische Sommerwärme, kykladisches Licht, ägäisches Meer, köstliche einheimische Küche und fast überall unvergessliche Postkartenblicke auf die Zuckergusskomposition von vulkanischer Natur und santorinisch-kykladischer Architektur unbeschwert genießen.

Text und Recherche: Dr. Dirk Schönrock **Lektorat:** Sabine Senftleben, Christine Beil (Überarbeitung) **Redaktion:** Annette Melber **Layout:** Oliver Kiesow/Bintang Buchservice GmbH **Karten:** Judit Ladik, Carlos Borrell, Thomas Vogelmann, Hans-Joachim Bode **Fotos:** siehe S. 7 **Covergestaltung:** Karl Serwotka **Covermotive:** oben: Oía unten: Im Kastro von Pyrgos gegenüberliegende Seite: Meeresblick von Oía (alle Dr. Dirk Schönrock)

6. KOMPLETT ÜBERARBEITETE UND AKTUALISIERTE AUFLAGE 2016

SANTORINI

DIRK SCHÖNROCK

Inselsüden 202

Die weiteren Inseln des Archipels 234

Kleiner Wanderführer für Santoríni 246

Wanderungen auf Santoríni 248

Alle Wanderungen wurden mittels GPS kartiert. Waypoint-Dateien zum Downloaden unter: www.michael-mueller-verlag.de/gps

Kartenverzeichnis

Zeichenerklärung für die Karten und Pläne

- Hauptverkehrsstraßen
- Nebenstraße
- Wanderweg

Höhenschichten: 500 m, 400 m, 300 m, 200 m, 100 m

- Bebaute Fläche
- Grünanlage
- Gewässerfläche
- Flughafen
- Kirche
- Kloster
- Festung/Kástro
- Berggipfel
- Windmühle
- Sendemast
- Leuchtturm
- Badestrand
- Bootsanlegestelle
- Felsen

- Bushaltestelle
- Post
- Museum
- Krankenhaus
- Campingplatz
- Bank
- Supermarkt
- Antike Sehenswürdigkeit
- Tauchstation
- Imbissstand
- Weinkellerei
- Weinberg

Fotonachweis

Dirk Schönrock: alle Fotos, außer: Eberhard Fohrer: S. 9, 16/17, 57, 60, 88/89, 93, 117, 118, 120, 131, 135, 136, 139, 170, 184/185, 188, 191, 216

Was haben Sie entdeckt?

Haben Sie eine gemütliche Taverne, eine schöne Wanderung oder ein nettes Hotel entdeckt? Wenn Sie Ergänzungen, Verbesserungen oder neue Tipps zum Buch haben, lassen Sie es uns bitte wissen!

Schreiben Sie an: Dr. Dirk Schönrock, Stichwort „Santoríni"
c/o Michael Müller Verlag GmbH | Gerberei 19, D – 91054 Erlangen |
dirk.schoenrock@michael-mueller-verlag.de

Alles im Kasten

Mit dem grünen Blatt haben unsere Autoren Betriebe hervorgehoben, die sich bemühen, regionalen und nachhaltig erzeugten Produkten den Vorzug zu geben.

Wohin auf Santorini?

1 Firá → S. 90

Die pittoreske Hauptstadt von Santoríni liegt direkt an der beeindruckenden Abbruchkante des Kraters mit überwältigenden Panoramablicken über den ganzen Archipel. Eine sympathische Inselmetropole im bunten Farbenrausch, voller Leben und mit üppigem Kulturangebot. Am Kraterrandweg idyllische Gassen, ein wahres Labyrinth von Terrassen, Aussichtspunkten, Treppen und Kirchenkuppeln. Unzählige Hotels, Tavernen, Cafés, Musik-Clubs und Shops sowie die wichtigsten Museen der Insel befinden sich im Zentrum der Stadt.

2 Inselnorden → S. 126

Oía im äußersten Norden gilt vielen Santoríni-Liebhabern als schönster Ort der Insel. Prächtige Postkartenmotive mit traumhafter Kykladenidylle finden sich an jeder Ecke der Treppengässchen zwischen Gewölbedächern und Kirchenkuppeln. Die pittoreske Szenerie von Oía bietet allabendlich die Kulisse für eine perfekte Sonnenuntergangsromantik. Wer will, kann sich in eine der vielen alten Höhlenwohnungen des Orts einmieten. In den Bimsstein gegrabene Wohnhöhlen finden sich auch in Imerovígli auf dem höchsten Punkt des Kraterrands.

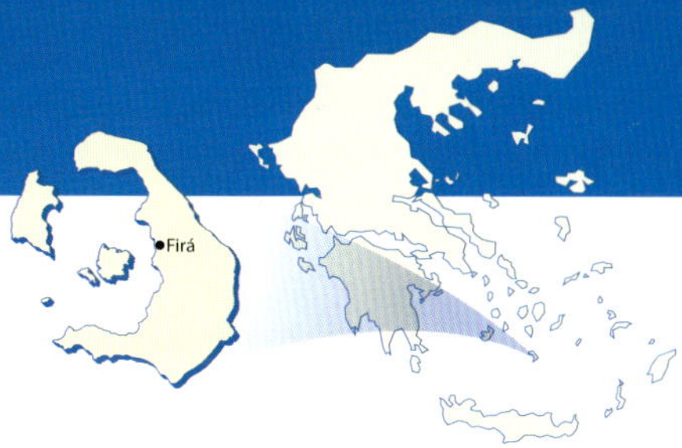

(3) Inselmitte → S. 154

Von Firá gleitet der vulkanische Inselhang sanft nach Osten ab. An der Küste liegt mit Kamári der wichtigste Badeort der Insel, darüber thronen die Ruinen von Alt-Thíra. Mit Architektur glänzt Messariá, das von alten venezianischen Palazzi dominiert wird. Und in den Erosionstälern, die sich vom Kraterrand hinunterziehen, haben sich die hübschen Dörfer Karterádos, Vóthonas, Éxo und Méssa Goniá eingenistet.

(4) Inselsüden → S. 202

Größte Attraktion ist sicher die weltberühmte Ausgrabung der kykladisch-minoischen Hafenstadt Akrotíri, fast ein Muss aber auch der eindrucksvolle Red Beach mit seiner tiefroten Lavawand. Von Períssa bis Perívolos zieht sich der längste Vulkanstrand der Insel an der Ostküste entlang. Rund um die sehenswerten Dörfer Emborío und Akrotíri werden überall Wein und die aromatischen Santoríni-Tomaten angebaut.

(5) Die weiteren Inseln des Archipels → S. 234

Drei Ziele in unmittelbarer Nähe, allesamt mit Ausflugsbooten leicht zu erreichen: Thirassía, die zweitgrößte Insel des Archipels und neben Santoríni die einzige bewohnte, ist mit Ausnahme des Hafens Córfos touristisch gänzlich unerschlossen und ursprünglich geblieben. Paléa Kaméni lockt mit warmen schwefelhaltigen Quellen, ihre größere Schwester Néa Kaméni mit einer imposanten Kraterlandschaft.

Santoríni: Die Vorschau

Fantastisch, faszinierend, gewaltig

Der erste Anblick für alle, die mit dem Schiff in die Caldéra einlaufen, sind die unvermittelt aus dem tiefblauen Ägäischen Meer aufragenden vulkanischen Kraterwände aus unterschiedlichen Lavaschichten, die bis zu 300 m hoch sind. Schwarzes und rotes Lavagestein, ockerbraune Bimssteinadern, schneeweiße Häuserwürfel an den Kraterrandhängen, leuchtend blaue Kirchenkuppeln und das üppige Grün von Weinreben auf schwerem vulkanischem Boden … Santoríni ist eine wahre Farbenpracht.

Vom Gipfel des höchsten Berges lässt sich die eigenartige Geografie der vulkanischen Landschaft Santorínis am besten überblicken: kilometerweite flache Hänge mit Weinstöcken, tief in den weichen Bimsstein gefressene Schluchten, wie Perlen aufgereihte Ortschaften am Kraterrand, die anderen vier Inseln dieses Archipels und dahinter das allgegenwärtige Meer. Die Einmaligkeit dieser Landschaft hat die Hauptinsel Thíra zu einem der meistbesuchten Ziele des Mittelmeers gemacht. Jeden Tag liegen in der Caldéra Kreuzfahrtschiffe vor Anker, am internationalen Flughafen herrscht reges Kommen und Gehen, die großen Fährschiffe aus Piräus und Kreta bringen im Hochsommer Tausende Gäste auf die Insel. Wer es sich leisten kann, wohnt in den traditionellen Höhlenhäusern, die in den Kraterrand und die Erosionsschluchten in den weichen Bims hineingegraben wurden, heute meist gediegen-luxuriöse Unterkünfte.

Vulkanisch geprägte Landschaft

Die Entstehung des im Mittelmeer einzigartigen Naturphänomens Santoríni liegt mehr als 3600 Jahre zurück: Wahrscheinlich zwischen 1627 und 1600 v. Chr.

zerriss eine gewaltige Eruption das kegelförmige Zentrum einer bis dahin annähernd kreisrunden Vulkaninsel, die damals bis zu 1000 m hoch gewesen sein muss. Durch die Mengen an ausströmender Lava bildete sich unter dem Gipfel ein riesiger Hohlraum. Als dieser einbrach, drang das Meer in die Hunderte von Metern tiefe Caldéra ein. Nur Teile der schroffen, bis zu 300 m hohen Kraterwände blieben stehen und bilden seitdem drei eigenständige Inseln: die große Hauptinsel Thíra (die meisten meinen diesen Teil des Archipels, wenn sie von Santoríni sprechen), das gegenüberliegende kleinere Nachbareiland Thirassía und der unbewohnte Winzling Aspronísi. Die beiden pechschwarzen Lavainseln in der Mitte der Caldéra – Paléa Kaméni und Néa Kaméni – entstanden erst 197 v. Chr. bzw. durch neuerliche untermeerische Eruptionen zwischen dem 16. Jh. und 1925.

Und noch immer ist die Vulkantätigkeit nicht erloschen: Die im Hauptkrater von Néa Kaméni und den warmen untermeerischen Quellen von Paléa Kaméni austretenden Schwefeldämpfe – heute eine große touristische Attraktion – geben davon Zeugnis. Santoríni ist damit der einzige noch sporadisch tätige Vulkan des östlichen Mittelmeeres.

Archäologie und Mythologie

Eng mit dem Vulkan und den Folgen seines großen Ausbruchs verbunden ist die weltberühmte Ausgrabung von Akrotíri. Durch die Naturkatastrophe des Vulkanausbruchs wurde eine komplette kykladisch-minoische Stadt unter einer bis zu 60 m hohen Bimssteinschicht perfekt luftdicht konserviert. 1967 entdeckte der griechische Archäologe Spýridon Marinátos diese wissenschaftliche Sensation! Erstmals fand man in Griechenland komplette intakte Gassenzüge und bis zu drei Stockwerke hohe Häuserfronten aus einer Zeit

lange vor der klassischen Antike. Schnell wurde Akrotíri zum „Pompeji der Ägäis" erklärt, und im Grunde ist die Stadt aus der mittleren ägäischen Bronzezeit archäologisch weit bedeutender als jene am Fuße des Vesuvs.

Doch damit nicht genug: Mythische Legenden ranken sich um die Stadt und die Frage, ob Akrotíri das sagenumwobene Atlantís gewesen sein könnte. Wissenschaftliche Beweise stehen bis heute aber noch aus. Die Ausgrabungen in Akrotíri sind noch lange nicht abgeschlossen, und immer wieder wurden in den vergangenen Jahren sensationelle Funde gemacht. Seit Ostern 2012 ist nach jahrelangen Sanierungsarbeiten der Zutritt zur Ausgrabungsstätte nun wieder freigegeben und ein Besuch lohnt sich allemal.

Santorínischer Wein

Es ist kein Wunder, dass Santoríni heute dank all der landschaftlichen Sensationen fast ausschließlich vom Tourismus lebt – und vom berühmten Kraterwein, der überall auf den Vulkansteinterrassen bestens gedeiht. Die intensive Weinbaukultur Santorínis entwickelte sich schon in der Antike und gelangte unter venezianischer Herrschaft vom 13. bis zum 16. Jh. zu einem ersten Höhepunkt.

Heute genießen Santorínis Vulkanweine einen hervorragenden Ruf und werden in alle Welt exportiert. Und auch immer mehr Winzer auf der Insel suchen die Öffentlichkeit mit Schauräumen, Führungen durch die Kellereien und Weinverkostungen.

Inselarchitektur

Santorínis spezielle Mischung aus kykladischer Würfelarchitektur, halbrunden Tonnengewölben und traditionellen in den weichen Tuff gegrabenen Höhlenwohnungen ist einzigartig in ganz Griechenland. Gerade und sanft geschwungene Linien wechseln sich ab. In griechischer Detailverliebtheit werden sie häufig kombiniert, und so

entsteht im Zusammenspiel mit verwinkelten weißen Gassen und kykladenblauen Türen, Fensterläden und Kirchenkuppeln das so malerische originäre Santoríni-Ambiente. Insbesondere in den Ortschaften am Kraterrand bietet sich alle paar Meter ein anderes pittoreskes Postkartenmotiv – was für ein Augenschmaus.

Strände und Aktivitäten

Während die Felswände des ehemaligen Kraters zur Caldéra fast senkrecht ins tiefblaue Meer abbrechen, laufen Thíras Hänge nach Osten hin sanft aus und bilden fast entlang der gesamten Ost- und Südküste kilometerlange Strände aus grauschwarzem Lavasand – ebenfalls einzigartig auf den Kykladen. Schwerpunkt des Bade- und Strandtourismus sind die Orte Kamári und Períssa, in denen ein Großteil der Santoríni-Urlauber Quartier nimmt und von denen man dank bester Busverbindungen schnell in den Hauptort Firá am Kraterrand gelangen kann.

Neben Wassersport – Tauchen, Schnorcheln, Surfen und Wasserspaß aller Art – bleiben sportliche Aktivitäten eher der Eigeninitiative überlassen. Durch die dichte Besiedelung der Insel halten sich die Wandermöglichkeiten in Grenzen. Die zehn schönsten Wanderwege finden sich in einem separaten Kapitel am Ende des Buchs.

Wunderschöne und unvergessliche Erlebnisse bieten Rundfahrten mit den Ausflugsbooten durch die Caldéra und zu den „Inseln der Dämonen" in der Mitte des Kraterbeckens. Am schönsten und romantischsten sind Fahrten mit kleinen Segeljachten in fast privater Atmosphäre. Eine interessante Alternative zum Strand ist nicht nur für Griechenland-Nostalgiker ein Ausflug nach Thirassía, der Insel aus einem Teil der westlichen Kraterseite. Im Hauptort Manolás scheint die Zeit vor dreißig Jahren stehen geblieben zu sein, und außerhalb zeigt sich Thirassías-Natur fast unberührt.

Romantisches Café auf einem Balkon

Hintergründe & Infos

In Lavaasche eingelagerte Bimssteinschichten bei Vlicháda

Geografie und Geologie

Santoríni ist ein Archipel von fünf Inseln am südlichen Rand der Kykladen. Die ringförmig angeordneten Inseln Thíra, Thirassía und Aspronísi sind der Rest eines riesigen Vulkans, der vor etwa 3600 Jahren explodiert ist. Dabei versank die ehemals fast kreisrunde Insel Strongilí (dt.: „die Runde") im Meer. Im gefluteten Zentrum, der Caldéra, liegen heute die durch spätere Vulkantätigkeit entstandenen Inseln Paléa und Néa Kaméni.

Die Inselgruppe liegt etwa 240 km südöstlich von Athen und etwa 120 km nördlich von Kreta im südlichen Ägäischen Meer. Der gesamte Archipel erreicht einen Durchmesser von etwa 16 km. Seine Gesamtfläche beträgt rund 92,5 qkm. Santorínis Hauptinsel *Thíra*, üblicherweise synonym *Santoríni* genannt, ist sichelförmig mit einer maximalen Nord-Süd-Ausdehnung von 17,4 km. Ihre Breite variiert zwischen 1,2 km im Norden bis etwa 6 km im Süden. Etwa 70 % der Oberfläche ist von vulkanischen Bimssteinschichten bedeckt, etwa 15 % von Lava und weitere 15 % von vor-vulkanischem Gestein. Die Ausdehnung der bis zu 377 m tiefen Caldéra misst in Nord-Süd-Richtung etwa 11 km, in West-Ost-Richtung fast 8 km und umfasst eine Fläche von etwa 84,5 qkm. Die vulkanische Geschichte des Archipels lässt sich für geologisch Interessierte anhand einiger Exkursionen nachvollziehen (siehe unten).

Die historische Entwicklung des Vulkans

Ursprünglich war der Archipel keine vulkanische Insel, sondern bestand – wie die umliegenden Kykladeninseln – aus granitischen Schichten mit Marmoreinlagerungen. Der 568 m hohe Berg Profítis Ilías überstand den Vulkanausbruch und dort

Schwefel und Gase entweichen im Krater Ágios Geórgios auf Néa Kaméni

dominieren heute Kalkstein, Marmor und Phyllite aus dem Erdmittelalter und der Erdneuzeit. Weitere vorvulkanische Berge sind der Gavrílos (bei Emborío) und der Felsen bei Monólithos an der Ostküste. Santorínis nichtvulkanischen Gesteinsschichten dienten als Sockel für die Ablagerungen der mehrfach ausbrechenden Vulkane (→ *Exkursion 1*). Erstmals förderten Eruptionen vor gut 2 Mio. Jahren Gesteine vulkanischen Ursprungs im Bereich der heutigen Siedlung Akrotíri zu Tage. Der Süden und die Mitte Santorínis kamen danach niemals mehr ganz zur Ruhe. Unzählige kleinere Ausbrüche ließen mehrere Inselchen allmählich zu einem großen Vulkankegel heranwachsen, bevor die etwa eine Million Jahre andauernde Ruhepause einsetzte.

Der erste große Ausbruch erfolgte schon vor etwa 100.000 Jahren. Dabei wurde in mehreren Phasen eine mächtige, helle Bimssteinschicht von über 40 m Höhe abgelagert und später von dunklen Lavaströmen überdeckt. Nachdem sich die Insel durch den Ausbruch stark nach Norden hin vergrößerte, kam der Vulkan zunächst wieder für einige zehntausend Jahre zur relativen Ruhe, denn es änderte sich nur die äußerliche Form der Aktivität: Statt heftiger Eruptionen stiegen die flüssigen Gesteine im Schlot auf und kühlten sich an der Spitze des Vulkans nach dem Austreten wieder ab. Auf diese Art und Weise wuchs das Bergmassiv langsam an (→ *Exkursion 2*). Vor ungefähr 70.000 bis 60.000 Jahren folgten erneut Bimsstein fördernde Eruptionen etwa im Bereich der heutigen Inselhauptstadt. Danach war wieder eine Phase der Ruhe angesagt.

Die Phase vor dem großen Ausbruch

Der Zeitraum von vor etwa 55.000 bis ca. 20.000 Jahren war durch kleinere Eruptionen gekennzeichnet, deren geförderte und erstarrte Lavamassen den Vorläufer des heutigen Kegels als eine zusammenhängende Vulkaninsel mit einer Höhe von möglicherweise bis zu etwa 1000 m aufbauten (→ *Exkursion 3*). Zeitgleich verstärkte sich auch wieder die Aktivität in den nördlichen Gebieten. Lavaströme ergossen sich über die Hänge mehrerer Kegel und bildeten meterdicke Schichten (→ *Exkursion 4*). Ein Teil des Vulkans sackte durch die Aktivität ab und Wasser drang erstmals in die Caldéra ein. Schon in dieser Zeit soll es kleine Inseln inmitten des Caldéra-Beckens gegeben haben. Die sogenannten Vor-Kaméni-Inseln sind aber später wieder im Schlot des Vulkans versunken. Es schloss sich zunächst eine rund 15.000 Jahre andauernde Pause der vulkanischen Ausbrüche an. Etwa um 3000 v. Chr. sollen sich dann die ersten Siedler auf Strongilí niedergelassen haben, die auf der Insel eine üppige Vegetation mit Wäldern vorfanden.

Aus des Teufels Küche: Magma, Lava und Bimsstein

Von Lava spricht man, wenn flüssige Gesteinsschmelze (Magma) aus der Tiefe bis zur Erdoberfläche emporsteigt. Voraussetzung zur Bimssteinbildung sind explosionsartige Vulkanausbrüche von gasreicher und zähflüssiger Lava. Mit der Explosion setzen Druckentlastung und Entgasung ein, wobei viele Hohlräume entstehen. Noch während des Flugs durch die Luft erstarrt die Gesteinsschmelze. Man unterscheidet beim Bims den eigentlichen Bimsstein von Münz- bis Ballgröße von den Aschen, die durch Reibungsvorgänge in der Glutwolke entstanden sind. Bei der Ablagerung werden dann die Bimssteine in weiche Aschelagen eingebettet. Wer einmal einen Bimsstein in der Hand hatte, dem werden die zahlreichen Poren und das geringe Gewicht auffallen. Der leere Porenraum eines Bimssteins kann das Zwanzigfache seiner festen Materie ausmachen! Daher schwimmt Bimsstein oben, wenn man ihn ins Wasser legt.

Der große Ausbruch

Der gewaltige Ausbruch des Vulkans ereignete sich mit sehr großer Wahrscheinlichkeit zwischen 1627 und 1600 v. Chr. (zur Datierung → nächstes Kapitel). Er begann mit der Freisprengung eines Schlots. Aufsteigende Gase im Erdinnern konnten durch die erstarrten oberen Schichten nicht entweichen. Es baute sich ein Druck wie in einer Sektflasche auf, der mit einem Schlag explodierte. Aus dem Schlot wurde dann binnen weniger Tage in mehreren Phasen die unvorstellbare Menge von insgesamt zehn Kubikkilometern Bimsstein und Asche ausgeworfen! Dabei sollen die Magmafetzen Geschwindigkeiten von über 500 m pro Sekunde erreicht haben und bis zu etwa 35 km hoch in die Atmosphäre geschleudert worden sein! Die Auswurfwolke dürfte mehrere Kilometer Höhe erreicht haben, um dann als Bimssteinregen auf die Insel und den gesamten ägäischen Raum niederzugehen. Sogar auf dem Dodekanes, auf Zypern und in der Türkei sind bis zu 2 cm dicke Bimssteinschichten aus dem Santoríni-Ausbruch nachweisbar. Möglicherweise ist der Vulkanausbruch von Santoríni die größte Naturkatastrophe auf der bereits von Menschen besiedelten Erde gewesen.

Flucht aus Akrotíri

Während des gigantischen Vulkanausbruchs wurde im Süden der Insel eine kykladisch-minoische Siedlung zerstört bzw. verschüttet, die beim heutigen Akrotíri lag. Bei den rasch aufeinander folgenden Eruptionen wurden auch große Blöcke älteren Vulkangesteins ausgeschleudert, welche die Häuser regelrecht zertrümmerten. Wahrscheinlich hat der Ausbruch aber keine Menschenleben gefordert. Die Wissenschaftler sind sich sicher, dass kleinere Eruptionen und vor allem Erdbeben die Stadt schon zuvor erheblich beschädigten. In der Folge verließen die entsprechend gewarnten Bewohner rechtzeitig die Insel. Zwar kamen die Menschen zwischenzeitlich zurück und begannen mit Reparaturarbeiten, doch neue Aktivität zwang sie schnell wieder zur Flucht. (→ *Akrotíri* und *Exkursion 5*)

In der letzten, kräftigen Phase des Ausbruchs, in der ein Großteil der bis zu 60 m mächtigen Bimssteindecke ausgeworfen wurde, begannen Teile des Vulkangebäudes einzustürzen. Die Ursache hierfür liegt in dem Entleeren der Magmakammer. Durch das „Ausspucken“ riesiger Mengen Magmas war im Untergrund ein gigantischer Hohlraum entstanden, in den große Teile des Kraters hineinstürzten. Dadurch entstand die Caldéra (Einsturzkessel) in der Mitte der ehemals zusammenhängenden Insel bzw. im Schlot des Vulkans. Die heute existierenden Inselteile Thíra, Thirassía und Aspronísi blieben an den Rändern stehen. Das Ausmaß des Einsturzes wird deutlich, wenn man bedenkt, dass der Kraterrand aus bis zu 300 m Höhe fast senkrecht zum Meer hin abfällt und sich noch bis zu knapp 400 m unter dem Meeresspiegel fortsetzt! (→ *Exkursion 6*)

Die Naturkatastrophe breitete sich aber noch weiter aus. Allerdings ist es in der Wissenschaft umstritten, ob der santorinische Caldéra-Einbruch eine gigantische Flutwelle entstehen ließ (von der man früher annahm, dass sie die berühmten minoischen Paläste auf Kreta zerstört hätte) oder ob die leere Magmakammer nur nach und nach und ohne Tsunami in sich zusammenbrach. Als sicher gilt jedoch, dass weltweit ein Kälteeinbruch durch die vermehrten Staubteilchen in der Atmosphäre erfolgte. Die verminderte Sonneneinstrahlung bewirkte ein Absinken der durchschnittlichen Jahrestemperatur um etwa ein halbes Grad Celsius.

Ein Olivenbaumzweig, irische Eichen und grönländisches Eis:

Die Frage nach dem Zeitpunkt des Vulkanausbruchs und seinen Folgen

Bereits seit Jahrzehnten beschäftigen sich Wissenschaftler der unterschiedlichsten Disziplinen mit der exakten Bestimmung des Zeitpunkts des Vulkanausbruchs von Santoríni. Auf drei internationalen Kongressen wurden die Forschungsergeb nisse, die mit Hilfe unterschiedlicher naturwissenschaftlicher und archäologischer Datierungsmethoden gewonnen worden waren, vorgetragen und diskutiert. Zu einem endgültigen, von allen Wissenschaftlern akzeptierten Ergebnis ist man dennoch bis heute nicht gekommen, da alle Methoden mit gewissen Unsicherheiten belegt sind.

Ein sensationeller neuer Fund hat nun jedoch die Indizien erhärtet, dass der Vulkanausbruch im frühen 17. Jh. v. Chr. stattgefunden hat: Der deutsche Geologe und Vulkanologe Dr. Tom Pfeiffer entdeckte im Frühjahr 2006 in der Nähe von Akrotíri den verkohlten Ast eines Olivenbaums in genau den Gesteinslagen der senkrechten Kraterwand von Santoríni, die beim großen Vulkanausbruch entstanden sind. Die Analyse des Holzes am Heidelberger Institut für Umweltphysik nach der C14-Methode (Radiocarbon-Datierung) ergab als Zeitspanne für den Ausbruch (mit einer Wahrscheinlichkeit von 95 %) die Jahre 1627 bis 1600 v. Chr. Dieses Ergebnis bestätigt frühere Untersuchungen, die ebenfalls diese Datierung als wahrscheinlich ansahen: Untersucht worden waren die Ascheablagerungen in grönländischen Gletschern, die beim Weiterwachsen der Gletscher im Eis eingeschlossen worden waren, und die Jahresringe uralter Bäume in irischen Hochmooren (Dendrochronologie). Das Problem dieser Zeitbestimmungen war jedoch immer gewesen, dass in der Bronzezeit mehrere große Vulkanausbrüche stattgefunden hatten (u. a. in Island), so dass man die Datierung nicht eindeutig Santoríni zuordnen konnte. Der Ast von Akrotíri gibt nun erstmals große Gewissheit über den Zeitpunkt der Katastrophe im östlichen Mittelmeer. Gleichzeitig kann damit so gut wie sicher ausgeschlossen werden, dass eine durch den Vulkanausbruch entstandene Flutwelle die minoischen Paläste auf der nahen Insel Kreta zerstörte, denn dieses Ereignis fand erst um 1450 v. Chr. statt – ob für diese Zerstörung natürliche Ursachen (Erdbeben o. Ä.) oder Menschen verantwortlich waren (beispielsweise mykenische Eroberer oder eine Revolte der einheimischen Bevölkerung), wissen wir bis heute nicht.

Das Märchen von Atlantís

Der gewaltige Vulkanausbruch von Santoríni hat immer wieder Anlass zu abenteuerlichen Spekulationen gegeben: Während die einen behaupten, der Ausbruch hätte die in der Bibel überlieferten zehn Plagen Ägyptens (13. Jh. v. Chr.) und den Exodus der Israeliten unter Führung von Moses (etwa 1312 v. Chr.) ausgelöst, sehen andere in Santoríni die sagenhafte Insel *Atlantís*, die als Folge der Naturkatastrophe im Meer versank. Auch der Entdecker von Akrotíri, Professor Spýridon Marinátos, war davon überzeugt, dass es sich bei Akrotíri bzw. Santoríni zumindest um einen Teil von Atlantís gehandelt hat – der andere Teil soll das minoische Kreta gewesen sein.

Der berühmte Philosoph Pláton hatte im 4. Jh. v. Chr. – also mehr als tausend Jahre nach dem Vulkanausbruch von Santoríni – in seinen Dialogen *Tímaios* und *Kritías* von dem plötzlichen Untergang eines großen Inselreiches namens *Atlantís* berichtet, dessen Bewohner wegen ihrer Überheblichkeit von den Göttern bestraft worden seien. Diese Geschichte habe er auf Umwegen von ägyptischen Priestern erfahren. Damit setzte Pláton eine ungeahnte Kettenreaktion in Gang. Bis heute beflügelt der rätselhafte Kontinent die Fantasie ganzer Forscher- und Schriftstellergenerationen, obwohl nach wie vor auch der kleinste Beweis für seine Existenz fehlt. Pláton spricht von einer kleinen, runden und einer großen, lang gestreckten Insel, die zusammen Atlantís gebildet hätten (man könnte also meinen: Santoríni und Kreta). Die Zeit des Untergangs setzt er allerdings auf etwa 9600 v. Chr. fest. Damals habe sich Atlantís kriegerisch gegen Athen und Ägypten erhoben, woraufhin es die Götter vernichteten. Andererseits behauptet er aber auch, der Inselstaat habe noch jenseits der *Säulen des Heraklés* gelegen (womit die Meerenge von Gibraltar gemeint ist): Atlantís wäre demnach eine Inselgruppe im Atlantik gewesen, was die Suche ungemein erweitert hat – Kanarische Inseln, Kapverdische Inseln, Azoren, Madeira, Bretagne, Irland ...

In drei großen Atlantís-Konferenzen – 2005 auf der Insel Mílos, 2008 in Athen und im Juni 2011 auf Santoríni (http://atlantis2011.conferences.gr) – haben die Forscher alle derzeitigen Theorien über die Lage des geheimnisvollen untergegangenen Inselstaats diskutiert – knapp 50 sind es mittlerweile. Und noch immer kommen neue Spekulationen hinzu: 2009 entdeckte der Luftfahrt-Ingenieur Bernie Bamford beim Durchstreifen von *Google Ocean* im Atlantik in der Nähe der Azoren regelmäßige Linienführungen, die aussahen wie eine am Reißbrett entworfene Siedlung (die Region ist eine derjenigen, in der Atlantís vermutet wird). Google spricht allerdings von einem Boot, das beim Umherfahren die Linien verursacht haben soll.

Am wahrscheinlichsten scheinen derzeit die Überlegungen der Hamburger Wissenschaftler Siegfried und Christian Schoppe, dass Atlantís im Schwarzen Meer im einstigen gemeinsamen Delta der Flüsse Bug, Dnjepr und Dnjestr gelegen haben könnte. Der Wasserspiegel ist dort nämlich vor etwa 7500 Jahren durch einströmendes Wasser aus dem Marmarameer stark gestiegen – die Zeitdiskrepanz zu Plátons Angaben kann man durch Verwendung der altägyptischen Zeitrechnung elegant auflösen und in 100 m Tiefe hat man dort Überreste steinzeitlicher Siedlungen entdeckt. Durchaus möglich ist aber auch, dass sich der große Theoretiker Pláton – inspiriert durch den Vulkanausbruch auf Santoríni und den späteren Untergang der minoischen Kultur auf Kreta – die ganze „Story" ausgedacht hat, um an Hand dieses anschaulichen Modells sein Lieblingsprojekt, den „idealen Staat", zu schildern. In seiner Vorstellung hatte dieser nämlich keine Existenzberechtigung mehr, sobald die Götter und Gesetze nicht mehr geachtet wurden.

Der Vulkan seit Beginn unserer Zeitrechnung

Etwa 1400 Jahre nach dem großen Ausbruch regten sich neuerliche Aktivitäten. Aus dem unter Wasser liegenden Krater entwich im Zentrum der Caldéra wieder Gesteinsschmelze. Nach mehreren Vulkanausbrüchen, die durch überlieferte Berichte von Augenzeugen auf die Jahre 197 v. Chr., 46 n. Chr. und 726 n. Chr. datiert werden konnten, stieg die junge Insel *Paléa Kaméni* aus dem Wasser auf. Die Ausbrüche von 1427 und 1460 vergrößerten das neue Eiland der Caldéra auf seine heute sichtbare Form.

Informationen zum Vulkanismus auf Santoríni im Internet

www.ismosav.santorini.net ■ www.gein.noa.gr/services/recent-earth.html ■ www.decadevolcano.net/studienreisen/santorin.htm ■ www.vulkane.net/vulkane/santorin/santorin.html ■ www.volcano.si.edu

1570 ragten nach kleineren Eruptionen die ersten Quadratmeter der Insel Mikrí Kaméni aus dem Wasser heraus, die vor allem bei den Ausbrüchen von 1707–1711 und von 1866–1870 sowie von 1939–1941 stetig wuchs. Heute nennt man das Eiland *Néa Kaméni* (→ *Exkursion 7*). Der letzte, kleinere Ausbruch des Santoríni-Vulkans ereignete sich im Jahre 1950 auf den Caldéra-Inseln. Sechs Jahre später machte Santoríni noch einmal weltweit von sich reden: Durch ein kurzes, aber heftiges Erdbeben wurden schwerste Schäden in allen Ortschaften auf Thíra und Thirassía angerichtet und einzelne Dörfer fast völlig zerstört.

Das Erdbeben von 1956

Das verhängnisvollste Erdbeben der letzten hundert Jahre auf Santoríni fand am frühen Morgen des 9. Juli 1956 um 5.30 Uhr statt. Die Inselbewohner schliefen noch, als das Unheil mit der Stärke 7,8 auf der Richterskala über sie hereinbrach. Hunderte von Häusern stürzten auf der gesamten Insel ein und mehr als 50 Menschen starben. Die Zahl der Todesopfer war deshalb so hoch, weil sich die meisten Insulaner in den Häusern aufhielten und sich nicht schnell genug ins Freie retten konnten. Am schwersten wurden die Dörfer hoch oben auf dem Rand der Caldéra-Wand zerstört: Firá, Firostefáni, Imerovígli und Oía. Aber auch die Orte in den Erosionstälern blieben nicht verschont, insbesondere Éxo Goniá, Méssa Goniá und Vóthonas sowie Akrotíri im Südwesten. Am darauf folgenden Tag, dem 10. Juli, erschütterten weitere Erdstöße die Insel. Hierbei brachen große Teile der zuvor beschädigten und locker gewordenen Caldéra-Wand ab und stürzten ins Meer hinab. Am stärksten betroffen war hier der Skáros unterhalb von Imerovígli.
Tipp: Wer alte Fotos aus der Zeit der Zerstörungen und Ansichten der Insel vor dem Erdbeben sehen will, findet eine kleine, aber eindrucksvolle Sammlung im Museum Mégaron Ghízi in Firá (→ S. 121).

Genießen auf der Terrasse der Sánto-Weinkellerei:
Leckeren Vulkanwein und herrlicher Caldéra-Blick

Exkursionen: Auf den Spuren der vulkanischen Vergangenheit

Fast überall auf den Inseln des santorinischen Archipels befindet man sich inmitten vulkanischer Geschichte. Nur etwa 15 % der heutigen Inseloberfläche ging nicht aus Eruptionen hervor. Reizvoll sind vor allem die zahlreichen Schiffsausflüge: zu den warmen Quellen auf Néa Kaméni, nach Thirassía, eine Caldéra-Rundfahrt und zu den roten Vulkanklippen bei Akrotíri. Die geologisch interessanten Stellen auf Santorínis Hauptinsel Thíra lassen sich zu Fuß, per Bus und mit dem Mietfahrzeug auf eigene Faust problemlos erreichen.

Exkursion 1: Gesteine aus vorvulkanischer Zeit

Die ursprünglichen Gesteine Kalk, Marmor und Phyllit aus vorvulkanischer Zeit sind heute vor allem an vier Stellen im Süden und Osten der Insel gut zu erkennen: am Profítis Ilías, am Gavrílos (bei Emborío) und an dem markanten Felsen bei Monólithos (hinter dem Flughafen) sowie am Abhang hinunter zum Athiniós-Hafen.

Exkursion 2: Hunderttausend Jahre alte vulkanische Überreste

Die teils rosafarbigen Gesteinsschichten aus der relativen Ruhephase des Vulkans von vor ca. 100.000 Jahren können am *Treppenweg* von Firá hinab zum alten Hafen Skála bewundert werden. Wer es bequemer haben will, kann auch mit der Seilbahn fahren. Die Besonderheit dieser Schicht liegt in den flammenähnlich lang gezogenen Gesteinsbrocken.

Exkursion 3: Als der Vulkankegel entstand

Unweit von Firá in den ehemaligen *Bimssteinbrüchen* sind die verschiedenen Gesteinsschichten ebenfalls hervorragend zu beobachten. Sie stammen aus dem Zeitraum von vor etwa 55.000 bis ca. 20.000 Jahren, als kleinere Eruptionen den Vorläufer des heutigen Vulkankegels zu einer Höhe von möglicherweise bis zu 1000 m aufbauten. Leider werden die alten Bimssteinbrüche südlich von Firá heute teils als Müllverbrennungsplätze genutzt. Der Zugang wurde daher offiziell verboten und das Klettern ist wegen der Abrutschgefahr ohnehin sehr gefährlich. Allerdings liegt auch die ehemalige *Leprastation* am Rand dieses Geländes. Wer einen Blick in die alten Bimssteinbrüche werfen will, sollte unserer Wegbeschreibung zur Leprastation folgen (→ S. 124). Vom Betreten der Steinbrüche raten wir ab.

Vulkangestein als Exportgut

Natürlich kennen die Bewohner von Santoríni auch seit langem den Nutzen ihrer Vulkangesteine: Wichtigstes Ausfuhrprodukt der Insel war noch bis Ende der 1980er Jahre Bimssteinsand, auch *Pozzuolan-Mehl* oder *Santoríni-Erde* genannt. In einem Mischungsverhältnis von 1:8 mit Kalk ergibt dieser Sand einen perfekten Mörtel, der auch unter Wasser steinhart wird. Schon im 19. Jh. ließ Ferdinand Marie Vicomte de Lesseps auf Santoríni Bimsstein für den Bau des gewaltigen Suez-Kanals abbauen (1859–1869) und noch heute bestehen zahlreiche Schiffsmolen aus diesem Baustoff. Aber gerade der lukrativste Wirtschaftszweig war es auch, der der Insel die größten Schäden zufügte: Die mächtigen Bimsstein- und Aschedecken wurden nämlich südlich von Firá in großen Tagebaugruben abgebaut (*Balådes*) – die schweren Wunden, die der intensive Abbau dort in den Kraterhang geschlagen hat, sind nicht zu übersehen. Aus Naturschutzgründen und natürlich wegen der touristischen Bedürfnisse nach intakter Landschaft hat man deshalb Anfang der 1990er-Jahre die Produktion eingestellt. Heute sind noch die Vorrichtungen zu sehen, in denen man den Bimsstein direkt vom Hang in die Frachtschiffe rutschen ließ. Neben Bimsstein wurden einst auch bleihaltige Mineralien, Eisenoxidverbindungen, Azurit und Malachit aus den vulkanischen Gesteinen gewonnen und exportiert.

Exkursion 4: Der Ausbruch des Skáros-Vulkans

Am *Skáros-Felsen* unterhalb von Imerovígli lassen sich Gesteinsschichten aus dem Zeitraum von vor etwa 55.000 bis ca. 20.000 Jahren bewundern. Sie sind waagerecht angeordnet und stammen von vielen Dutzend Schüben ausfließender Lava des Skáros-Vulkans. Die obere, etwa 7 m dicke Schicht entstand vor gut 21.000 Jahren. Sie lässt sich an dem gut ausgebauten *Treppenweg* hinüber auf den Skáros leicht erkennen. Dieser Weg beginnt an der Terrasse bei der Kapelle Ágios Geórgios in Imerovígli und führt den Hang hinunter, vorbei an der Kirche Ágios Ioánnis und über einen ca. 200 m hohen Sattel auf den Skáros (→ *Wanderung 2*).

Exkursion 5: Der große Ausbruch (1627–1600 v. Chr.)

Wer in Firá oder Oía die steilen Treppenwege zu den Häfen *Skála* und *Arméni* hinabgeht, läuft direkt an den farbenprächtigen Gesteinsschichten vorbei, an denen sich der Aufbau des Vulkans ablesen lässt: Die mächtige Schicht der hellen Bimsstein- und Aschenlagen entstammt dem großen Ausbruch im 2. Jt. v. Chr. Die darunter befindlichen roten bis schwarzen Gesteinsschichten sind härter, weniger porenreich sowie deutlich schwerer als der Bimsstein und wurden bei früheren Vulkanausbrüchen abgelagert. Als Faustregel gilt: Vulkangesteine werden mit Abnahme des Kieselsäuregehalts (in unterschiedlicher Konzentration in der Gesteinsschmelze enthalten) dunkler und schwerer. Zu explosionsartigen Vulkanausbrüchen – wie z. B. dem vor rund 3600 Jahren – kommt es hauptsächlich dann, wenn die aufsteigende Gesteinsschmelze sehr kieselsäurereich ist.

Exkursion 6: Am Kap Akrotíri

Auch am *Kávos Akrotíri* führt ein Weg in die Caldéra hinunter (→ *Wanderung 8*). Entlang des Wanderwegs liegt ein kleiner Felsvorsprung. Dort sind recht gut die verschiedenen Bimssteinschichten zu erkennen. Trotz ihres unterschiedlichen Aussehens stammen sie aus derselben Zeit. Aber wodurch entstehen die Unterschiede? Warum sind manche Steine schwarz und weich, andere weiß und hart oder rot, leicht oder schwer oder löchrig wie ein Käse? Die Ursache liegt in der variablen chemischen Zusammensetzung des Magmas und seinem Gasgehalt begründet. Entweder erkaltet das vulkanische Material in einheitlichem Muster nach dem langsamen Ausfluss als dünnflüssiges Magma. Oder die Magmabrocken werden durch explosionsartige Ausbrüche durch die Luft geschleudert und schlagen auf bereits erkaltetem oder noch flüssigem Untergrund auf. So entstanden die verschiedenen Formationen, die hier am *Kávos Akrotíri* gut zu beobachten sind.

Vulkanausbrüche und Erdbeben in der Zukunft?

Da die Erdkruste im gesamten ägäischen Raum instabil ist, muss auch für die Zukunft mit Vulkanausbrüchen, Erd- und Seebeben mit bis zu Stärke 7 auf der Richter-Skala gerechnet werden. Dies liegt an der Verschiebung zweier Erdplatten: Die ägäische Platte mit den griechischen Inseln driftet südwestlich, während die afrikanische Platte sich nordwärts bewegt. An den Bruch- und Übergangsstellen entstehen vulkanische Aktivitäten wie der Ätna auf Sizilien und der Vulkan von Santoríni. Auch wenn derzeit scheinbar Ruhe herrscht, besteht die Aktivität weiterhin. Das haben seismische Messungen ergeben. Genaue Vorhersagen sind zwar unmöglich, doch wird für die nächsten Jahre ein größerer Ausbruch ausgeschlossen. Es ist aber durchaus denkbar, dass in ferner Zukunft die Caldéra durch anhaltende vulkanische Tätigkeit völlig mit Lava aufgefüllt wird – sofern eines Tages die Insel nicht wieder durch einen großen Ausbruch in ihre Einzelteile zersprengt wird. Die Aktivität auf den anderen Kykladen- und Ägäisinseln ist bereits vor langer Zeit erloschen. Den letzten Vulkanausbruch außerhalb Santorínis verzeichnete man in Griechenland 1422 n. Chr. auf Nísiros im Dodekanes.

Vulkanische Steinwüste auf Néa Kaméni

Exkursion 7: Bootsausflug auf die Inseln der Caldéra

Sicherlich die beliebteste Tour und Standardprogramm für jeden längeren Inselaufenthalt. Die Caldéra-Rundfahrten starten sowohl vom Athiniós-Port und vom Hafen Skála unterhalb von Firá als auch von Oía oder Vlicháda. Anlaufpunkte sind üblicherweise der Órmos Erinía auf Néa Kaméni mit Besichtigungsmöglichkeit des Geórgios-Kraters und der umliegenden Lavafelder. Sodann folgt ein Bad in den warmen Quellen in einer Bucht von Paléa Kaméni. Fast immer geht es dann über einen kleinen Trip in den Hafen Córfos auf Thirassía zurück zum Ausgangshafen. Es gibt auch Ausflugsfahrten ohne Anlegen. Buchungen sind praktisch in allen Reisebüros auf Santoríni möglich. Die Touren unterscheiden sich nach Abfahrtszeit und -ort, Route, Dauer, Verpflegung, Service sowie natürlich im Hinblick auf den Preis.

Klima und Reisezeit

Die Inselgruppe der Kykladen gehört zur Zone des gemäßigten, subtropischen Mittelmeerklimas. So wechseln sich auch auf Santoríni heiße und trockene Sommer mit windigen und oft auch regenreichen, aber vergleichsweise milden Wintern ab. Die Übergangsphasen im Frühjahr und Herbst sind dagegen nur kurz.

Santoríni ist im Allgemeinen von Ende April bis Ende Oktober ein angenehmes Reiseziel, aber die beste Urlaubszeit ist das späte Frühjahr ab Mitte Mai bis Ende Juni. In dieser Periode gibt es nur relativ wenige Regenschauer, der Meltémi bläst nur schwach, die Temperaturen sind noch nicht so heiß, doch die Wassertemperatur misst schon über 18 °C. Auch von Anfang September bis Ende Oktober herrscht auf der Insel ein angenehm warmes Klima und das Wasser hat noch fast Sommertemperaturen. Nachteil allerdings im Herbst: Es wird merklich früher dunkel. Wer Niederschläge scheut und hohe Luft- und Wassertemperaturen sucht, kann sich auf das Sommerwetter verlassen. Es wurden schon Jahre auf Santoríni verzeichnet, in denen erst im November wieder der erste Regen seit der Osterzeit fiel! Üblicherweise kommt es in den Monaten Mai oder Juni nur an sehr wenigen Tagen zu kurzen, aber heftigen Regenschauern.

Im Winter ist Santoríni nicht unbedingt ein empfehlenswertes Reiseziel. Das Winterwetter ist auf den Ägäisinseln unkalkulierbar: Man kann Glück haben und Weihnachten bei Tagestemperaturen von 20 °C auf der Veranda verbringen, es kann aber auch bis an den Gefrierpunkt heran kalt werden. Zudem gibt es im Winter fast immer schwere Stürme (dann fahren oft tagelang keine Schiffe). Schnee fällt selten, Regen sehr unterschiedlich: Früher waren November bis Januar die traditionellen Regenmonate. In den letzten Jahren blieb es bis Silvester oft trocken und starker Regen fiel dann bis in den März hinein. Wintertouristen sollten unbedingt vorbuchen, da bis auf wenige Ausnahmen die meisten Hotels im Winter geschlossen sind. Vorteile im Winter: praktisch keine Touristen, sehr preiswerte Hotelübernachtungen und kaum gestresste Einheimische. Wandertouristen können – mit ein bisschen Wetterglück und einem Hotelzimmer mit Heizung – eine wunderschöne Zeit im Winter auf der Insel verbringen.

Winde: Wind gehört zu den Kykladen wie Sonne und Meer. Der trockene und kühle Wind aus nördlichen Richtungen wird *Meltémi* genannt und erreicht nicht selten bis zu 8 Beaufort, während die Sonne gleichzeitig weiter erbarmungslos auf die Inseln brennt. Die warmen und feuchten Winde aus südlichen Richtungen heißen dagegen *Siróko* oder *Óstria*.

Niederschläge: Wegen der relativ kleinen Landmasse regnet es auf Santoríni weniger als auf anderen Kykladeninseln. Leichte Bewölkung, Nieselregen oder ein kurzes Gewitter kommen auch im späten Frühjahr und im frühen Herbst gelegentlich vor. Oft fällt dagegen im Sommer monatelang kein Tropfen vom Himmel. Im jährlichen Mittel wurden etwa 65 Regentage gemessen, wobei die Gesamtniederschlagsmenge etwa 40 % des deutschen Mittelwertes erreicht.

Lufttemperaturen: In den Orten am Kraterrand ist es geringfügig kälter als an der Küste. Dies liegt weniger an der Höhe als vielmehr am Wind. Wirklich hoch gelegene Bergdörfer, in denen es sogar im Mai nachts noch kräftig abkühlt, gibt es auf Santoríni nicht. Dennoch zeigt das Thermometer an den windgeschützten Südküsten immer eine etwas höhere Temperatur als an der Nordseite der Insel. Der wärmste Ort der Insel ist Akrotíri. Die relative Luftfeuchtigkeit ist in der Ägäis gering und variiert zwischen 35 und 55 % im Sommer sowie 50 und 75 % im Winter. Im Jahresdurchschnitt kommt Santoríni auf gut 2800 Sonnenstunden, während der Mittelwert für ganz Deutschland bei rund 1600 liegt.

Wassertemperaturen: Sie sind immer abhängig von verschiedenen Aspekten, u. a. Küstenbeschaffenheit, Wassertiefe, Meeresströmungen und Wind. Grundsätzlich ist das Wasser auf Thíra in der Caldéra deutlich kälter als an der Ostküste. Die Angaben in der folgenden Tabelle gelten für den Badeort *Kamári*. Üblicherweise schwanken die Messungen im Laufe eines Jahres um gut 10 °C. Am kältesten ist das Wasser im Februar und März, am wärmsten im Juli und August.

Klimadaten (Durchschnittswerte)

	Ø Lufttemperatur (Min./Max. in °C)		Ø Wassertemperatur (in °C)	Ø Tage mit Niederschlag	Ø Stunden mit Sonnenschein
Jan.	10	14	16	12	4,8
Febr.	10	15	15	10	5,6
März	11	16	16	8	6,1
April	13	19	16	4	7,2
Mai	16	22	19	3	7,5
Juni	20	27	22	1	9,7
Juli	22	30	24	0	11,7
Aug.	22	30	25	0	11,0
Sept.	20	27	24	1	9,1
Okt.	18	23	23	4	6,8
Nov.	15	19	20	6	4,3
Dez.	12	15	17	12	3,5

Wirtschaft

Santoríni lebt praktisch ausschließlich vom internationalen Tourismus und vom Weinanbau. Die lockeren vulkanischen Asche- und Bimssteinböden sind fruchtbar, aber für viele Nutzpflanzen zu trocken. Sonstige Landwirtschaft und Nutztierhaltung spielen auf der Insel keine Rolle.

Seit jeher wird auf der Hauptinsel Thíra vor allem *Wein* angebaut. Vulkanischer Boden ist dafür bestens geeignet, da er reich an Nährstoffen wie Kalzium, Kalium und Phosphor ist. Mehr als ein Dutzend größere Weingüter gibt es auf Santoríni, drei davon bereits seit dem 19. Jh. und es werden zahlreiche Weinsorten erzeugt. Seit den 1980er-Jahren hat der ansteigende Tourismus einen Nachfrageschub mit sich gebracht und die Existenz dieses Wirtschaftszweigs gesichert. Andererseits beansprucht die rasante Bautätigkeit durch Apartmentanlagen, Ferienwohnungen und Hotels immer mehr Boden, sodass die Anbauflächen schrumpfen. Die meisten großen Kellereien können besichtigt werden (Näheres zum Weinanbau ab S. 73).

Früher gab es auf Thíra auch eine ausgeprägte Anbaukultur ganz spezieller *Tomaten*. Die *Santorinió domadákia* sind in ganz Griechenland einzigartig. Die winzig kleinen, festen und wegen ihres geringen Wassergehalts sehr aromatischen Früchte wurden früher großflächig angebaut, in einem guten Dutzend Fabriken zu Tomatenpaste und -mark verarbeitet und in Dosen gefüllt. Steigender internationaler Konkurrenzdruck und die Umorientierung der Inselwirtschaft hin zum Tourismus bewirkten jedoch in den 1970er-Jahren das fast vollständige Ende der Produktion (→ S. 167). Heute sind die alten Gemäuer der Tomatenfabriken großteils nur noch Industriedenkmäler, jedoch wurde 2014 in einer der Fabriken ein Tomaten-Industrie-Museum eröffnet. Mittlerweile werden die Santoríni-Tomaten – nicht zuletzt von interessierten Touristen – wieder stärker nachgefragt und daher vermehrt angebaut. Frische sowie getrocknete und in Olivenöl eingelegte Santoríni-Tomaten und eingekochtes Tomatenmark sind inzwischen wieder in praktisch allen Souvenirshops zu erwerben. Wer Santoríni im September besucht, wird außerdem vielleicht auch die *Pistazienernte* erleben können. Eine interessante Prozedur ist dabei das Schälen und Waschen der Früchte (→ Kasten S. 169). Weitere originäre Landwirtschaftsprodukte Santorínis, die aber alle nur in bescheidenem Maßstab angebaut bzw. produziert werden, sind auf S. 71 zusammengestellt.

Altes Gerät zur Tomatenverarbeitung

Der großflächige Abbau des vulkanischen Bimssteinsands (*Santoríni-Erde*), mit dem man hochwertigen Mörtel herstellen kann, wurde Anfang der 1990er-Jahre aus Naturschutzgründen und wegen des stetig wachsenden Urlauberstroms eingestellt (→ S. 26) und natürlich ist auch der traditionelle Beruf des Fischers im Rückgang begriffen, denn der Fischbestand der Ägäis ist in den letzten Jahrzehnten massiv dezimiert worden. So entwickelte sich dank des internationalen Flughafens der Tourismus zum Wirtschaftszweig Nummer eins auf Santoríni. Immerhin ist dadurch die starke Abwanderung der Jugend aufs griechische Festland gebremst worden. Wichtigste Zentren des Fremdenverkehrs sind die beiden Städte *Firá* und *Oía* sowie die Badeorte *Kamári* und *Períssa* an der Ostküste.

Architektur

Die traditionelle Bauweise von Santoríni ist ein Musterbeispiel kykladischer Würfelarchitektur. Diese auf den Kykladen weit verbreitete Bauform wird *Agglutination* genannt. Darunter versteht man das „Aneinanderkleben" der kubischen Häuser, wobei die einzelnen Würfel durchaus von sehr unterschiedlicher Grundfläche und Höhe sein können. In der Folge entsteht eine unregelmäßige Bauweise von regelmäßigen Formen. Genau diese Gestalt in Verbindung mit der weißen Farbe der Wände und dem üblichen frischen Blau von Türen und Fensterläden verleiht das typisch kykladische Ambiente. Klare Linien an Gebäuden, Treppen, Gassen und Plätzen werden oft durch griechische Detailverliebtheit ergänzt. Es ist diese besondere Mischung, welche die für mitteleuropäische Augen so malerische Inselidylle

Traditionelle Würfelarchitektur mit den typischen Tonnengewölben

erzeugt. Natürlich gibt es neben der Optik noch ein paar ganz profane Hintergründe dieser Kykladenarchitektur: Die verwinkelten Dörfchen waren leichter gegen Piratenüberfälle zu verteidigen und bieten auch heute noch guten Schutz gegen Sonneneinstrahlung und den starken Meltémi (→ Kapitel Klima). Eine ganz eigene Besonderheit Santorínis sind schließlich die *Höhlenwohnungen* im Kraterhang, der steil zur Caldéra abfällt (→ Kasten unten).

Höhlenwohnungen und Tonnengewölbe

Auf Santoríni fehlen die meisten herkömmlichen Baumaterialien wie Holz oder Ton (Ziegel), auch Süßwasser ist Mangelware. Dagegen besteht ein Großteil der Oberfläche der Insel aus weichen Bimssteinschichten, die leicht zu bearbeiten sind. Die dominierende Landschaftsform Santorínis ist der Steilhang, an dem Häuser nur mit großen Schwierigkeiten zu errichten sind. Nahe liegende Konsequenz also für den Hausbau – man gräbt seine Wohnung in den weichen Tuff! Überall auf Santoríni gibt es diese traditionellen Höhlenwohnungen – auf Griechisch *Hypóskafo* – mit lang gestreckten Innenräumen, gewölbten Decken, den nach außen vorstehenden Türen und drei dreiecksförmig angeordneten Fenstern an der Stirnseite. Vor allem die einfache Inselbevölkerung lebte früher fast ausschließlich in Wohnhöhlen, denn nur die Wohlhabenden konnten sich „richtige“ Häuser aus importiertem Baumaterial leisten. Das Wohnen im Berg hat dabei durchaus Vorteile: Höhlenwohnungen sind nämlich erstens windgeschützt (wichtig auf Santoríni), außerdem relativ erdbebensicher (beim Erdbeben von 1956 waren es fast ausschließlich solche Wohnungen, die nicht einstürzten!). Zudem besitzt der grobporige Bims hervorragende Isolationseigenschaften. Im Sommer wird die brütende Hitze abgehalten und es herrscht angenehme Kühle im Inneren, im Winter bleiben die Räume wohltuend warm. Die vorherrschende Form des Tonnengewölbes hat vor allem auch statische Ursachen. Sie gilt ebenfalls als relativ erdbebensicher und wurde deshalb auch bei den meisten überirdisch angelegten Häusern übernommen. Die traditionellen Gewölbe bestanden allerdings aus mehreren Steinplatten, die in der Mitte zusammenstießen. Neuere Bauten kopieren das ursprüngliche Tonnendach nur, indem sie die ganze Decke aus Beton anfertigen.

Auf Santoríni existieren vier Siedlungstypen: *Orte entlang der Caldéra* (Firá, Oía, Imerovígli, Manolás/Thirassía), *Dörfer venezianischen Ursprungs* (Akrotíri, Emborío, Pýrgos, Messariá), *Orte in den Erosionstälern* (Karterádos, Vóthonas, Vourvoúlos, Éxo und Méssa Goniá) und *neuere Fischerdörfer* (Kamári, Períssa). Die Häuser lassen sich unterscheiden in einfache, bürgerliche Wohnhäuser und Höhlenwohnungen (in den Caldéra-Orten und den Erosionstälern), Bauernhäuser (im freien Gelände) und venezianische Herrenhäuser (Palazzi in Firá, Oía und Messariá). Als Baumaterial dienten Lavagesteine, Bimsstein und die sogenannte Santoríni-Erde als Mörtel (→ Kapitel Vulkanismus). Heute wird – wie in ganz Griechenland üblich – vor allem mit Stahlbeton gebaut, wobei auf den Kykladen kein frei stehendes Haus mehr als zwei Stockwerke besitzen darf.

Geschichte

Der Vulkan hat die gesamte Geschichte des santorinischen Archipels geprägt. Sogar die heutige Entwicklung zum größten Touristenmagnet der Kykladen lässt sich darauf zurückführen.

Vorgeschichte und Kykladenkultur

Obwohl Santoríni in den Phasen relativer vulkanischer Ruhe eine fruchtbare Insel gewesen sein muss, liegen gesicherte archäologische Funde erst für die späte Stein- und frühe Bronzezeit vor. Während der *frühkykladischen Periode* im dritten Jahrtausend besiedelten *Karer* aus Kleinasien die Insel. Die günstige geografische Lage an den Handelsrouten förderte die Einwanderung auf den Kykladen und ließen erste Siedlungen im Süden von Santoríni um ca. 3000 v. Chr. entstehen. Die frühkykladische Kultur wird oft als die typischste bezeichnet, da sie sich ohne fremde Einflüsse entwickelte. Leider besitzen wir über sie keinerlei schriftliche Aufzeichnungen, weder von den Kykladen selbst, noch von benachbarten frühen Hochkulturen. So bleiben nur Ausgrabungen und Funde, die aber nach wie vor viele Rätsel aufgeben. Die Kunst der frühkykladischen Zeit wird in drei Hauptphasen oder -gruppen eingeteilt, die nach den wichtigsten Fundorten benannt wurden: *Grótta-Pélos* (Frühkykladisch I), *Kéros-Sýros* (Frühkykladisch II) und *Filakopí I* (Frühkykladisch III). Ob es sich jedoch tatsächlich um aufeinander folgende Phasen oder um parallele Erscheinungen handelt, ist schwer zu beurteilen.

Während des mittleren Kykladikums im zweiten Jahrtausend wurden die Karer von den *Minoern*, die auf Kreta eine höhere Zivilisation errichtet hatten, verdrängt bzw. assimiliert. Ob Santoríni politisch selbstständig war oder eine Art Außenposten des

Alt-Thíra: Inselhauptstadt in dorischer Zeit

minoischen Reiches, konnte bisher nicht geklärt werden. Zumindest war es kulturell stark von den Minoern beeinflusst, was man nicht zuletzt an den herrlichen Wandbildern sieht, die in der verschütteten Stadt Akrotíri gefunden wurden und die frappierende Ähnlichkeit mit den minoischen Wandgemälden aus Knossós (Kreta) haben. Strongilí, „die Runde“, hieß die Insel damals noch. (Nähere Informationen zu den Wandgemälden von Akrotíri → S. 226.)

Kykladenidol

Der größte bis heute bekannt gewordene Vulkanausbruch aller Zeiten zerstörte zwischen 1627 und 1600 v. Chr. nicht nur die Insel und beendete für mindestens zwei Jahrhunderte jegliches Leben auf dem Rest-Eiland, sondern fällt relativ genau mit dem Beginn der *spätkykladischen Phase* zusammen. Da man in der Ausgrabung von Akrotíri keinerlei menschliche Überreste gefunden hat, nimmt man an, dass sich die Bevölkerung nach Kreta und auf andere umliegende Inseln retten konnte. Dies ist aber noch immer umstritten (→ Kapitel Akrotíri). Ab ca. 1500 v. Chr. wurden die Minoer auf den Kykladen von den *Mykenern* verdrängt. Auf Santoríni fanden sich allerdings bisher keine mykenischen Überreste. Erst ab etwa 1300 v. Chr. sollen sich nach Berichten antiker Schriftsteller *Phönizier* auf der Insel niedergelassen haben – sie nannten sie *Kallistí*, „die Schöne“.

Dorische Wanderung und Geometrische Zeit

Seit der Mitte des 12. Jh. v. Chr. erschütterte eine gewaltige *Völkerwanderung* die Welt des östlichen Mittelmeeres. Im Zuge dieser Wanderbewegungen kamen etwa gleichzeitig mit dem Zusammenbruch der mykenischen Kultur neue Stämme nach Griechenland: die Dorer. Die dorische Einwanderung veranlasste viele der einheimischen ionischen Stämme, das Feld zu räumen. Geschichtlich bewiesen ist, dass um die Jahrtausendwende die Dorer vom südlichen Peloponnes nach Santoríni vordrangen und das Eiland kolonisierten. Die Dorer nannten die Insel *Thíra* (nach einem mythologischen Helden) und gründeten ihre Hauptstadt Alt-Thíra auf dem großen Felsen Méssa Vounó an der Ostküste. Ende des 19. Jh. wurde Alt-Thíra von einem deutschen Archäologen ausgegraben (→ Kapitel Alt-Thíra).

Geometrische Kunst Die Bemalung der Keramik mit geometrischen Mustern gab der gesamten Stilepoche ihren Namen. Aus anfangs noch recht einfachen Mustern mit breiten Streifen und konzentrischen Halbkreisen entwickelten sich immer vielfältigere Ornamente, die in zahlreichen Bordüren übereinander gelegt wurden. Das bekannteste ist wohl der **Mäander**. Erst in spätgeometrischer Zeit wurden auch kleine

Tierfriese und Menschendarstellungen eingefügt. Eine besondere Form der geometrischen Amphora fertigte man auf Thíra: bis zu 80 cm hohe Prunkgefäße, die als Ascheurnen bei Bestattungen dienten. Vor dem Bemalen erhielten sie einen Überzug aus weißlichem, fein geschlämmtem Ton. Nur die Vorderseite wurde verziert, Hals und Schulter überzogen Bordüren mit Mäandern und falschen Spiralen, den unteren Teil schmückten nur einfache Streifen.

Archaische Zeit und Perserkriege

In der Archaik erlebte die gesamte griechische Welt eine kulturelle Blütezeit: Es entstanden die ersten monumentalen Steintempel mit Säulenhallen und lebensgroßen Marmorstatuen. Auch die Kunst der Kykladen gelangte in diesem Zusammenhang nochmals zu einem Höhepunkt. Religiöses Zentrum aller Kykladenbewohner wurde die heilige Insel Délos (bei Mýkonos). Santoríni wurde in dieser Epoche nur wenig von außen beeinflusst. Um 630 v. Chr. gründeten die Bewohner der Insel ihre einzige *Kolonie*, Kyréne in Libyen. Ebenfalls in die Archaik fallen die ersten *Münzprägungen* von Santoríni. Unter ihren Anführern *Kýros* und *Megabátes* gelang es den Persern, die Inseln Santoríni, Páros und Náxos zu erobern. In den *Perserkriegen* stand der santorinische Stadtstaat, wie die meisten Kykladeninseln, anfangs auf der Seite des Großkönigs, der als sicherer Sieger angesehen wurde. Zu dieser Zeit war Santoríni aristokratisch verfasst und so wurde die Insel gemeinsam mit Páros zu einem propersischen Stützpunkt inmitten der Ägäis. An den griechisch-persischen Auseinandersetzungen der Jahre zwischen 490 und 479 v. Chr. nahm Santoríni nicht teil. Allerdings sympathisierte man weiterhin mit der persischen Seite. Schließlich siegte die griechische Koalition unter Athener Führung in mehreren Auseinandersetzungen: bei der *Schlacht bei Marathónas* (490 v. Chr.), bei der *Seeschlacht von Sálamis* (480 v. Chr.) und der *Schlacht von Plataíai* (479 v. Chr.) sowie in der praktisch zeitgleich stattfindenden *Seeschlacht von Mykáli* (479 v. Chr.).

In der Ausgrabungsstätte von Akrotíri

Griechische Antike, Hellenismus und Rom

Nach dem Sieg der Griechen über die Perser wurde 477 v. Chr. der *Attisch-Delische Seebund* als Athener Militärbündnis gegründet. Als ehemalige Dorer-Kolonie stand Santoríni den oligarchischen Spartanern aber näher als dem demokratischen Athen. Daher verweigerte Santoríni zunächst seinen Beitritt, wurde aber 430 v. Chr. während des *Peloponnesischen Kriegs* (431–404 v. Chr.) faktisch von Athen zum Eintritt in den Seebund gezwungen. Nach dem Sieg Spártas fielen die Kykladen dann den Peloponnesiern zu. 377 v. Chr. trat Santoríni dem *Zweiten Attischen Seebund* bei und siegte zusammen mit der athenischen Flotte 376 v. Chr. in der *Seeschlacht bei Náxos* über Spárta. 338 v. Chr. wurde die Insel nach der Niederlage Athens in der *Schlacht von Cheronía* dem Mazedonischen Reich Philipps II. und Alexanders des Großen angeschlossen.

Im Zeitalter des *Hellenismus* setzten sich die griechischstämmigen Ptolemäer im Zuge der Reichsteilung nach Alexanders Tod auf der Insel fest. Sie richteten einen großen maritimen Militärstützpunkt gegen die Makedonier im Norden ein. Die meisten Gebäude im ausgegrabenen Alt-Thíra stammen aus dieser Epoche sowie aus der Zeit der folgenden römischen Besetzung. Nach dem Sieg der Römer im *Zweiten Makedonisch-Römischen Krieg* (200–197 v. Chr.) brach die Herrschaft der Makedonier in Griechenland zusammen. Auch die Kykladen fielen an Rom und wurden zunächst von Rhódos aus verwaltet. Noch bevor die Kykladen 146 v. Chr. zu einer eigenen römischen Provinz aufstiegen, entstand bei einem erneuten Ausbruch die Caldéra-Insel Paléa Kaméni.

Byzantinische und Venezianische Herrschaft

Zur Zeit *Konstantins des Großen* (280–337 n. Chr.) wurde das Reich von Byzanz (Konstantinopel) aus regiert. Dort verblieb auch weiterhin die Oberhoheit über ganz Griechenland, als nach der Reichsteilung von 395 n. Chr. das *Oströmische Reich* entstand. Die Kykladeninseln wurden nun byzantinisch. Während dieser Zeit litt Santoríni (ebenso wie die anderen Inseln) sehr unter den ständigen Piratenüberfällen. Etwa um 900 n. Chr. fielen Araber- und Sarazenen-Heere auf den Inseln ein und verwüsteten ganze Landschaften. Trotz einiger Befestigungsversuche konnte der Kaiser in Konstantinopel keine dauerhafte Sicherheit gewährleisten. Byzanz hat aber dennoch, insbesondere in Form von *Klöstern, Kirchen und Kapellen,* tiefe Spuren auf den Inseln hinterlassen. Griechisch-orthodoxe Sakralbauten entstanden auch überall auf Santoríni. So stammt beispielsweise die *Kirche Theotokáki* in Pýrgos aus dem 10. Jh. Auch die sehenswerte *Panagía Episcopí* oberhalb des Ortes Méssa Goniá fällt in die byzantinische Zeit. Sie wurde im frühen 12. Jh. von Kaiser Aléxios I. Komnenós gestiftet.

Nach dem Vierten Kreuzzug wurde Anfang des 13. Jh. das Byzantinische Reich aufgeteilt: Die ägäischen Inseln fielen nun an die Venezianer. 1207 gründete *Márco Sanoúdo* das *Herzogtum Náxos,* dem Santoríni zunächst nicht angehörte. Lehnsherr der Insel wurde Giacomo Barózzi. Erst in dieser Zeit erhielt die Insel ihren heutigen Namen: Die Venezianer nannten das Inselquartett (Néa Kaméni gab es noch nicht) „Santoríni“, nach einer Santa-Irini-Kirche (heilige Irene) an der Nordspitze von Thirassía, wo sie das erste Mal an Land gingen.

Eine Fehde der Herzöge von Náxos mit der Familie Barózzi endete 1335 mit dem Sieg der Sanoúdos und der Eingliederung Santorínis ins naxiotische Herzogtum. In den folgenden Jahrzehnten wechselten die venezianischen Herrschersippen häufig.

Nachbau eines akrotirischen Schiffs im Museum Santozeum in Firá

Ausgelöst durch die stetige Piratengefahr entstanden mehrere befestigte Siedlungen. Die wichtigsten waren Pýrgos (Sitz der orthodoxen Gemeinde), Oía, Emborío und der markante Felsengipfel Skáros (beim heutigen Imerovígli, Sitz der venezianisch-katholischen Gemeinde) am höchsten Punkt des Kraterrands. Auf letzterem errichteten die Venezianer ein starkes Kástro, von dem jedoch praktisch nichts mehr erhalten ist. In Pýrgos, Oía und Emborío sind dagegen noch Reste der venezianischen Wohnburgen zu sehen. 1383 wurde der letzte Nachkomme der Sanoúdo-Familie ermordet und das Herzogtum Náxos fiel an Francesco Críspo, der bis 1479 auch über Santoríni herrschte. Im Jahr darauf gab Herzog Jacopo III. Críspo die Insel seiner Tochter Fiorenza als Mitgift zur Heirat mit Domenico Pisani von Kreta. In diese Zeit fällt eine bedeutende wirtschaftliche Blüte der Insel. Die neuen Herren unterstützten die Landwirtschaft und bauten Wein, Oliven und Baumwolle an. Vor allem der Weinbau gelangte zu großer Bedeutung und die Süßweine Santorínis wurden in viele europäische Länder exportiert. Schließlich gelangten die Críspis 1494 wieder an die Macht, als das Oberhaupt der Pisani-Familie verstarb. Gegen Ende der venezianischen Epoche nahmen Auseinandersetzungen zwischen den verschiedenen Lehnsherren einerseits und den beiden religiösen Gruppen der Katholiken und der griechischen Orthodoxie andererseits zu.

Türkenherrschaft und Griechischer Freiheitskampf

1537 eroberte der türkische Admiral *Chaireddin Barbarossa* mit den gesamten Kykladeninseln auch Santoríni. Unter Zahlung hoher Tribute an Sultan Suleiman II. konnten die Venezianer aber noch ihre Herrschaft auf der Insel bis 1566 aufrechterhalten. Die Türken kümmerten sich wenig um Santoríni und siedelten sich auch nicht an. Im Gegenteil: Man gewährte den Bewohnern Glaubensfreiheit, beließ die Verwaltung in ihren Händen und öffnete den kleinasiatischen Markt für Exportprodukte.

Allerdings schlugen die Steuerlasten erheblich zu Buche. Zwischen 1570 und 1573 versank ein Großteil der Südküste bei einem Vulkanausbruch im Meer. Knapp hundert Jahre später, 1650, erschütterten erneute Erdbeben und ein weiterer Ausbruch die Insel. Überliefert ist, dass giftige Schwefeldämpfe den gesamten Nutzviehbestand und große Teile der Flora vernichteten. Schließlich entstand in dieser vulkanischen Aktivitätsphase zwischen 1707 und 1711 die Insel *Néa Kaméni*.

Im *Russisch-Türkischen Krieg* von 1768 bis 1774 kämpften die Griechen auf Seiten der russischen Flotte unter den Admiralen Alexei Orlow und Grigori Spiridow. Vier Jahre lang konnten die Kykladenbewohner ihre Freiheit behalten, bevor am Ende der Auseinandersetzung die Inseln erneut an die Türken fielen. In diesen Jahren lag das Hauptquartier der Russen auf der Nachbarinsel Páros. Sie beschützten auch zahllose Flüchtlinge vom Peloponnes, wo ein Aufstand gegen die Türken 1770 scheiterte.

1821 stieg Santoríni mit einer Flotte in den Aufstand gegen die Türken ein. Der *Griechische Freiheitskampf* hatte mit einem Aufruf des Bischofs Germanós von Pátras begonnen. Am 1. Januar 1822 verkündete der Nationalkongress in Epídavros die Unabhängigkeit des griechischen Volkes. Da die europäischen Großmächte zu keiner Lösung des Griechenlandproblems bereit oder fähig waren, wurde die Auseinandersetzung zunächst weitgehend als Untergrundkrieg geführt. Nach dem Sieg der die griechischen Aufständischen unterstützenden europäischen Großmächte über die Türken 1827 wurde zwei Jahre später der Frieden von Adrianopel ausgehandelt und die Türkenherrschaft ging zu Ende.

Vom Königreich zur Republik

1830 wurde das *Königreich Griechenland* gegründet: Der Wittelsbacher Otto I., Sohn des bayerischen Königs, wurde zum ersten *König von Griechenland* ausgerufen, konnte sich jedoch nur bis 1862 an der Macht halten. Danach folgte eine dänisch-britische Linie auf dem Thron. 1922 versuchte Griechenland, die alten griechischen Besitztümer an der kleinasiatischen Küste zurückzuerobern, doch Kemal Atatürk schlug das griechische Heer („*Kleinasiatische Katastrophe*"). Im *Friedensvertrag von Lausanne* wurde 1923 ein Bevölkerungsaustausch vereinbart und etwa eine Million kleinasiatischer Griechen wanderten nach Griechenland ein. 1935 errichte General Ioánnis Metaxás eine Militärdiktatur, die im Zweiten Weltkrieg zunächst neutral blieb. Am 28. Oktober 1940 stellte Italiens Diktator Mussolini den Griechen ein Kriegsultimatum, die Besatzung strategisch wichtiger Orte im Land durch die Italiener zuzulassen. Metaxás antwortete mit "Nein" (*óchi-Tag*), worauf Mussolini Griechenland den Krieg erklärte. Im Winter 1940/41 schlugen die Griechen die italienische Offensive zurück, mussten sich jedoch in der Folge deutschen Truppen geschlagen geben, die Italien zu Hilfe kamen.

Nach Kriegsende leitete der politische Gegensatz zwischen dem royalistischen und kommunistischen Widerstand nahezu übergangslos in den *Griechischen Bürgerkrieg* über. Schon zwei Monate nach dem deutschen Abzug begannen erste Straßenschlachten in Athen. 1946 wurde Griechenland wieder ein Königreich und 1949 siegten die monarchietreuen Regierungstruppen. Unter der neuen westlichen Schutzmacht USA trat Griechenland 1952 in die NATO ein. Als 1967 ein Wahlsieg der Linken erwartet wurde, putschte die Armee und die Obristen unter Geórgios Papadópoulos übernahmen die Macht. 1974 stürzte die Junta über ihre Verwicklung in den Putsch und den türkischen Überfall auf Zypern. Am 17. November 1974 errang die konservative Partei *Néa Dimokratía (ND)* die absolute Mehrheit bei den ersten Parlamentswahlen. Im Dezember des gleichen Jahres fegte eine Volksabstimmung die Monarchie hinweg und Griechenland ist seither eine Republik.

Ministerpräsident Konstantínos Karamanlís festigte die Demokratie und führte Griechenland 1981 in die *Europäische Gemeinschaft*. Ende 1981 übernahm die *Panellínio Sosialistikó Kínima (PASOK)* (dt: Panhellenistische Sozialistische Bewegung) unter Andréas Papandréou die Macht. Die Sozialisten regierten bis 2004 unter Kóstas Simítis, unterbrochen nur durch eine dreijährige Periode einer ND-Regierung unter Konstantínos Mitsotákis (1990-93). Anfang 2002 gehörte auch Griechenland zur ersten Ländergruppe, die den *Euro* als Landeswährung einführte. Ein bedeutendes Ereignis waren auch die *Olympischen Spiele 2004*, die für eine spürbare Verbesserung der gesamtgriechischen Infrastruktur gesorgt haben, die nicht nur auf Athen begrenzt blieb. 2004 siegte die ND bei den Parlamentswahlen und Konstantínos Karamanlís (Enkel des ersten Ministerpräsidenten der Republik) wurde neuer Regierungschef. Er konnte sich in den vorgezogenen Parlamentswahlen vom September 2007 noch einmal knapp behaupten, unterlag dann aber in den erneut vorgezogenen Parlamentswahlen im Oktober 2009 dem Sozialisten Geórgios Papandréou (Sohn von Andréas Papandréou).

Die Finanzkrise erfasst Griechenland

Anfang 2010 geriet Griechenland in seine schwerste Staatskrise seit Gründung der Republik. An den internationalen Finanzmärkten konnte das Land aufgrund seiner Misswirtschaft und des exorbitanten Haushaltsdefizits Staatsanleihen nur noch mit sehr hohen Zinsen platzieren. Hintergrund waren vor allem ans Tageslicht getretene Fälschungen der griechischen Finanzstatistiken. Die sozialistische Regierung hatte mit Hilfe US-amerikanischer Banken das hohe Staatsdefizit verschleiert, um dem Land durch Betrug den Beitritt zur Euro-Zone zu ermöglichen. Regierungschef Papandréou musste einen politischen Offenbarungseid leisten und eingestehen, dass das Land praktisch pleite war. Um den Staatsbankrott zu verhindern, gewährten EU und IWF (Internationaler Währungsfonds) Griechenland daraufhin zwei befristete Notkredite. Allerdings musste sich das Land im Gegenzug dazu verpflichten, seine Staatsausgaben zu senken und alle notwendigen Maßnahmen zu ergreifen, um seine Steuereinnahmen zu erhöhen. Tatsächlich wurden Beamtenbezüge, Renten und Sozialleistungen gekürzt, praktisch alle Steuern erhöht und die Statistikbehörde ausländischen Fachleuten unterstellt. Die Gewerkschaften reagierten mit Streiks und die Arbeitslosenquote stieg weiter, während sich gleichzeitig die Kaufkraft der Privathaushalte verringerte, sodass das Land immer tiefer in die Rezession rutschte. Am Ende musste Regierungschef Papandréou wegen des wachsenden politischen Drucks zurücktreten und die EU wenig später ein zweites Rettungspaket schnüren, damit Griechenland seine Gläubiger bedienen konnte.

Seitdem ist das Thema Griechenland und die Finanzkrise ein Dauerbrenner der politischen und öffentlichen Diskussion in Europa. Dabei geht es um Fragen wie (zumindest teilweiser) Schuldenerlass ja oder nein, Austritt Griechenlands aus der Euro-Zone ja oder nein und so fort. Die Akteure auf griechischer Seite sind inzwischen andere, denn die Krise hat auch die dortige Parteienlandschaft gehörig durcheinandergewürfelt. Die einstmals mächtige PASOK ist inzwischen zu einer Splitterpartei geworden, deren Stimmenanteil bei den nationalen Parlamentswahlen binnen sechs Jahren von knapp 44 % (2009) auf 4,7 % (2015) zusammengeschrumpft ist. Den umgekehrten Weg ist die erst 2004 zunächst als Wahlbündnis einer Reihe kleinerer linker/kommunistischer Parteien gegründete *Syriza*

(*Synaspismós tis Rizospastikís Aristerás*) gegangen. Die „Koalition der Radikalen Linken", so die deutsche Übersetzung, wurde bei den Parlamentswahlen vom Januar 2015 stärkste Partei, ihr Vorsitzender Aléxis Tsípras Ministerpräsident – übrigens als Chef einer ideologisch höchst fragwürdigen Koalition mit der rechtspopulistischen Partei *Anel* (*Anexártiti Éllines*, dt. „Unabhängige Griechen") unter Pános Kamménos, deren Parteiprogramm bis heute praktisch nur aus antideutschen Ressentiments besteht.

Tsípras Regierung war mit dem Versprechen ins Amt gekommen, auf einen teilweisen Schuldenerlass Griechenlands hinzuwirken und einen nicht unerheblichen Teil der als Spardiktate empfundenen Reformvorgaben von EU und IWF gewissermaßen in ihr Gegenteil zu kehren: So wollte man u. a. den Mindestlohn erhöhen, im Zuge der Krise entlassene Staatsbedienstente wiedereinstellen oder die Privatisierungen von Staatsunternehmen zurücknehmen. Was folgte, war ein monatelanger Schlagabtausch mit EU und IWF im Frühjahr und Sommer 2015, in dem es um eine Anschlusslösung für das mittlerweile im Auslaufen begriffene zweite EU-Rettungspaket ging – mit fast dramatischen Begleiterscheinungen: Die griechischen Banken wurden zeitweilig geschlossen und sog. Kapitalverkehrskontrollen eingeführt, wer im Juli 2015 Geld am Geldautomaten abholen wollte, musste sich mit einer Auszahlung von 60 € pro Tag zufriedengeben.

Nach seinem zwischenzeitlichen Rücktritt im August 2015 und seiner Wiederwahl im Anschluss an die vorgezogenen Parlamentswahlen vom September 2015 ist Aléxis Tsípras mittlerweile zum zweiten Mal im Amt des griechischen Ministerpräsidenten und hat dabei eine beachtliche Kehrtwendung vollzogen: Er und seine Regierung haben die durchaus scharfen Bedingungen für die Gewährung eines dritten EU-Rettungspakets akzeptiert, was seiner Partei ein paar Austritte und seiner Regierung den Verlust einer bis dahin einigermaßen komfortablen Mehrheit eingetragen hat. Wie lange sich die Regierung Tsípras angesichts einer knappen Mehrheit von (zum Zeitpunkt der Drucklegung Ende 2015) gerade einmal drei Stimmen im Amt halten kann, wird sich weisen.

Inselfeste

Die Santorinier lieben ihre Feste, die sie meist mit großem Aufwand begehen. Es gibt in Griechenland nationale und lokale Feiertage. Die Anlässe sind fast immer historischer, religiöser oder kultureller Art.

Die oft zweitägigen Feiern mit Essen, Trinken, Tanz und Musik sind Höhepunkte im Alltag. Zuvor findet meist eine Messe in der Kirche oder im Kirchhof statt. Fremde sind bei den Feierlichkeiten stets willkommen, passende Kleidung vorausgesetzt. Ohne Ausnahme feiert jedes Dorf auf Santoríni an seiner Hauptkirche ein eigenes Kirchweihfest, das sogenannte *Panagýri*. Oft wird mit einer Prozession an den örtlichen Kirchenheiligen erinnert. Auch in den Klöstern wird jährlich der Stiftungstag gefeiert oder sie sind Veranstaltungsort bedeutender kirchlicher Zeremonien. Schon in alter Zeit versammelte sich die Bevölkerung am Tag zuvor und am Feiertag selbst und feierte „ihre" Heiligen. Zu einer solchen Feier gehört Musik, Tanz und gemeinsames Mahl.

Das traditionell höchste Fest der griechischen Orthodoxie ist *Ostern*. Es wird auf Santoríni gefeiert wie in ganz Griechenland. Sieben Wochen vor Ostern beginnt die Fastenzeit *Megáli sarakostí*, die von den meisten Gläubigen heute aber nur noch in

Für das alljährliche Weihfest dekorierte Felsenkirche unterhalb von Vóthonas

der Karwoche streng eingehalten wird. Am Karfreitag wird Halbmast geflaggt und man enthält sich in der Öffentlichkeit vergnüglicher Äußerungen aller Art. In der Kirche wird nachmittags die *Christós*-Statue vom Kreuz genommen und auf einen Altar gelegt. Ostersamstag ist der Tag der Vorbereitung: Alles wird fein herausgeputzt und in den Fleischläden herrscht Hochkonjunktur, denn das traditionelle *Osterlamm* schlachtet man heute kaum noch selbst. In Firá herrscht am Vormittag Hochbetrieb in den Straßen, gegen Nachmittag wird es deutlich ruhiger. Auch in den tagsüber geschlossenen Kirchen wird das Osterfest mit Blumenschmuck vorbereitet. Frühabends treffen sich die Familienmitglieder im Haus des Familienoberhauptes. Üblicherweise kommen alle Angehörigen und selbst im weit entfernten Ausland lebende Griechen kehren zum Osterfest in die Heimat zurück. Etwa um 22 Uhr beginnt am Karsamstag die *Ostermesse*. Die strenge Liturgie mit Wechselgesängen endet kurz vor Mitternacht. Dann wird das Licht gelöscht und der ranghöchste Priester entfacht um Mitternacht mit einer Kerze das Osterfeuer. Die Umstehenden entzünden ihre mitgebrachten Kerzen an diesem Osterlicht und so wandert es im Schneeballsystem in wenigen Minuten durch die ganze Kirche, die nun wieder hell erstrahlt. Das Licht soll die *Auferstehung Christi* symbolisieren. *Christós anésti* („Christus ist auferstanden“) lautet der Ostergruß und man antwortet *Alithós anésti* („Er ist wahrhaftig auferstanden“). Draußen knallen *Feuerwerkskörper* mit einem Getöse, das an unser Neujahrsfeuerwerk erinnert. Der Ostersonntag beginnt erneut mit einer Messe. Danach werden *rot gefärbte Eier* verteilt, die einerseits das Blut Christi und andererseits das Leben symbolisieren sollen. Es folgt das große Festessen in den Familien. Traditionell gibt es *Lammbraten mit Fáva-Bohnen* und man unterhält sich beim Essen bis in den späten Nachmittag hinein. Gegen Abend endet die Osterfeier mit einer weiteren Messe und einer anschließenden Prozession durch die Gassen von Firá.

An den kirchlichen Festen werden immer Kerzen angezündet

Festkalender von Santoríni

1. Januar	Fest des Ágios Vassílios (Weihnachtsmann), Tag der Geschenke und Neujahr
6. Januar	Fest der Theophanie, erinnert an die Taufe Christi und hat nichts mit unserem Dreikönigstag zu tun
2. Februar	Ypapantí (Maria Lichtmess), Kirchenfest an den Hauptkirchen in Firá und in Oía
Fastnacht	Apokriés (sieben Wochen vor Ostern), Beginn der Fastenzeit am orthodoxen Rosenmontag (Katharí Defthéra)
Karfreitag/Ostern	Größtes Kirchenfest des Jahres. Es wird überall noch immer nach alter, griechisch-orthodoxer Tradition gefeiert – ein unvergessliches Erlebnis! Wichtig: Das Osterfest der griechisch-orthodoxen Konfession wird, da nach dem Julianischen Kalender berechnet, meist eine oder mehrere Wochen später gefeiert als unser Osterfest. Die Daten der nächsten Jahre (orthodoxe Ostersonntage): 1. Mai 2016, 16. April 2017, 8. April 2018, 28. April 2019, 19. April 2020.
Freitag nach Ostern	Fest der Panagía Zoodóchos Pigí
25. März	Griechischer Unabhängigkeitstag (Erinnerung an den Aufstand von 1821 gegen die Türken); außerdem Fest der Evangelístria (Maria Verkündigung)
23. April	Fest des Ágios Geórgios, besonders an der Kirche in Oía
1. Mai	Frühlingsfest und Tag der Arbeit

5. Mai	Auf ganz Santoríni wird das Fest der Inselpatronin *Santa Iríni* gefeiert, vor allem aber auf der Insel Thirassía, dem Standort der gleichnamigen Kirche
9. Mai	Fest des Ágios Christóphoros in Pýrgos
21. Mai	Fest der Ágios Konstantínos und Agía Eléni
27. Mai	Fest des Ágios Ioánnis Roússos
29. Mai	Fest des Ágios Epiphánios, besonders an der Kirche in Akrotíri
Himmelfahrtstag	Fest der Agía Análipsi
Pfingsten	Fest der Agía Triáda
24. Juni	Fest des Ágios Ioánnis Pródromos (Geburt Johannes' des Täufers)
29. Juni	Fest der Ágii Apóstoli
9. Juli	Fest des Ágios Pankrátios in Kamári, Gedenktag an das Erdbeben von 1956 und die Gründung Kamáris
20. Juli	Fest des Profítis Ilías, besonders am Kloster auf dem gleichnamigen Berg
26. Juli	Fest der Agía Paraskeví
27. Juli	Fest des Ágios Panteleímon
6. August	Fest der Metamórphosis
15. August	Panagía (Mariä Entschlafung). So gedenkt man des leiblichen Todes Marias (die eigentliche Himmelfahrt findet für die orthodoxe Kirche erst drei Tage später statt). Fest in vielen Inselorten, besonders in der Kirche Panagía Episcopí bei Méssa Goniá
Mitte August	*Vulkan-Fest* mit riesigem Feuerwerk in Firá
29. August	Fest des Ágios Ioánnis
8. September	Theosképastis (Geburt der Muttergottes)
Anfang September	Internationales Musikfestival in Firá
14. September	Fest des Tímios Stavrós
24. September	Fest der Panagía Myrtidiótissa, besonders an der Kirche in Kamári
26. Oktober	Fest des Ágios Dimítrios, besonders an der Kirche in Messariá
28. Oktober	*Óchi-Tag* (Nein-Tag). Erinnerung an das „Nein" Griechenlands gegenüber einem italienischen Ultimatum im Zweiten Weltkrieg, die Besetzung verschiedener strategischer Orte durch die italienische Armee zu dulden
6. Dezember	Fest des Ágios Nikólaos, an vielen Kirchen der Insel
25./26. Dezember	Fest des Christós, Weihnachten

Gemütliches Plätzchen mit Blick in einem Café am Kraterrand

Santoríni auf einen Blick

Geografische Lage: Santoríni liegt am Südrand der Kykladen auf 36°25' nördlicher Breite und 25°26' östlicher Länge. Fast auf gleicher nördlicher Breite liegt der südlichste Zipfel des Peloponnes und etwa auf demselben östlichen Längengrad liegt Iráklion, die Hauptstadt von Kreta. Die Entfernung zum Athener Hafen Piräus beträgt etwa 240 km, nach Kreta ca. 120 km.

Größe: Der gesamte Archipel mit den fünf Inseln Thíra, Thirassía, Aspronísi, Paléa Kaméni und Néa Kaméni bedeckt etwa 92,5 qkm Fläche. Dabei gehört die Hauptinsel Thíra mit ca. 79,2 qkm zu den kleineren Inseln der Kykladen. Thirassía umfasst etwa 9,2 qkm, der Rest verteilt sich auf Aspronísi und die Kaméni-Inseln. Thíras Länge beträgt ca. 17 km, die Breite zwischen 1,2 km im Norden und etwa 6 km im Südteil. Die Küstenlänge von Thíra misst etwa 70 km.

Topografie: Der vulkanische Charakter Santorínis prägt das Erscheinungsbild der Inseln. Im Westen von Thíra fällt die Steilküste bis zu 350 m tief in die Caldéra ab, im Osten läuft das Küstenland flach aus. Thirassía ist praktisch spiegelbildlich auf der anderen Seite des Vulkans angeordnet. Aspronísi verfügt nur über Steilküste und die Kaméni-Inseln präsentieren sich als vulkanische Mondlandschaften. Das Wasser in der Caldéra ist bis zu 377 m tief. Der Alte Hafen von Firá misst mehr als 180 m Wassertiefe, sodass die großen Schiffe an fest verankerten Bojen festmachen müssen.

Berge: Höchster Gipfel Thíras ist mit 567 m der Profítis Ilías an der Ostküste zwischen Kamári und Períssa. Im Norden liegen die weiteren Erhebungen Mávro Vounó (331 m), Mikrós Profítis Ilías (317 m) und Kókkino Vounó (293 m). Auf Thirassía existiert praktisch nur ein Berg: der Vounó Viglós mit ca. 295 m.

Bevölkerung: Offiziell werden für Thíra und Thirassía etwa 17.400 Einwohner angegeben. Aspronísi und die beiden Kaméni-Inseln sind unbewohnt.

Religion: ca. 98 % griechisch-orthodox und ca. 2 % römisch-katholisch.

Wichtige Orte: Die Hauptstadt von Santoríni heißt Firá. Alle anderen Siedlungen erreichen keine Stadtgröße. Oía gilt vielen Besuchern als der schönste Ort der Insel, reizvoll sind auch Firostefáni (Ortsteil von Firá) und der Kraterrandort Imerovígli. Bedeutend sind zudem die beiden Badeorte Kamári und Períssa sowie Messariá und Emborío als Wirtschaftszentren in der Inselmitte bzw. im Süden. Akrotíri hat durch die minoischen Ausgrabungen Berühmtheit erlangt, während Pýrgos das älteste, noch bewohnte Dorf der Insel ist. Daneben gibt es zahlreiche kleine Dörfer in den vulkanischen Erosionstälern: Karterádos, Vóthonas, Éxo Goniá, Méssa Goniá und Vourvoúlos. Thirassía kann nur mit zwei bewohnten Orten aufwarten: Manolás und Potamós.

Straßen: Die verkehrstechnische Erschließung ist in den letzten Jahren stark vorangeschritten. Doch sollte man sehr vorsichtig fahren: Die Straßen sind bisweilen sehr eng, kurvenreich, ungesichert und nicht überall in gutem Zustand. Zudem bringt die Menge der Besucher die höchste Verkehrsdichte aller Kykladeninseln mit sich. Praktisch alle wichtigen Inselverbindungen sind asphaltiert (→ Kartenskizze in der Umschlagklappe). An der Ostküste gibt es nur im nördlichen Bereich eine durchgängige Straßenverbindung.

Entfernungen von Firá: Imerovígli 1 km, Karterádos 1 km, Vourvoúlos 2,2 km, Messariá 2,8 km, Vóthonas 3,5 km, Pýrgos 6 km, Éxo Goniá 6 km, Méssa Goniá 6,5 km, Megalochóri 6,5 km, Kamári 7 km, Porí 7,5 km, Monólithos 7,7 km, Hafen Athiniós 9,1 km, Profítis Ilías (Gipfel) 10,2 km, Finikiá 10,2 km, Emborío 10,8 km, Baxédes 11 km, Oía 11,5 km, Vlicháda 12,8 km, Akrotíri (Ort) 12,5 km, Akrotíri (Ausgrabung) 13,8 km, Períssa 14 km, Kávos Akrotíri (Leuchtturm) 18 km.

Auto-/Zweiradverleih: In allen Orten mit touristischer Infrastruktur. Größte Auswahl in Firá, Kamári und Períssa. Auf Thirassía bestehen keine Ausleihmöglichkeiten.

Tankstellen: Dichtes Netz an Tankstellen im Mittel- und Südteil der Insel. Schwerpunkte um Firá sowie an den Hauptstraßen nach Kamári und Períssa. Keine Tankstelle in Oía. (Standorte → Inselkarte).

Unterkunft: Sehr großes Angebot. Beinahe in jedem Ort gibt es Hotels, Pensionen und Privatzimmer. Eine Jugendherberge gibt es nur in Períssa, Campingplätze in Firá (Kontochóri) und Períssa. Auf Thirassía gibt es nur eine einzige Pension.

Baden: Unterhalb vom Kraterrand kaum Möglichkeiten. Jedoch gibt es lange Lavastrände an der Ostküste, vor allem bei Kamári und Períssa. Beliebt sind auch die Strände bei Monólithos und Vlicháda sowie der lange Baxédes-Beach. Besonders gut besucht ist der landschaftlich faszinierende Red Beach. Auf Thirassía ist die Míllo-Bucht am Hafen Ríva praktisch der einzige badetaugliche Strand.

Nützliche Telefonnummern:
Polizei/Touristenpolizei, ✆ 22860-22649.
Hafenpolizei, ✆ 22860-22239 (Athiniós).
Inselverwaltung, ✆ 22860-22231, 22860-23175.
Postamt, ✆ 22860-22238.
Fernmeldeamt OTE, ✆ 22860-22399.
Flughafen, ✆ 22860-28400.
Busgesellschaft KTEL, ✆ 22860-25404.
Taxi, ✆ 22860-22555.

Postleitzahl: GR-84700.

Blick von Firá in die Caldéra und auf die Kaméni-Inseln

Die Fähre läuft mit traumhaften Blick auf die Kraterwand in den Hafen Athiniós ein

Anreise

Santoríni ist von Mitteleuropa aus fast ein reines Flugziel. Alle anderen Anreisemöglichkeiten (Auto, Schiff, Bahn, Bus) lohnen praktisch nur, wenn man den ganzen Sommer dort verbringt. Eine Woche muss man für Hin- und Rückfahrt veranschlagen und sich auf nervigen Straßenmarathon, überfüllte Züge und zeitraubende Schiffspassagen einstellen.

Mit dem Flugzeug

Santoríni besitzt einen internationalen Flughafen und wird von ausländischen Linienflügen und Chartermaschinen direkt angeflogen. Alternative sind Direktflüge nach Athen oder nach Iráklion auf Kreta und von dort per innergriechischem Flug oder per Fähre/Schnellboot nach Santoríni.

Direktflug nach Santoríni: Direkt nach Santoríni fliegen ab Deutschland derzeit *Germanwings* ab Köln-Bonn und *Condor* ab Düsseldorf, Frankfurt, München und Stuttgart. *Tuifly* fliegt von Düsseldorf, Frankfurt, Hamburg und Köln-Bonn ebenfalls direkt nach Santoríni. *Air Berlin* fliegt immer mit Zwischenlandung und Umsteigen in Wien. Von Österreich fliegt die *Austrian Airlines* ab Wien, Linz und Graz sowie *Air Berlin* ab Wien. Von der Schweiz aus fliegt die *Swiss*-Tochter *Edelweiss Air* ab Zürich . Da die Flugfrequenzen nach Santoríni generell nicht sehr häufig sind, ist eine frühzeitige Buchung empfehlenswert. Preislich liegen diese Flüge (hin/zurück) von Deutschland und Österreich je nach Saison meist zwischen 250 und 450 €, von der Schweiz zwischen 250 und 700 Franken (inkl. Gepäck, Steuern und Gebühren). Eine ggf. preiswertere Alternative ist der Billigflieger *Easyjet* (www.easyjet.com). Easyjet fliegt von Genf, London und Mailand direkt nach Santoríni. Inklusive der Zubringerflüge ist der Trip nach Santoríni bei früher Buchung manchmal schon für unter 100 € (one way ohne Gepäck) zu haben.

Flug nach Athen: Das Angebot ist groß, vor allem per Linie. Die Preise liegen je nach Saison und Buchungstermin zwischen ca. 200 und 600 € (hin/zurück). Angeboten werden Athen-Flüge von *Lufthansa, Germanwings, Austrian Airlines* oder *Swiss* sowie von der griechischen Gesellschaft *Aegean Airlines. Air Berlin* fliegt mit Zwischenlandung und Umsteigen in Wien. Auch der Billigflieger *Easyjet* fliegt von Berlin, Hamburg und Genf nach Athen (auch von Mailand, London und Paris). Allerdings muss man dann evtl. noch den Zubringer- bzw. Anschlussflug oder die Überfahrt nach Santoríni bezahlen, ebenso die Rückreise. Günstiger wird es in der Regel sein, mit *Aegean Airlines* bis Santoríni zu buchen (mit Zwischenstopp und Umsteigen in Athen). Von Athen im Sommer auch mehrmals täglich Fährverbindungen nach Santoríni (→ Kapitel „Innergriechische Verbindungen").

Flug nach Iráklion (Kreta): Sehr häufig Flüge in der warmen Jahreshälfte, teils direkt wie beispielsweise *Germanwings, Austrian, Edelweiss* und *Easyjet. Lufthansa, Swiss, Aegean Airlines* und *Air Berlin* fliegen nur mit Zwischenlandung. Preislich kommt das etwas teurer als nach Athen. Außerdem zusätzliche Transferkosten zwischen Flughafen Iráklion und Hafen Iráklion (Taxi oder Bus). Von Iráklion nach Santoríni fahren im Sommerhalbjahr 1- bis 2-mal täglich Speedboats (ca. 60 € einfach pro Pers./ca. 2 Std.).

Flug nach Mýkonos: Die zweite Kykladeninsel mit einem internationalen Flughafen liegt 125 km nördlich von Santoríni. Nachteil ist auch hier die geringe Flugfrequenz. Wer in Mýkonos ankommt, muss mit dem Schnellboot weiter nach Santoríni fahren. Fährüberfahrt Mýkonos–Santoríni mit Speedboats im Sommerhalbjahr 2- bis 6-mal täglich (ca. 60 € einfach pro Pers./ca. 3 Std.).

Buchung per Internet **Lufthansa** (www.lufthansa.de), **Swiss** (www.swiss.ch), **Austrian Airlines** (www.aua.com), **Aegean Airlines** (www.aegeanair.com), **Air Berlin** (www.airberlin.com), **Germanwings** (www.germanwings.de), **Condor** (www.condor.de), **TUIfly** (www.tuifly.com), **Easyjet** (www.easyjet.com).

Gepäck Auf allen internationalen Linien- und Charterflügen dürfen pro Pers. mind. 20 kg Freigepäck mitgenommen werden, auf innergriechischen Flügen dagegen nur 15 kg; wer aber aus dem Ausland kommt und einen Anschlussflug gebucht hat, darf seine 20 kg trotzdem kostenfrei transportieren.

Sportgerät, Fahrrad usw. Für Sportausrüstungen, Surfbretter, Kiteschirme und Fahrräder muss bei praktisch allen Gesellschaften ein Aufpreis gezahlt werden, der teils saftig ausfallen kann. Wichtig: Die Mitnahme muss schon bei der Reservierung des Fluges angemeldet werden (mit Gewicht), für sachgerechte Verpackung muss man selbst sorgen. Auf Santoríni gibt es aber auch sehr gutes Leihmaterial.

Tiere Besser zu Hause lassen, Griechenland ist generell kein Paradies für Haustiere. Alle Fluggesellschaften berechnen einen Aufpreis für Tiere, meist nach Gewicht. Tiere dürfen in der Kabine zudem nur bis zu einem bestimmten Gewicht und in einer speziellen Transportbox mitfliegen. Die Tiermitnahme muss bei der Buchung angemeldet werden. Seit 2011 müssen Hunde und Katzen für den Flugzeugtransport innerhalb der EU gechipt sein.

Flug mit Unterkunft (Pauschalreisen)

Für Ferien in der Hauptsaison ist – vor allem für Familien mit Kindern – anzuraten, Flug und Unterkunft über einen Reiseveranstalter pauschal zu buchen. Die Zimmersuche kann in dieser Zeit unter Umständen zu einem langwierigen Unternehmen ausarten, da vieles frühzeitig ausgebucht und die Nachfrage bei individuell Reisenden hoch ist. Dabei sollte man sich jedoch immer bei mehreren Reisebüros oder Online-Anbietern informieren. Nicht alle bieten dieselben Veranstalter an und oft zahlt man bei verschiedenen Gesellschaften für die gleiche Leistung erheblich unterschiedliche Preise. Angeboten werden Hin- und Rückflug nach Santoríni, Transfer vom Flughafen ins Hotel und zurück (bei Flug nach Athen oder Kreta ggf. Fähr-/Flugticket nach Santoríni) und Unterkunft (Hotel, wahlweise mit Frühstück oder Halb-/Vollpension bzw. Ferienwohnung mit Küche/Kochnische). Neuerdings gibt es auch vermehrt All-inclusive-Angebote.

Pauschalreiseveranstalter Auf Santoríni sind zahlreiche Anbieter tätig, z. B. **1-2-fly** (www.1-2-fly.de), **Airtours** (www.airtours.de), **Alltours** (www.alltours.de), **Attika Reisen** (www.attika.de), **FTI** (www.fti.de), **ITS** (www.its.de), **Jahn Reisen** (www.jahnreisen.de), **Kuoni** (www.kuoni.ch), **Neckermann** (www.neckermann-reisen.de), **Reiseladen Gulet Touristik** (www.gulet.at), **Springer Helios** (www.springerreisen.at), **Thomas Cook** (www.thomascook.de) und **TUI** (ww.tui.com). Schauen Sie auf die Websites oder lassen Sie sich in Ihrem Reisebüro Prospekte geben.

Spezialanbieter **ASI Alpinschule Innsbruck**, www.asi.at (Wanderungen auf Santoríni und Náxos).

Lupe Reisen, Axel Neuhaus, www.lupereisen.com (Wanderungen auf Santoríni, Náxos und Páros).

Nature Discovery Tours, www.wanderstudienreisen.com (Wanderungen auf Santoríni).

Studiosus Reisen München, www.studiosus.com (Wanderreisen und klassische Studienreisen nach Santoríni).

Wikinger Reisen, www.wikinger-reisen.de (Wanderungen auf Santoríni, Náxos und Tínos).

Volcano Discovery / Volcano Adventures, www.volcanodiscovery.com / www.volcano-adventures.com (Wander- und Studienreisen mit Schwerpunkt Vulkanismus).

Internet Reiseportale im Internet sind z. B. www.expedia.de, www.opodo.de, www.travelshop-24.net, www.travelscout24.de, www.ab-in-den-urlaub.de, www.billigflug.de, www.travel-overland.de, www.ebookers.de, www.booking.com u. v. m.

Das kleine Gebäude des internationalen Flughafens Santoríni

Sonstige Anreisemöglichkeiten

Mit dem eigenen Auto/Wohnmobil: Die Anreise mit dem eigenen Auto oder Wohnmobil lohnt nur bei längerem Aufenthalt. Die Kraftstoffkosten und die Preise für Schiffstickets sind sehr hoch, dazu kommen Mautgebühren und ein nicht zu unterschätzender Stressfaktor. Insgesamt ist deshalb eher abzuraten.

Dennoch: Die direkte Anreise durch Slowenien, Kroatien, Serbien und Makedonien ist problemlos möglich. Man fährt auf der „Autoput" genannten Schnellstraße E 65 über Zagreb, Belgrad, Nis und Skopje bis Griechenland, der kritische Kosovo und Albanien werden dabei nicht berührt. Man sollte allerdings vor Abreise die aktuelle politische Situation verfolgen. Die Strecke ist überall mautpflichtig. Maut und Benzin kann man fast überall mit Euro oder Kreditkarte bezahlen. Geschwindigkeitsbeschränkungen sollten strikt beachtet werden, es gibt sehr viele Radarkontrollen, die teuer werden können. In Griechenland führt die gebührenpflichtige Nationalstraße dann an Thessaloníki vorbei nach Athen, dort über die Leofóros Kifissíou direkt nach Piraiás. Tickets für die Fähren nach Santoríni bekommt man am Hafen (→ Piraiás, S. 52).

Empfehlenswerter: Fährpassage von Italien nach Griechenland (→ Fährverbindungen Italien–Griechenland). Allerdings sind die Griechenlandfähren im Sommer oft schon Monate im Voraus ausgebucht. *Nicht ohne Vorbuchung fahren!* Ankunft in Pátra (Peloponnes), von dort Weiterfahrt über die Autobahn Pátra–Kórinthos–Athína nach Piraiás und dort Fähre nach Santoríni.

Informationen Erfragen Sie bei Automobilclubs die neuesten Daten zu Autobahngebühren, Höchstgeschwindigkeiten, besonderen Verkehrsregeln und Benzinpreisen in den Transitländern.

Kfz-Dokumente Notwendig sind der nationale Führerschein, die grüne Versicherungskarte und der Fahrzeugschein. Sinnvoll ist auch ein Auslandsschutzbrief bzw. eine vorübergehende Vollkaskoversicherung, da die griechischen Versicherer nicht viel zahlen.

Kraftstoffpreise In Griechenland mittlerweile deutlich teurer als in Deutschland. Im Sommer 2015 lagen Super und Diesel jeweils ca. 20–25 Cent über deutschem Niveau.

Mit der Bahn: Nach einer Unterbrechung von 2011 bis Mai 2014 ist die Bahnanreise über die Balkanroute nach Griechenland mittlerweile wieder möglich. Allerdings ist davon eher abzuraten. Auf der direkten Linie durch das ehemalige Jugoslawien ist man gut 40 Stunden unterwegs. Mit IC/EC fährt man von Frankfurt über Salzburg bis Zagreb, dort steigt man um und fährt weiter über Belgrad, Skopje und Thessaloníki nach Athen. Nötig ist eine Sitzplatzreservierung, außerdem ggf. Liege- oder Schlafwagen für die Nacht. Die Kosten liegen bei über 400 € (hin und zurück), für denselben Preis bekommt man auch ein Flugticket. Außerdem extrem hohes Kriminalitätsrisiko in den Balkanzügen.

Weniger stressig, etwas preiswerter und mit schöner Fährüberfahrt ist die Anreise über Italien. Von den Adriahäfen gehen Fähren nach Igoumenítsa und Pátra. Von *Igoumenítsa* fahren häufig Busse nach Athen (Fahrzeit 9 Std., Infos unter www.ktel.gr). Von *Pátra* gibt es mehrmals täglich Zugverbindungen direkt nach Piraiás (Fahrtdauer 3:30 Std., Preis ca. 20 € inkl. IC-Zuschlag, Fahrplaninfos unter www.ose.gr), einige Fährlinien, z. B. Anek, Minoan Lines und Superfast Ferries, bieten auch Bustransfer zwischen Pátra und Athen; die Busstation in Pátra liegt ein Stück östlich des Bahnhofs (→ Fährverbindungen Italien–Griechenland).

Reiseauskunft Deutsche Bahn: ✆ 0180-6996633 oder www.bahn.de. Informationen zur Fahrradmitnahme beim Allgemeinen Deutschen Fahrrad-Club ADFC (www.adfc.de).

Fährverbindungen Italien–Griechenland: Die griechischen Reedereien haben ihre Flotten stark modernisiert, sodass die Überfahrt trotz ihrer Länge oft eine schöne Einstimmung auf den Urlaub ermöglicht. Pool, komfortable Kabinen, Restaurants und Bars sind mittlerweile auf fast allen Schiffen Standard und lassen so etwas wie Kreuzfahrtfeeling aufkommen. Zu Ferienzeiten und in der Hochsaison herrscht deshalb oft großer Andrang. Vor allem mit Pkw, Wohnmobil usw. möglichst frühzeitig buchen! Fährhäfen in Italien sind *Venedig, Ancona, Bari, Brindisi* und *Otranto*, Ankunftshäfen in Griechenland entweder *Pátra* oder *Igoumenítsa*. Wer nach Santoríni will, sollte nach Pátra übersetzen und muss anschließend per Auto, Bus oder Bahn nach *Piraiás* fahren, um sich dort auf einer Kykladenfähre einzuschiffen (→ Innergriechische Verbindungen). Rechnen Sie ggf. mit Zwischenübernachtungen.

Von welchem Hafen man abfährt, ist eine individuelle Entscheidung. Vergleichen Sie die verschiedenen Fährpreise, kombiniert mit den Anfahrtskosten für Auto oder Bahn. Die Fährlinien staffeln ihre Tarife nach Saisonzeiten. In der Nebensaison liegen die Preise generell niedriger als in der Hauptreisezeit. Es gibt z. T. erhebliche Schwankungen zwischen den konkurrierenden Linien, außerdem je nach Reederei verschiedene Sonderpreise und Ermäßigungen (z. B. Kinder- und Rückfahrtermäßigungen). Generell dürfte *Ancona* ein günstiger Fährhafen sein.

Fahrpläne, Preise, Konditionen und Online-Buchung: **ANEK** (www.anek.gr), **Blue Star Ferries** (www.bluestarferries.com), **Minoan Lines** (www.minoan.gr), **Superfast Ferries** (www.superfast.com), **Ventouris Ferries** (www.ventouris.gr).

Innergriechische Verbindungen von und nach Santoríni

Flugzeug: Der internationale Flughafen von Santoríni liegt bei Monólithos an der Ostküste, etwa 7 km vom Hauptort Firá entfernt. Tagsüber verkehren öffentliche Busse (7–21 Uhr/ 1,60 € pro Pers., → S. 52), ein Taxi kostet nach Firá ca. 15 €. Verbindungen nach Santoríni gibt es vom Athener Flughafen *Elefthérios Venizélos* (www.aia.gr) mit den griechischen Gesellschaften *Aegean Olympic Airlines* (im Sommer ca. 6- bis 10-mal tägl. / Winter 2- bis 3-mal tägl.) und *Ellinair* (1-mal tägl./ www.ellinair.com). Zwischen Athen und Santoríni gibt es auch Flüge mit den Billigfluggesellschaften *Ryanair* (im Sommer 2-mal tägl.) und der spanischen *Volotea* (im Sommer 4-mal wöch. / www.volotea.com). Buchen Sie rechtzeitig, wenn möglich bereits von zu Hause aus (was übers Internet auch nicht teurer ist), denn in der Hauptsaison ist vor Ort meist kein Platz mehr zu bekommen. Infos zu Verkehrsverbindungen von und zum Athener Airport auf S. 52.

Flugpreis Da die Abfluggebühren des Flughafens Athen sehr hoch sind, wird ein preislicher Level von rund 60 € für die Strecke Athen-Santoríni nicht unterschritten. Je nach Gesellschaft und Reisetag gibt es Preise bis zu 180 € einfach (inkl. Flughafengebühren und Steuern). Flüge von Santoríni nach Athen sind durchwegs etwas billiger.

Flughafenauskunft ✆ 22860-28400, www.santorini-airport.com.

Tickets Schalter der **Aegean Olympic Airlines** am Flughafen Santoríni, alle anderen Gesellschaften nur online.

Fähren und Schnellboote: Konkurrenzlos wichtigster Kykladen-Hafen ist *Piraiás* (→ S. 52). Santoríni wird von dort im Hochsommer 3- bis 4-mal täglich angelaufen, außerhalb der Saison 2-mal täglich. Eingesetzt werden zumeist komfortable Autofähren (*Blue Star*), High-Speed-Fähren oder Katamaranschiffe, die größten-

Das Schnellboot „Mega Jet" läuft in den santorinischen Hafen Athiniós ein

teils auch Fahrzeuge mitnehmen können. Man sitzt in bequemen Flugzeugsesseln und genießt fast Airline-Feeling bei den extrem schnellen Überfahrten: von Piraiás nach Santoríni sind es beispielsweise nur ca. 5 Std. (High-Speed) oder ca. 8 Std. (Blue Star). Die meisten Schiffe laufen in Piraiás morgens zwischen 7.30 und 9 Uhr und spätnachmittags zwischen 16 und 19 Uhr aus, im Hochsommer gibt es gelegentlich auch noch eine Verbindung um 22 Uhr.

Die übliche Route der *Blue-Star-Autofähren* geht von Piraiás via Páros und Náxos nach Santoríni. Die *High-Speed-Fähren* oder Katamaranschiffe fahren teils auch über Sífnos, Mílos, Folégandros und Íos oder auch über Sýros und Mýkonos nach Santoríni.

Die *High-Speed-Fähren* starten nicht nur in Piraiás, sondern auch im kleineren Hafen *Rafína* an der Ostküste Áttikas. Befahren wird hier die Route Rafína–Tínos–Mýkonos–Páros–Náxos–Íos–Santoríni, gelegentlich auch über Katápola (Amorgós). Vorteil: Rafína liegt deutlich näher am Athener Flughafen. Nachteil: weitaus geringere Frequenzen.

Achtung: Die Ägäis ist ein unruhiges und unberechenbares Meer, das hat schon Odysseús erfahren müssen. Wenn Sie eine bestimmte Reiseroute verfolgen, seien Sie flexibel: Immer wieder kommt es vor, dass Abfahrten wegen rauer See kurzfristig storniert werden müssen. Vor allem im Hochsommer können die tagelang wehenden Meltémi-Winde die Schifffahrt in der Ägäis lahm legen. Ab Windstärke 9 wird in der Regel der gesamte Fährverkehr eingestellt – das kommt zwar selten vor, doch kleinere Schiffe und Speedboote laufen schon bei geringeren Windstärken nicht mehr aus.

Überfahrten von und nach Santoríni **Piraiás**, Mai bis Okt. 3- bis 4-mal tägl., außerhalb der Saison 2-mal tägl.; **Rafína**, im Sommer 1-mal tägl.; **Náxos/Páros**, im Sommer bis 4-mal tägl.; **Mýkonos**, im Sommer 2-mal tägl.

Informationen www.ferries.gr, www.aferry.de, www.gtp.gr.

Tickets Tickets gibt es in Piraiás in den Büros am Karaiskáki-Platz sowie am Ausgang der Metrostation, aber nicht auf den Schiffen! Plätze auf den High-Speed- und Katamaran-Fähren sind nummeriert. Ansonsten kontingentierte Plätze, die im Hochsommer auch ausverkauft sein können. Rechtzeitig buchen! Von zu Hause übers Internet ohne Aufpreis möglich.

Fahrpreise von Piraiás nach Santoríni **Blue Star**, Economy (Deck innen oder außen) 39,50 €; **High-Speed/Katamaran**, Sitzplatz (reserviert Innenraum) ca. 62–75 € (je nach Abfahrtsort und Route), jeweils pro Pers. VIP-Plätze und Kabinen deutlich teurer. Preise für Fahrzeugtransport im Internet.

Ankunft auf Santoríni Anlaufpunkt aller Fähren und Schnellboote auf der Hauptinsel Thíra ist der geschäftige Verkehrshafen *Athiniós* einige Kilometer südlich von Firá in der Caldéra. Transport nach Firá, Kamári und Períssa mit öffentlichem Bus oder Taxi – die Serpentinenstrecke hinauf zum Kraterrand ist ein Erlebnis! (→ Hafen Athiniós, S. 196.)

Festlandshäfen

Piraiás (Piräus): Der Riesenhafen ist mit der Stadt Athen nahtlos zusammengewachsen, fast alle Inselfähren starten hier. An den Kais erstreckt sich eine graue Betonwüste, bis zu zehn Stockwerken hochgezogen, davor Autokolonnen und oft ohrenbetäubender Lärm. Menschenmassen, die aus der Metro strömen ... Die Ausfahrt per Fähre ist dagegen ein reizvolles Erlebnis: Die große Stadt bleibt hinter einem zurück und man passiert Frachter und Öltanker, die noch kilometerweit vor der Küste vor Anker liegen.

Verbindungen Vom Flughafen *Eleftthérios Venizélos* fährt der **Expressbus E 96** rund um die Uhr nach Piraiás, tagsüber etwa alle 15–20 Min., nachts alle 30–40 Min. Fahrzeit je nach Tageszeit und Verkehrslage zwischen 1:15 und 2 Std. Haltestelle direkt am Hauptausgang des Flughafens, in Piraiás an der Platía Karaiskáki, wo man die Fährtickets bekommt. Fahrpreis 5 € .

Alternative ist die **Metro M 3**, die tägl. von ca. 6 bis 23 Uhr etwa alle 20 Min. vom Flughafen über Doukíssis Plakentías zur Station Monastiráki und zurück fährt (Fahrzeit ca. 45 Min). Von Monastiráki hat man Anschluss an die **M 1**, die von Kifissía kommend quer durch Athens Zentrum nach Piraiás fährt (Fahrzeit ca. 15 Min.). Der Fährterminal ist über eine futuristische Überführung zu Fuß zu erreichen (5–8 Min.). Fahrpreis einfach 8 €. Informationen: www.oasa.gr.

Schiffsabfahrten Alle Fähren und High-Speed-Boote nach Santoríni starten im Haupthafen, schräg gegenüber der Metrostation.

Übernachten Die Hotels im Hafenbereich sind deutlich besser als ihr Ruf.

Eine Großfähre der Blue Star läuft in den Hafen von Santoríni ein

*** **Hotel Tritón**, 8 Tsamadoú, relativ modernes Haus mit 57 gepflegten Zimmern. Alle mit Bad, AC, Sat-TV, Safe und Heizung im Winter, teilweise Balkone mit Meerblick. DZ ca. 60–70 €. ✆ 210-4173457, www.htriton.gr.

** **Ioníon Family Hotel**, 10 Kapodistríou, genau gegenüber vom Kai, wenige Schritte von der Metrostation. Tákis vermietet gepflegte Zimmer, alle mit Bad, Balkon, AC, TV und Zentralheizung im Winter. DZ ca. 50–65 €. ✆ 210-4177537, www.ionionhotel.com

** **Hotel Delfíni**, 7 Leochárous, vom „Ioníon" aus zwei Parallelstraßen weiter südlich. 51 ordentliche Zimmer mit TV, AC und Kühlschrank. Kleine, saubere Bäder. DZ je nach Saison ca. 45–65 €. ✆ 210-4173110, www.hotel-delfini.com.

Rafína: Beschauliches Hafenstädtchen an der Ostküste Áttikas. Stimmungsvoller Kykladen-Einstieg, im Halbrund des Hafens drängen sich Fischhändler, zahlreiche Cafés und Tavernen. Da die Fahrt nach Santoríni von Rafína aus etwas kürzer ist als von Piraiás, sind die Preise geringfügig günstiger, zudem liegt der Flughafen deutlich näher bei Rafína als an Piraiás, womit man u. U. Zeit spart. Verbindungen nach Santoríni aber nur im Sommerhalbjahr!

Verbindungen **Linienbusse** zwischen Flughafen Elefthérios Venizélos und Rafína verkehren von Mai bis Okt. zwischen 5 und 22 Uhr etwa stündlich. Abfahrt ist neben der Ankunftshalle, Ausgang 3. Fahrzeit etwa 30 Min., Preis 3 €. In Rafína fährt der Bus bis zum Hafen hinunter.

Übernachten **** **Hotel Ávra**, 3 Arafínidon Alón, links der Hafenausfahrt. Vermietet werden 96 Zimmer mit Bad, AC, Sat-TV und Safe. DZ ca. 60–100 €. ✆ 22940-22780, www.hotelavra.gr.

Camping Kókkino Limanáki, 100 Dimokratías, etwa 2 km nördlich der Stadt. Ordentlich gepflegter Platz. Zelte und Bungalows können gemietet werden. Camping 4–5 € pro Pers., Bungalow 19–22 €. Ganzjährig geöffnet, Bushaltestelle am Eingang. ✆ 22940-31604, www.athenscampings.com.

Mit einem Roller kommt man auf der Insel überall gut herum

Unterwegs auf Santoríni

Gutes Netz an asphaltierten Straßen, im Prinzip ohne Schwierigkeiten befahrbar, aber durch die Kleinräumigkeit und Topografie der Insel oft enge und extrem kurvige Straßenführung. Die vielerorts spiegelglatt gefahrenen oder mit Splitt bedeckten Asphaltpisten können tückisch sein – Bodenwellen, Spurrillen und Schlaglöcher sind häufig. Unbedingt vorsichtig und defensiv fahren – alljährlich passieren viele Unfälle!

Aufgrund der vergleichsweise geringen Größe der Insel lohnt sich die Mitnahme eines eigenen Fahrzeugs nur bei einem längeren Aufenthalt. Es gibt es ein riesiges Angebot an zwei- und vierrädrigen Mietfahrzeugen. Allerdings hat Santoríni wegen seiner im Sommer extrem hohen Verkehrsdichte und der engen, unübersichtlichen Straßen die höchste Unfallrate aller Kykladen. Mit den recht häufig verkehrenden Inselbussen kommt man auch gut herum. Wer lieber mit dem Fahrrad unterwegs ist, sollte sich ein Mountainbike leihen, da die Höhendifferenzen teils erheblich sind. Das Angebot an Wanderwegen ist eher bescheiden (→ Kapitel Wanderungen ab S. 246).

Öffentliche Verkehrsmittel

Linienbusse: Für kykladische Verhältnisse verfügt Santoríni über ein sehr gutes Bussystem. Grundsätzlich kommt man in jedes Dorf und auch die Frequenzen sind durchaus zufriedenstellend. Die Fahrzeiten der Busse sind sowohl an die Bedürfnisse der Pendler als auch an die der Touristen angepasst. Insofern ist der Service wirklich vorbildlich. Allerdings sind in der Hauptsaison viele Busse rund um die Uhr oft gnadenlos überfüllt. Das gilt insbesondere für die Linien zum Hafen

Athiniós, zu den Badeorten Kamári und Períssa sowie für die Rückfahrt nach Sonnenuntergang von Oía nach Fíra. Gelegentlich werden deshalb Sonderbusse eingesetzt, um die Lage halbwegs erträglich zu halten. Wegen des starken Verkehrs auf der Insel können jedoch die Abfahrtszeiten nicht immer genau eingehalten werden.

Der Busbahnhof in Firá liegt etwa 150 m südlich der zentralen Platía Theotokopoúlou. Hier befindet sich auch das Büro der Busgesellschaft, wo die Abfahrtszeiten angeschlagen sind (✆ 22860-25404, www.ktel-santorini.gr). Die Tickets werden im Bus während der Fahrt verkauft.

Route	Frequenz	Preis (einfache Fahrt)
Firá – Oía (Fahrzeit: 40 Min.) über Imerovígli und Finikiá, (Rückfahrt abends bis zu 70 Min.)	bis zu 40-mal tägl. (tagsüber 20-Min.-, abends 30-Min.-Takt)	1,60 €
Firá – Kamári (20 Min.) über Karterádos, Messariá, Éxo Goniá und Méssa Goniá	bis zu 45-mal tägl. (tagsüber im 20 Min.-Takt)	1,60 €
Firá – Períssa (45 Min.) über Karterádos, Messariá, Vóthonas, Pýrgos, Megalochóri und Emporió oder per *Expressbus* (direkt)	bis zu 40-mal tägl. (tagsüber 20-Min.-, abends 30-Min.-Takt)	2,20 €
Firá – Vlicháda – Perívolos – Períssa (60 Min.) wie Períssa-Route, aber mit Umweg über Vlicháda und Perívolos	bis zu 5-mal tägl.	2,30 €
Firá – Akrotíri Beach (50 Min.) über Karterádos, Messariá, Vóthonas, Megalochóri und Akrotíri-Ort	bis zu 22-mal tägl. (tagsüber 30-Min.- Takt)	1,80 €
Firá – Flughafen – Monólithos (20–30 Min.) über Karterádos und Messariá	bis zu 12-mal tägl.(nur 7–21 Uhr. Keine Nachtbusse)	1,60 €
Firá – Baxédes (40 Min.) über Imerovígli und Vourvoúlos	nur im Sommer 2-mal tägl.	1,70 €
Firá – Vourvoúlos (15 Min.) über Imerovígli	nur im Sommer 2-mal tägl.	1,60 €
Firá – Athiniós-Port (20–30 Min.) direkt	etwa 80–120 Min. vor Abfahrt einer Fähre	2,20 €
Kamári – Athiniós-Port (30–40 Min) direkt	etwa 80–120 Min. vor Abfahrt einer Fähre	2,20 €
Períssa – Athiniós-Port (20–25 Min) direkt	etwa 60–90 Min. vor Abfahrt einer Fähre	1,80 €

Hinweis: Die Angabe der Frequenzen gilt für die Hauptsaisonmonate Juli und August. In den Nebensaisonmonaten fahren die Busse deutlich seltener. Insbesondere im Frühjahr und Herbst werden die Abfahrtspläne der Busgesellschaft häufig geändert. Man sollte also regelmäßig die Zeiten checken und auch damit rechnen, dass die Busse mal 5–10 Minuten früher oder später abfahren können. Das kommt gar nicht so selten vor!

Ausflugsfahrt durch die Caldéra mit dem Nachbau eines historischen Schiffs

Taxi: Deutlich teurer als die Busse, aber (noch) unter deutschem Preisniveau. Im Hochsommer kommt es gelegentlich zu Engpässen, während der Nebensaison stehen immer genügend Autos an den Taxistandplätzen bereit. Dieser liegt in Firá direkt zwischen Busbahnhof und Platía Theotokópoulou. Standplätze gibt es außerdem an den Ausfallstraßen von Firá, am Buswendeplatz in Oía, am Ortseingang in Kamári, an der Hauptkirche in Períssa, an der Ausgrabungsstätte Akrotíri sowie am Hafen Athiniós und am Flughafen. Fast immer warten auch Taxis in den touristisch relevanten Dörfern und Plätzen auf Kunden. Ansonsten halten die Fahrer auf Winkzeichen, wenn sie frei sind. Wer keinen Taxistand ausfindig machen kann, kann bei der Taxizentrale anrufen (✆ 22860-22555, 22860-23951), muss dann aber die Anfahrt mitbezahlen (Tarif für Ruftaxi). Auch auf Thirassía verkehren mittlerweile zwei Taxis, Standplatz direkt am Hafen (✆ 22860-29141).

Fahrpreise Entweder wird nach Taxameter gefahren oder vor Fahrtantritt ein Festpreis vereinbart. Handeln ist dabei begrenzt möglich, oft wird zuviel verlangt. Falls Sie nach Taxameter fahren, achten Sie darauf, dass die Uhr auf dem richtigen Tarif steht – der preiswertere **Tarif 1** gilt im Ortsgebiet, in dem das Taxi eingetragen ist, der teurere **Tarif 2** nur außerhalb der Ortsgrenze und nachts ab 24 Uhr. Für Fahrten zum Hafen oder Flughafen wird ein Gepäckzuschlag pro Stück verlangt, ebenso für größeres Gepäck.

Taxitarife von Firá aus siehe in den jeweiligen Ortskapiteln.

Hinweis: In Griechenland halten oft bereits besetzte Taxis an, um weitere Fahrgäste mitzunehmen, falls sie in dieselbe Richtung wollen. In diesem Fall (und wenn der Taxameter läuft) den Zählerstand beim Besteigen des Taxis merken – ab dieser Zahl wird später abgerechnet. Wenn zwei voneinander unabhängige Parteien dieselbe Strecke in einem Taxi fahren, müssen sie in der Regel beide den auf dem Taxameter angezeigten bzw. vorher vereinbarten Preis zahlen. Das heißt natürlich nicht, dass bei einer Gruppe, die gemeinsam ein Taxi besteigt, jeder den angezeigten Fahrpreis zahlen muss, wie es findige Taxifahrer ab und zu unerfahrenen Touristen glauben machen wollen.

Schiff: Innerhalb des Santoríni-Archipels fährt die Fähre *Níssos Thirassía* von den beiden Häfen Athiniós und Skála auf *Thíra* nach Ríva und Córfos auf *Thirassía* und zurück. Zusätzlich pendeln Kaikis und Ausflugsboote zwischen Thíra und Thirassía und steuern auch die Vulkaninseln *Paléa* und *Néa Kameni* an (→ S. 236).

Motorisierte Mietfahrzeuge

Autos: Von der Größe der Insel her lohnt ein Mietwagen auf Santoríni eigentlich nicht. Allerdings hat das Eiland wegen seiner hohen Verkehrsdichte und der engen, unübersichtlichen Straßen die höchste Unfallrate aller Kykladen. Insofern bietet ein Auto deutlich mehr Sicherheit als ein Zweirad. Ein normaler Pkw reicht aus, wenn man hauptsächlich auf Asphalt bleibt. Mit Jeeps ist man sicherlich am besten beraten, muss aber auch am meisten zahlen. Vor Antritt der Fahrt Öl, Kühlwasser, Bremsen, Reifenzustand (Reserverad und Werkzeug vorhanden?) und Beleuchtung prüfen.

Mietwagen online: Schon in Deutschland kann man über verschiedene Anbieter (Broker) bequem einen Mietwagen auf Santoríni ordern. Die Preise entsprechen den vor Ort angebotenen, sind aber oft auch günstiger. Ein Vorteil der Online-Buchung ist auch, dass der Gerichtsstand in dem Land ist, wo Sie gebucht haben. Unter www.billiger-mietwagen.de und www.mietwagennet.de kann man die Angebote diverser Broker vergleichen und buchen.

Quads (4-Wheels): Sie sind seit einigen Jahren im Trend und werden auch auf Santoríni überall angeboten, sind dabei noch relativ leicht zu fahren. Cooles Feeling garantiert! Quads gibt es mit Motoren in 50, 80, 150, 200 und 300 ccm. Sie dürfen mit dem Auto-Führerschein Klasse B gefahren werden. Allerdings sind Quads technisch noch längst nicht so ausgereift wie Autos und Zweiräder und daher deutlich anfälliger für Pannen, wie Vermieter immer wieder bestätigen. In Griechenland besteht Helmpflicht für Quads.

Roller und Motorräder: Mit einem *Roller* (z. B. Vespa) kommt man auf Santoríni praktisch überall hin und Parkplatzprobleme hat man mit einem Zweirad selbst in der Hauptsaison nicht. Generell dürfte ein Roller bzw. ein *Motorrad* ausreichen, da die meisten Straßen der Insel asphaltiert sind. Es gibt nur wenige Pisten, für die sich eine *Geländemaschine* lohnen würde. Roller werden praktisch nur noch mit Vollautomatik angeboten, was das Fahren sehr erleichtert. Dennoch gilt für motorisierte Zweiräder: Bitte nur mieten, wenn man schon Erfahrung damit hat. Santoríni ist bezüglich Straßen und medizinischer Versorgung nicht unbedingt ein geeigneter

Ort, um Motorradfahren zu lernen. Vermietungen gibt es auf Thíra in jedem touristischen Ort. Auf der Insel Thirassía existiert keine Vermietung. In Griechenland besteht Helmpflicht für motorisierte Zweiräder. Außerdem besteht ohne Helm kein Versicherungsschutz! Und auf Santoríni wird im Hochsommer häufig kontrolliert.

Griechische Verkehrsbußen: Das kann sehr, sehr teuer werden...

Neben der Schweiz hat Griechenland mithin die höchsten Bußen für Straßenverkehrsdelikte in Europa. Radarkontrollen sind (bisher) auf Santoríni eher selten. Fahren unter Alkoholeinfluss wird deutlich häufiger kontrolliert. Die Promillegrenze liegt in Griechenland seit 2007 bei 0,2!!! Parkbußen werden vor allem am Hafen und an den Uferstraßen der Strandorte sowie in den Zentren von Firá, Oía, Kamári und Períssa verhängt, aber auch an den Durchgangsstraßen in den Dörfern im Inselzentrum und an den Bushaltestellen. Relativ häufig finden Gurt- und Helmpflichtkontrollen sowie Alkoholkontrollen auf den Ein-/Ausfallstraßen von Firá, Oía, Kamári und Períssa statt.

Bußgelder: bis zu 20 km/h zu schnell: 40 €; 20–30 km/h: 100 €; über 30 km/h: 350 €. Falsch parken: 80 €. Mobil telefonieren am Steuer: 100 € für Autos und 150 € für Zweiräder. Fußgängergefährdung: 200 €. Verstoß gegen Gurt-/Helmpflicht: 350 € pro Person. Überfahren eines Stoppschildes oder einer roten Ampel: 700 €. Gefährliches und verbotenes Überholen: 700 €. Bei allen Strafen kann zudem das Kennzeichen für einen gewissen Zeitraum (10–60 Tage) eingezogen und damit das Fahrzeug stillgelegt werden. Die Strafen werden jeweils halbiert, wenn man binnen zehn Tagen bezahlt.

Fahren unter Alkoholeinfluss: 0,2 ‰: 200 €; 0,21–0,4 ‰: 700 € und 90 Tage Führerscheinentzug; über 0,4 ‰: 1200 € und 180 Tage Führerscheinentzug und mindestens zwei Monate Haft; im Wiederholungsfalle binnen zwei Jahren: 2000 € und fünf Jahre Führerscheinentzug und mindestens sechs Monate Haft. Die Bußen werden von einem Schnellrichter in Firá festgelegt, dessen Entscheidungsspielraum sehr hoch ist. Haftstrafen werden für Touristen praktisch nicht verhängt. Allerdings: Auch bei geringer Überschreitung gehört eine Nacht in der Ausnüchterungszelle immer zur Strafe.

Mietvertrag (Rental contract) Die Verträge entsprechen Standardvordrucken und sind oft so vage abgefasst, dass der Mieter für ziemlich viel haftbar gemacht werden kann. Verträge in Deutsch gibt es nur selten, die Vermieter auf Santoríni haben meist englische Vordrucke. Fast immer muss man unterschreiben, dass das Fahrzeug bei der Übergabe vollständig in Ordnung war und man es im selben Zustand zurückbringen muss. Wenn Schäden auftreten, für die der Mieter nicht verantwortlich ist, wird das Fahrzeug in der Regel umgehend repariert oder man erhält Ersatz. Allerdings haftet der Fahrer im Allgemeinen für **von ihm selbst verursachte Schäden** am Fahrzeug voll oder zumindest im Rahmen der Selbstbeteiligung. **Reifenschäden**, größere **Lackschäden** und alle Schäden am **Unterboden** des Fahrzeugs gehen in der Regel zu Lasten des Mieters. Manchmal wird auch verlangt, dass man nur auf Asphaltstraßen fahren soll. Wenn man dann auf einer Schotterpiste eine Panne hat, wird man zur Kasse gebeten. Prüfen Sie daher insbesondere das Profil der Reifen sehr genau und vermerken Sie vor allem bereits bestehende Lackschäden in den Verträgen.

Mietdauer Bei tageweiser Anmietung **24 Stunden** – also muss man ein Fahrzeug, das man morgens mietet, erst am nächsten Morgen abgeben, und nicht bereits am Abend des gleichen Tages, wie von den Vermietern manchmal gefordert.

Kaution Fast alle Vermieter verlangen die Kreditkartendaten oder Zahlung im Voraus.

Versicherung Haftpflicht für Unfallgegner ist im Mietpreis inbegriffen. Praktisch alle Autovermieter bieten Vollkaskoversicherung mit Selbstbeteiligung an. Bei Zweirädern ist Teilkaskoversicherung üblich.

Führerscheinklassen sind mittlerweile in der EU einheitlich geregelt. In Griechenland gelten dieselben Regelungen wie in Deutschland, Österreich und auch die Schweiz hat ihre Fahrausweisklassen der EU angepasst. Das heißt zum Beispiel: Mit dem Führerschein Klasse B bekommt man nur einen 50-ccm-Roller und keine schwere Maschine, wie das in Griechenland früher üblich war. Grund ist, dass griechische Vermieter anteilig für Schäden haften, die von Mietern verursacht werden, die keine Fahrerlaubnis für das entsprechende Fahrzeug besitzen. Entsprechend rigoros werden die Papiere der Mieter verlangt. Also unbedingt daran denken und Führerschein mitnehmen!

Preise variieren je nach Anbieter, Saison und Art des Fahrzeugs erheblich. Wer für mehrere Tage mietet, zahlt einen erheblich geringeren Tagespreis. Handeln ist vor allem in der Nebensaison möglich.

Bei Pannen mit eigenem Fahrzeug: Der griechische Automobilclub heißt ELPA. Auf Santoríni liegt der Hauptsitz in Karterádos an der Straße Richtung Messariá, www.elpa.gr, ✆ 22860-24559 oder gesamtgriechische Service-✆ 10400.

Mountainbikes

Eine immer beliebtere Alternative zu motorisierten Zweirädern. Doch ganz einfach ist das Gelände auf Santoríni nicht. Die Höhenunterschiede sind auf langen Distanzen beträchtlich, die Hauptstraßen sehr dicht befahren, oft eng und kurvenreich. Das nicht asphaltierte Straßennetz für Bike-Touren ist nicht sonderlich groß. Hundertprozentig genaues Kartenmaterial sucht man vergeblich. Zudem verhalten sich Taxi-, Bus- und Lkw-Fahrer Radfahrern gegenüber keineswegs rücksichtsvoller als in Deutschland. Die Insel ist insofern nicht unbedingt ein ideales Bike-Revier. Dennoch hat fast jeder Vermieter von Motorfahrzeugen auch einige Mountainbikes im Angebot, die Qualität ist dabei meist erstaunlich gut. Es gibt auch einige Spezialanbieter, die sich ausschließlich auf Mountainbikes verlegt haben. Dort bekommt man in der Regel bestens gewartetes und oft nagelneues Material der Saison. Meist sind die Vermieter selbst überzeugte Mountainbike-Freaks, die ihre Räder hegen und pflegen. Und natürlich gibt es auch Tipps für Touren. Versicherung ist üblicherweise im Preis inbegriffen, abgedeckt sind allerdings nur Materialschäden, keine Personenschäden.

Wandern auf Santoríni

Tipps zum Wandern und zehn exakt beschriebene Wandertouren mit Karten und GPS-Angaben siehe im separaten Kapitel Wandern ab S. 246.

Relaxen mit Blick: Hotelterrasse in Imerovígli

Übernachten

Das Zimmerangebot auf der Hauptinsel Thíra ist riesig, vor allem in den Panoramaorten am Kraterrand und den beiden Badezentren Kamári und Períssa an der flachen Ostküste. Das touristisch kaum entwickelte Thirassía besitzt dagegen nur eine einzige Unterkunft.

Santoríni ist eines der teuersten Pflaster der Ägäis. Die Übernachtungspreise sind allerdings stark saisonabhängig, eine entscheidende Rolle spielt außerdem, wo sich ein Quartier befindet: Es gibt sehr teure, bisweilen heftig überteuerte Unterkünfte in den heiß begehrten Lagen direkt am Kraterrand mit traumhaftem Blick auf die Caldéra (→ "Wohnen in Höhlen"), gehobene Preise in den Ortszentren und direkt am Strand sowie preiswertere Lagen etwas außerhalb der Orte (ohne Blick, schlechtere Verkehrsanbindung etc.). Mittlerweile verfügen praktisch alle Zimmer über ein eigenes Bad, Klimaanlage (AC), Kühlschrank und TV, oft auch Sat-TV mit deutschen Programmen. Gehobene Anlagen besitzen einen Pool. Drahtloses Internet (Wifi) gibt es in den gehobenen Hotels in allen Zimmern, in den niedrigeren Kategorien oft nur in der Lobby. Frühstück wird nicht immer angeboten, kostet extra und ist meist karg. Reichhaltiges Frühstücksbuffet gibt es nur in einigen Hotels der oberen Kategorien. Tägliche Zimmerreinigung und Handtuchwechsel sind nicht immer selbstverständlich.

Auch auf Santoríni kommen Zimmeranbieter in Scharen zum Hafen und zum Airport und bieten dort ihre Unterkünfte den Neuankömmlingen an. Manchmal läuft die Prozedur allerdings ziemlich penetrant ab und die Polizei versucht, dieses Treiben zu unterbinden. Zudem kommt es leider gerade auf dem touristisch überlaufenen

Santoríni immer wieder vor, dass man mit falschen Versprechungen und geschönten Farbfotos der versprochenen Unterkunft geködert wird und sich dann reichlich enttäuscht in einem eher miesen Zimmer „mitten in der Pampa“ wieder findet. Dann sollte man konsequent sein, das Angebot ablehnen und woanders schauen.

Unterkünfte auf Santoríni

Die meisten Unterkünfte – Hotels und Privatzimmer – öffnen im Lauf des Monats April und schließen Ende Oktober. Die Campingplätze sind nur von Mitte Mai bis Ende September geöffnet. In der kalten Jahreszeit existiert nur ein sehr beschränktes Angebot.

Wohnen in Höhlen

Die interessantesten Unterkünfte auf Santoríni sind zweifellos die zahlreichen Höhlenwohnungen, die vor allem in Firá, Firostefáni, Imerovígli und Oía in die Kraterhänge gegraben wurden. Sie nutzen die Natur der Insel auf optimale Weise, sind authentisch und gleichzeitig pittoresk, leider aber auch mittlerweile sehr teuer, z. T. schon fast unerschwinglich. Ein Großteil dieser traumhaft in Weiß oder Pastelltönen gehaltenen Anlagen gehört der 4-Sterne-Kategorie an, die Studios, Apartments und Suiten besitzen oft herrliche Terrassen und gediegene Einrichtungen, auch ein kleiner Pool ist fast immer dabei. Im Kapitel Architektur können Sie auf S. 32 etwas über Entstehung und Funktion dieser typischen Santoríni-Wohnkultur nachlesen.

Hotels: Hotels werden von der griechischen Fremdenverkehrsbehörde (EOT) je nach Ausstattung, Lage und Service eingeteilt. Die Kategorisierung entspricht der international üblichen Klassifizierung mit Sternen (wobei in Griechenland manchmal Schlüssel statt Sterne als Symbol dienen). Fünf Sterne = Luxus-Kategorie, ein Stern = unterste Kategorie. Allerdings sind die Einteilungen älterer Häuser heute nicht immer nachzuvollziehen. Grund ist, dass die Klassifizierung nicht jährlich neu, sondern immer nur zur Eröffnung eines Hotels durchgeführt wird und dann so lange erhalten bleibt, bis der Eigentümer eine Neukategorisierung beantragt. Die Einstufung kann im Einzelfall also schon Jahrzehnte zurückliegen und wurde natürlich

Gediegen-luxuriöses Hotel an der Caldéra

nach den damals gültigen Richtlinien vorgenommen, die heute längst nicht mehr aktuell sind. Der umgekehrte Fall kommt auch vor, da die Höhe der griechischen Steuern für die Hotelbesitzer auch von der Kategorie ihrer Häuser beeinflusst wird. So kommt es vor, dass hervorragende Hotels aus Steuergründen tiefer kategorisiert werden. Fazit: Fragen Sie nicht nach der Anzahl der Sterne, sondern werfen Sie lieber einen Blick in die Zimmer. Auch die Übernachtungspreise werden von der EOT (allerdings jährlich neu) festgelegt und müssen im Zimmer deutlich sichtbar angeschlagen sein.

***** **Luxusherbergen**.

**** **Für gehobene Ansprüche**, auch preislich. Sehr gute und gepflegte Ausstattung. Deutschsprachiges Sat-TV und Wifi. Halb-/Vollpension möglich.

*** **Passable Häuser mit genügend Komfort und Service**. Oft alteingeführte Hotels, die neueren Häuser meist recht modern, mit guten sanitären Anlagen und gepflegter Atmosphäre.

** **Durchschnittshotels**. Zimmer mit Bad, Balkon und schlicht möbliert. Hier gibt es jedoch ziemliche Qualitätsunterschiede – von sehr gut bis ungepflegt und vernachlässigt.

* **Billighotels**. Ausstattung karg bis nicht vorhanden, dafür manchmal mehr persönliches Ambiente als in den besseren Kategorien. Auch hier kann man erfreuliche und unerfreuliche Entdeckungen machen.

Hinweise für Hotel-/Pensionsgäste

- Bei Aufenthalt ab drei Tagen gibt es oft Rabatt.
- Wenn ein Bett zusätzlich ins Zimmer gestellt wird, kann ein Zuschlag von 20 % erhoben werden.
- Einzelzimmer sind äußerst rar, Singles müssen meist ein Doppelzimmer zu nur leicht ermäßigtem Preis nehmen (offiziell 80 % vom Doppelzimmerpreis).
- Nicht im Voraus für mehrere Tage bezahlen, dann hat man keine Möglichkeit mehr, das Zimmer zu wechseln, ohne erneut zu bezahlen.
- Vorsicht, wenn in einem voll besetzten Haus nur noch ein Zimmer frei ist. Dieses ist dann oft wirklich „das Letzte“. Immer vorher ansehen.

Pensionen und Privatzimmer: Preiswerte Alternative zu Hotels. Fast alle Zimmer in Pensionen haben mittlerweile ein eigenes Bad und sind ordentlich, oft sogar stilvoll eingerichtet. Meist herrscht eine freundliche und lockere Atmosphäre, da es sich fast durchweg um Familienbetriebe handelt. Zu erkennen sind Privatquartiere an Schildern wie *rooms to rent, rooms to let* oder einfach *rooms* bzw. *domátia* (dt.: Zimmer) – viele nennen sich auch einfach stolz „Pension“, obwohl diese Bezeichnung nach griechischer Lesart abgeschafft wurde (laut offiziellen Bestimmungen gibt es nur Hotels oder Privatzimmer). Zu vermieten heißt *Enoikiázontai*. Die Preise sind sehr unterschiedlich, beginnen in der Nebensaison bei etwa 30 € fürs DZ und reichen in der Hochsaison bis zu 100 €.

Santoríni-Idylle: Pension Villa Argonáftes in Firostefáni

Ferienwohnungen, Apartments und Studios: Ferienwohnungen heißen auf Griechisch *Diamerísmata*. Ihre Beliebtheit und Anzahl steigt auch auf Santoríni. In allen touristischen Orten sind mittlerweile Ferienwohnungen zu finden. Größere Ferienwohnungen werden als *Apartments* bezeichnet und bestehen üblicherweise aus mindestens zwei getrennten Räumen (Wohn- und Schlafzimmer). Kleine Ferienwohnungen werden *Studios* genannt und bestehen aus nur einem Raum. Beiden gemein ist, dass es entweder eine vollständig ausgestattete Küche gibt oder zumindest eine Küchenzeile (Herd, Spüle, Kühlschrank) mit Geschirr (wie bei den einfachen Studios weit verbreitet). Vorteil dabei: Man kann den relativ hohen Frühstückspreisen in Cafés entgehen. Die Apartments kosten in der Nebensaison ab etwa 45 € aufwärts (HS bis zu 200 €), Studios sind ab etwa 35 € (HS bis zu 120 €) zu bekommen.

Jugendherbergen: Auf Thíra gibt es derzeit nur eine einzige Jugendherberge in *Períssa*, auf Thirassía gar keine. Die beliebte Jugendherberge in *Oía* wurde Ende 2014 geschlossen.

Camping: Auf Thíra gibt es derzeit zwei Zeltplätze, einen in *Firá* (Ortsteil Kontochóri) und einen in *Períssa* (am Strand), auf Thirassía gar keinen. Die Plätze sind mit öffentlichen Bussen erreichbar (in Firá kleiner Fußmarsch notwendig). Die Qualität ist allerdings eher mittelmäßig, und wenn im Hochsommer alles überfüllt ist, lässt die Sauberkeit oft zu wünschen übrig.

Freies Zelten: Ist in ganz Griechenland verboten und die Einhaltung des Verbots wird auf Santoríni auch polizeilich überwacht. Auch wildes Campen mit dem Wohnmobil wird nicht mehr toleriert. Die Bußgelder sind drastisch.

Sinnesfreude für Gaumen und Auge: Weinprobe mit Blick auf der Terrasse bei Sánto Wines

Essen und Trinken

Die traditionelle Küche der Kykladen ist einfach. Entsprechend der kargen Agrarstruktur waren auf Santoríni die Zutaten von jeher beschränkt. Allerdings hat der Tourismus vor allem in den letzten Jahren die Entstehung einer feinen und hochwertigen, mitunter auch auffällig kreativen Küche verstärkt, teils wird sogar mit Bioprodukten gekocht.

Die wirklich traditionelle santorinische Küche ist heute praktisch kaum noch zu finden. Die meisten Tavernen bieten griechische Touristenküche mit ihrer typischen „Souvláki-Moussaká-Tsatsíki"-Melange. Darüber hinaus werden die Inselspezialitäten von Santoríni angeboten. Natürlich verführt die allsommerliche Massenabfertigung die Wirte beispielsweise an den Kraterrandgassen von Firá und Oía geradezu dazu, das „Essen von der Stange" zu perfektionieren. Enttäuschungen werden deshalb nicht ausbleiben.

Demgegenüber gibt es aber vor allem in Firá und Oía auch einige erstklassige Nobelrestaurants, die hervorragende und einfallsreiche Kreationen anbieten. Hier hat sich in den letzten Jahren eine wirkliche Gourmet-Küche entwickelt, die internationalen Ansprüchen echter Kenner durchaus genügen kann. Vor allem bezüglich Kreativität dürfte Santoríni auf einer Spitzenposition liegen. Selbstredend spielen diese Restaurants auch preislich in der Topliga.

Allerdings kann auf der Insel gelegentlich schon die Preiskalkulation einer „einfachen" Taverne ein Stirnrunzeln hervorrufen, das gilt insbesondere für die Panoramatavernen am Kraterrand von Firá bis Oía. Generell ist das Essengehen auf Santoríni kaum mehr günstiger als in Deutschland. Schweizer jedoch haben ihr Vergnügen an Preisen, die nur etwa die Hälfte des Zürcher Niveaus ausmachen. In den Strandorten Kamári und Períssa liegt das durchschnittliche Preisniveau tiefer als am Kraterrand. Natürlich gibt es aber immer noch Tavernen, die sich trotz Traumlage durch gleichbleibend gute Qualität bei maßvollen Preisen hervortun. Diese haben wir in diesem Buch als besonders lobenswert erwähnt („Mein Tipp").

Auf Santoríni essen gehen bedeutet vor allem, die unvergleichliche Stimmung auszukosten: hauptsächlich am Kraterrand, wo man hoch über dem tiefblauen Meer einen fantastischen Weitblick genießt, doch auch an den Uferpromenaden der Badeorte an der flachen Ostküste. Ein Tavernenbesuch ist – wie in ganz Griechenland – unkompliziert. Bis auf wenige Ausnahmen gibt es keine ausgeprägte Etikette, die Tische sind meist einfach gedeckt, der Service ist informell. Sämtliche Speisen, auch Beilagen, Vorspeisen etc., können gesondert bestellt werden, sodass man sich sein Essen ganz individuell selbst zusammenstellen kann – ein Hauptgericht muss nicht dabei sein. Von allem, was man bestellt, bekommt man in der Regel einen Teller voll. Falls man keine anderen Wünsche äußert, wird alles gleichzeitig serviert.

Lokaltypen

Estiatórion (Restaurant) und *Tavérna* (Taverne) unterscheiden sich heute nur noch unwesentlich – früher war das Estiatórion das „bessere" Lokal mit der größeren Auswahl. Daneben gibt es noch die *Psárotaverna* (Fischtaverne) und die *Psistariá* (Grillstube) bzw. das *Pséstopolion* (Gegrilltes zum Mitnehmen). Die *Ouzerí* bietet neben Oúzo und Rakí vor allem die beliebten *Mezédes* (Kurzform: *Mezés*) an – kleine Vorspeisen und Appetithappen (wie z. B. Oliven, Muscheln, Kalamari). Diese Lokale findet man auch unter dem etwas zungenbrecherischen Namen *Mezedopolíon* oder *Ouzomezedopolíon*. Das *Kafeníon* ist ursprünglich das Stammlokal aller männlichen Griechen – das Kaffeehaus. Es besteht meist nur aus wenigen Tischen in einem kargen Innenraum und ein paar Tischen auf der Straße. Griechische Frauen verkehren hier höchstens als Bedienung, Touristinnen werden aber natürlich gerne akzeptiert. Man bekommt Getränke, oft auch Frühstück und gelegentlich einfache Gerichte wie Sandwichs oder Omeletts. Im *Zacharoplastíon* (Konditorei) gibt es Kuchen, Blätterteiggebäck, manchmal Eis und allerlei leckere Süßigkeiten.

Speisekarten Im Allgemeinen mindestens auf **Griechisch** und **Englisch**, oft auch auf **Deutsch**. Sofern Standardvordrucke verwendet werden, sind nur jene Gerichte wirklich zu haben, bei denen ein Preis eingetragen ist. Einige Wirte zählen ihren Gästen auch einfach auf, was gerade frisch zu haben ist. Insbesondere bei Fisch und Saisongemüse ist das auch sinnvoll. Für Brot und Gedeck wird ein geringer Betrag zusätzlich verlangt, der in der Karte ausgewiesen ist.

Zahlen **To logariasmó parakaló** (= die Rechnung bitte), dabei sollte man eine gemeinsame Rechnung für den ganzen Tisch verlangen und ggf. später untereinander abrechnen. Erstens ist das für die oft sehr gestressten Kellner wesentlich einfacher, zweitens entspricht es der griechischen Sitte.

Trinkgeld Auch griechische Kellner nehmen gerne Trinkgeld. Das Wechselgeld wird bis auf den letzten Cent zurückgezahlt. Wenn man zufrieden war, lässt man üblicherweise ein paar Münzen auf dem Tisch liegen (5–10 %), die an das Personal gehen. Diese Variante ist deshalb sinnvoll, weil es als Beleidigung gelten würde, dem Chef persönlich Trinkgeld zu geben, und als Gast weiß man nicht immer, wann man vom Chef persönlich bedient wurde.

Frühstück (Proinó)

Griechen frühstücken wie alle Bewohner mediterraner Länder sehr wenig oder gar nichts. Meist gibt es nur einen Kaffee. Auch das gebuchte Hotelfrühstück fällt dementsprechend oft karg aus. Allerdings ist auch in Griechenland das Frühstücksbuffet auf dem Vormarsch. Eine nicht sonderlich preisgünstige Alternative sind die Frühstücksangebote der Kafenía und Tavernen. Zum Standardprogramm gibt es hier auf Wunsch auch ein Ei *(Avgó)* oder Omelett, außerdem kann man Milch *(Gála)*, Kakao *(Gála schokoláta)* und frisch gepressten Orangensaft bestellen. Sogar Joghurt *(Yaúrti)* mit Früchten, Honig, Nüssen etc. wird gelegentlich angeboten, ab und an auch Müsli. Zu den verschiedenen Kaffeevariationen siehe weiter unten (→ Getränke).

Vorspeisen (Orektiká) und Salate (Saláta)

Vor der abendlichen Hauptmahlzeit gehen Griechen gerne in eine Ouzerí. Zum Oúzo werden dort die sogenannten *Mezés* (Appetithappen) serviert, leckere Kleinigkeiten, je nachdem, was am Markt gerade zu haben war – Pistazien, Mandelkerne, Käsewürfel, Tomaten- und Gurkenscheibchen, Scampi (Shrimps), Kalamari, Schnecken, Sprotten, Oliven, kleine Stückchen Melone, Muscheln u. a. m. Diese Vorspeisenteller werden auch als *Pikília* bezeichnet. Manche Restaurants haben sich darauf spezialisiert.

Achinosaláta: Seeigelsalat, eine selten angebotene Delikatesse. Bei der Zubereitung werden die weiblichen Seeigel (die männlichen sind ungenießbar) mit dicken Lederhandschuhen angefasst und mit Hilfe einer Spezialschere zerteilt. Das Fleisch ähnelt dem von Muscheln und wird roh gegessen.

Choriátiki: griechischer Bauernsalat. Er besteht aus Tomaten, Gurken, Oliven, Zwiebelringen und vor allem einer großen Scheibe *Féta*, dem aromatischen, bröckligen Schafskäse. Kann man als Vorspeise, aber auch als Beilage zum Hauptgericht essen. Mit etwas Brot kann er sogar allein als Mittagessen ausreichen.

Griechischer Salat in kreativer Santoríni-Ausführung

Dolmadákia: gerollte Wein- oder Rebenblätter, mit Reis und Gewürzen gefüllt.

Eliés: Oliven.

Fáva: cremiges Püree aus kleinen, gelben Erbsen, den sogenannten „Platterbsen", z. T. auch aus Kichererbsen, aber nicht aus Bohnen. Eine echte Santoríni-Spezialität.

Gígantes: dicke weiße Bohnen in scharfer Tomaten-Gemüse-Soße.

Kolokithákia tiganitá: frittierte Zucchini.

Marídes: winzige Fischchen (Sprotten bzw. Sardellen), höchstens kleinfingergroß.

Melitzanosaláta: Auberginensalat, gegrillte Auberginen werden durch ein Sieb gepresst und dann zu einem Brei verarbeitet.

Oktapodiasaláta: Oktopussalat, meist mit Essig-Soße serviert.

Piperjés jemistés: mit Reis, Féta oder Hackfleisch gefüllte Paprika.

Saganáki: frittierte oder gebratene, etwa fingerdicke Käsescheibe, seltener im Tontopf. Wird aus verschiedenen Käsesorten angeboten.

Salingkária: kleine, gekochte Schnecken gehören zu den traditionellen Leckerbissen.

Skordaliá: Knoblauchpüree mit ein wenig Zitronensoße.

Taramosaláta: lachsfarbener Fischrogensalat.

Tirokaftherí: zerdrückter, pikant bis sehr scharf gewürzter Schafskäse.

Tomátes jemistés: mit Reis gefüllte Tomaten.

Tonnosaláta: Thunfischsalat.

Tsatsíki: vollfetter Joghurt mit Knoblauch und Gurken.

Fleisch (Kréas)

Auf Santoríni wird kaum Vieh gehalten. Insofern stammt das Fleisch praktisch ausschließlich vom Festland, von Kreta oder wird gar aus dem Ausland importiert. Fleischsorten: *Arnáki* (Lamm), *Arní* (Hammel), *Chirinó* (Schwein), *Katsíka* (Ziege), *Kotópoulo* (Huhn), *Moschári* (Kalb) und *Vóio* (Rind) sowie *Loukániko* (Wurstwaren). Oft sehr lecker sind die diversen Gerichte im Tontopf (Kasserolle).

Biftéki: Frikadellen oder Fleischbällchen. In flach gedrückter Form *Biftéki* genannt, ansonsten *Kefthédes.*

Bekrí Mezé: scharf gewürzte, gebratene Fleischstückchen in Weinsoße.

Gýros: Schweinefleisch (seltener auch Lamm oder Huhn) an großen Spießen, wird durch Drehen vor Heizspiralen gegart, anschließend scheibchenweise abgeschnitten. Serviert als Tellergericht oder als Snack mit Zwiebeln und Kräutern in zusammengerollten Fladen, sogenannte *Píta.*

Giouvétzi: kleine spindelförmige Nudeln mit Kalb- oder Lammfleisch, im Tontopf gegart.

Kefthédes: Bratlinge, in Griechenland eigentlich mit Fleisch, doch auf den Kykladen traditionell vegetarisch zubereitet. Gibt es in zahlreichen Abwandlungen, z. B. als Tomatokefthédes, Melitzanokefthédes (Auberginen) oder Spanakikefthédes (Spinat).

Kleftikó: das sogenannte Partisanengericht. Rind- oder Hammelfleisch mit Kartoffeln, Gemüse usw. in einer Kasserolle serviert und mit Alufolie abgedeckt. Hat seinen Namen von den *Kléftes* (Diebe und Räuber): Die Partisanen der Befreiungskriege gegen die Türken hausten versteckt in den Bergen und wurden nachts heimlich von ihren Familien versorgt. Damit die Speisen nicht kalt wurden und ihre delikaten Düfte nicht die Besatzer erreichten, brachte man sie ihnen in sorgfältig verschlossenen und umwickelten Töpfen hinauf.

Kokkinistó: geschmortes Rindfleisch mit Tomatensoße aus dem Ofen, meist im Tontopf serviert.

Kokorétsi: Innereien vom Lamm im Darm gewickelt und am Spieß gegrillt, nur selten zu haben.

Kontosoúvli: große Scheiben Schweinefleisch mit Tomaten und Paprika am Spieß einige Stunden gegrillt und dann in kleinen Portionen serviert.

Makarónia me kimá: Spaghetti mit Hackfleischsoße.

Moussaká: Auflauf aus Auberginen, Hackfleisch und Kartoffeln, mit Béchamelsoße überbacken. Wird auf großen Blechen zubereitet und den Tag über warm gehalten.

Paidákia: mit Oregano gewürzte und etwas Zitronensaft verfeinerte Lammkoteletts vom Grill.

Papoutsákia: übersetzt *Kleine Schuhe*, mit Hackfleisch gefüllte Auberginen in Béchamelsoße.

Pastítsio: Nudelauflauf mit Hackfleisch und Tomaten, mit Käse und Béchamelsoße überbacken. Auf den Kykladen sehr verbreitet.

Souvláki: Das Nationalgericht ist jedem Griechenlandreisenden bekannt: Fleischspieße (Schwein, Huhn, Lamm, Hammel, manchmal sogar Schwertfisch), über Holzkohle gegrillt und mit Oregano gewürzt, mit etwas Zitrone verfeinert man den Geschmack. Meist preiswert und überall zu haben, wichtig ist jedoch die Qualität des Fleisches: kann hauchzart sein, aber auch zäh wie Schuhsohlen.

Souzoukákia: ähnlich dem *Biftéki*, aber in länglicher Röllchenform knusprig gebratenes Hackfleisch. Wird in Tomaten-Paprikasoße serviert. Manchmal mit Kreuzkümmel (Cumin) oder Kümmel gewürzt.

Spetsofaí: Wursteintopf mit Zwiebeln, Tomaten und Paprika.

Stifádo: zartfasriges Rindfleisch mit gekochten ganzen kleinen Zwiebeln. Soße mit Zimt gewürzt. Gibt es auch mit Lammfleisch, während der Jagdsaison mit Kaninchen. Oft im Tontopf serviert.

Brot: das A und O einer Mahlzeit

Ohne Brot ist kein Essen komplett, es wird immer gereicht, selbst wenn ausreichend stärkehaltige Speisen wie Nudeln oder Kartoffeln bestellt wurden. In Restaurants gibt es (fast) ausschließlich das weiße, nährstoffarme Brot namens *Aspró psomí*. Schmeckt frisch sehr lecker, wird aber schnell hart. *Paximádi* ist Zwieback, der auch abgepackt verkauft wird. Das gilt auch für die *Friganiés*. Sie werden getrocknet verkauft und können mit Wasser aufgeweicht auch noch nach einem Jahr Lagerung gegessen werden (Hirtennahrung). Dunkles *Choriátiko* (Bauernbrot) ist auf Santoríni wenig verbreitet.

Fisch (Psári) und Meeresfrüchte (Thalassiná)

Fisch ist in Griechenland wesentlich teurer als Fleisch. Die ägäischen Fischgründe sind überfischt und die Flotten der Fischer von Santoríni sind nicht allzu groß. Für den riesigen Bedarf der Touristenlokale kommen Fisch und Hummer oft via Athen mittlerweile aus aller Welt – Tiefkühlfracht aus Kanada oder von großen Fangflotten im Atlantik ist keine Seltenheit. Wichtig: Fisch heißt *Psári* und wird nach Gewicht abgerechnet. Außer bei Oktopus und Kalamari wird auf der Speisekarte meist der Kilopreis angegeben. Ein bisschen sollte man aufpassen, dass einem nicht zu viel aufgenötigt wird. Seriöse Wirte zeigen den Fisch vor der Zubereitung und nennen das Gewicht (und den Preis) dazu. Gegebenenfalls sollte man einen kleineren Fisch verlangen.

Astakós: Hummer (*Lobster*). Die Qualität hängt sehr von der Frische und den Kochkünsten ab. Wird üblicherweise mit Spaghetti und Tomatensoße serviert. Sehr teuer.

Barboúnia: Rotbarben (*Red Mullet*), verbreiteter und sehr geschätzter Edelfisch, den man in allen Fischtavernen erhält.

Gardía: Langusten.

Garídes: Garnelen oder Scampi. Werden auch als Vorspeise angeboten.**Gávros**: Das preiswerteste Fischgericht. In Mehl gewendete winzige Fischchen (Sprotten oder Sardellen), die in Öl gebacken oder frittiert werden. Werden mit Kopf und Schwanz gegessen (sofern sie nicht zu groß sind). Manchmal auch als Vorspeise angeboten, dann heißen sie **Marídes** und werden kalt serviert.

Glóssa: Seezunge.

Kakaviá: Diese relativ teure Fischsuppe, ähnlich der französischen *Bouillabaisse*, wird als Besonderheit in fast allen Fischlokalen Santorínis angeboten.

Kalamarákia (Kalamari): Tintenfisch, der Körper wird in Scheiben geschnitten, paniert und in Öl gesotten. Seltener werden auch die Arme mit verarbeitet.

Frischer Fisch und Meeresfrüchte sind eine Delikatesse auf Santoríni

Kéfalos: Meeräsche.

Kochíli/Mídia: Muscheln. Werden meist gekocht serviert.

Lithríni: Brasse.

Oktapódi (Chtapódi): Der Oktopus muss nach dem Fang viele Dutzend Mal mit Kraft auf einen Stein geschleudert werden, damit das Fleisch weich und genießbar wird. Danach wird er auf langen Leinen zum Trocknen aufgehängt, später gegrillt und mit Zitrone serviert.

Psarósoupa: Fischsuppe. Gibt es nur in speziellen Fischtavernen.

Sárgos/Tsipoúra: Meerbrasse.

Tónnos: Thunfisch.

Xifías: Schwertfisch. Eher selten, er ist ein typischer Hochseefisch, der nur mit großen Schiffen gefangen werden kann.

Vegetarisches (Chortofágos), Beilagen und Gemüse (Lachaniká)

Auf den Kykladen gibt es traditionell eine große Anzahl von vegetarischen Gerichten bzw. Beilagen. Vegetarier können sich auch aus den fleischlosen Vorspeisen interessante Kombinationen zusammenstellen lassen. Im Allgemeinen sind die Kellner Vegetariern gegenüber nicht mehr so überfordert wie früher und wissen genau, was sie anbieten dürfen. Einheimische *Gewürze* enthalten große Mengen ätherischer Öle und werden in der Inselküche mehr oder weniger stark verwendet: *Basilikum, Bohnenkraut, Fenchel, Kamille, Lorbeer, Oregano, Rosmarin, Salbei* und *Thymian.*

Anginares: Eintopf aus Artischocken und Kartoffeln.

Angóuri: Gurke.

Angourotomáta saláta: Gurken-/Tomatensalat.

Ánthous: mit Reis gefüllte Zucchiniblüten.

Bouréki: Auflauf aus Kartoffeln, Zucchini oder Auberginen, Tomaten und Mizíthra-Käse, gewürzt mit Minze, überbacken mit Semmelbröseln und Olivenöl.

Briám: eine Art Eintopf aus verschiedenen Gemüsen und Kartoffeln.

Chórta: diverses Wildgemüse.

Fassólia/Fassolákia: grüne Bohnen.

Hübsch dekorierte santorinische Spezialitäten in der Auslage machen Appetit

Fassoláda: Suppe aus weißen Bohnen, Karotten und Sellerie.

Fáva: Platterbsen, kleine gelbe Hülsenfrüchte, die zu einem Brei verarbeitet werden. Spezialität von Santoríni.

Imám Baildí: mit Tomaten, Zwiebeln, Knoblauch und Petersilie gefüllte Auberginen. Der Name stammt aus dem Türkischen und bedeutet „Der Imam fiel vor Begeisterung um".

Jemistá: mit Reis und Pfefferminzblättern gefüllte Tomaten und Paprika.

Kolokíthi: Zucchini.

Kolokithákia tiganitá: gebratene bzw. frittierte Zucchini, oder **Jemistá kolokithákia me yaúrti** mit Hackfleischfüllung und Joghurtsoße.

Kolokithokefthédes: Bratlinge aus geriebenem Kürbis.

Láchano saláta: Krautsalat.

Lathópsomo: mit gehackter Tomate, Fétakäse und Zwiebeln garniertes, doppelt gebackenes Gerstenbrot, angereichert mit Olivenöl und Oregano.

Maroúli: eine Art Kopfsalat.

Melitzánes: in Öl angebratene Auberginen.

Mizithrópita: mit Frischkäse gefüllte Blätterteigtaschen.

Ókra: bohnenartige Kapselfrüchte.

Patátes: Kartoffeln.

Patatosaláta: Kartoffelsalat.

Piperjá: Paprika.

Revithokefthédes (Pseftikefthédes): vegetarische Bratlinge, hauptsächlich aus klein gehackten Tomaten, Fávaerbsenpüree, Zwiebeln und Kräutern. Werden auf Santoríni auch Favakefthédes genannt. Wenn Santoríni-Tomaten verarbeitet sind, nennt man sie Tomatokefthédes.

Revíthia: gebackene Kichererbsen.

Rísi: Reis.

Spanakópita: mit Spinat und Käse gefüllte Blätterteigtaschen.

Tirópita: mit Féta gefüllte Blätterteigtaschen.

Tomáta: Tomaten.

Tomátes jemistés: mit Reis gefüllte Tomaten.

Tomátasaláta: Tomatensalat.

Trachánas oder **Kritharáki**: kleine griechische Nudeln, serviert z. B. mit Tomaten und Oliven oder in der Suppe.

Spezialitäten von Santoríni

Santorínis einzigartiges vulkanisches Natur- und Ökosystem hat neben seinen berühmten Weinen auch andere interessante kulinarische Produkte hervorgebracht. Sehr geschätzt werden z. B. die kleinen, festen Tomaten der Insel namens *Santorinió domadáki* (→ S. 167). Sie haben eine etwas dickere Schale als ihre Artgenossen und ihr Wassergehalt ist niedriger. Man kann sie roh verzehren, getrocknet, als aromatische Tomatenpaste oder als Tomatenkonfitüre im Glas. Die Tomaten werden auch für die Zubereitung der leckeren *Tomatokefthédes* verwendet.

Weiterhin sind die berühmten weißen Auberginen von Santoríni bekannt. Die *Áspri melitzána* sind deutlich weniger bitter als die herkömmlichen Auberginen. Eine inseltypische Spezialität sind auch Kapern, die vor allem an der Caldéra gedeihen – besonders lecker sind dabei die Kapernblätter namens *Kapparófylla.* Man gibt sie zu Salat hinzu.

Sogar die *Fáva* Santorínis hat ihren eigenen Geschmack, nicht nur wegen der Vulkanerde, sondern weil sie auf der Insel endemisch ist, d. h. einer anderen Art angehört als auf den übrigen Inseln der Kykladen – entdeckt hat man sie sogar in der 3600 Jahre alten Ausgrabung von Akrotíri. Und schließlich ist der Ziegenmilchkäse *Chloró tyrí* eine inseleigene Spezialität. Er wird aber hauptsächlich für den häuslichen Verbrauch hergestellt und kommt kaum in den Verkauf.

Nachspeisen und Süßes (Gliká)

In Griechenland und auch auf den Kykladen gibt es eine reiche Auswahl an traditionellen Backwaren – meist Blätterteig und oft sehr, sehr süß mit viel Zucker, Sirup und Honig. Käse als Nachspeise entspricht nicht der griechischen Landessitte. Allenfalls als Vorspeise ist Käse üblich.

Amigdalotó: Mandelgebäck in Pralinenform.

Baklavá: hauchdünner Blätterteig, mit Mandeln und Nüssen gefüllt und dann mit Honig übergossen. Ursprünglich aus der Türkei.

Bougátsa: gesüßter und mit Zimt bestreuter Mizíthra-Quark, gedeckt mit Blätterteig. Eine typische Spezialität, die vor allem vormittags als Frühstücksersatz gegessen wird.

Chalvá: knusprig-süßes Gebäck aus Honig und Sesamsamen.

Chalvadópittes: handgroße Oblaten mit türkischem Honig, Spezialität der Insel Sýros.

Galaktoboúreko: Blätterteiggebäck mit Grießcremefüllung.

Kataïfi: sehr süße Kuchenroulade mit Umhüllung aus dünnen Teigfäden.

Loukoúmi: extrem süße Fruchtgeleestücke, ebenfalls von Sýros.

Loukoumádes: in heißem Öl ausgebackene Hefeteigkugeln, die mit Honig übergossen werden.

Risógalo: mit Zimt gewürzter Milchreis.

Yaúrti me Méli: Frischer Joghurt mit Honig *(Méli)* übergossen. Mit Schafsjoghurt für Liebhaber eine Delikatesse.

Getränke

Wasser *(Neró)*: traditionell das wichtigste Getränk. Nachdem die alte griechische Sitte fast ausgestorben war, zum Essen und zum Kaffee ungefragt Wasser zu reichen, lebt diese Tradition im Rahmen der in den letzten Jahren verstärkten Bemühungen um die Urlaubergunst wieder auf. Wer kein Wasser angeboten bekommt, sollte sich nicht scheuen, höflich um „éna karafáki neró" (eine Karaffe Wasser) zu bitten. Mineralwasser aus PET-Flaschen taucht natürlich als separater Posten auf der Rechnung auf.

Kaffee *(Kafé)*: Filterkaffee, Nescafé, Espresso, Café Latte und Capuccino mitteleuropäischer Art sind auf Santoríni mittlerweile überall im Angebot. Der griechischen Landessitte entsprechen sie aber nicht. Wenn man den typischen griechischen Kaffee – ein starkes, schwarzes Mokkagebräu in winzigen Tassen – trinken möchte, muss man ausdrücklich *Kafé ellinikó* oder *Greek coffee* verlangen. Die Griechen haben sich an die Ausländer schon so weit gewöhnt, dass sie ihnen im Zweifelsfall immer Nescafé servieren, wenn „Kaffee" gewünscht wird. Sehr beliebt im Sommer ist *Frappé*: Nescafé-Pulver mit kaltem Wasser und Zucker aufgeschäumt sowie mit Milch und Eiswürfeln aufgefüllt.

Kafé ellinikó **elafrí** = leicht; **métrio** = mittelstark, mit Zucker; **varí glikó** = sehr süß; **skéto** = ohne Zucker; **varí glikó me polí kafé** = sehr süß und sehr stark.

Nescafé **sestó** = heiß; **frappé** = kalt; **skéto** = schwarz; **me Sáchari** = mit Zucker; **me Gála** = mit Milch.

Tee *(Tsaí)*: Tee ist auf den Kykladen wenig gebräuchlich und wird – wenn überhaupt – nur im Beutel angeboten. Tipp ist der griechische Bergtee *(Tsaí tou vounó)*.

Bier *(Bíra)*: In Griechenland wurde das Bier während der ersten Hälfte des 19. Jh. eingeführt. Damals regierte der Wittelsbacher Otto I. als König von Griechenland. Und er brachte natürlich sein Bier mit und die Braumeister gleich dazu. Nach dem Braumeister Karl Johann Fuchs hieß die erste griechische Biermarke *Fix*. Diese Marke (von 1864) wurde nun wieder reaktiviert und wird vielerorts angeboten. Originäre griechische Markenbiere sind zudem *Mýthos, Álpha* und *Vergína* (alle mit 5 % Alkohol). Sie sind (nach jahrelanger Dominanz ausländischer Marken) fest im Markt etabliert und brauchen sich auch geschmacklich nicht hinter der ausländischen Konkurrenz zu verstecken. Gelegentlich sind auch Biermischgetränke zu bekommen. Generell hat das Bier – in Hektolitern gemessen – dem Wein mittlerweile den Rang als führendes alkoholisches Getränk längst abgelaufen.

Im Jahr 2011 wurde in Éxo Goniá die erste und einzige Bierbrauerei auf Santoríni gegründet. Hergestellt werden vier verschiedene Biersorten unter der Dachmarke „Donkey Beer" (Details zu diesem Bier auf Seite 171). Donkey Beer wird in vielen Bars, Tavernen, Hotels und kleinen Spezialitätenläden überall auf der Insel angeboten.

Spirituosen: Alltägliches Genussmittel in Griechenland ist der dem italienischen Grappa ähnliche Tresterschnaps *Tsípouro*, gebrannt aus den Rückständen gepresster Weintrauben. Der Schnaps mit zwischen 30 und 40 Volumenprozent Alkohol wird im Herbst nach der Weinlese und -kelterei in Kupferkesseln destilliert. Angeboten wird auch *Tsikoudiá*, die kretische (und etwas stärkere) Variante des Tsípouro, bekannt auch als griechischer *Rakí*. Im Gegensatz zu seinem türkischen Namensvetter enthält der kretische Rakí keinen Anis. Verbreitet ist auch der *Rakómelo*, der aus Rakí, Honig und mehreren Gewürzen hergestellt wird (für Griechen eigentlich ein Wintergetränk). Wie überall in Griechenland trinkt man aber natürlich auch den bekannten Anisschnaps *Oúzo*, der aus reinem Alkohol unter Zugabe von Kräutern, Gewürzen, Anis und/oder Fenchelsamen hergestellt wird (Mindestalkoholgehalt 37,5 %). Er verfärbt sich beim Verdünnen mit Wasser milchig, kann aber auch unverdünnt getrunken werden. In den Bars und Clubs beherrschen dagegen internationale Modegetränke und Cocktails aller Art die Szene.

Alkoholfreies: neben den bekannten Süßgetränken internationaler Konzerne leider wenig Authentisches. Frisch gepressten Orangensaft bekommt man fast überall.

Limonáda: Zitronenlimonade. **Portokaláda**: Orangenlimonade. **Chymós Portokalióu**: Orangensaft.

Santorínis Weine (Santorinió Krassí)

Die intensive Weinbaukultur Santorínis entwickelte sich schon in der Antike und wurde unter venezianischer Herrschaft weiter verfeinert. Heute genießen die Weine der Vulkaninsel einen hervorragenden Ruf und immer mehr Winzer suchen die Öffentlichkeit mit Schauräumen, Führungen durch die Kellereien und Weinverkostungen.

Die zum Weinanbau genutzte Rebfläche beträgt derzeit etwa 1500 Hektar Land. Doch obwohl nahezu jeder unbebaute und vom Boden her taugliche Quadratmeter genutzt wird, drängt die zunehmende touristische Erschließung Santorínis den Weinbau zurück – noch vor hundert Jahren sollen fast 4000 Hektar bewirtschaftet worden sein. Die niedrigen Reben wachsen überwiegend auf den weiten Plateaus im Mittel- und Südteil der Insel, die von der 300 m hohen Westküste zur flachen Ostküste abfallen. Im Norden gibt es nur ein Weingut. Von der gefürchteten Reblaus sind sie stets verschont geblieben, da das Vulkangestein nur sehr wenig Lehm

Santorinischer Wein wird auch im Straßenverkauf angeboten

enthält. Trotz der erheblichen Wasserarmut auf Santoríni gedeihen sie prächtig. Das Geheimnis heißt Tau: Die Asche- und Bimssteinböden sind hervorragende Speicher für den kostbaren allnächtlichen Niederschlag, der durch häufige Wasserdampfbildung über der Hunderte von Metern tiefen Caldéra noch ergänzt wird. Die einzelnen Stöcke sind so weit auseinander gepflanzt, dass ihre Wurzeln das Wasser aus großen Bodenflächen ziehen können. Um Verwehungen zu vermindern und die winterlichen Niederschläge besser zu den Stöcken zu leiten, stehen zudem alle Weinstöcke in flachen Kuhlen. Und um die Ernte gegen den ständigen Wind auf den kahlen Hängen und Plateaus zu schützen, werden die dicken Rebäste niedrig (d. h. knapp über dem Boden) gehalten. Sie sind auf unverwechselbare Weise im Kreis gewunden, sodass eine Art „Nest" oder „Korb" entsteht, der bis zu 80 cm hoch werden kann *(Kouloúra)* – so werden die Trauben vor der intensiven Sonneneinstrahlung geschützt. Nach der Ernte werden die Trauben in inseltypischen Höhlenkellern namens *Áspa* verarbeitet, die in den weichen Bimsstein gegraben sind. Diese schaffen auch für die spätere Lagerung der Weine ein ideales Mikroklima (im Sommer kühl, im Winter nicht zu kalt) und sind gut geeignet, Erdbeben zu überstehen.

Die Winzer von Santoríni stellen heute mehr als 50 Weinvariationen her. Einige der trockenen Weiß- und Süßweine gehören der höchsten griechischen Qualitätsstufe OPAP (Onomasía proeléfseos anotéras piótitos) an und werden mit der internationalen Herkunftsbezeichnung *Appellation of Origin* bzw. VQPRD (Kontrolliertes Ursprungszeichen) gekennzeichnet. Santorínis Rotweine sind dagegen im Allgemeinen wenig komplex und meist gewöhnliche Tafelweine. Die Traubensorten für die Weißweine sind weitgehend autochthon, d. h. sie wachsen ausschließlich auf Santoríni, während man die verbreitete Mandilariá-Traubensorte für Rotweine auch in anderen Weinbaugebieten Griechenlands findet. In den letzten Jahren hat man sich mitteleuropäischen Trends angepasst und baut einen gewissen Anteil der Weine wieder im traditionellen Holzfass aus. Diese Weine, zumeist weiße, weniger rote, tragen die Zusatzbezeichnung *Varéli.*

Viele der besseren Santoríni-Weine sind in den Tavernen der Insel zu haben. Leider werden sie von einigen Wirten als Chance zum schnellen Euro angesehen, die Preise für Flaschenweine wirken nicht selten überhöht. Offene Weine sind generell preiswerter – doch nicht immer stammen sie auch wirklich von Santoríni. Verlangen Sie Wein *ap to varéli* (vom Fass) bzw. *Krassí chimá* (Hauswein), *Aspró krassí* (Weißwein) oder *Kokkíno krassí* (Rotwein) – und fragen Sie den Wirt, wo sein Wein eigentlich herkommt.

Trauben auf Santoríni

Die mit Abstand wichtigste Traubensorte ist die autochthone *Asýrtiko-Traube*, die allein etwa 70 % der Rebflächen einnimmt. Daneben gibt es noch die aromatische *Aidáni* und die vollfruchtig-milde *Athíri-Traube* (zusammen 10 % der Rebfläche). Aus allen drei Sorten werden zum Großteil (ca. 85 %) trockene Weißweine gekeltert, aber auch die bekannten Süßweine Santorínis. Der Rotwein stammt weitgehend von der *Mandilariá-Traube*, zum kleineren Teil auch aus der autochthonen *Mavrotrágano-Traube*, mit der man in den letzten Jahren gute Ergebnisse erzielt hat.

Santorinische Weintrauben

Bekannteste Weinsorten

Die wichtigsten Weinsorten kommen unter verschiedenen Namen in den Handel.

Niktéri (auch Nichtéri): der gebräuchlichste *Weißwein* der Insel, meist trocken, einem Riesling nicht unähnlich. Sein Name rührt daher, dass die gesammelten Trauben (Mischung von Asýrtiko mit anderen Arten) sofort nach der Ernte, d. h. noch in derselben Nacht, gepresst werden (Níchta = Nacht). Eine andere Erklärung meint, dass die Trauben vor Sonnenaufgang gepflückt werden, weil sie dann angeblich ihr bestes Aroma haben. Man kann Niktéri jung trinken, doch meist wird er einige Jahre in Fässern gelagert, um an Gehalt zu gewinnen. Er besitzt einen vollmundigen Geschmack, sattgelbe Färbung und um die 13 % Alkohol, ist sehr erdig, jedoch mit süßer Komponente (kann mit geschlossenen Augen sogar für einen Rotwein gehalten werden). Passt gut zu Geröstetem und Gegrilltem, zu Geflügel und Ziegenfleisch sowie zu allen Knoblauchgerichten.

Vinsánto (auch Visánto): *süßer Aperitifwein*, kann weiß, rosé oder rot sein. Er wurde schon im Altertum getrunken und seine Herstellung folgt einer antiken Technik: Die Trauben werden zuerst ein bis zwei Wochen zum Trocknen in die Sonne gelegt, was den Zuckergehalt steigen, aber die Erträge sinken lässt. Erst dann presst man die „halb gebackenen" Trauben aus. Aus 5 kg Trauben erhält man nur etwa 700 ml Vinsánto. Anschließend folgt eine lange Gärung mit Haut und Stielen, dann nochmals mehrere Jahre Lagerung in Fässern. Vinsánto hat einen hohen Zucker- und einen geringen Alkoholgehalt (kaum mehr als 10 % Alkohol, meist sogar nur 9 %), er wird sehr kalt getrunken. Es gibt auch eine weniger süße Variante namens *Imíglyko* (halbsüß).

Noch vor wenigen Jahren in Betrieb, heute Blickfang für Touristen

Wissenswertes von A bis Z

Ärztliche Versorgung und Apotheken

Die ärztliche Versorgung in ganz Griechenland und auch auf Santoríni hat sich seit der sogenannten Finanzkrise deutlich verschlechtert, weil der griechische Staat u. a. bei den Gesundheitskosten drastisch sparen muss. Das staatliche kleine **Health Center** (Nosokomío) in Firá unterhalb des Busbahnhofs hat einen 24-Stunden-Dienst (englischsprachige Ärzte), ist aber völlig unterbesetzt und unterfinanziert. Die Ärzte sind kompetent, aber es fehlt an praktisch aller Ausstattung. Eine Behandlung dort ist kaum (mehr) zu empfehlen.

Das in den letzten Jahren vor der Krise südlich von Firá zwischen der Caldéra-Straße und der Karterádos-Straße mit Millionen Euro an EU-Mitteln neu errichtete große und bestens ausgestattete *Inselkrankenhaus* wurde aus Geldmangel bisher noch immer nicht eröffnet und rottet mittlerweile vor sich hin.

Wir empfehlen die in Firá, Oía, Kamári, Períssa, Messariá und Emborío niedergelassenen Allgemeinärzte, Zahnärzte und Chirurgen. In schweren Fällen sollte man aber nach Möglichkeit in die modernen Kliniken von Athen oder Iráklion (Kreta) ausweichen – im Notfall wird man dorthin ausgeflogen. Bei kleineren Beschwerden kann man auf den Gang zum Arzt verzichten und die meist sehr kompetenten **Apotheker** um Rat fragen. Medikamente sind in Griechenland preiswert, vieles läuft rezeptfrei.

Behandlungskosten/Versicherung Für EU-Bürger und Schweizer besteht die Möglichkeit, sich auf den neuen Krankenschein „Europakarte" über die griechische Krankenkasse IKA kostenlos behandeln zu lassen. Die Prozedur für einen Berechtigungsschein ist allerdings ziemlich langwierig. Wir raten dazu, im Interesse der eigenen Gesundheit darauf zu verzichten und unbedingt einen Privatarzt aufzusuchen. Glücklicherweise sind griechische Arzthonorare nicht übermäßig hoch. Gegen eine Quittung *(Apódixi)*, die sowohl Diagnose als auch Art und Kosten der Behandlung beinhalten muss, erhalten Sie Ihre Ausgaben zu Hause je nach Krankenkasse ganz oder anteilig zurückerstattet. Auch Apotheken- und Medizinkosten werden zurückerstattet. Wer es für sinnvoll hält, kann zusätzlich eine **Auslandskrankenversicherung** abschließen, die die meisten privaten Krankenkassen günstig anbieten.

Apotheken befinden sich in der Nähe der Platía Theotokopoúlou in *Firá*, an der Durchgangsstraße in *Imerovígli*, an der Kraterrandgasse in *Oía*, an der Strandpromenade in *Kamári* sowie in *Messariá*, *Pýrgos* und *Emborío*.

Wichtige Telefonnummern

Polizeinotruf ✆ 100; **Feuerwehr** ✆ 199; **Erste Hilfe/Unfallrettung** in größeren Städten und deren Umgebung ✆ 166; **Pannenhilfe** ✆ 104; **kostenloser Euronotruf** (gültig EU-weit) ✆ 112.

Diplomatische Vertretungen

Auf Santoríni gibt es keine ausländischen Vertretungen, alle Botschaften haben ihren Sitz in Athen. In Notfällen, z. B. bei Verlust sämtlicher Reisefinanzen, kann man sich dorthin wenden. In erster Linie erhält man Hilfe zur Selbsthilfe, d. h. die Vermittlung von Kontaktmöglichkeiten zu Verwandten oder Freunden sowie Informationen über schnelle Überweisungswege (z. B. mit Western Union Money Transfer, S. 79). Nur wenn keine andere Hilfe möglich ist, wird Geld für die Heimreise vorgestreckt, allerdings erfolgt keine Übernahme von Schulden (z. B. Hotelkosten u. Ä.) noch werden Mittel für die Fortsetzung des Urlaubs ausgegeben. Auch wenn die Ausweisdokumente abhanden gekommen sind, sollte man sich an die zuständige Botschaft wenden. Dort erhält man ein Papier, das zur einmaligen Ausreise berechtigt.

Deutschland **Botschaft**, Odós Karaolí & Dimitríou 3, GR-10675 Athen-Kolonáki, ✆ 210-7285111 (Notfall-✆ 693-2338153), www.griechenland.diplo.de. Mo–Fr 9–12 Uhr.

Honorarkonsulat auf der Insel Sýros: Honorarkonsul Nikoláos Gásparis, Odós Heróon Polytechníou 21, GR-84100 Ermoúpolis, ✆ 22810-79176.

Österreich **Botschaft**, Vasilissís Sofías 4, GR-10674 Athen, ✆ 210-7257270, athen-ob@bmeia.gv.at. Mo–Fr 10–12 Uhr.

Schweiz **Botschaft**, Odós Iassíou 2, GR-11521 Athen, ✆ 210-7230364 (Notfall-✆ 694-4911919), ath.vertretung@eda.admin.ch. Mo–Fr 10–12 Uhr.

Einkaufen

Auf Santoríni findet man eine ganze Menge hübscher und teilweise authentischer Stücke, die sich gut als Mitbringsel oder zur Erinnerung eignen. Vor allem die *kulinarischen Produkte* der Insel sind geeignet, um zu Hause den Urlaub noch einmal genussvoll nachzubereiten – in erster Linie sei hier natürlich der berühmte Kraterwein genannt, aber es gibt auch verschiedene Leckereien wie Süßigkeiten, Marmelade, eingelegte Früchte, Kapern/Kapernblätter u. v. m. Gut sortiert sind auch entsprechende Spezialitätenläden in Firá und ein Tipp sind die Verkaufsstände *C.A.R.M.E.N.* und *Kalí Kardiá* in bzw. südlich von Akrotíri.

Unzählige Galerien bieten überall auf der Insel Aquarelle an

Auch *Ton-, Keramik- und Glasprodukte* werden auf Santoríni in guter Qualität gefertigt (→ „Einkaufen“ in den Kapiteln Firá und Oía). Weiterhin gibt es aus einheimischer Produktion hin und wieder schöne *Stickereien* und *Häkelarbeiten*. Vieles ist allerdings aus anderen Regionen Griechenlands importiert oder gar fernöstliche Massenware. Bunte Ikonenmalereien, *Schmuck* von Athener Juwelieren und blank polierte Kopien der berühmten antiken Kykladenidole ergänzen das Angebot. Natürlich werden auch schöne *Malereien* (meist Aquarelle) in allen Größen und denkbaren Inselmotiven angeboten. Wer *Repliken* antiker Stücke kauft, sollte die Quittung aufbewahren, um eventuellen Problemen am Zoll aus dem Weg zu gehen.

Waren für den täglichen Bedarf erhält man in den Supermärkten und im *Pantopolíon* (dt. „alles kaufen“). Eine urgriechische Einrichtung sind außerdem die Kioske *(Períptero),* die man in jedem Dorf findet – ob Zahnpasta, Zigaretten, Kugelschreiber, Getränke oder Süßigkeiten, das Angebot ist scheinbar unerschöpflich und die Kioske sind fast rund um die Uhr geöffnet.

Ein- und Ausreise

Für EU-Bürger und Schweizer genügt bei der Einreise nach Griechenland der *Personalausweis* bzw. die *Identitätskarte*. Kinder müssen einen *Kinderausweis* haben, ab zehn Jahren mit Foto. Da Griechenland (derzeit) zum Schengen-Raum gehört, werden die Ausweise nur noch stichprobenartig kontrolliert. Sinnvoll ist es, Personalausweis *und* Reisepass mitzunehmen. So hat man Ersatz, wenn ein Ausweis abhanden kommt. Es empfiehlt sich auch, Kopien der Dokumente mitzunehmen (getrennt von Originalen aufbewahren). Im Fall eines Verlustes kommt man so bei der Botschaft schneller zu Ersatzpapieren. Kraftfahrer mit eigenem Fahrzeug benötigen als Nachweis für eine bestehende Haftpflichtversicherung die *grüne Versicherungskarte* (kostenlos bei der eigenen Kfz-Versicherung). Wer sie vergessen hat, kann sie noch an der Grenze erwerben (ca. 40 €). *Führerscheine* bzw. *Fahrausweise* aus der EU und der Schweiz werden akzeptiert, ein Internationaler Führerschein ist nicht nötig.

FKK

Nacktbaden ist per Gesetz verboten und strafbar. „Oben ohne“ ist mittlerweile an fast allen Stränden üblich und wird geduldet, auch Griechinnen machen da keine Ausnahme mehr. Vom gänzlich Nacktbaden raten wir ab. Nicht selten reagieren Griechen (Männer und Frauen) verärgert auf hüllenlose Touristen. Vor allem an Stränden innerhalb von Orten sollte man *unbedingt* darauf verzichten, sich textilfrei zu sonnen.

Geld und Reisefinanzen

Landeswährung ist der Euro, zumindest war er dies noch zur Drucklegung dieses Buchs Ende 2015. Da die sogenannten Rettungspakete der Brüsseler Eurokratie jedoch die Probleme Griechenlands nicht lösen, sondern nur stets ein paar Jahre weiter in die Zukunft verschieben, scheint ein Austritt aus der europäischen Währungsunion nach wie vor durchaus möglich. Sollte Griechenland tatsächlich eines Tages zur Drachme zurückkehren, dürfte sich das gesamte Preisgefüge im Lande drastisch verändern.

Auch wenn Griechenland (vorerst) Mitglied des Euros bleibt, werden die Preise weiter steigen. Seit dem 1. Oktober 2015 gilt auf Santoríni eine mit dem dritten Hilfspaket vom Juli 2015 verbundene Umsatzsteuererhöhung von 16 auf 23 Prozent für Hotelübernachtungen und von 13 auf 23 Prozent für Restaurants.

Der Euro wird in Griechenland ΕΥΡΩ geschrieben und „Efró“ ausgesprochen. Als Unterwährung wurde nicht der Cent – wie ansonsten überall im Gebiet der Währungsunion – eingeführt, sondern die alte griechische Drachmen-Untereinheit Lépta weitergeführt.

Geldautomaten: Am bequemsten und sichersten ist zweifellos das Abheben mit *Maestro*-Karte. Solche Geldautomaten gibt es bei allen Banken in den größeren Inselorten. Die Auszahlungsbeträge entsprechen in der Regel jenen zu Hause. Jedoch Vorsicht: Nicht alle Automaten nehmen Maestro-Karten an, man muss auf die Aufkleber achten. Es kommt auch häufiger vor, dass ein Automat defekt ist. Bei der Verrechnung zu Hause fällt pro Abhebung eine Gebühr an (eine Kommission vor Ort wird nicht fällig).

Reiseschecks: werden hauptsächlich von *American Express*, *Thomas Cook* und *Visa* angeboten. Man muss sie vor der Reise bei einer Bank einkaufen, dabei kassiert das Institut eine Kommission von 1 % des Werts. Bei der Einlösung in Griechenland werden Gebühren von etwa 1–2 % fällig. Bei Verlust oder Diebstahl erhält man vollen Ersatz bei den Büros der Scheckgesellschaft, im Notfall auch per Kurier, jedoch muss die Kaufquittung vorgewiesen werden (getrennt von Schecks aufbewahren).

Kreditkarten: Mit den gängigen Karten wie *Mastercard, Eurocard, Visa, American Express* kann man in größeren Geschäften, Hotels, Restaurants, Fahrzeugvermietungen u. Ä. bargeldlos bezahlen. Bei den meisten Banken kann man mit Kreditkarten auch Geld abheben, allerdings mit teils hohen Gebühren.

Bargeldtransfer mit Western Union: Wenn die Mittel ausgehen, kann man sich von einer Vertrauensperson zu Hause innerhalb weniger Stunden Geld überweisen lassen. Dazu zahlt die Kontaktperson das Geld bei einer Filiale der Postbank (oder einer anderen Western Union Agentur) ein und gibt dazu den Empfängernamen und die entsprechende Agentur im Ausland an. Der derzeitige Maximalbetrag für Überweisungen liegt bei 5000 €. Die Gebühren betragen derzeit unabhängig von der Transferhöhe 5 € je Auftrag bei Barauszahlung in Griechenland. (www.westernunion.de).

Informationen

Die *Griechische Zentrale für Fremdenverkehr* (GZF), in Griechenland unter dem Namen *Ellenikós Organismós Tourismoú* (EOT) zu finden, hat in Deutschland und in Österreich jeweils ein Kontaktbüro eingerichtet. Das Büro in der Schweiz wurde 2011 aus Geldmangel geschlossen. Für die Schweiz ist jetzt das Büro in Wien mit zuständig. Man erhält dort Broschüren und Kartenmaterial. Da einige Veranstalter ihre Prospekte über die GZF verteilen lassen, ist auch einiges an speziellem Material zu haben (z. B. Ferienhäuser, Wanderferien, Segeln u. a.).

Deutschland Neue Mainzer Str. 22, D-60311 Frankfurt, ✆ 069-2578270, www.gzf-eot.de.

Österreich Opernring 8, A-1010 Wien, ✆ 01-5125317, grect@vienna.at.

Griechenland *Zentrale*: Odós Tsóha 7, GR-11521 Athen, ✆/℻ 210-8707000, www.visitgreece.gr, Mo–Fr 8–15 Uhr. *Informationsbüro*: Odós Dionýsiou Areopagítou 18 20, Athen, ✆ 210-3310392, info@gnto.gr. Mo–Fr 9–19 Uhr, Sa/So 10–16 Uhr.

Internet Die Flut an Internet-Seiten über Santoríni ist kaum mehr überschaubar und mit den bekannten Suchmaschinen problemlos zu finden. Hier einige Special-Interest-Seiten zur Insel:

Tagesaktuelles Verzeichnis der Kreuzfahrtschiffe: www.santoriniport.com

Institut für die Observation des Santoríni-Vulkans: www.ismosav.santorini.net

Nationales Griechisches Erdbebenobservatorium Athen (latest earthquake alert): www.gein.noa.gr/services/recent-earth.html

Kartenmaterial

Die inhaltlich beste – auf reiß- und wasserfestem Material gedruckte – Karte für Wanderer auf Santoríni und Thirassía ist im Athener Verlag *Anavasi* erschienen (1:26.000, ISBN 978-960-8195-34-9). Sie enthält GPS-gestützte Wegdaten (WGS84 grid) und Tipps für Wandertouren sowie touristische Ziele. Die neueste Auflage stammt von 2015. Sie wird überall auf der Insel für 7 Euro angeboten und kann auch über www.anavasi.gr und www.mountains.gr erworben werden. Eine digitale Version in verschiedenen Dateiformaten kann für 5 Euro von der Website heruntergeladen werden (Auflage 2013).

Empfehlenswert ist auch die griechische GPS-Karte von *Terrain Maps* (1:25.000, Auflage 2014, 7,50 Euro, www.terrainmaps.gr).

Klöster und Kirchen

Einen Besuch der Klöster und wichtigen Kirchen auf Thíra und Thirassía sollte man sich nicht entgehen lassen, die Stimmung ist Welten entfernt vom Touristenrummel. Leider sind nicht wenige Klöster auf Santoríni mittlerweile verlassen und einige sind, wenn überhaupt, nur für orthodoxe Christen zugänglich. Ganz wichtig beim Besuch: angemessene Kleidung tragen und wenig Haut zeigen. Keine nackten Beine und Schultern, stattdessen lange Hosen für Männer bzw. knielange Röcke für Frauen. Das gilt natürlich auch für die Kirchen, wobei sich die Wärter (sofern anwesend) hier meist großzügiger mit der Kleiderordnung zeigen.

Medien

An den Zeitungskiosken und in einigen Geschäften in den touristischen Orten gibt es deutschsprachige Printmedien zu kaufen, allerdings nur während der Saison von Mai bis Oktober. Jährlich erscheinende Inselmagazine in englischer Sprache gibt es mehrere, z. B. *Santorini Today* (www.santorini-today.gr), den *Santorini Island Guide* (www.santorini-islandguide.com) und das *Santorini Guidebook* (www.santoriniguide book.gr). Sie liegen in Hotels, Tavernen und Reisebüros kostenlos aus.

Kaum zu glauben, aber Santoríni verfügt über zwei eigene Radiostationen: *Radio Santoríni* sendet auf UKW 106,4 MHz (www.santorini-radio.com und www.santorinifm.gr) und *Top Melody* auf UKW 104,9 MHz (www.topmelodyfm.gr).

Shopping zwischen Kitsch und Authentischem

Öffnungszeiten

Weitgehend auf das Geschäft mit Touristen ausgerichtete Läden in den Tourismuszentren der Insel haben den ganzen Tag durchgängig und bis spät abends geöffnet. Alle anderen Läden haben sich mit einer langen Siestapause den mediterranen Klimaverhältnissen angepasst. Dafür haben die Geschäfte abends lange offen, wenn die Hitze nachgelassen hat. Dann macht das Einkaufen auch viel mehr Spaß als in der mittäglichen Gluthitze. Nur staatliche Einrichtungen und Banken haben feste Zeiten, die auch eingehalten werden. Ansonsten gilt als Faustregel: vormittags ab 8/9 Uhr bis ca. 13/14 Uhr, nachmittags etwa 17–21 Uhr oder länger. Vor allem Souvenir- und Lebensmittelläden haben selbst in der Nebensaison abends oft bis 23/24 Uhr geöffnet.

Post (Tachidromíon)

Postämter gibt es auf Thíra in Firá, Oía, Kamári, Períssa, Messariá und Akrotíri sowie in Manolás auf Thirassía. Karten und Briefe werden in der Regel in drei bis acht Tagen nach Mitteleuropa befördert. Der Vermerk „per Luftpost“ ist überflüssig, da die gesamte Post ab Athen generell mit dem Flugzeug befördert wird. Eine Auszeichnung als *Sistiméno* (Einschreiben) bewirkt oft schnellere Beförderung (ca. 2 € Aufpreis). Sendungen ab 2 kg Gewicht dürfen erst auf der Post verschlossen werden, nachdem der Beamte den Inhalt kontrolliert hat.

Briefmarken: gibt es außer bei der Post in den meisten Läden und Kiosken, die Postkarten verkaufen. Tarife kann man dort erfragen.

Poste Restante: Jedes Postamt nimmt postlagernde Sendungen entgegen. Diese können mit Ausweis und gegen eine kleine Gebühr abgeholt werden. Ein Brief wird im Normalfall bis zu zwei Monate aufbewahrt. Als Absender in einem solchen Fall immer den Empfängernamen (Nachnamen unterstreichen!), das Zielpostamt und den Vermerk „Poste restante" auf den Umschlag schreiben. Tipp: Falls der Beamte unter dem Familiennamen nicht fündig wird, auch unter dem Vornamen nachschauen lassen. Das Einordnen teutonischer Namen fällt griechischen Postbeamten verständlicherweise schwer.

Religion

Die religiöse Zugehörigkeit zur Orthodoxie war ein starkes Merkmal bei der Bildung der griechischen Nation und dem Freiheitskampf gegen die 300-jährige türkische Besatzung, in dem der Kirche keine geringe Rolle zukam. Daher hat die orthodoxe Geistlichkeit allgemein ein hohes Ansehen in der Bevölkerung. Allerdings lässt dies in den letzten Jahren – wie in vielen westlichen Demokratien – spürbar nach. Im Jahr 1982 wurde die obligatorische kirchliche Trauung aufgehoben und die Zivilehe als gleichwertig anerkannt. Der Religionseintrag in Personalausweisen wurde Mitte der 90er-Jahre abgeschafft und erst 2008 wurde die Verpflichtung zum orthodoxen Religionsunterricht in staatlichen Schulen aufgehoben. Neben der orthodoxen Mehrheit leben jedoch auf den Kykladen relativ viele Katholiken. Dies geht auf die venezianische Eroberung im 13. Jh. zurück, denn die „Franken" brachten natürlich auch ihren Glauben mit. Die größten katholischen Bevölkerungsanteile besitzen Sýros, Tínos, Náxos und eben auch Santoríni (→ S. 36).

Liturgie und Architektur der griechisch-orthodoxen Kirche unterscheiden sich deutlich von katholischen und erst recht von evangelischen Gottesdiensten und -häusern. Die Predigt spielt nur eine untergeordnete Rolle; dominiert wird der Gottesdienst, bei dem Besucher willkommen sind, von altertümlichen, fremdartig klingenden Wechselgesängen. Je mysteriöser die Liturgie, desto sicherer ist, dass sie „nicht von dieser Welt" ist. Die Kuppel der Kirche stellt das Firmament dar, das Gebäude selbst wird als Teil des Himmels, als dessen Eingang empfunden, Sichtbares und Unsichtbares, Glaube und Architektur verschmelzen zu einer Einheit.

Sport

Auf Santoríni kommen vor allem Wassersportfans und Beachvolleyballer auf ihre Kosten. Zudem findet man mehr oder minder gut gepflegte Basketballplätze in fast allen größeren Orten, da Basketball in Griechenland gleich hinter dem Fußball rangiert. Für alle anderen Sportarten fehlt – wie auf vielen griechischen Inseln – auf Santoríni eine entsprechende Infrastruktur. Auch eine Sporthalle sucht man vergebens. Dafür gibt es auf der Insel mehrere Oberklassehotels mit eigenen Fitnessräumen und Tennisplätzen. Ansonsten bleibt sportliche Betätigung weitgehend der Eigeninitiative überlassen. Bergwandern und Mountainbiken ist möglich, doch die Anzahl der Wege bzw. Tracks ist gering.

Romantischer Schiffsausflug mit der „Margaríta" durch die Caldéra (→ S. 183)

Bootssport/Wasserski: Tretboote und Kanus werden an den touristisch erschlossenen Stränden verliehen. Dort auch Wasserskiangebote.

Segeln: Die Kykladen sind ein fantastisches Segelrevier! Speziell im Frühjahr und im Frühherbst kreuzen viele Jachten – im Hochsommer können dagegen die Meltémi-Winde das Segeln oft für Tage unmöglich machen. Alle nautischen Reiseführer warnen: Wind und Seegang sind unberechenbar und oft gefährlich. Wer die Kykladen kennt, weiß um ihr doppeltes Gesicht. Wenn das Wetter mitspielt, gibt es kaum schönere Inseln, aber wehe, wenn Wind und Meer sich von ihrer unangenehmen Seite zeigen. Für Santoríni gilt zudem wegen der besonderen geologischen Gegebenheiten eine Sondersituation. In der Caldéra existiert praktisch kein Ankergrund und an der Ostküste Thíras (wo ankern möglich wäre) ist der auflandige Wind eine Gefahr.

Tauchen/Schnorcheln: Schnorcheln ist überall erlaubt, das Tauchen mit Pressluftflaschen und Tauchanzügen ist hingegen rund um Santoríni verboten, sofern es in Eigenregie durchgeführt wird. Schon zu viele Sporttaucher haben antike „Souvenirs" am Meeresboden gefunden und mitgehen lassen. Für die Tauchschulen von Santoríni wurden aber Tauchgenehmigungen für bestimmte Meeresgebiete erteilt, in denen unter Aufsicht der Tauchlehrer getaucht werden darf.

Windsurfen/Kitesurfen: Die gesamten Kykladen gehören zu den windstärksten Zonen im Mittelmeer – vor allem in den Sommermonaten, wenn die Meltémi-Winde aktiv sind. Von Juni bis Oktober gibt es hier an mehr als zwei Dritteln der Tage Windstärken von über 4 Beaufort, gelegentlich auch bis zu 8 Beaufort. An den Stränden in Kamári, Períssa, Monólithos, Límnes und Perívolos wird Windsurf- und Kitesurf-Ausrüstung verliehen.

Wandern: → Kapitel „Wanderungen auf Santoríni", S. 246.

Sprache (Glóssa)

Neugriechisch ist keine einfache Sprache. Das griechische Alphabet kennt zudem auch einige andere Buchstaben als das Lateinische. Auf Santoríni spricht aber mittlerweile jeder Inselbewohner, der irgendwie mit Touristen zu tun hat, wenigstens gebrochen Englisch, oftmals auch Deutsch. Man sollte gelegentlich versuchen, etwas Griechisch zu sprechen, meist wird das dankbar honoriert. Sehr wichtig ist die richtige Betonung der Worte. Am Ende des Buchs befindet sich ein kleiner Sprachführer.

Lesetipps für Krimi-Fans

Die Griechenland-Krimis des auch in Deutschland bekannten Athener Autors **Pétros Márkaris** spielen zwar in der griechischen Hauptstadt und nicht auf Santoríni, aber sie geben sehr tiefgründige Einblicke in die griechische Gesellschaft. Kommissar Kóstas Cháritos' Fälle sind nicht nur spannend bis zur letzten Seite, sondern zeigen in einer Art soziologischem Roman Aktuelles, Historisches und Politisches im heutigen Griechenland auf. Márkaris Werke stehen auch in Griechenland immer ganz oben auf den Bestsellerlisten. Auf Deutsch erschienen die Krimis: *Hellas Channel* (2000), *Nachtfalter* (2001), *Live!* (2004), *Der Großaktionär* (2007), *Die Kinderfrau* (2009), *Faule Kredite* (2011), *Abrechnung* (2013), *Finstere Zeiten* (2013), *Zahltag* (2014), *Zurück auf Start* (2015). Alle Titel erschienen im Diogenes Verlag in Zürich, www.diogenes.ch.

Telefon (Tiléfono) / Mobiltelefon (Kinitó)

In Griechenland muss immer die vollständige Nummer inklusive der santorinischen Inselvorwahl 22860 für Festnetznummern gewählt werden. Griechische Mobilfunknummern erkennt man daran, dass sie mit 69 beginnen. Wer von Santoríni aus nach Hause anrufen will, Auslandsvorwahl nicht vergessen: Deutschland 0049, Österreich 0043, Schweiz 0041. Dann die Ortsvorwahl ohne die Null und schließlich die Nummer des gewünschten Teilnehmers.

Festnetz: Telefonieren ist von den öffentlichen Kartentelefonen der griechischen Festnetzgesellschaft OTE (*Organismós Tilepikinoníon tis Elládos*) problemlos in alle Welt möglich. OTE-Telefonkarten *(Tilékarta)* mit verschiedenen Nennwerten erhält man in vielen Läden und Kiosken sowie in Postämtern und allen OTE-Büros. Es gibt auch diverse Konkurrenzanbieter, mit deren Karten man sich zunächst in eine (kostenlose) Hotline einwählen muss. Nach Eingabe des Codes (auf der Karte) bekommt man dann eine Leitung, über die man weiter wählen kann. Diese Karten (spürbar billiger als die OTE-Karten) werden in vielen Läden und Kiosken verkauft.

Mobiltelefon: Handys funktionieren im GSM-Roaming mit den entsprechenden Zusatzgebühren, die im Ausland immer anfallen. Sie sind in Griechenland allerdings nicht mehr so exorbitant hoch wie früher, da die Regelungswut der EU hier ausnahmsweise mal einen wirklichen Vorteil bringt. Dennoch sollte man unbedingt vorher bei seiner Telefongesellschaft die Tarife erfragen, um später größere Über-

Maulesel gehören auf Santoríni zum alltäglichen Bild

raschungen zu vermeiden. In Griechenland gibt es derzeit drei Mobilfunkanbieter: *Cosmoté*, *Vodafone* und *Wind*. Für alle, die länger in Griechenland bleiben und ein Handy ohne Sim-Lock besitzen, lohnt sich eine griechische Mobilnummer mit Pre-Paid-Karte (gibt es ab 5 €), da dann keine Roaming-Gebühren anfallen. Die Netzabdeckung ist in Griechenland generell sehr gut. Auch auf Santoríni gibt es kaum Funklöcher. Selbst in den Bergen ist der Empfang problemlos.

Toiletten (Toualétes)

Allgemein gilt für griechische Toiletten: Papier darf nicht mit hinuntergespült werden, dafür steht immer ein Eimer bereit (ansonsten wären dauernd die engen Abflussrohre verstopft). Beschilderung: Herren = *Ándron*, Frauen = *Ginaíkon*.

Uhrzeit

In ganz Griechenland gilt die osteuropäische Zeit (OEZ). Sie ist der mitteleuropäischen Zeit (MEZ) um eine Stunde voraus. Von April bis Oktober ist wie bei uns zusätzlich die Sommerzeit gültig. Bei der Einreise nach Griechenland die Uhr eine Stunde vorstellen, bei der Ausreise eine Stunde zurückstellen.

Umweltprobleme

Die schwierige Aufgabe der *Müllbeseitigung* ist auf den griechischen Inseln nach wie vor praktisch ungelöst. Es herrschen Zustände, die weit entfernt von allen EU-Normen liegen und das Land eher an einen Dritte-Welt-Staat erinnern lassen.

Auf Santoríni wird der Müll in Containern gesammelt, die im Sommer immerhin täglich geleert werden. Danach landet der Müll auf der Inseldeponie (südlich von Firá am Kraterrand), wird mit Chemikalien „reduziert" und teils verbrannt. Oft wird leichtes Material durch Wind und winterliche Regenfälle in die Caldéra geblasen bzw. geschwemmt. Von dort treibt es dann mit Hilfe der heftigen Meltémi-Winde an die Nordstrände der weiter südlich liegenden Inseln (im Fall von Santoríni ist das Kreta). An eine konsequente *Müllvermeidung* hat man bisher kaum gedacht.

Wie fast alle Kykladeninseln (nur Ándros und Náxos machen da Ausnahmen) bestehen auch auf Santoríni erhebliche Probleme mit der Süßwasserversorgung. Durch das lockere vulkanische Gestein versickert winterliches Regenwasser recht schnell. Natürliche Auffangteiche und Seen gibt es genauso wenig wie Flüsse. Wasser ist, vor allem wenn es im Winter kaum geregnet hat, eine kostbare Ware. Praktisch jedes Haus hat daher seine eigene Zisterne. Das winterliche Regenwasser wird darin gesammelt, damit man möglichst weit über den trockenen Sommer kommt. Reicht es nicht, kommt der Tanklastwagen und versorgt die Siedlungen der Insel mit Wasser. Dieses stammt weitgehend aus dem Badeort Kamári an der Ostküste, der auf dem vorvulkanischen Kalksteinrücken liegt und deswegen über Grundwasser verfügt. Trotzdem wird im Sommer oft das Wasser knapp – Grund dafür ist vor allem der hohe Verbrauch durch den Tourismus, denn kein neu gebautes Hotel kommt mehr ohne Pool aus. Dann kommt das Wasserschiff aus Piräus.

Große Probleme gehen auch mit der zunehmenden *Bebauung* Santorínis einher. Landspekulation und Zersiedelung zerstören zusehends die Reize der einzigartigen Insel und schädigen die Landwirtschaft, speziell den Weinbau. Zu einer ungewöhnlichen Kampagne ruft deshalb die Weinwirtschaft Santorínis auf: „Mit dem Genuss von Santoríni-Weinen schützt man den 3500 Jahre alten Weinbau und verhindert die Bebauung der Naturflächen." Eng verbunden mit der heftigen Bautätigkeit ist natürlich der ständig zunehmende *Auto- und Zweiradverkehr*, der das empfindliche ökologische Gleichgewicht der Insel bedroht. Ein wirkliches Desaster für die Meeresökologie von Santoríni kann schließlich immer noch der Untergang des Kreuzfahrtschiffs *Sea Diamond* im April 2007 mit sich bringen. Das Schiff und mit ihm sein Resttreibstoff an Bord liegt seither tief in der Caldéra auf Grund (→ dazu S. 197).

Zoll (Teloneíon)

Innerhalb der EU dürfen *Waren zum eigenen Verbrauch* unbegrenzt ein- und ausgeführt werden. Es wurde allerdings ein Katalog über Richtmengen (www.zoll.de und www.bmf.gv.at bzw. www.zoll.admin.ch) erstellt. Überschreitet man diese, muss man im Fall einer Kontrolle glaubhaft machen, dass diese Mengen nicht gewerblich genutzt werden, sondern nur für den persönlichen Gebrauch bestimmt sind. Die Ausfuhr von *Antiquitäten* aus Griechenland ist verboten und die Bußgelder sind sehr hoch. Ausgenommen sind staatlich autorisierte Kopien, die in verschiedenen Shops und Museen erworben werden können (mit „Falschheits-Zertifikat" oder Kaufquittung). Bargeld darf in einer Höhe von unter 10.000 € ohne Deklaration ein- und ausgeführt werden.

Fantastischer Blick von der Kraterrandgasse auf Firá

Reiseziele

Wohnen im gediegenen Ambiente am Kraterrand in Firostefáni

Firá (Thíra-Stadt)

Der Hauptort der Insel: Weißes Häusermeer an der Abbruchkante des Kraters, autofreies Labyrinth von Shops, Restaurants, Cafés und sündhaft teuren Hotels, immer wieder überwältigende Panoramablicke und Postkartenmotive. Im oberen Bereich überschaubar, am Kraterhang ein wahrer Irrgarten von Terrassen, Mauern, Treppen und Kirchenkuppeln.

Firá wurde ursprünglich 1806 von ehemaligen Bewohnern des Skáros-Felsens (bei Imerovígli) gegründet. Nach dem schweren Erdbeben von 1956 baute man die größtenteils zerstörte Stadt mit Behutsamkeit und touristischem Weitblick wieder auf. Kein überdimensionaler Neubau stört die Harmonie der Zuckergusskomposition, der prächtige Arkadenbau der *Kathedrale Ypapantí* (Mitrópolis) thront auf der Spitze wie der Palast eines orientalischen Märchenprinzen, das Großhotel *Atlantís* wurde von einem Stararchitekten danebengesetzt. Von hier aus ist der Blick auf den Kraterrand und die Skyline der Stadt Firá, aus der die katholische Kirche mit ihrem markanten Glockenturm herausragt, besonders schön. Mehrere tiefblaue Kirchenkuppeln und Glockentürme in verschiedenen Baustilen dominieren Firás Profil. Wie in Oía wurden viele Höhlenhäuser in den Bims des Vulkanhanges gegraben und dann außen wie innen hell oder bunt bemalt. So entstand der Santoríni-typische Kontrast Weiß und Pastell auf Grau und Schwarz, angereichert mit dem frischen Blau der Ägäis. Auch viele Terrassen und Balkone der Häuser zeigen sich bunt bepflanzt und reich verziert.

Im Gegensatz zum Trubel um den Hauptplatz, die *Platía Theotokopoúlou*, herrscht in den säuberlich gepflasterten Gassen am Kraterrand gepflegte Basaratmosphäre, motorisierter Verkehr ist dort glücklicherweise nicht möglich. Ein Großteil des Angebots ist auf die täglich in die Stadt einfallenden Kreuzfahrttouristen zugeschnitten: hell erleuchtete Boutiquen internationaler Luxusmarken, Athener Nobeljuweliere, Schweizer Uhren, exquisit-modische Kleider und Lederwaren, nach Schafswolle duftende Teppichläden, Keramik und moderne Kunst – das meiste allerdings keine Ursprungsware von Santoríni und gewiss nicht preiswerter als im übrigen Griechenland. Nur die Kunstszene der Insel ist wirklich authentisch und breit vertreten. Die Einkaufsmeile endet an der neuerdings ebenfalls zur Fußgängerzone erklärten Platía Theotokopoúlou und an den Ausfallstraßen Richtung Firostefáni und Karterádos mit zahllosen Pensionen, Cafés, Agenturen, Banken und Supermärkten. Großes Highlight unterhalb der Platía ist das *Prähistorische Museum* mit einigen der weltberühmten Wandmalereien aus der verschütteten Stadt Akrotíri, die als Fresko-Repliken auch im Museum *Santozeum* an der Kraterrandgasse zu sehen sind.

Wer vom städtischen Rummel genug hat, kann Firá in wenigen Minuten auf dem Kraterrandweg Richtung Norden verlassen und in die höher gelegenen Dörfer *Firostefáni* und weiter nach *Imerovígli* schlendern. Unterwegs genießt man die herrlichsten Panoramablicke auf Firá, den Kraterhang und die tief unten liegende Caldéra – vor allem zur Zeit des Sonnenuntergangs der bevorzugte Treff aller Fotoprofis und -amateure. Zum Hafen von Firá, dem sogenannten *Old Port*, führt ein um 1840 angelegter Treppenweg in vielen Serpentinen hinunter. Obwohl *Skála* eigentlich nur „Treppe“ heißt, ist der Begriff heute zur offiziellen Bezeichnung des Alten Hafens geworden. Firá ist insgesamt ein interessanter Standort und auch optimaler Ausgangspunkt für die Inselerkundung. Die häufig verkehrenden Busse fahren vom zentralen Busbahnhof in Firá aus in alle Richtungen.

Verwirrende Namensgebung: Firá oder Thíra?

Offiziell heißt die Inselhauptstadt wie die Insel, nämlich Thíra (Betonung auf dem i). Genannt wird sie allerdings von den Inselbewohnern Firá (Betonung auf dem a). Diese Bezeichnung geht noch auf türkische Zeiten zurück. Die Osmanen hatten nämlich Probleme, das griechische „th“ (gesprochen wie das stimmlose englische th, z. B. „that“) auszusprechen, und verwendeten deshalb ein F, änderten außerdem zusätzlich die Betonung. In diesem Reisehandbuch verwenden wir Thíra (neben Santoríni) als Bezeichnung für die gesamte Insel, Firá als Namen der Inselhauptstadt.

Information

Ein *Informationskiosk* der Inselverwaltung steht etwas unterhalb des Hauptplatzes (Platía Theotokopoúlou). Hier gibt es Infos zu Sehenswürdigkeiten, Veranstaltungen, Öffnungszeiten der Museen, Bus-, Fähr- und Flugverbindungen, jedoch keine Zimmervermittlung. Öffnungszeiten im Sommer tägl. 9–24 Uhr, ✆ 22860-27199.

Auskünfte kann man auch bei den diversen *Reiseagenturen* rund um den Hauptplatz einholen. Dort werden Unterkünfte vermittelt, außerdem kann man Geld wechseln, organisierte Ausflüge buchen, Schiffs- und Flugtickets kaufen, sein Gepäck aufbewahren lassen etc.

George, offizieller Fremdenführer

Geórgios Strónis wohnt auf Santoríni und in Athen. In Athen hat er ein Atelier, eine permanente Ausstellung seiner Bilder ist in der "Koúkla-Art Gallery" im Fabrica Shopping Center zu sehen. Geórgios hat Musik studiert, er komponiert und spielt Saxophon. Außerdem ist er Deutschlehrer und spricht fließend Deutsch. Seine Führungen haben einen hohen Informations- und Unterhaltungswert, in seiner witzigen und spritzigen Art bringt er alles Wissenswerte interessant rüber. ✆ 6944-531835.

Verbindungen

Bus Der ca. 150 m südlich vom großen Hauptplatz liegende **Busbahnhof** ist das Zentrum des santorinischen Busnetzes. Von hier aus hat man sternförmige Verbindungen zu allen Orten der Insel, die an das Busnetz angeschlossen sind, außerdem zum Flughafen und zum Hafen Athiniós. Aktuelle Abfahrtszeiten sind an der Station angeschlagen. Oft sind die Busse von und zum Hafen sowie zu den Strandorten völlig überfüllt. Tipp: Frühzeitig da sein, damit man noch einen Sitzplatz ergattert. Linienübersicht im Kapitel „Unterwegs auf Santoríni“, S. 55. ✆ 22860-25404, www.ktel-santorini.gr.

Taxi Standplatz zwischen Busstation und Hauptplatz, ✆ 22860-22555. Fahrpreise jeweils in den Kapiteln der Fahrziele. Es gibt auch zahlreiche Anbieter für Privat-Taxi-Service: www.santorinitaxi.com, www.santorini-taxi.gr usw.

Zu Fuß zum Alten Hafen Eine vielfach gewundene Treppe mit 588 Stufen führt hinunter. Zu Fuß etwa 20 Min. (durch Maultierkot verdreckt), per Muli 8 € (→ „Skála/Old Port“, S. 114).

Per Seilbahn zum Alten Hafen Alternative zum Fußweg. Die Bahn fährt mindestens alle 20 Min., im Hochsommer alle 5 Min., von 6.30–23 Uhr. Die Fahrt über etwa 230 Höhenmeter dauert nur wenig mehr als 2 Min. Preis pro Pers. einfache Fahrt: 5 €, ermäßigt 2,50 €. www.scc.gr (→ „Skála/Old Port", S. 14).

Adressen

→ Karte Umschlag hinten

Ärzte/Krankenhaus/Apotheken **Krankenhaus**, an der Straße von Firá nach Messariá, ✆ 22860-23123 und 22860-23333. Vor Jahren wurde ein **neues Hospital** an der Verbindungsstraße zwischen Caldéra und Katerádos-Straße errichtet, aber aus Geldmangel noch immer nicht in Betrieb genommen.

Apotheken gibt es reichlich in der Stadt, z. B. an der Platía, stadtauswärts an der Caldéra-Straße, entlang der beiden Firostefáni-Straßen und an der Katerádos-Straße.

Ausflüge Zahlreiche Agenturen bieten Dutzende von Möglichkeiten: Inselrundfahrt (mit Bus), nach Oía, ins minoische Akrotíri, zum Weinfestival in Éxo Goniá, nach Alt-Thíra (Eselreiten), Kamári, Períssa, Pýrgos und zur Panagía Episcopí. Diese Touren kann man allerdings problemlos und preisgünstiger auf eigene Faust und mit Hilfe dieses Buchs unternehmen.

Reizvoller sind die zahlreichen **Schiffsausflüge**: zu den warmen Quellen auf Néa Kaméni, nach Thirassía, Caldéra-Rundfahrt, zu den Vulkanklippen bei Akrotíri, Sunset- oder Barbecue-Touren. Viele Variationen und Kombinationen werden angeboten. Besonders schön sind Touren an Bord des Segeldreimasters *Afrodíti* (www.santorini-sea-excursions.com) oder mit der getreuen Nachbildung der *Bella Aurora*, einem 18 m langen Schoner aus dem späten 18. Jh. (www.santorini-cruises.com), oder dem Zweimaster *Thálassa*, ebenfalls der Nachbau eines Schiffs aus dem 18. Jh.. Im Hochsommer fährt das Glasboden-Schiff *Calypso* (16 qm Glasfläche) täglich durch die Caldéra. Zwei Caldéra-Touren pro Tag werden mit der *Níssos Thirassía* angeboten. Buchung in vielen Reisebüros. Segelausflüge werden mit dem 17-m-Schiff *María* angeboten (✆ 22860-32718).

Spiridákos Yachts Santoríni, die 12 m lange Luxusjacht *Oceanís* für bis zu 10 Pers. kann für 600–700 €/Tag inklusive Kapitän, freie Drinks und Bedienung gechartert werden. ✆ 22860-23755, www.santorini-yachts.com.

Privat organisierte Touren, sogenannte **VIP Services**, per Limousine, Schiff, Hubschrauber oder Privatjet bietet die Agentur Water Blue an (www.waterblue.gr).

Blick auf Káto Firá

Helikopter-Rundflüge werden von **The Luxury Spot** angeboten. Zwei Touren um die Caldéra zu 20 oder 30 Minuten. ✆ 22860-34122, www.theluxuryspot.gr.

Bäcker Mehrere rund um die Platía Theotokpoúlou sowie an den Ausfallstraßen Richtung Karterados und Firostefáni. 24 Std. geöffnete Bäckerei etwa 100 m oberhalb der Platía an der Straße.

Computer & Smartphone **Firá My Net**, Laptop- und PC-Service sowie Hilfe für Smartphones in einer kleinen Querstraße unterhalb der Platía Theotokpoúlou. ✆ 22860-28080, www.mynet-shop.gr.

Fahrzeugverleih Etliche Anbieter um den Hauptplatz und entlang der Durchgangsstraße Richtung Oía oder Kamári.

Eurodollar 20, einer der vielen Autovermieter an der Straße von der Platía hinauf nach Firostefáni. Bezüglich Qualität, Service und Preis machten wir hier gute Erfahrungen. Theodóros Kadóglou vermietet verschiedene Modelle vom Kleinwagen über den Jeep bis zum Off-Roader. Ausführliche Preistabelle auf der Website. ✆ 22860-22697 und 693-7280945, www.eurodollar-santorini.gr.

Tony's 17, Rent a Car and Moto in Firostefáni, der höfliche Antónis Dakorónias vermietet neben Autos auch Zweiräder von 50 bis 250 ccm. Er versprach, jedem, der mit diesem Buch kommt, 10 % Rabatt zu gewähren. ✆ 22860-22863, www.santorini.com/rentals/tonys.

Ancient Thíra Tours 21, Auto- und Zweiradvermietung an der Straße nach Imerovígli. Der freundliche Antónis Tsavradídis hat auch gut gewartete und gepflegte Mountainbikes im Angebot und gibt Tipps zu Inselerkundungen. ✆/℻ 22860-23915, www.ancient-thira.gr.

Foto Fotoläden mit Print-Service für Digitalfotos und Zubehör (z. B. Speicherkarten) gibt es mehrere an der Kraterrandgasse, an der Hauptgasse und an der Platía.

Fototouren Es gibt einige Anbieter für professionell geführte Fototouren zu speziellen und teils versteckten Plätzen, um dort eigene tolle Fotos von Landschaften oder traditioneller Santoríni-Architektur machen zu können. Eine Anbieterin ist beispielsweise Konstantína von **K. Yellow Santorini Photo Tours**, Privattouren von 2 bis 6 Std.für 210–320 € für 2 Pers., Gruppen 70 € pro Pers. ✆ 698-4229712, www.kyellow.photo.

Geldautomaten Mehrere Banken um den Hauptplatz und hinauf zur Caldéra, dort jeweils auch Geldautomaten.

Gepäckaufbewahrung In verschiedenen Reisebüros um den Hauptplatz.

Hafenamt An der Straße nördlich der Platía Theotokopoúlou. ✆ 22860-22239.

Internationale Presse An der Platía Theotokopoúlou.

Internet **Epidemic Internet Café** 79, mittlerweile das einzig noch verbliebene Internetcafé in Firá. Zur Verfügung stehen rund 40 Computer, Drucker, Scanner und DVD-Brenner. Geboten wird auch Computer-Service für fremde Laptops. Surfen 1,20 €/Std., Ausdrucke 0,40 € (Farbe). Im Hochsommer 24 Std. geöffnet. ✆ 22860-22332, internet.cafe.santorini@gmail.com.

Post Rund 100 m südlich vom Hauptplatz an der Ausfallstraße.

Polizei/Touristenpolizei Die Polizeistation befindet sich in Karterádos an der Hauptstraße Richtung Ortsmitte. ✆ 22860-22649.

Reisebüros Die meisten liegen an der Hauptgasse, in der Nähe der Platía oder an den Einfallstraßen. Freundlicher Service bei **Dakoútros Travel** 61 unterhalb der Platia (✆ 22860-22958, ℻ 22860-22686, www.dakoutrostravel.gr) und **Pelican Travel** 54 an der Platia (✆ 22860-22220, www.pelican.gr).

Sport **Sea Kayak**, der freundliche junge Háris bietet 2-mal pro Tag geführte Ausflüge mit Kajaks in der Caldéra an. Die Ausflüge dauern 3–5 Std. mit Pausen und Essen. Preis pro Pers. 55 € inkl. Essen und Versicherung (www.santoriniseakayak.gr).

Trekking Hellas Cyclades, geführte Wanderungen und Klettertouren (am Profítis Ilías). Preis pro Pers. 25–35 € inkl. Snack und Versicherung (www.trekking.gr).

Supermarkt Zahllose kleinere Läden an der Durchgangsstraße und im unteren Bereich der Hauptgasse. Riesiger Supermarkt direkt am Ortseingang an der Caldéra-Straße und ein weiterer an der Karterádos-Straße. Etwa 1,5 km außerhalb an der südlichen Ausfallstraße eine Filiale von Lidl.

Wäscherei **Penguine**, Self-Service an der Straße nach Oía linker Hand, 200 m oberhalb vom Hauptplatz. 9–21.30 Uhr.

AD Laundry, neben Hotel Lignós an der Hauptstraße nach Oía. 9–14, 17–20 Uhr, So geschlossen.

Wellness Dr. Fish Spa 48, an der Platía Theotokopoúlou. Ichtyotherapie (Fisch-Behandlung) mit den sogenannten Knabber-Fischen der Gattung Garra Rufa. Ein weiches Saugen der Fische an abgestorbenen Zellen soll eine sanfte Massage der Haut bewirken und zur Hauterneuerung beitragen. Vor dem Eintauchen werden die Füße gründlich gereinigt und auch das Wasser in den Becken wird regelmäßig gefiltert. Preis 15 Min. 10 €, 30 Min. 15 €, Hände 15 Min 10 €. ✆ 22860-23563.

The White Door – traditionelle griechische Hochzeit

Die „weiße Tür“ **27** öffnet sich in der Saison jeden Abend für eine traditionelle griechische Hochzeit aus den späten 1940er-Jahren, gespielt von einer professionellen Theatergruppe griechischer Schauspieler und Tänzer in den Kostümen der Zeit der Nachkriegsjahre, als es in Griechenland kaum Geld und wenig zu essen, aber viel Freundlichkeit, Lebensfreude, Familienleben und traditionelle Livemusik gab. Anlässlich der Hochzeit des Sohnes der Familie Papadópoulos werden die Zuschauer als Hochzeitsgäste mit einbezogen und in die alte Zeit zurückversetzt. Während der Einführung in die Hochzeitsfeierlichkeiten stehen sie im rund 200 Jahre alten Haus der Familie mitten zwischen den Akteuren. Die anschließende Hochzeitszeremonie mit Livemusik und Gesang findet draußen im Innenhof statt, wo die Gäste separat an Tischen sitzen und einige Mezés genießen können. Danach wird gemeinsam mit den Schauspielern gefeiert und getanzt. Traditionell wird dabei – wie in Griechenland früher üblich – auch Geschirr auf den Boden der Tanzfläche geworfen. Ein wirklich einmaliges Erlebnis für alle, die auch ein wenig traditionelle Inselkultur erleben wollen.

The White Door ist ein interaktives Musical-Theater, das von Lucy und Fernando Zamora 2014 gegründet wurde. Von Mai bis Oktober findet jeden Abend um 21.30 Uhr eine rund zweistündige Aufführung in einfach gehaltener englischer Sprache für bis zu 100 Gäste statt. Fotografieren und Filmen ist erlaubt. Die „Einladungskarten“ (Tickets) werden tagsüber in einem Souvenirgeschäft rund 30 m unterhalb des Eingangs an der Odós Erithroú Stavroú verkauft. Das Theater liegt an der Odós Erithroú Stavroú, direkt neben dem Eingang der Taverne Camille Stéfani.

45 € pro Pers., Gruppen ab 10 Pers. 40 €, Kinder (4–12 Jahre) 25 €. Reservierung anzuraten. ✆ 22860-21770 und 698-1971372, www.whitedoorsantorini.com.

The White Door: Livemusik und Gesang bei der Hochzeitszeremonie

Übernachten

Im Gassengewirr etwas weniger, doch rundherum, an der Caldéra und vor allem in den Außenbezirken von Firá, wartet ein kaum noch zu überschauendes Angebot an Unterkünften, darunter mittlerweile viele Hotels mit gutem bis sehr gutem Standard, Etliches in der Mittelklasse. Ab drei Sternen immer mit AC, TV, Wifi, Kühlschrank und Safe, gelegentlich Wifi und Safe auch nur an der Rezeption.

Zahllose Privatzimmer gibt es vor allem unterhalb des Hauptplatzes, an der Straße im Ortsteil Kontochóri und an der Caldéra-abgewandten Seite im Ortsteil Firostefáni. Meist wird man bereits am Busbahnhof bzw. schon im Hafen Athiniós oder am Airport von Vermietern angesprochen. Auf eigene Faust loszulaufen und ein Zimmer zu suchen kann in der Hochsaison ggf. ein längeres Abenteuer werden, aber man wird schließlich immer etwas finden.

Das Preisniveau in Firá liegt generell hoch. Am Kraterrand werden im Hochsommer teils kaum noch nachvollziehbare Preise verlangt. Im Grunde zahlt man hier überwiegend für den Caldéra-Blick. Deutlich preiswerter sind die Unterkünfte auf der Krater-abgewandten Seite der Stadt sowie im etwa 10–15 Fußminuten nördlich vom Busbahnhof Firá gelegenen Vorort *Firostefáni*. Dort herrscht deutlich weniger Rummel und es bietet sich ein genauso schöner Blick über die Caldéra.

Am Kraterrand

→ Karte Umschlag hinten

In der Regel unglaublich schöner Blick und Sonnenuntergang auf dem eigenen Balkon. In der Hauptsaison jedoch fast nicht mehr zu bezahlen. Meist luxuriös und mit allem erdenklichen Schnickschnack ausgestattet.

**** **Hotel Atlantís** 74, traditionsreichstes Hotel der Insel, großer Kasten mit 25 komfortablen Zimmern neben der Mitrópolis, unübersehbar am Kraterrand. Anfang der 1950er-Jahre vom griechischen Architekten Ioánnis Venetsános errichtet. Mit seinen zahlreichen Rundbögen erinnert es an die typischen Tonnengewölbe Santorínis. Im blendend weißen Inneren fühlt man sich zeitweise in ein nobles Sanatorium versetzt. Die gesamte Einrichtung samt Aufenthalts- und Frühstücksraum wurde von den amerikanischen Architekten Robsjohn-Gibbings und Pullin entworfen. Frühstück wird auf Wunsch rund um die Uhr serviert. Pool, Jacuzzi, Bar. DZ ohne Caldéra-Blick 150–215 €, mit Caldéra-Blick 196–330 €. ✆ 22860-22111, www.atlantishotel.gr.

**** **Hotel Kavalári** 59, in der Nähe der Mitrópolis am Kraterrandweg. Ehemals ein traditionelles Kapitänshaus, nun ein Oberklassehotel mit viel Komfort. Vermietet werden Zimmer und Studios, teils mit vollständiger Küche. Jedes Zimmer hat seinen eigenen Stil und ist individuell eingerichtet, teilweise auch im Höhlenstil. Frühstück auf der großen Terrasse. DZ 100–200 €, Cave 180–220 €. ✆ 22860-22455, www.kavalari.com.

**** **Hotel Thiréas** 69, etwas südlich unterhalb der Kraterrandgasse. Évi Damígou vermietet 4 luxuriöse DZ und 2 Suiten (für 4 Pers.), geschmackvoll, in hellen Farben eingerichtet. Die Räume sind nach griechischen Göttern benannt. Oben Terrasse mit Kraterblick. DZ 110–245 €, Cave 155–310 €. ✆ 22860-25292, www.hotelthireas.gr.

*** **Hotel Pórto Firá Suites** 72, am Hang unterhalb der Kraterrandgasse. An mehreren Terrassen übereinander sind elegante Suiten in den Berghang gebaut. Einrichtung jeweils individuell, die natürlichen Felswände sind in die Raumgestaltung mit einbezogen. Jede Einheit auch mit Jacuzzi. Pool und Restaurant vorhanden. Ganzjährig offen. Suite je nach Größe 160–375 €. ✆ 22860-22849, www.portofira.gr.

**** **Hotel Athína Suites** 73, schöne Terrassenanlage mit Kraterblick und Pool unterhalb der Mitrópolis. Vermietet werden 9 komfortable Studios und Suiten. Suite 180-400 €, Luxus-Suite bis 700 €. ✆ 22860-24910, www.athinasuites.com.

Fanári Vista Suites 32, im Kraterhang unterhalb der Taverne Fanári, 2015 neu errichtet. Vermietet werden 4 Apartments in komfortabler Ausstattung. Große Doppelbetten, Sitzgruppen und große Bäder, alles sehr ansprechend und freundlich dekoriert. Jede Einheit mit kleiner Caldérablick-Terrasse, Liegestühlen und Jacuzzi. Alle Einheiten verschieden groß und unterschiedlich geschnitten. Zentrale und dennoch ruhige Lage. Für 2 Pers. 250–500 €, im Winter 100 €. ✆ 22860-24808, www.fanari-vistasuites.gr.

** **Hotel Theoxénia** 55, älteres, aber durchgängig renoviertes Hotel direkt an der Kraterrandgasse. Vermietet werden 9 schöne Zimmer mit Schallschutzfenstern (abends wird es laut im Zentrum), Zugang zur Terrasse mit Caldérablick, wo jedes Zimmer einen abgetrennten Bereich hat. DZ 100–170 €. ✆ 22860-22740, www.theoxenia.net.

››› Mein Tipp: **** **Scirocco Apartments** 63, direkt am Kraterrand unterhalb der Mitrópolis. Anja aus Bielefeld und ihr griechischer Mann Elefthérios vermieten 17 Studios, Apartments und Höhlenwohnungen mit Küche. Pool und Frühstücksterrasse in der Anlage. Frühstück nach deutschem Standard. Anja gibt immer gute Tipps für Ausflüge und Tavernen. Ab einer Woche Aufenthalt sind Frühstück und Flughafentransfer inklusive. Da die Anlage über 4 Ebenen geht und es eine Menge Stufen zu überwinden gibt, sind die Apartments für Familien mit kleineren Kindern nicht unbedingt geeignet. Studio 75–190 €, Apartment 130–280 €, Cave 150–280 € (jeweils für 2 Pers.). ✆ 22860-22855, www.scirocco-santorini.com. ‹‹‹

** **Hotel Kéti** 75, eine der wenigen relativ preiswerten Möglichkeiten an der Caldéra. Kleiner Familienbetrieb, ebenfalls unten am Kraterhang (vom Hotel Pórto Firá links halten). Vermietet werden neun Zimmer, die Superior-Zimmer auch mit Jacuzzi, außerdem eine Höhlenhaus-Suite. DZ 85–180 €, ✆ 22860-22324, www.hotelketi.gr.

**** **Hotel Antithésis** 67, unterhalb des Restaurants Archipélagos. Vermietet werden Höhlen-Apartments mit Küche und Meerblickbalkonen. Je Einheit 70–160 €. ✆ 22860-25651, www.thira.com/Antithesis.htm.

**** **Studios Caldéra** 70, unauffälliger Eingang neben dem Hotel Athína. Schöne und in Anbetracht ihrer Lage mit Blick auf die Caldéra relativ günstige Zimmer und Studios mit Veranda. Frühstück auf der Terrasse. Ganzjährig offen. DZ 80–155 €, Studio 95–180 €. ✆ 22860-25166, www.calderastudios.com.

Firá (Thíra-Stadt) → Karte Umschlag hinten

An der Hauptstraße und im Stadtzentrum

→ Karte Umschlag hinten

Kein Caldéra-Blick, auch nicht immer ruhig gelegen, dafür merklich günstiger im Preis. Faustregel – je weiter weg vom Kraterrand, desto preiswerter. An den oft sehr lauten Ausfallstraßen ruhigere Zimmer nach hinten raus verlangen.

**** **Hotel Daédalus** 81, 200 m von der Bushaltestelle an der südlichen Ausfallstraße. 46 Zimmer und Suiten mit Balkon/Terrasse. Im Innenhof Pool und Jacuzzi, Bar, Sauna für den Winter im Keller. Gutes Frühstücksbuffet. Freundliche Rezeption. DZ 70–200 €, Suite bis 320 €. ✆ 22860-22834, www.daedalushotel.gr.

*** **Hotel Delfíni I** 58, zentrale Lage an der Hauptstraße von Firá. Vassílis vermietet Zimmer, Studios und Apartments (2–4 Pers.) mit Balkon/Terrasse. Zimmer zum Garten nach hinten sind deutlich ruhiger. DZ 45–90 €, Studios 60–110 €. ✆ 22860-22780, www.delfini-santorini.gr.

*** **Hotel Tatáki** 49, originelles Hotel der einfacheren Sorte, wenige Meter oberhalb vom Hauptplatz mitten im „Basar". 11 Zimmer um einen Innenhof. Geräumig und sauber, teilweise nur Blick auf den Hof. Bei Rucksacktouristen beliebt, es herrscht ein reges Kommen und Gehen, daher nicht gerade ruhig. DZ 25–89 €. ✆ 22860-22389, www.tatakihotel.com.

Pension Villa Pópi 22, östlich der Durchgangsstraße, schräg gegenüber der Tavérna Kápari wenige Meter den Hang hinab. Michaíl Alefragkís vermietet 25 Zimmer, die nach griechischen Inseln benannt sind. Kleiner Pool im Innenhof. DZ 26–90 €. ✆ 22860-23786, www.villapopi.gr.

Hotel Léta 24, östlich der Durchgangsstraße schräg gegenüber der Taverne Kápari etwa 50 m die Stufen hinunter. 22 Zimmer mit kleinen Balkonen mit Blick auf die Ostküste, alles in Blau und Weiß gehalten.

Hotel im traditionellen Höhlenstil

Minipool im Innenhof, freundliche Leitung. DZ 34–85 €. ✆ 22860-22540, www.leta-santorini.gr.

Loízos Apartments 80, zwei Fußminuten südlich vom Busbahnhof, ruhige Lage. 15 geräumige Studios und Apartments mit Balkon/Terrasse. Von den Zimmern nach Osten schöner Blick auf Stadt und Ostküste. Kleiner Pool im Hof. DZ 58–115 €, Apartment 98–165 €. ✆ 22860-24046, www.loizos.gr.

****Hotel Pelican** 46, zentrale Lage an der Straße vom Hauptplatz hinunter zur Durchgangsstraße. Vermietet werden 18 DZ, sauber und gepflegt, auch einige Dreierzimmer, alle etwas unterschiedlich geschnitten und eingerichtet. Zentralheizung im Winter (einziges Hotel der Stadt mit Zentralheizung). EZ 55–70 €, DZ 70–90 €, jeweils mit Frühstück. ✆ 22860-23114, www.pelicanhotel.gr.

** **Hotel Lignós** 43, einfaches Hotel unterhalb vom Hauptplatz an der Ecke zur Hauptstraße nach Oía. 10 einfache Zimmer mit Veranda. Der Pool in einem nahe gelegenen Zweithaus kann mitbenutzt werden. DZ 25–80 €. ✆ 22860-23101, www.lignoshotelsantorini.com.

Ortsteil Firostefáni

(→ Karte Umschlag hinten)

Die meisten Hotels und Pensionen liegen aneinandergereiht am Kraterrandweg, die Mehrheit davon rechts und links der großen Aussichts-Platía an der Kirche Ágios Gerásimos. Pensionen auch an der Caldéra-abgewandten Seite.

**** **Hotel Agáli Houses** 10, direkt am Kraterrand, herrlicher Blick. Vermietet werden Studios, Apartments und eine Suite, jeweils mit großen Balkonen. Großer Pool mit Liegeterrasse. Studio 140–380 €. ✆ 22860-22811, www.agalihouses.gr.

**** **Hotel Cliff Side Suites** 2, (vormals Grótto Villas) mehrere komfortable Höhlenwohnungen und Häuser am Kraterrand, 23 DZ und Suiten im schicken, minimalistischen Stil, alle mit Terrasse. Pool und Bar neben dem Haus. DZ 170–290 €. ✆ 22860-22141, www.cliffside.gr.

** **Hotel Galíni** 12, am Kraterrand. Schönes älteres Haus, aber immer gut renoviert. Die freundliche Besitzerfamilie Roússos vermietet 8 kleine Zimmer mit Caldérablick-Balkonen. DZ 100–200 €. Frühstück auf der Terrasse des hauseigenen Cafés. ✆ 22860-22095, www.hotelgalini.gr.

** **Hotel Eftérpi Villas** 3, ganz in Blau und Orange gehaltene Anlage mit 16 Studios, Höhlen-Apartments und Höhlen-Suiten mit Terrasse/Balkon. Kleiner Pool am Kraterrand. Studio 155–245 €. Cave 280–390 €. ✆ 22860-22541, www.efterpi.gr.

»» Mein Tipp: **Villa Argonáftes** 18, am Ortsbeginn (von Firá kommend an der Verlängerung der Odós Erithroú Stavroú). Leicht zu finden anhand der auf die Außenwände gemalten Bilder mit Motiven aus Seefahrt und Mythologie. Die hat Senior-Boss Leftéris in jahrelanger Arbeit selbst gemalt. Auch die Räume sind reich mit Bildern ausgestattet. Tochter Éffi und Sohn Manólis vermieten Studios mit Küchenzeile. Außerdem 2 Apartments für 3 Pers., jeweils mit Küche. Oben große Sonnenterrasse, unten Gartenareal. Ruhige, erholsame Atmosphäre. April bis Okt. Studio 45–80 €, Apartment 60–100 €. ✆ 22860-22055, www.argonaftes-villa-santorini.com. ««

** **Apartments Mános Small World** 9, großzügige Apartmentanlage mit Terrasse und herrlichem Blick. Alle Apartments sauber, geräumig und mit Veranda. Apartment 150–200 €. ✆ 22860-22091, www.manossmall world.gr.

Vallás Apartments 16, Apartments und Suiten in 2 Häusern nah am Kraterrand. Panoramaterrasse mit kleinem Pool und Jacuzzi. Apartments 80–145 €, Suiten 115–295 €. ✆ 22860-22050, www.vallas.gr.

*** **Hotel Sunset (Iliovasílema)** 5, der herrliche Blick auf die unterhalb gelegene Terrasse und die Caldéra diente schon als Postkartenmotiv. Mit Massagesalon und Jacuzzi. DZ 90–155 €. ✆ 22860-23046, www.sunsethotel.gr.

* **Hotel Sofía** 8, Dachterrasse mit traumhaftem Blick, von den Zimmern z. T. verbaut. Im Garten kleiner Pool. Freundliche Besitzerin Sophía. DZ 40–90 €. ✆ 22860-22802, www.sofiahotelsantorini.com.

* **Hotel Mýlos** 7, gegenüber vom Hotel Sofía, zu erkennen an der Windmühle, geführt von Nikolétta Sigalás. 8 Zimmer mit herrlichem Caldérablick von den Veranden. Im Untergeschoss kleiner Laden. DZ 70–116 €. ✆ 22860-23884, www.hotelmylos.com.

Villa María Damígou 1, María vermietet 3 Zimmer und 6 Studios in ruhiger Lage, die Studios mit Küche. Caldérablick von den Veranden/Balkonen, freundliche Wirtin. DZ 60–100 €, Studio 70–140 €. ✆ 22860-23725, www.villamariadamigou.gr.

Firá (Thíra-Stadt) → Karte Umschlag hinten

Ortsteil Kontochóri

→ Karte Umschlag hinten

Der Ort östlich unterhalb von Firá ist im Grunde mit Firá und Firostefáni längst zusammengewachsen. Zum Kraterrand geht man etwa 10–15 Minuten, das Preisniveau ist daher durchaus angenehm. Meist Pensionen und der einzige Campingplatz von Firá.

»» Mein Tipp: **Costamarína Villas** 33, benannt nach und geführt von den freundlichen Geschwistern Kóstas und Marína. In dem umgebauten Privathaus werden individuelle Zimmer auf 3 Ebenen vermietet, geschmackvoll im neuen Stil eingerichtet mit alten Möbeln. Es gibt Einzelzimmer und teils sehr geräumige DZ mit Doppelbetten, auch 4-Bett-Zimmer, die meisten Einheiten mit Balkon. Teilweise Blick über den flachen Teil der Insel auf die Ostküste. Ruhige und dennoch zentrale Lage. Vermieterin Marína gibt kompetente Tipps zur Insel. EZ 45–80 €, DZ 50–100 €, Vierer 85–130 €. ✆ 22860-28923, www.costamarina.gr. ««

* **Hotel Golden Star** 41, der Beschilderung Richtung Camping folgen, dann vor dem Camping links. Vermietet werden 24 Zimmer mit Balkon. Großer Pool und Bar im Garten. DZ 40–120 €. ✆ 22860-23191, www.hotelgoldenstar.gr.

Summer Time Villa 37, unterhalb des Hauptplatzes. Vermietet werden 12 Zimmer, einige auch mit Küchenzeile. Balkon mit schönem Blick zur Ostküste. Freundliche Leitung. DZ 40–110 €. ✆ 22860-24313, www.summertime-santorini.com.

Villa Soúla 36, geschmackvoll eingerichtete Zimmer und Apartments mit Balkon oder Zugang zum Garten mit Pool. DZ 40–80 €. ✆ 22860-23473, www.santorini-villasoula.gr.

Camping Santoríni 38, im Ortsteil Kontochóri, vom Zentrum in Firá ca. 10 Fußminuten (vom Hauptplatz beschildert). 11.000 qm großes Gelände, im Hochsommer dennoch oft überfüllt. Schatten durch Bäume und Schilfmattendächer. Vermietung von kleinen abschließbaren zeltähnlichen Wohnkabinen mit 2 Betten (im Sommer extrem heiß) und Doppel- bzw. 5-Bett-Zimmern in einer Art Bungalow sowie Betten im Schlafsaal mit 4 bis 8 Pers. Sanitäranlagen, Restaurant, Bar, Minimarket, Waschsalon, Küchen- und Speiseraum sowie ein Riesenkühlschrank zur gemeinsamen Nutzung vorhanden, teils alles schon ziemlich in die Jahre gekommen. Für Rucksäcke und Wertgegenstände können abschließbare Boxen an der Rezeption gemietet werden. Attraktion des Platzes ist der große Pool. Im Sommer sind oft lärmende Jugendgruppen aus aller Welt zu Gast, dröhnende Musik von der Pool-Bar bis zum frühen Morgen. Bimssteinstaub überdeckt täglich aufs Neue alles, was im Freien liegt – aber das ist die Natur der Insel. Rezeption freundlich und hilfsbereit, Wifi. 1. März bis 30. Nov. Pro Pers. 7,50–12,50 €, Wohnwagen 5–7 €, eigenes Zelt frei, Auto/Motorrad frei, Wohnkabine 10–17,50 € pro Pers., Bett im Schlafsaal 15–25 € pro Pers., DZ 35–40 €. Bustransfer zum Hafen 2,50 €. ✆ 22860-22944, www.santorinicamping.gr.

Essen & Trinken

Es dürfte kaum einen Ort auf der Welt geben, der ein romantischeres Ambiente für ein Abendessen zu zweit bieten kann als die Caldéra von Santoríni. Die spektakuläre Lage am Kraterrand und viel Durchgangspublikum scheinen manche Wirte aber zu verführen, kräftig die Preise nach oben zu schrauben. Den schönen Blick muss man meist mitbezahlen. Allerdings gibt es auch einige wirklich gute und preislich akzeptable Restaurants an der Caldéra. Solche Tavernen sind hier entsprechend hervorgehoben. An der Caldéra-abgewandten Seite der Stadt liegen die Preise in der Regel deutlich tiefer.

Bezüglich der Qualität lassen sich da und dort gute oder auch weniger gute Erfahrungen machen. Wir empfehlen, wenn immer möglich, Restaurants und Tavernen, die sich in der Hand Einheimischer befinden und daher meist über Jahre

Blick auf Káto Firá – das in den Kraterhang hineingebaute „untere Firá"

konstante Qualität anbieten. Ansonsten sind gerade auf Santoríni bei einigen Tavernen Pächterwechsel im Jahresrhythmus nicht selten. Oft sind damit auch ein Namenswechsel und insbesondere ein Wechsel in der Güteklasse sowie in den Spezialitäten der Küche verbunden. Schreiben Sie an den Autor, wenn Sie gravierende Abweichungen zu seinen Angaben vorfinden.

Am Kraterrand

→ Karte Umschlag hinten

Kaum noch zu überblickendes Angebot von Tavernen bis Nobelrestaurants. Generell hohes bis sehr hohes Preisniveau. Die Qualität kann entsprechend sein, muss aber nicht. Gut 30 % Aufschlag zu den ansonsten inselüblichen Preisen muss man für den Blick und das Kraterambiente bezahlen.

››› Mein Tipp: **Fanári** 82, am Treppenweg zum alten Hafen, ein paar Stufen hinunter. Man kann das tägliche Schauspiel der Eselstreiber live von oben verfolgen. Wunderschöner Blick von allen drei Terrassenebenen. Die beiden sehr freundlichen Chefs Loúkas und Leftéris bieten überzeugende einheimische Küche, Grillspezialitäten, Fischgerichte und Meeresfrüchte. Viele leckere Inselspezialitäten: Tomatokefthédes, Fáva und Santoríni-Chloró (Ziegenkäse). Ohnehin sind die Vorspeisen zu empfehlen, die Auswahl ist riesig. Sehr gute gefüllte Kalamari und Kokkinistó als Hauptgericht. Saubere Küche und freundlicher, schneller Service. Für die tolle Calděra-Lage wirklich günstiges Preisniveau. www.fanari-restaurant.gr. ‹‹‹

Ámbelos 65, der *Weinstock*, auf einem Dachgarten neben der Mitrópolis. Gehobene griechisch-mediterrane Küche mit Spezialitäten wie gefüllte weiße Auberginen, Hühnchenbrust à la Crème, Lammhaxe aus dem Ofen, Schweinefilet, Oktopus-Pasta, Cuttlefish (Breitarm-Sepia, eine Art Tintenfisch). Außerdem große Auswahl an Vorspeisen. Freundliche Bedienung, normales Preisniveau. April bis Okt. www.ampelos.com.gr.

Koukoumávlos 77, ebenfalls unterhalb vom Hotel Atlantís. Die Taverne von Níkos Pouliasís gilt als eine der besten an der Caldéra. Romantischer Platz im Innenhof eines traditionellen Hauses, Tische auch in den drei barocken Innenräumen. Moderne, kreative Küche in mediterraner Mischung und jede Saison neue Kreationen: z. B. in Vinsánto-Soße eingelegte Shrimps mit Pilzen, Seebarschfilet in Retsína-Soße mit Ingwer und Koriander oder Lammfilet in Cabernet-Sauvignon-Soße. Gute Weinauswahl, gehobener Service, entsprechende Preise. www.koukoumavlos.com.

››› Mein Tipp: **Náoussa** 76, die beiden Brüder Kóstas (Chef Service) und Kyriákos (Koch) haben ihre langjährige Taverne Náoussa 2013 am Kraterrand neu eröffnet, unterhalb des Hotel Atlantís. Die Speisekarte folgt der traditionellen griechischen Küche mit Platten und Snacks von frischen Meeresfrüchten und frischem Gemüse mit einigen Spezialitäten wie Souvláki-Oriental, Hummer oder Garnelen mit Spaghetti und Moussaká-Variationen. Selbstverständlich werden auch Santoríni-Produkte angeboten: Tomatokefthedes, Fáva, frittierte Auberginen oder frittierte Paprika. Preise im ortsüblichen Rahmen. www.naoussa-restaurant.com. ‹‹‹

Éllis Restaurant 78, südlich hinter dem Hotel Atlantís, auf zwei Ebenen. Chef Kóstas bietet moderne und kreative griechisch-mediterrane Küche mit herrlichem Blick über die Caldéra. Spezialitäten sind Fischgerichte vom Grill, Moussaká, Lamm-Kleftikó und Tiganiá (Huhn und Schwein in Koriandersauce). Hauswein und viele Flaschenweine von Santoríni. Gemütliche, etwas gehobene Atmosphäre und realistische Preise. Ganzjährig geöffnet, tägl. ab 13 Uhr. www.ellis-santorini.com.

Archipélagos 71, an der Caldéra gegenüber der Mitrópolis. Terrasse in herrlicher Hanglage mit Blick aufs Meer und stilvoller, nicht zu überladen eingerichteter Innenraum im Höhlenstil. Romantische Atmosphäre, gehobene griechische und mediterrane Küche. Tipp sind auch die Mezés und die Weine aus allen Regionen Griechenlands. www.archipelagos-santorini.com.

An der Hauptstraße und in der Stadt

→ Karte Umschlag hinten

Kein Kraterrand, aber oft gutes Essen zu weit günstigeren Preisen. Die meisten Tavernen in der Stadt bieten ausschließlich griechische Küche. Viele liegen an der Hauptgasse, der Odós Erithroú Stavroú, oder an der Straße von der Platía in Richtung Firostefáni.

»› Mein Tipp: **Camille Stéfani 29**, an der Odós Erithroú Stavroú. 1979 hier von Boss Áris gegründet. Herrlicher Dachgarten mit sehr schönem Blick über Stadt und Insel sowie einige Tische im Innenraum. Saubere, schnörkellose und durchwegs leckere griechische Inselküche. Spezialitäten sind mit Spinat gefülltes Huhn, Fisch, Lamm-Kleftikó und Moussaká, auch in einer vegetarischen Variante. Jedes Jahr neue Kreationen. Guter offener Wein vom Fass. Preis-Leistungs-Verhältnis in Ordnung. April bis Okt., tägl. 12–16 und 19–24 Uhr. www.camillestefani.com. ‹«

Dáphne 26, an der Erithroú Stavroú, auf einem blau-weißen Dachgarten hoch über der Gasse. Spezialitäten sind Rinder-Stifádo, Lamm in Zitronensoße, gegrillter Fisch, Muschel-Saganáki, Auberginenkroketten und Käsepastete. Leckerer Hauswein vom Fass. Faire Preise. Geöffnet von März bis Mitte Dez. tägl. ab 13 Uhr. www.daphne-santorini.com.

Schattiges Plätzchen in der Mittagshitze

Stáni 30, an der Odós Erithroú Stavroú, uriges Lokal, verwinkelt auf mehreren Etagen, vom kleinen Dachgarten Blick auf beide Inselseiten. Serviert werden Ouzomezédes, Pizza und griechische Gerichte. www.stani.gr.

Nikólas 45, ebenfalls an der Odós Erithroú Stavroú. Galt lange Jahre als Institution, doch die Qualität lässt nach. Dennoch füllen sich die Plätze abends innerhalb weniger Minuten. Teuer.

»› Mein Tipp: **To Ouzerí 66**, auf der obersten Ebene im Fabrica-Shopping-Center unweit hinter der Caldéra. Geführt von der perfekt Deutsch sprechenden Jordana, die 10 Jahre in München lebte und die Gäste am späteren Abend meist persönlich begrüßt. Angeboten wird traditionelle griechische Küche: Mezés und Fisch, gekochte und gegrillte Gerichte. Spezialitäten sind eine eigene Fáva, wilder Endivien-Salat auf Píta-Brot, Ei mit Soutzoúki (spezielle Wurst), Muscheln, Ziegenkäse in Sesam mit wilden Sauerkirschen sowie Kalbfleisch in Auberginen. Besonders empfehlenswert ist die Lammkeule. www.ouzeri-santorini.blogspot.com. ‹«

El Gréco 50, ziemlich versteckt unterhalb der Platía Theotokopoúlou. Sieht unten aus wie eine Imbissstube, auf dem Dachgarten oben sitzt man aber angenehm und speist gut. Empfehlung für Shrimps Saganáki und Tomátokeftédes. Gelegentlich Livemusik.

Ellinikón 56, die äußerste Taverne an der Südseite der Platía Theotokopoúlou. Der freundliche Chef Adónis bietet klassische, schnörkellose Santoríni-Küche mit Spezialitäten wie Fáva, Tomatokefthédes, gefüllte Zucchini, gefülltes Lamm und Huhn. Viele Gerichte werden vorgekocht, in der Warmhaltetheke aufbewahrt und daher sofort serviert. Tipp für schnelle Küche mit ansprechendem Qualitätsniveau. Zutaten weitgehend von der Insel, im Regal an der Wand links werden die Produkte ausgestellt. Anfang März bis Mitte Nov., tägl. ab 11 Uhr.

Kýpos 47, in einem gepflegten Garten mit Palmen und Olivenbäumen an der Straße vom Hauptplatz hinunter zur Durchgangsstraße. Traditionelle griechische Küche mit großer Auswahl an Fleisch- und Fischgerichten. Tipp von Chef Loúkas sind die Santoríni-Platten mit weißen Auberginen. Ganzjährig geöffnet, tägl. ab 8 Uhr. Schöner Innenraum mit Verglasung für den Winter. Sehenswert ist der riesige Weinkeller mit mehr als 400 Sorten aus Griechenland und der ganzen Welt. Es gibt auch rund 40 Sorten Bier aus ganz Europa. www.pelican.gr/cafe-winerestaurant.

››› Mein Tipp: **Kápari** 23, auf einer bildschönen Hochterrasse mit Kerzen und traditioneller Dekoration an einer kleinen Platía an der Straße Richtung Imerovígli auf der linken Seite, geführt von Kóstas. Man wird aufmerksam beraten und kann zahlreiche traditionelle Spezialitäten nach hauseigener fantasievoller Rezeptur mit diversen kreativen Abwandlungen vom Standard kosten. Gekocht wird mit vielen Produkten der Insel und auch Santoríni-Spezialitäten werden angeboten. Gemütliche Wohlfühlatmosphäre abseits der großen Hektik in der Stadt. Viele Stammgäste, gutes Preis-Leistungs-Verhältnis. April bis Okt., mittags ab 14 Uhr, im Hochsommer ab 16 Uhr. www.santorinikapari.gr. ‹‹‹

Tsipouradiko 62, Taverne und Ouzerí an der Ausfallstraße Richtung Karterádos. Der Name kommt aus der alten Tradition kleiner Gerichte, die zum Tsípouro gegessen werden. Chef Aléxandros und der gut Deutsch sprechende Pétros bieten einfache griechische Inselküche mit breiter Auswahl an Vor- und Hauptspeisen. Spezialität sind Würste aus Tríkala (Mittelgriechenland), weißer Taramosaláta, Lamm in Joghurtsauce mit Meeresfrüchte-Mezés, Muschel-Saganáki und geräuchertes Schweinefleisch. Wer eine Karaffe Oúzo oder Tsípouro bestellt, bekommt einen Mezé-Teller gratis dazu. www.santotsipouradiko.gr.

Lucky´s Soufláki 68, etwas südlich der Platía Theotokopoúlou an der Straße, das wohl beste Fast-Food-Lokal in Firá, neben Soufláki und Gýros auch Falafel- und Shrimps-Pitta, die Portionen sind riesig (die Pittas lassen sich kaum rollen). Günstig.

Firá (Thíra-Stadt) → Karte Umschlag hinten

Santorinische Bier-Probe

Barbara aus St. Gallen bietet **Bier-Tasting** 31 an einem witzig mit Holzpaletten gestalteten Promotionsstand im Eingangsraum des Restaurants *Dionysos in Atlantis* in der Hauptgasse Erithroú Stavroú an. Vorgestellt werden die verschiedenen Sorten des inseleigenen Bieres *Donkey* aus der Brauerei in Éxo Goniá (siehe im Kapitel Éxo Goniá). Barbara erzählt zur Bier-Probe die Gründungsgeschichte der Brauerei und alles Wissenswerte zum Donkey-Bier. Zudem werden auch Accessoires der Brauerei und in Flaschen abgefülltes Donkey-Bier verkauft. Die Bier-Probe kostet 5,50 € pro Pers. für drei Sorten Bier in kleinen Probiergläsern. Im Sommer täglich von 12 bis 18.30 Uhr. ✆ 22860-23845, www.dionysosinatlantis.gr.

Ortsteil Firostefáni

→ Karte Umschlag hinten

Große Auswahl an Tavernen und gehobeneren Restaurants an der Caldéra. Außerdem einige empfehlenswerte Adressen, echt griechisch gebliebene Tavernen mit hervorragendem Essen an der Imerovígli-Straße, kaum 10 Fußminuten vom Busbahnhof in Firá entfernt.

››› Mein Tipp: **Símos** 15, an der Hauptstraße von Firá nach Firostefáni, ca. 300 m unterhalb der Platía auf der linken Seite. Wer auf Kraterrandblick verzichten kann und unverfälschte griechische Küche genießen will, ist hier genau richtig. Freundliche Kellner und Wirt Símos servieren viele Spezialitäten griechischer und insbesondere santorinischer Küche. Hervorragende Grillgerichte, besonders die Mixed-Grill-Platte.

Café mit Atmosphäre

Sämtliche angebotenen Vorspeisen werden auf einem großen Tablett den Gästen zum Auswählen an den Tisch gebracht. Preisniveau okay. In der Nebensaison nur abends geöffnet. www.tavernasimos.gr. «<

Romantica 13, von Símos ein paar Meter weiter zur Platía. Geführt von einer freundlichen Familie in drei Generationen. Viele Grillgerichte und Vorspeisen, Küche gut und nicht teuer. www.santoriniromantica.com.

To Aktaíon 11, gepflegtes, kleines Lokal im Kykladenambiente am Kraterrand bei der Kirche Ágios Gerásimos. Nach Angaben des Wirts die älteste Taverne der Insel, seit 1922 in der Hand der Familie Roússos. Gemütliche Atmosphäre, freundliches Perso nal. Es gibt einige Inselspezialitäten, z. B. Santoríni-Salat mit Kapern und den Blättern des Kapernstrauchs, Favakeftédes und gegrillte weiße Auberginen. Gehobenes Preisniveau. www.aktaionsantorini.com.

Mama Thíra 14, an der Kraterrandgasse in Richtung Firá. Plätze im verglasten Innenraum und auf der Aussichtsterrasse. Chef Manólis bietet traditionelle Küche mit einigen Inselspezialitäten. Es gibt viele gekochte Gerichte, aus dem Ofen und eine große Auswahl an Fisch. Freundlicher Service. www.mamathira.gr.

Why not Souvláki 4, in der Gasse oberhalb der Kirche Ágios Gerásimos. Straßenverkauf und Sitzplätze im Innenhof. Gýros, Píta, Kalamáki, Sandwichs, Wraps, Salate, Desserts sowie Bier, Wein und Drinks. Chefin Petroúla öffnet tägl. 12–23 Uhr. Auch Lieferservice: ✆ 22860-25349.

Cafés/Musikbars/Snacks usw. (→ Karte Umschlag hinten)

Fürs ruhigere Vergnügen locken die Terrassenbars am Kraterrand, zumindest tagsüber. Sie sind meist recht gemütlich eingerichtet, teils mit Sonnenliegen und schon zur Frühstückszeit geöffnet. Besondere Santoríni-Spezialität: zum Sonnenuntergang Cocktails schlürfen und klassische Musik hören!

Franco's Bar 44, seit vielen Jahren die Renommierbar von Firá und die erste, die tagsüber auch klassische Musik eingeführt hat. Ab 12 Uhr mittags, man kann gemütlich in Liegestühlen liegen. Beste Cocktails, aber teuer. www.francos.gr.

Zaforá 25, Terrassencafé bei der Seilbahnstation. Eines der beliebtesten Cafés an der Kraterrandgasse. Herrlicher Blick auf Firá.

Térpsi 28, Musikcafé am Kraterrand. Internationale und griechische Popmusik auf einer Hochterrasse. Es gibt Frühstück, Snacks, Drinks und Eis. Geöffnet ab 9 Uhr morgens. Besonders beliebt zum Sonnenuntergang.

D'Azur 60, eine der vielen Cafébars mit herrlichem Kraterrandblick, direkt über der Apartmentvermietung Iriána. Gemütlich-elegant, man sitzt in weichen Polstern, trotz der zentralen Lage recht ruhig.

Classico 57, gegenüber dem Hotel Theoxénia. Mehrere Terrassen mit Caldérablick, zum Sonnenuntergang klassische Musik.

In Firostefáni **Galíni** 12, Cafébar des gleichnamigen Hotels. Terrasse hoch über der Caldéra mit spektakulärem Blick. Schon zur Frühstückszeit geöffnet.

Vallás 16, ganz ruhig am Kraterrand in Firostefáni, gehört zu den gleichnamigen Apartments. Von Lesern empfohlen: „Netter Wirt und für die Lage moderate Preise."

Mýlos Café 7, neu eröffnet bei der restaurierten Windmühle, herrlicher Blick.

Fresh Coffee 6, in Firostefáni in der Gasse oberhalb der Kirche Ágios Gerásimos. Kein Kraterblick, dafür guter Kaffee, Snacks und moderate Preise, geführt von Geórgis.

Santoríni Musik Festival: Viele bekannte griechische und internationale Künstler sind im Rahmen dieses Festivals zu hören, das alljährlich Anfang bis Mitte September im Nomikós-Konferenzzentrum am oberen Kraterrandweg stattfindet. Veranstaltungsbeginn jeweils 21 Uhr, Eintritt 20 €. Programm und Tickets in den Reiseagenturen in Firá und online. Informationen unter ✆ 22860-23166, www.santorinimusicfestival.com.

Nachtleben/Clubs

→ Karte Umschlag hinten

Hinter Mýkonos ist Santorínis Hauptstadt die Nummer zwei im Nachtleben auf den Kykladeninseln. Selbst in der Nebensaison ist in Firá immer etwas los. Ohrenbetäubend laute Musikbars und Clubs findet man vor allem im unteren Bereich der zentralen Odós Erithroú Stavroú. Im Hochsommer wird meist Eintritt verlangt (ein Getränk inklusive), für Frauen ist der Eintritt oft gratis (d. h., der Türsteher verschenkt Eintrittsgutscheine an Frauen). Die Preise sind im Allgemeinen hoch bis sehr hoch.

Kirá Thíra 42, gemütliche Kneipe mit bunten Bildern, coole Jazzklänge heben sich vom Popsound ab, gelegentlich auch Livemusik.

Tropical Bar 51, an der Caldéra, von der sogenannten „Goldstreet" ein paar Stufen Richtung Hafen Skála auf der linken Seite. Ab

Firá (Thíra-Stadt) → Karte Umschlag hinten

ca. 10 Uhr vormittags als normales Café mit Caldérablick geöffnet, ab 22 Uhr dann kräftig laute Popmusik internationaler Couleur. Lockere Atmosphäre, lange Holzbar und kleiner Balkon.

Murphy's 40, Odós Erithroú Stavroú, schön gestalteter Innenraum mit langer Theke, viel Holz und hoher Decke. Internationale Popmusik, je nach Publikum zurück bis in die 60er-Jahre. Spät in der Nacht extrem laut.

The Two Brothers Bar 53, Odós Erithroú Stavroú, kleine, schummrig erleuchtete Bar. Das junge Publikum steht an der Theke und trinkt Bier, andere tanzen ausgelassen, während die beiden Brüder hinter der Bar stehen. Internationale Popmusik bis zum Bersten der Boxen. www.2brothersbarsantorini.com.

Koo Club 34, vielleicht der schönste, sicher jedoch der größte Club der Insel: hohes Tonnengewölbe, im Hof große Bar. An Wochenenden machen die jungen Athener die Nacht zum Tag. www.kooclub.gr.

Énigma 35, gegenüber dem Koo. Besitzt ebenfalls einen schönen, großen Innenhof. Internationale Musik bis zum frühen Morgen.

Kunst & Shopping

Der Bereich zwischen Kraterrandgasse und Odós Erithroú Stavroú ist ein einziger Basar. Man findet Teppiche, Keramik, Schmuck und Kleidung, vor allem aber auch viele Läden mit kulinarischen Produkten von Santoríni und aus ganz Griechenland. Die sogenannte „Goldstraße", parallel zum Odós Erithroú Stavroú, ist bekannt für ihre vielen Goldläden und Juweliere. Sie zielen vorwiegend auf Kundschaft von den Kreuzfahrtschiffen ab. An der Kraterrandgasse zudem mehrere Kunstgalerien.

Kunst und Handwerk **Ilías Lalaoúnis**, neben der Kathedrale, der griechische Nobeljuwelier und Schmuckdesigner in vierter Generation hat weltweit Niederlassungen, u. a. in Paris, London, Tokio und New York. www.iliaslalaounis.eu.

»» **Mein Tipp:** **New Art**, der deutsche Textilkünstler Werner aus Köln lebt seit 35 Jahren auf Santoríni. Er färbt und bedruckt T-Shirts in Handarbeit. Drei Grundfärbegänge mit Pigmenten (keine Batik, kein Stonewash), danach folgt der Siebdruck. Jedes T-Shirt ist ein Unikat. Außerdem stellt er Schmuck mit Jaspis und echten Lavasteinen aus Santoríni her. Die Werkstatt liegt in Firostefáni an der Kraterrandgasse, der Verkaufsladen im *Fábrica Shopping Center*. Dort werden auch Taschen und Kapuzenpullis angeboten. ««

Kleine Santoríni-Souvenirs

Paliá Fábrica Art Gallery, ebenfalls neben der orthodoxen Mitrópolis. Christóforos Asimís bietet Aquarelle von Firá und dem Krater, behutsam gestaltet und dezent koloriert, daneben gibt es auch hübsche Keramik und Skulpturen, die seine Frau gestaltet hat, sowie ausgesuchten Schmuck (→ Kasten, S. 113).

Thíras Art, gegenüber dem Bellónio Kulturzentrum. Workshop, in dem Repliken der Wandmalereien von Akrotíri und von Ikonen hergestellt werden. Außerdem Schmuck und weitere Souvenirartikel. www.thiras-art.com.

Koúkla-Art, im *Fábrica Shopping Center*. Handgemachter Schmuck von bekannten Designern.

Art & Icon Studio, am Museum Mégaro Ghízi. Margaríta verkauft Werke der Ikonenmalerin Katharína Ioannídou (Ikonen aus traditionellen Ei-Farben und 22-K-Blattgold im byzantinischen Stil, zumeist auf Olivenholz gemalt), Schmuck, Keramik, Metallgegenstände, Textilien und Museumsrepliken. Tägl. 10–19 Uhr.

Ceramic Art Studio Goúlas **19**, Keramikwerkstatt und -galerie neben dem Nomikós-Konferenzzentrum in Firostefáni. Andréas Alefragkís ist einer der wenigen wirklich einheimischen Töpfer. Er verbindet die japanische Rakú-Technik mit dem griechischen Stil (→ Kasten, S. 111). Zu bewundern und zu kaufen gibt es u. a. Amphoren, Skulpturen, Schalen, Vasen und Lampen in normaler Ausführung oder als Rakú-Keramik. Hochwertige Ware, alle Stücke garantiert Unikate.

››› Mein Tipp: **Collages of Santoríni Leoni**, die deutsche Künstlerin Leoni aus Köln arbeitet mit Wachs, Lava- und Marmorpigmenten. Die Farben ihrer Bilder und Collagen werden mit heißem Wachs aufgetragen mit Zwischenschichten (z. B. Sand). In ihre Werke werden Fragmente von Fundstücken von überall auf der Insel integriert. Sie arbeitet für viele Galerien in Griechenland und ganz Europa. Ihr Atelier befindet sich in Firostefáni an der Hauptgasse. ‹‹‹

Sandalopolío, handgemachte Ledersandalen für Männer und Frauen. In der Werkstatt in der Gasse zwischen Seilbahnstation und der Straße Richtung Oía kann man bei der Arbeit zusehen. Der Handarbeit angemessene Preise und gute Qualität. www.sandalworkshop.gr.

An der Hauptgasse in Firostefáni

Aegéan Designs, die australische Textilkünstlerin Allison hat sich an der Hauptgasse in Firostefáni niedergelassen. Santoríni-Design, Blumen, Motive aus aller Welt im impressionistischen Stil.

Shopping **Fábrica Shopping Center**, zwischen der orthodoxen Mitropolis und der Hauptstraße. Auf mehreren Ebenen finden sich Läden aller Art.

Pótnia, der freundliche junge Spíros verkauft traditionelle griechische Produkte von der Insel: sonnengetrocknete und süße Tomaten, Honig, Weine von vielen Inselwinzern und Fáva. Von anderen Orten Griechenlands kommen Kräuter und Gewürze, Olivenöl und -kosmetik (Seife, Shampoo, Cremes, Lotionen), Küchenutensilien aus Olivenholz, eingelegte Früchte, Süßigkeiten und Nüsse. Teilweise Bio-zertifizierte Ware. www.potnia.gr. ■

Kamáres Santorinian Products, 2011 gegenüber dem Seiteneingang des Mégaro-Ghízi-Museums eröffnet. Die freundliche María verkauft Produkte von der Insel:Fáva, getrocknete oder eingekochte Tomaten, Nüsse, Pistazien, Weine, Rakí und Honig. Außerdem Decken, Teppiche, Kissen und Stickereinen, die von den katholischen Nonnen produziert werden. Hinzu kommen Oliven, Olivenöl und Olivenölprodukte vom griechischen Festland. Alles teils in hübschen Verpackungen, die sich gut als Mitbringsel eignen.

Nóstos, am oberen Ende der „Goldstraße". Sehr gute Auswahl an griechischer Musik auf CD, z. B. Nissiótiko, Rembétiko und griechischer Pop.

Dalmirás, Odós Erithroú Stavroú (neben Rest. Nikólas), die frühere Tischlerwerkstatt verkauft heute ein Allerlei an Souvenirs, aber immer noch viele selbst gemachte Holzartikel wie Spiele, Gefäße und Kistchen.

My Stampa, am Treppenweg hinunter zum alten Hafen. Bedruckte T-Shirts, Hüte, Taschen, Tassen, Sticker, Handy-Schalen, Steine und weitere Souvenirs. Bei Ákis kann man sich auch T-Shirts mit einem eigenen Foto bedrucken lassen.

Ortsteil Firostefáni

Schmuckstück mit blendend weißen, den Hang hinuntergewürfelten Häusern. Friedvolle Atmosphäre, nur wenige Schritte oberhalb von Firá, aber praktisch mit der Inselhauptstadt zusammengewachsen.

Ursprünglich eine eigenständige Gemeinde, gehört Firostefáni heute zu Firá. Wer am Kraterrand, auf der Hauptgasse im Zentrum oder auf der Asphaltstraße Firá Richtung Norden verlässt, kommt praktisch – ohne es zu merken – nach Firostefáni. Die Straßen und Häuser der Orte gehen nahtlos ineinander über. Zur Orientierung: Nördlich des katholischen Viertels beginnt Firostefáni. An der Hauptgasse Odós Erithroú Stavroú markiert der lange Bogendurchgang die Ortsgrenze. Wenn man auf dem Kraterrandweg kommt, trifft man nicht weit hinter dem Orts

Relaxte Santoríni-Idylle am Kraterrandweg in Firostefáni

anfang auf eine verlockende Aussichtsterrasse mit Bänken, ein wunderschönes Plätzchen zum Verweilen. Dahinter liegt die große *Dorfkirche Ágios Gerásimos* mit üppigen Zypressen.

Ortsteil Kontochóri

Umgeben von landwirtschaftlichen Nutzflächen und relativ flachen Terrassenhängen war Kontochóri früher ein eigenes Dorf, ist aber heute längst mit Firá zusammengewachsen. Viele Privatzimmer, den einzigen Campingplatz des Hauptortes und ein völkerkundliches Museum gibt es hier.

Nach Kontochóri gelangt man, indem man von der Platía Theotokopoúlou östlich die Straße hinunterfährt und sich dann links hält. Der Übergang in den kleinen Vorort ist – wie bei Firostefáni – nicht zu erkennen. Schon ein ganzes Stück vom Kraterrand entfernt haben wegen der günstigeren Grundstückspreise viele Privatzimmeranbieter in Kontochóri gebaut, unterdessen sind auch ein paar gute Hotels hinzugekommen. Der Campingplatz von Firá liegt weiter hangabwärts, etwas außerhalb des Dorfs. Noch weiter östlich trifft man unten an der Küste auf ein paar Häuser und den Strandabschnitt *Státhou*. Mitten im Ort führt an den Eukalyptusbäumen eine Treppe hinauf zur *Dorfkirche Ágios Elefthérios* mit ihrem gelblichen Glockenturm. Sie wurde Mitte des 18. Jh. vom Johanniterorden errichtet, ist heute aber orthodox. Rechts an der Straße nach Oía liegt das *Volkskundemuseum* (→ Museen in Firá).

Strände von Firá

Wer von Firostefáni oder Kontochóri über eine der zahlreichen Straßen östlich den Hang hinunterfährt, gelangt an zwei Strandabschnitte an der Ostküste, die beide Éxo Gialós genannt werden, was gelegentlich für Verwirrung sorgt. Beide sind mit dem Auto in rund 10 Minuten von Firás Zentrum aus erreichbar. Das Baden im alten Hafen von Firá auf der Kraterseite ist wegen des Schiffsverkehrs verboten.

Éxo Gialós Kanakári: Gut 300 m langer Strandabschnitt unterhalb von Firostefáni an der Ostküste. Schwarzgrauer Sand und grobe Kieselsteine bis hin zu größeren Steinbrocken. Dahinter erheben sich gut 5–8 m hohe Bimssteinwände, die am Spätnachmittag reichlich Schatten spenden. Direkt oberhalb des Strands das kleine *Kirchlein Kardiá tou Christoú*. Kein Sonnenschirmverleih, keine Tavernen.

Éxo Gialós Státhou: etwa 250 m breiter, von gut 5 m hohen Bimssteinwänden eingerahmter Strandabschnitt unterhalb von Kontochóri an der Ostküste. Daher am Spätnachmittag reichlich Schatten, wenn man sich auf dem schwarzgrauen Lavasand aalt. Der Strand ist vor allem bei den Einheimischen aus Firá beliebt, weil er nahe liegt und daher schnell erreichbar ist. Südlich vom Strand wurde ein kleiner Hafen angelegt und Bootsgaragen wurden in die Bimswände gegraben. Etwas oberhalb des Strands liegt die *Kapelle Ágios Nikólaos.*

Aegiálos, direkt am Strand. Chef Antónis nutzt für seine Tavérna eine in die Bimswand hineingegrabene Höhle, dazu eine überdachte Terrasse. Macht einen gemütlichen, einladenden Eindruck. Sauber und modern, dennoch griechische Strandtavernen-Atmosphäre im alten Stil. Mutter Ánna kocht. Tipp der Einheimischen, normale Preise. Nebenan eine kleine Cafébar, wo man Snacks und Erfrischungen bekommen kann. www.aegialos-beach.com.

Firá (Thíra-Stadt) → Karte Umschlag hinten

Sehenswertes

Viele der Pflaster- und Treppengässchen im Zentrum von Firá messen nur etwa 2–3 m Breite und sind erfreulicherweise zu schmal für Autos. Daher ist praktisch die gesamte Altstadt mit ihren Gassen eine durchgängige Fußgängerzone. Wenn man das geschäftige Gebiet zwischen Hauptplatz und Caldéra durchbummelt hat, sollte man unbedingt noch ein Stück den Kraterhang hinuntersteigen, wo es merklich ruhiger wird. Interessant ist auch der weiter oben gelegene Bezirk um die katholische Kathedrale, wo Reste des historischen Zentrums erhalten bzw. wieder aufgebaut sind. Und auch auf dem musealen Sektor wird in Firá einiges geboten.

Zentrum und Kraterrand

Zwischen dem geschäftigen *Hauptplatz* (Platía Theotokopoúlou), der seit einigen Jahren ebenfalls Fußgängerzone geworden ist, und der Kraterrandgasse liegt das *Basarviertel* mit seinen vielen kleinen Läden (Odós M. Danézi und rechte Seitengassen: Odós Erithroú Stavroú und die parallel dazu verlaufende "Goldstraße") – nett zum Bummeln, leider preisen so manche Verkäufer ihre Schätze allzu aufdringlich an.

Die *Kraterrandgasse* (Odós Ypapantís) mit ihrem akribisch angelegten Kieselsteinpflaster ist die bevorzugte Flanierzeile der Stadt – fantastischer Blick auf das weiße Dächer- und Treppengewirr am Hang und die Caldéra tief unten. Ganz zentral, in der Verlängerung der Odós M. Danézi, zweigt von der Kraterrandgasse der breite *Stufenweg zum Alten Hafen* (Odós Spýridon Marinátos) ab. Im oberen Teil reihen sich Tavernen, Cafés, Souvenirshops und Musikbars aneinander, weiter unten gehen die Maultiertreiber ihrem Geschäft nach und transportieren mutige Touristen zur Anlegestelle der Kreuzfahrtschiffe. Richtung Süden erkennt man hier außerhalb von Firá riesige Bimssteinbrüche, die in Terrassenform angelegt sind und schwere Wunden in die Kraterrandlandschaft geschlagen haben.

Mitrópolis und Bischofspalast: Als architektonischer Blickfang steht weithin sichtbar am südlichen Ende der Kraterrandgasse die orthodoxe *Mitrópolis Ypapantí*. Der prächtige Arkadenbau wurde nach dem Erdbeben von 1956 (das die hier stehende Vorgängerkirche völlig zerstört hatte) ausgesprochen großzügig und modern mit einer hohen Kuppel erbaut. Beeindruckend ist auch das Innenleben mit farbenfrohen Fresken des einheimischen Malers Christóforos Asimís (→ Kasten S. 113). Das Kirchenfest der Ypapantí (Mariä Lichtmess) wird jedes Jahr am 2. Februar gefeiert. Gegenüber der Kathedrale begrenzt ein zum Sitzen einladendes Mäuerchen die Kraterrandgasse zum Hang hin. Besonders zum Sonnenuntergang ist die Platía vor der Kathedrale sehr beliebt. Südlich benachbart schließt sich der große Kasten des Hotels Atlantís an, noch ein paar Schritte weiter steht der *Bischofspalast Panagía tou Belónia*.

Káto Firá: Der am Kraterhang gelegene Teil Firás ist abenteuerlich steil. Zahlreiche Bars und Terrassentavernen findet man hier, aber auch noch ruhige Gegenden mit Wohnhäusern, wo Touristen nur selten hinkommen. Unterhalb vom Hotel Atlantís kann man ein Stück den Hang hinuntersteigen bis zur weißen *Kapelle Ágios Minás*. Dort nimmt man rechts die *Odós Agíou Mína* und geht parallel zum Kraterrand. Hier trifft man auf die ebenfalls blendend weiße *Kirche Ágios Ioánnis*, zu der auch Stufen vom oben erwähnten Mäuerchen hinunterführen. Mit ihren dunklen Steinkanten unterhalb der Kuppel ist sie eine der fotogensten Kirchen von Firá.

Griechischer Rakú: „Santorinisierung" der japanischen Keramiktechnik

Die Brenntechnik Rakú stammt ursprünglich aus Japan und hat sich seit dem 16. Jh. überall in der Welt verbreitet. Fast jeder Künstler hat aus dem zugrunde liegenden Rakú-Prinzip seine eigene Technik und seinen eigenen Stil entwickelt. Der santorinische Keramikkünstler Andréas Alefragkís vom „Ceramic Art Studio Goúlas" (siehe oben) kombiniert in seinen Stücken japanische und griechische Kunst und entwickelte die japanische Brenntechnik mit speziellen Materialien der Insel weiter. Klare Linienführung und ausgewogene Proportionen bestimmen seine Werke.

Um Rakú zu brennen, muss der sehr hitzebeständige Ton bestimmte Anteile an Schamotten enthalten. Nach dem Formen wird er im zweistündigen Brennvorgang auf etwa 1000 °C in speziellen Öfen erhitzt. Diese Öfen werden auf Santoríni mit Gas betrieben, da Kohle oder Holz als Brennstoffe auf der Insel zu teuer sind und elektrische Öfen schlecht mehrfach während des Brennens geöffnet und geschlossen werden können. Sobald die Glasur zu verlaufen beginnt, werden die Stücke mit einer langen Schutzzange aus dem Ofen herausgenommen und sofort in brennbarem Material eingegraben, z. B. Sägemehl. Möglich sind auch alte Zeitungen oder trockene Blätter. Durch den kurzen Kontakt mit der kalten Luft „zerspringt" die Glasur und es entstehen die individuellen „Risse" (nur in der Glasur, nicht im Ton). Der durch das zum Glimmen gebrachte Sägemehl entstehende Rauch dringt in die Risse der Tonglasur ein und färbt sie schwarz. Nach etwa 10 Min. in der Reduktionsatmosphäre des Sägemehls werden die noch immer einige hundert Grad heißen Stücke mit der Schutzzange ausgegraben und in normal temperiertem Wasser abgeschreckt. Hierbei enden die chemischen Prozesse bzw. das Zerspringen der Glasur und die Farbschattierungen fixieren sich. Enthält die Glasur einen hohen Kupferanteil, entstehen Farben von metallisch Kupferrot bis Türkisgrün. Die oxidierten Schichten färben sich grünlich wie ein Kupferdach, während die reduzierten Schichten rötlich werden.

Der prächtige Arkadenbau der orthodoxen Mitrópolis Ypapantí

Die Gasse führt weiter gen Norden, bis man auf den Stufenweg zum Hafen trifft. Hier gibt es mehrere Möglichkeiten, z. B. kann man weiter Richtung Norden gehen, bis man über Stufen zur *Seilbahnstation* nah am Zentrum wieder hinaufsteigt. Aber Vorsicht – hier traben die Mulitreiber oft mit ganzen Horden von Tieren zum Alten Hafen hinunter!

Kraterrandweg (Odós Nomikoú): zweifellos der berühmteste Weg von Firá. Er beginnt an der Seilbahnstation und führt stets am Kraterrand entlang in den Vorort *Firostefáni* und hinauf bis *Imerovígli*. Unterwegs bieten sich immer wieder großartige Krater- und Caldérapanoramen. Nur ein paar Schritte von der Seilbahn entfernt kommt ein erster Aussichtspunkt mit Blick auf Firá, ein weiterer mit noch schönerem Stadtblick (Fotografentreff!) folgt weiter oben nach wenigen Minuten unterhalb des Nomikós-Konferenzzentrums. Ein echtes Highlight der Insel – vor allem am Spätnachmittag, wenn die Sonne allmählich untergeht, ist der Spaziergang wunderschön.

Kulturzentrum Bellónio: 1994 eröffnetes Kulturzentrum gegenüber vom Busbahnhof. Während die Gemeinde Firá das Grundstück zur Verfügung stellte, stammen die Gelder für das Gebäude und die Stiftung aus privater Hand: von Loukás und Evángelos Bellónios, letzterer ist heute Präsident der Stiftung. Im Untergeschoss des Kulturzentrums befindet sich die einzige öffentliche Bibliothek Santorínis, die über 35.000 Bücher umfasst (allerdings sind nur etwa 2500 nicht in griechischer und die meisten hiervon wiederum in englischer Sprache geschrieben). Das Kulturzentrum bietet ein reiches Programm an Buchpräsentationen und Ausstellungen sowie Vorträge zu Themen aus Geschichte, Archäologie, Musik, Kunst, Gesundheit oder Sozialprogramme. Die Vorträge sind meistens auf Griechisch, aber es gibt Übersetzungen ins Englische. Das aktuelle Programm hängt im Vorraum des Haupteingangs aus, wo auch andere Ausstellungen und Vorträge angekündigt werden. Der Eingang liegt auf der rechten Seite des Gebäudes.

Informationen: Die Leiterin des Hauses, Sophía Thanapoúlou, spricht sehr gut Englisch. ✆ 22860-24960, www.santorini.com/exhibitions/belloniocenter.htm.

Aquarellmalerei: Christóforos Asimís von Santoríni

Am Kraterrandweg in Firá, Firostefáni, Imerovígli und Oía sowie im Dorf Pýrgos trifft man allerorts auf Künstler: Bildhauer, Töpfer, Zeichner, Maler und insbesondere Aquarellmaler. Keine andere griechische Insel bietet so viele Traummotive für Anfänger und Profis wie Santoríni. Hinzu kommen die einzigartigen ägäischen Lichtverhältnisse. Künstler sämtlicher Maltechniken werden von der Insel magnetisch angezogen.

Der bedeutendste einheimische Aquarellmaler ist Christóforos Asimís (Jg. 1945), der am 11. Juli 1998 vom griechischen Staatspräsidenten Stephanópoulos zum Ehrenbürger der Insel Santoríni ernannt wurde. Asimís stammt aus Éxo Goniá und zog nach dem Erdbeben von 1956 als Elfjähriger nach Athen. Dort studierte er Kunst und gewann 1967 seinen ersten Künstlerpreis. 1974 kehrte Asimís nach Santoríni zurück und wirkt seither auf der Insel. Zusammen mit seiner Frau, der Bildhauerin Eléni Koulaítou-Asimís, richtete er sein Atelier „Paliá Fábrica" ein (→ Shopping).

Beim Aquarell beruht die Wirkung auf den transparenten Schichten der Farben. Dabei scheinen die unteren Lagen durch die oberen und später aufgetragenen hindurch. Die Ausdrucksstärke der Aquarelle von Santoríni beruht, so der Künstler, insbesondere auf dem Kontrast der schneeweißen Häuser und der dunklen Lavaerde. Hinzu kommen die kräftigen Blautöne des Himmels und des Wassers der Caldéra. Im Mittelpunkt der Arbeiten von Asimís stehen immer die traditionellen Inselbauten sowie Landschaften. Impressionistische Werke finden sich ebenso wie realistische Darstellungen. Außerdem widmet er sich der Kirchen- und Ikonenmalerei. Eine seiner wichtigsten Arbeiten ist die Ausgestaltung der orthodoxen Mitrópolis Ypapantí am Kraterrandweg in Firá. (www.ak-galleries.com)

Katholischer Kirchenbezirk

Bei der Seilbahnstation um die Ecke, nah am Kraterrand. Ein schön überbauter Straßenzug mit Kathedrale und einem Dominikanerinnenkloster ist noch erhalten und wird gewissenhaft gepflegt.

Der katholische Glaube breitete sich während der venezianischen Besatzungszeit auf den Inseln der Kykladen aus, die im Herzogtum Náxos zusammengefasst wurden. 1596 gründeten Dominikanernonnen ein Kloster auf dem Skáros-Felsen bei Imerovígli, später kam eine Schule hinzu. Gegen Ende des 18. Jh. zogen die Katholiken vom Skáros in den nördlichen Bereich von Firá und gründeten hier das venezianisch-fränkische Viertel *ta Frángika*. Ordensschwestern betrieben eine Mädchenschule für Webereien, ein Krankenhaus und ein Altersheim. Durch das Erdbeben von 1956 wurden praktisch alle Einrichtungen zerstört. Nur eines der ehemals drei Klöster der Katholiken wurde später wieder aufgebaut.

Kirche Ágios Ioánnis Baptistís: Die kleine katholische Kathedrale „Johannes der Täufer" mit ihrem filigran gestalteten Glockenturm wurde 1823 erbaut und durch das Erdbeben vom 9. Juli 1956 schwer beschädigt. Nach einer langwierigen Restaurierung erfolgte die neue Weihe erst am 17. August 1975. An der Nordseite ist ein

Marienaltar mit Bildnis der Maria und Geburtsszene zu sehen, links des Zentrums eine Marien-Statue und einige Skulpturen. Der Altarraum ist eher schlicht gehalten. Im rechten Seitenschiff zwei ältere Bilder und neu restaurierte Malereien auf Holz, die fast wie Fresken aussehen.

Heilige Messe ganzjährig So 10 Uhr, von Juni bis Sept. zusätzlich Sa/So 19 Uhr.

Besichtigung tägl. 9–13 und 16.30–20 Uhr.

Katholische Kirchengemeinde ✆ 22860-22244, syrensis@otenet.gr.

Katholisches Katharinenkloster der Dominikanerinnen: grundsätzlich nicht zu besichtigen, geöffnet ist nur die Klosterkirche (Eingang rechts neben der Klosterpforte). Das „Kloster des Ordens der Barmherzigen Schwestern" wird von Nonnen aus verschiedenen Ländern bewohnt. Hinter der Pforte befindet sich ein hübsch begrünter Innenhof mit Wohnzellen auf beiden Seiten. Die Kirche ist erst vor kurzem restauriert worden. Ihre Fresken zeigen Papst Pius V. sowie die Heiligen Antonius, Thomas und Vincentius. Im Mittelgang befinden sich zwei Grabplatten, eine erinnert an den Bischof Nikolao Joseph Delenda, der 1825 verstarb. Das linke Seitenschiff ist der heiligen Katharína gewidmet, gegenüber eine Darstellung des heiligen Dominicus. Sämtliche Rundbögen wurden mit Ornamenten verziert.

Besichtigung: Klosterkirche 9–13 und 16.30–20 Uhr. **Heilige Messe**: tägl. 12 Uhr, Vesper 18 Uhr, Nachtgebet 21.30 Uhr, in griechischer Sprache. ✆ 22860-22420.

Der Alte Hafen Skála (Old Port Firá)

Tief unter Firá am Fuß der hohen Kraterwand liegt der kleine alte Hafen. Früher, als es den neuen Verkehrshafen Athiniós noch nicht gab, war er der Haupthafen der Insel. Alle Besucher wurden ausgebootet und per Eselsritt nach oben befördert. Heute werden hier nur noch die zahlreichen Kreuzfahrttouristen an Land gebracht. Außerdem starten einige Bootsausflüge ab Firá im Alten Hafen.

Zum alten Hafen von Firá – offiziell *Skála*, meist aber *Old Port* genannt – führt der um 1840 angelegte Treppenweg *Odós Spýridon Marinátos* in vielen Serpentinen hinunter. Der alte Hafen besitzt mittlerweile ein eher nüchternes Ambiente: breiter, betonierter Kai mit Anlegeplätzen für die Taxischiffe (zu den Kreuzfahrtpötten), Ausflugsboote und Jachten sowie Reisebüros, Souvenirläden und eine Handvoll Tavernen und Cafés. Hinter dem kleinen Kai in der südlichen Hälfte liegt ein ziemlich unaufgeräumtes Gelände mit abgewrackten Kaíkis und Schrott von Schiffsreparaturen. Der Abstieg zu Fuß von der Kraterrandgasse ist dennoch ein Erlebnis: 588 breite und blank gelaufene Treppenstufen führen hinunter, leider ständig mit Maultierkot arg verschmutzt. Zudem traben immer wieder ganze Horden von Mulis vorbei, die rücksichtslos ihren Weg gehen. (Hinweis: Lassen Sie den Mulis unbedingt Vortritt und gehen Sie zur Seite! Die Mulis laufen stur ihre gewohnte Linie entlang der Kurven und Mauern, egal ob dort gerade Menschen stehen oder nicht!) Wenn man den Ab- bzw. Aufritt per Muli wählt, sollte man möglichst wenig bei sich tragen und sich gut festhalten (Preis pro Muliritt 8 €). Wer es bequemer will, nimmt die Seilbahn.

Die wenigen Häuser am alten Hafen sind zum großen Teil in den Fels getrieben. Rechter Hand liegen ausgehöhlte Grotten, darüber das vielfarbige Gestein der Kraterwand. Das im 13. Jh. erbaute Kastell der katholischen Delenda-Familie am Nordende des *Old Port* wurde im Zweiten Weltkrieg von den italienischen Besatzern als Quartier benutzt. Im südlichen Teil liegt eine kleine, reich ausgestattete *Kapelle*, die dem *Ágios Nikólaos* geweiht ist.

Übrigens ist das Wasser in der Caldéra extrem tief: Der Kraterhang fällt unter dem Meeresspiegel noch mehrere hundert Meter steil ab! Schiffe können hier nicht ankern und werden an großen Bojen festgemacht. Das am 5. April 2007 gesunkene Kreuzfahrtschiff *Sea Diamond* (→ S. 197) hängt südlich vom alten Hafen zwischen 60 und 170 m Tiefe fest.

Firá (Thíra-Stadt) → Karte Umschlag hinten

Maultiertreiber

Sobald ein Kreuzfahrtschiff im Alten Hafen festmacht, ist der Teufel los – Dutzende und Aberdutzende von mit bunten Perlen und Deckchen geschmückten Tieren werden im Eiltempo den Serpentinenweg hinuntergetrieben. Unten bedrängen die Treiber die ausgebooteten Passagiere, für 8 € zum Kraterrand hinaufzureiten. So mancher nimmt das Angebot an und schon geht es im Laufschritt über die schlüpfrigen Stufen bergan. Wenn man dabei ein junges Tier erwischt, wird der Trab zum Abenteuer: Schwitzend und oft fluchend umklammern die Treiber die Zügel der Tiere und treiben sie den Weg hinauf.

Das stundenlange Rauf und Runter in praller Sonne bedeutet für die Tiere einerseits eine gewisse Schinderei, andererseits sind Mulis seit Jahrhunderten die traditionellen lastentragenden Tiere der Insel. Weil es in den letzten Jahren immer wieder Kritik seitens des Tierschutzes gab, wurde der *Donkey Verband Santoríni* gegründet, dem alle gewerblichen Eseltreiber beitreten müssen. Der Verband kontrolliert die Qualität und Menge von Futter und frischem Wasser, ob regelmäßig tierärztliche Check-ups durchgeführt werden und den Tieren eine angemessene Zeit zum Ausruhen im Schatten gewährt wird. So mancher Urlauber verzichtet dennoch auf das „romantische" Erlebnis und fährt mit der Seilbahn.

Seilbahn (Cable Car / griech.: Teleferík): Das alpenerprobte Fabrikat der Firma Doppelmayr aus Vorarlberg wurde Anfang der 80er-Jahre von den beiden Reedern Loulás und Evángelos Nomikós für die 14 Gemeinden der Insel gestiftet (auch das Hotel Atlantís stammt von ihnen, allerdings nicht als Stiftung!). Die Gewinne, die der Betrieb einspielt, gehen hauptsächlich an karitative Einrichtungen (Waisenhäuser, Altersheime) in ganz Griechenland. Aber auch die Maultiertreiber erhalten einen Teil davon – für sie hätte die neue technische Konkurrenz den sicheren Konkurs bedeutet. Mittlerweile ist die Seilbahn in die Jahre gekommen und es wird über einen Neubau mit höherer Kapazität bzw. über den Bau einer zweiten Seilbahn nachgedacht. Damit ließen sich auch die langen Warteschlangen vermindern, die beim Eintreffen oder Ablegen eines jeden Kreuzfahrtschiffs entstehen.

Fahrzeiten und -preise tägl. 6.30–23 Uhr alle 20 Min., im Hochsommer alle 4–5 Min., Fahrzeit etwa 2 Min. Einfache Fahrt 5 € für Erwachsene, 2,50 € für Kinder. Große Gepäckstücke werden ebenfalls mit 2,50 € berechnet. ✆ 22860-22977, www.scc.gr.

Adressen Am Kai befinden sich mehrere **Souvenirshops**, ein kleiner **Laden**, mehrere **Kartentelefone**, eine Filiale von **Dakoútros Travel** sowie das Büro der **Küstenwache**. Die Besitzer der Ausflugsboote haben sich zu der **Touristic Boats Union of Santoríni** zusammengeschlossen und bieten Caldéra-Rundfahrten und Ausflüge nach Néa und Paléa Kaméni an. ✆ 22860-24355, ℻ 22860-23862.

Infos www.santoriniport.com.

Essen & Trinken **Paliá Skála** 64, am südlichen Abschnitt des Kais in einer Höhle mit überdachtem Vorbau. Geórgios serviert leckere Mezés, Tomatokefthédes, Fáva, Fisch- und Fleischgerichte vom Grill, Oktopus und Kalamári. Sympathische Hafentaverne mit viel Griechenland-Atmosphäre und den schöne alten blauen Stühlen. Normale Preise.

Syrtáki 52, etwa in der Mitte des Hafens sitzt man unter einem Sonnendach mit Blick auf die Kaméni-Inseln. Spezialität sind Fleischgerichte von Holzkohlegrill. Die Küche befindet sich in einem der alten tonnengewölbten Häuser hinter der Taverne. Tagsüber gut besucht, gegen Abend eher ruhig.

Captain Nikólas 39, Ouzomezedopolíon und Café am Nordende des breiten Kais. Windgeschütztes Plätzchen an der Ecke direkt unter der hohen Steilwand. Griechische Musik und freundliche Atmosphäre. Mittags immer voll und nicht zu teuer.

Museen in Firá

Mit dem Prähistorischen Museum besitzt Santoríni ein angemessenes Gebäude, um die umfassenden Funde der Insel der Öffentlichkeit präsentieren zu können. Leider sind bislang die meisten der berühmten Fresken, die in der kykladisch-minoischen Handelsstadt Akrotíri tausende von Jahren luftdicht abgeschlossen waren, im Nationalmuseum von Athen verblieben. Naturgetreue Kopien der Originale kann man aber auch im Museum Santozeum betrachten.

Prähistorisches Museum Thíra

Im Jahr 2000 wurde der moderne Museumsbau direkt südlich der Platía eröffnet. Die rund 500 hervorragend präsentierten Exponate wurden alle auf Santoríni gefunden und stammen aus dem Neolithikum (Fundstellen: Firá und Akrotíri), dem Frühkykladikum (Firá, Ftéllos, Karageórgis-Steinbrüche bei Ágios Ioánnis am Kávos Alonáki, Akrotíri und Archángelos), dem Mittelkykladikum (Ftéllos, Karageórgis-Steinbrüche, Akrotíri und Steinbrüche von Megalochóri) und dem Spätkykladikum (Ftéllos, Akrotíri, Steinbrüche von Megalochóri und Potamós oberhalb vom Almíra-Strand). Einen Höhepunkt bilden zweifellos die herrlichen *Wandmalereien* aus der verschütteten Stadt Akrotíri im Süden Santorínis, von denen allerdings bisher nur fünf im Original zu sehen sind (*Fischer*, *Erwachsene Frauen*, *Blaue Affen*, *Antilopen* und *Blumenmotive*). Eigentlich sollten einmal fast alle Bilder hier untergebracht werden, nur das *Frühlingsfresko*, die *Boxenden Knaben* und die *Weißen Antilopen* sollten im Athener Nationalmuseum verbleiben. Schon zum Zeitpunkt seiner Eröffnung galt das Museum allerdings als viel zu klein, um sämtliche Fundstücke angemessen präsentieren zu können. Daher ist unsicher, ob die Pläne je vollständig umgesetzt werden.

Öffnungszeiten Tägl. 8–15 Uhr, Di geschlossen.

Eintrittspreise Erwachsene 3 €, ermäßigt 2 €. Buch zum Museum 15 €.

Informationen Fotografieren und Filmen nur ohne Verwendung von Blitz und ohne Stativ erlaubt. ✆ 22860-23217, odysseus.culture.gr/h/1/eh151.jsp?obj_id=3325.

Firá (Thíra-Stadt) → Karte Umschlag hinten

Rundgang

Der Museumsbesuch ist als Rundgang angelegt und beginnt rechts vom Eingang.

A. Die Entdeckung der archäologischen Fundstellen

Sie begann 1967 in Akrotíri (→ Kapitel Akrotíri, S. 222). Erklärungen zu den Fundstellen.

B. Geologie von Thíra

Erklärungen zu Gesteinsschichten, Ablagerungen, Eruptionswellen, Aufbau der Caldéra und Entwicklung der Inselhauptstadt.

C. Thíra vom Neolithikum zur Mittleren Bronzezeit

Marmoridole, Idolfragmente, Vasen aus Akrotíri und Firá, Gefäße, Schalen und Bronze-Speerspitzen aus Akrotíri. Vasen, Krüge, Wein- und Ölgefäße, Schalen, Menschenidole, Tieridole (Kühe), Becher, Obsidian-Stücke und Tonwaren des nordostägäischen Stils aus verschiedenen Fundorten wie Ftéllos, Karageórgis und Megalochóri.

D. Nachbau der Stadt Akrotíri in ihrer Blütezeit

Sehr gut sind die Häuser, Gassen, Wege und die dreieckige Platía zu erkennen. Erklärungen zu den Sektoren, Terrassen und Gebäudeformen.

D 1. Das Zentrum der Stadt

Erklärungen zu Straßen, Stallungen, Sanitäreinrichtungen, Wandmalereien aus dem 17. Jh. v. Chr. und zu den Kunstgegenständen. Exponate: Gipsabdrücke von Resten eines Stuhles und von einem geschnitzten Holztisch, der fast barock anmutet; Lampenständer und Öllampen; Küchengegenstände; Feuerstelle; transportabler Ofen; verzierte Grillteile; Bronzegefäße für Küche und Aufbewahrung; Pfeilspitzen und Angelhaken aus Bronze; Bronzegussform aus Stein; Badewanne aus spätkykladischer Zeit.

D 2. Entwicklung der Verwaltung

1) Entwicklung der Linear-A-Schrift aus Kreta; 2) Entwicklung des metrischen Systems; 3) Standardisierung von Formen und Schmuck; 4) Stadtsiegel und Siegelverfahren; Exponate: Normgewichte aus Metall und Stein; Fragmente mit Schriftzeichen; Vase mit Linear-A-Inschrift; Pithoi mit diversen Motiven; Amphoren mit standardisierten Bemalungen und Formen (z. B. elliptische Öffnungen); standardisierte Kannen in gleicher Form, aber unterschiedlicher Größe.

Keramikvase im prähistorischen Museum

Die blauen Affen gehören zu den wichtigsten Wandmalereien aus Akrotíri

D 3. Wandmalereien und monumentale Kunst

Erklärungen zur Maltechnik (D 3.1) und zu den frühen Funden (D 3.2). Aus der frühen spätkykladischen Periode sind nur noch wenige Überreste erhalten. Exponate alle aus Akrotíri: Reste von Wandbildern und herrliche Malerei mit Relief; bemalter Opferaltar; bemalte Fußbodenfragmente; sehr gut erhaltene Wandmalereien (umfassen ein vollständiges Zimmer) aus dem „Frauenhaus" (gemeint ist ein prähistorisches Bordell); Darstellung der Malereien durch verschiedene Techniken.

D 4. Luxus-Keramik

Darin besteht eine lange Tradition auf Thíra, speziell in Akrotíri. Die Entwicklung reicht zurück bis in die spätneolithische Zeit. Tausende eigene und importierte Vasen zeigen Szenen aus dem alltäglichen Leben, der Religion und legen ökonomische Kontakte offen. Exponate: zylindrische Pithoi mit Delfinen und Lilien.

D 4.1. Gegenstände für den täglichen und spirituellen Gebrauch

Sehr gut erhaltene Vasen, Lampen, Flakons, Becher, Schalen, Gefäße und Tieridole (Löwenkopf, Bulle und Eber).

D 4.2. Eigene und importierte Keramik

Die gefundenen Stücke stammen bisher zu etwa 85 % aus eigener und ca. 15 % aus fremder Produktion. Hier vor allem aus Kreta, den anderen Kykladen, vom Dodekanes und dem griechischen Festland, aus Kleinasien, Zypern und Syrien. Exponate: vor allem Krüge und Becher.

D 4.3. Technologie der Keramik

Bisher konnte noch keine Werkstatt ausgegraben werden. Wahrscheinlich lagen sie außerhalb der Stadt. Dennoch lassen sich durch die Vielzahl der Stücke Aussagen treffen. Exponate: größere Vasen und Amphoren zu Aufbewahrungszwecken, Vasen mit Blumen- und Palmendekor, Vasen und Töpfe für Blumen.

D 4.4. Kunst der Keramik

Keramische Kunst wurde sehr innovativ und kreativ aus kykladischer und minoischer Tradition entwickelt. Ausgestellt sind einige sehr schöne, mit Adlern, Schwalben, anderen Vögeln, Delfinen, Ziegen, Palmen und menschlichen Gestalten bemalte Stücke: Vasen, Krüge, Siebe, Krug mit Doppelsieb und Töpfe.

D 5. Von Vasenmalereien zu Wandmalereien

Die Wandmalereien entwickelten sich aus den Vasenmalereien. Nur Erklärungstafeln, keine Exponate.

D 6. Juwelen: Hinweise auf die prachtvolle äußere Erscheinung

Es wurden nur sehr wenige Stücke entdeckt, weil die Bewohner Akrotíris auf der Flucht ihre persönlichen Wertgegenstände wahrscheinlich alle mitnahmen. Gefunden wurden Schmucksteine, Gold, Kristall, Bronze, Knochen und Elfenbein. Die daraus produzierten Ohrringe, Ketten und Anhänger sind anhand der Frauendarstellungen auf den Wandmalereien gut zu erkennen. Exponate: Ketten und Kettenglieder aus Steinen, Bronzenadeln und -ringe, ein Gold- und ein Kristalljuwel.

D 7. Der kosmopolitische Hafen aus der Bronzezeit

Vom Neolithikum bis zur Glanzzeit Akrotíris bestanden weitreichende Kontakte zwischen der Hafensiedlung und anderen Gebieten und Kulturen. Dafür sprechen u. a. die afrikanischen Motive der Wandmalereien, z. B. die „Blauen Affen" und die Reste weiterer Malereien (Affen, Vögel und Palmen). Die ausgestellten Vasen (teils aus Marmor), Amphoren, Becher und Deckel stammen aus Náxos, Kéa, Aégina, Argolís, Korínth, Kos, Kreta (Knossós und Ost-Kreta) und aus dem östlichen Mittelmeerraum.

D 7.1. Die Wandmalereien der „Blauen Affen"

Die „Blauen Affen" wurden an der nördlichen und westlichen Wand des Raumes Beta 6 gefunden (Plan vorhanden). Sie stammen aus spätkykladischer Zeit, dem 17. Jh. v. Chr. Die gefundenen Reste wurden im Hintergrund durch Konturen des Gesamtwerkes ergänzt, sodass man einen guten Eindruck vom ehemaligen Aussehen bekommt.

D 7.2. Die Figur der „Goldenen Ziege"

Dieses einmalige Stück wurde erst am 12. Dezember 1999 bei Ausschachtungen für ein weiteres Schutzdach gefunden. Die ca. 11 cm lange und 9 cm hohe Figur ist der erste nennenswerte Gegenstand aus purem Gold, der in Akrotíri gefunden wurde.

Die Figur der „Goldenen Ziege"

Sie befand sich in einer (nicht mehr erhaltenen) Holzkiste, die ihrerseits in eine Tonurne eingesetzt war. Vermutlich handelte es sich um ein sehr aufwändig und in mehreren Schritten hergestelltes Weihegeschenk. Da zum Entdeckungszeitpunkt das Museum schon fast eröffnet wurde, musste man bei der Präsentation des sensationellen Fundes etwas improvisieren.

Archäologisches Museum Firá

Nähe Kraterrand, schräg gegenüber der Seilbahnstation. Große, 1960 eröffnete Sammlung von Vasen, Amphoren und Terrakottafiguren von der Prähistorie bis zu rot- und schwarzfigurigen Stücken der klassischen Antike. Die älteste Keramik stammt von den deutschen und griechischen Ausgrabungen in Akrotíri, das meiste aber aus Alt-Thíra. Insgesamt sehr viele Exponate auf engem Raum. Das Museum wirkt ein wenig wie ein buntes Sammelsurium aus einer Zeit, in der die Museumsdidaktik noch nicht erfunden war. An der äußeren Seitenfront befindet sich eine Gedenktafel an den Berliner Universitätsprofessor *Friedrich Freiherr Hiller von Gaertringen* (1864–1947), der Alt-Thíra in den Jahren 1895 bis 1903 auf eigene Kosten ausgrub (→ Kasten im Kapitel Alt-Thíra auf S. 185).

Öffnungszeiten 1. April bis 31. Okt. Di–So 9–16 Uhr. 1. November bis 30. April Di–So 8–15 Uhr. Mo geschlossen.

Eintrittspreise Erwachsene 3 €, ermäßigt 2 €.

Informationen Fotografieren ohne Blitz und ohne Stativ erlaubt. ✆ 22860-22217, odysseus.culture.gr/h/1/eh151.jsp?obj_id=3400.

Rundgang

Beschriftung der Exponate in griechischer und englischer Sprache: zunächst die Bezeichnung des Fundstückes, dann der Fundort und wenn möglich die Ausgrabung.

Zu sehen gibt es (in nicht nummerierter Reihenfolge) u. a.: prähistorische Vasen aus Akrotíri; mykenische Vasen; Überreste von Skulpturen und Koúroi (6. Jh. v. Chr.) aus Alt-Thíra; Gefäße aus den Werkstätten von Alt-Thíra; Amphoren in diversen Größen und Erhaltungszuständen; kretische Amphoren aus Alt-Thíra; Amphoren mit Reliefdekorationen; Fundstücke aus dem Aphrodíti-Heiligtum in Alt-Thíra (8.–7. Jh. v. Chr.); Grabsteinteile aus Alt-Thíra; Kopf eines archaischen, weiblichen Koúros (6. Jh.v. Chr.) von der Agorá aus Alt-Thíra; protokorinthische Vasen; Tonfiguren vom Friedhof Alt-Thíras (zweite Hälfte des 7. Jh. v. Chr.); geometrische Amphoren (8. Jh. v. Chr.); Teile eines Koúros (zweite Hälfte des 7. Jh. v. Chr.); kretische und kykladische Amphoren (8. Jh. v. Chr.); Teile einer Statue aus archaischer Zeit; phönizische Scherben; ionische Tassen (6. Jh. v. Chr.); Platten und Teller aus Rhódos (6. Jh. v. Chr.); korinthische Vasen und Teller; Amphoren und Teller aus Oía und Kamári (6. Jh. v. Chr.); archaischer Löwe aus Marmor (6. Jh. v. Chr.); schwarze Vasen im attischen Stil aus einem Grab aus Alt-Thíra (6. Jh. v. Chr.); Vasen mit schwarzen Figuren im attischen Stil mit den Götter-Motiven Athená, Heraklés, Apóllon und Ártemis; attische Schale mit Griffen: Poseidón greift den Giganten Polýbios an, außen ein Hoplitenheer mit Reitern vom Friedhof in Alt-Thíra (drittes Viertel des 6. Jh. v. Chr.); attische Rotfigur-Vasen (Mitte des 5. Jh. v. Chr.); attische Tassen (6. Jh. v. Chr.); Kopf eines jungen Mannes aus dem Gymnasion Alt-Thíras; Ton-Statuetten von Vögeln, Ziegen, Schweinen, Rindern, Enten, Delfinen sowie menschliche Idole und ein Pferdekopf vom Friedhof in Alt-Thíra (6. Jh. v. Chr.); Grabtisch mit Relief (3. Jh. v. Chr.); Kopf der Agrippina (1. Jh. n. Chr.); Fragmente santorínischer Gräber (5. Jh. n. Chr.); Kopf einer Grabstatue aus Méssa Goniá; Säulenteile aus einer pariotischen Werkstatt (5. Jh. v. Chr.); Kopf der Aphrodíti aus Alt-Thíra; Kopf der Faustina (2. Jh. n. Chr.); Aphrodíti-, Heraklés- und Tyche-Statuen ohne Kopf aus Alt-Thíra.

Der **Raum rechts vom Eingang** und der **Innenhof** mit der durchs Dach wachsenden Palme sind derzeit nicht zugänglich.

Original einer Wandmalerei aus Akrotíri

Museum Mégaro Ghízi

Das ehemalige Haus der alteingesessenen venezianischen Familie Ghízi steht im katholischen Kirchenbezirk und stammt von etwa 1700. Beim Erdbeben von 1956 wurde es völlig zerstört. Als der älteste Sohn der Familie starb, übereigneten es die Ghízi der katholischen Kirche, die es restaurierte und das Museum einrichtete. Jedes Jahr vom 1. bis 31. August wird das *Mégaro Ghízi Festival* veranstaltet, ein kulturelles Event mit Musikkonzerten und Kunstausstellungen in einem hallenartigen Raum oberhalb des Museums. Eintritt frei.

Öffnungszeiten 1. Mai bis 31. Okt.: Mo–Sa 10.30–13.30 und 17-20 Uhr, So 10.30-16.30 Uhr.

Eintrittspreise Erwachsene 3 €, ermäßigt 1,50 €.

Informationen ✆ 22860-23077, Fotografieren erlaubt. www.megarogyzi.gr.

Rundgang

Eingangsraum: In den Vitrinen Dokumente der katholischen Diözese Santoríni. Verträge, Urkunden, Testamente und Briefe, ältestes Schriftstück von 1573. An den Wänden alte Landkarten unterschiedlicher Qualität, ältestes Stück von 1550. Die Karten umfassen auch andere Inseln wie Náxos (1572), Mýkonos, Kéa, Sérifos, Kreta, Kíthira sowie Gesamtansichten der Kykladen und Griechenlands.

Raum links vom Eingang: In der Vitrine Mineralien verschiedener Orte und verschiedener Vulkanausbrüche überall auf der Insel: schwefel-, kupfer- und eisenhaltige Gesteine, gelb, rot, grün und blau. An den Wänden Darstellungen der typisch santorinischen Frauen- und Männerkleidung aus dem 18. und 19. Jh. Außerdem Stiche und Drucke von Kratern und Dörfern, allesamt santorinische Ansichten aus dem 18. und 19. Jh.

Raum geradeaus vom Eingang: Radierungen und Stiche von Ansichten der verschiedenen Phasen des Vulkanausbruchs von 1866. Berichte der *London News* vom 17.3.1866, 31.3. 1866 und 23.7.1870 über die gerade aktive Ausbruchsphase des Vulkans. Außerdem weitere Inselansichten (meist Drucke) aus dem 19. Jh., teils sogar in Farbe. Neben Santoríni werden auch Náxos, Sýros, Tínos und Sífnos dargestellt.

„Erdbeben"-Raum: Die Fotodokumentation aus der Zeit vor und unmittelbar nach dem Erdbeben von 1956 ist sicherlich der Höhepunkt der Sammlung. Sehr sehenswerte SW-Bilder von Oía, Firá, Höhlenwohnungen, Kirchen und Kapellen sowie dem Kraterrandweg vor der Katastrophe. Direkt daneben befinden sich die Fotos der angerichteten Zerstörungen und der anschließenden Aufräumarbeiten in Häusern, Gassen und Kirchen. Eine Fotoserie umfasst den zerstörten katholischen Dom. Eindrucksvoll und beklemmend zugleich zeigen die Bilder, dass man sich hier auf einem Stück Erde befindet, das noch immer nicht zur Ruhe gekommen ist. Im gleichen Raum sind auch einige Gipsnachbildungen sowie alte Gebrauchsgegenstände ausgestellt.

Raum im ersten Stock: An der Treppe hinauf passiert man den Stammbaum der Ghízi-Familie. Oben befindet sich eine Gemäldesammlung bekannter griechischer Maler – moderne Bilder, überwiegend Aquarelle und Kreidezeichnungen, teils auch im primitiven Stil.

Santozeum

An der Kraterrandgasse wenige Meter unterhalb des Archäologischen Museums wurde im Juli 2011 das Santozeum eröffnet. In einem wunderschön restaurierten Gebäude mit Innenhof und angeschlossenem Café mit bester Caldéra-Aussichtslage werden die Kopien aller 40 bisher restaurierten *Wandbilder aus Akrotíri* ausgestellt, die sich zuvor im Pétros-M.-Nomikós-Konferenzzentrum weiter oben am Kraterrand befanden. Eigentümer der Repliken ist die *Thíra-Stiftung* (www.

Firá (Thíra-Stadt) → Karte Umschlag hinten

therafoundation.org), die es sich zur Aufgabe gemacht hat, die kulturelle Entwicklung Thíras zu fördern. Gesponsert werden u. a. geologische und archäologische Forschungen. Großes Highlight sind aber die hier ausgestellten Wandmalereien, die nach kompliziertem vermessungstechnischem Verfahren hergestellt wurden und so für größtmögliche Authentizität bürgen.

Das besonders sorgsam restaurierte klassizistische Gebäude des Pétros-M.-Nomikós-Konferenzzentrums bleibt nun ausschließlich Konferenzen vorbehalten und kann nicht mehr besucht werden. Es liegt ein Stück nördlich vom Kirchenbezirk (zu erreichen über die Odós Agíou Ioánnou), ebenfalls mit herrlichem Caldéra-Blick. (www.thera-conferences.gr)

Öffnungszeiten 1. Mai bis 31. Okt. tägl. 10–18 Uhr. ✆ 22860-21722, www.santozeum.com.

Eintrittspreise Erwachsene 5 €, ermäßigt 3 €, Kinder unter 12 J. gratis. Die Erlöse gehen komplett in die Finanzierung der laufenden Ausgrabungen.

Führung Per Kopfhörer und Kassettenabspielgerät, auch in deutscher Sprache verfügbar. 3 € pro Pers. (zusätzlich zum Eintrittspreis).

Informationen Fotografieren ohne Blitz und ohne Stativ erlaubt. Filmen, Essen, Rauchen und Anfassen der Exponate verboten.

Rundgang

Der Rundgang beginnt gegenüber vom Eingangsbereich auf der anderen Seite des Innenhofs und führt im Uhrzeigersinn Richtung Eingang. Die Räume sind nummeriert. Die Nummerierungen der Exponate stammen aus Akrotíri und sind nicht in aufsteigender Reihenfolge.

Raum 1: Die Ausstellung beginnt mit dem sehr bedeutenden *Frühlingsfresko*, auf dem vor allem die roten Lilien auffallen. Rote Lilien gibt es in Griechenland auf den ägäischen und ionischen Inseln. Gegenüber vor dem Fenster steht das *Fresko des nackten Jungen*, was mit Initiationsriten verbunden wird. Rechts des Fensters steht die *junge Priesterin*, ein kleines Fresko, das wohl eine hochstehende Person in der akrotirischen Gesellschaftsordnung zeigt, wofür die Safran-gelben Elemente im Gewand sprechen. An der Stirnseite die *Herrin der Tiere*. Dargestellt wird eine Landschaft mit Krokussen und verschiedenen Tieren: blaue Affen, Enten, Libellen, Greifen (halb Löwe/halb Adler). Links und rechts der Tür zwei *Fresken mit Blumenvasen*.

Raum 2: Rechts der Tür die *Wilde Ente*, ein in Akrotíri oft dargestelltes Tier. Der Kontext des Bildes ist unklar. Links der Tür zwei Fresken *Ikríon* und *Halb-Ikríon* (dekorative Motive, z. B. Girlanden) aus dem Westhaus von Akrotíri. Geradeaus neben dem Durchgang zum nächsten Raum hängt das *Kuh-Fresko*. Es ist nur in spärlichen Fragmenten erhalten, zeigt aber, dass in Akrotíri Ziegen, Schafe und eben auch Kühe gehalten wurden.

Raum 3: Fotos aus der Ausgrabungsstätte in Akrotíri. Täglich wechselnd wird auch ein Film über die Ausgrabungen von Akrotíri und die Akrópolis in Athen gezeigt.

Raum 4: ist einzig dem *Rosetten-Fresko* vorbehalten, ein reines Dekorationsfresko mit hoher Reliefstruktur, die typisch für Akrotíri ist. Außerdem ist hier ein Foto der zusammengestürzten Treppe in Akrotíri zu sehen.

Raum 5: befindet sich am Ende eines schmalen Schlauchs, der links des Rosetten-Freskos von Raum 4 abzweigt. Oben ist das Miniatur-Fries *Versammlung auf dem Hügel und Schiffswrack* zu sehen. Es zeigt typische Waffen für die ägäische Bronzezeit und oben rechts eine Schafherde. Unten befindet sich das Miniatur-Fries *Flusslandschaft*. Es zeigt Flora und Fauna der Zeit, Palmen, Enten, Schakale und die mythischen Greifen.

Raum 6: Zwei Fragmente des sehr bedeutenden *Fischer-Freskos*: der nackte Fischer mit dem blauen Kopf. Die Fische konnte man als Goldmakrelen (coryphaena hippurus) identifizieren (Im englischen werden sie als „dolphinfishes“ bezeichnet, wobei natürlich keinerlei Verwandtschaft mit Delfinen besteht.). Das Fresko ist im Original sehr gut erhalten.

Raum 7: rechts und links vor dem Kamin zwei weitere Fresken der *nackten Jünglinge* (wie in Raum 1). Zum Fenster hin das sehr bedeutende *Flotillen-Fresko*. Zu sehen ist die Flotte Akrotíris, bestehend aus sieben Schiffen. Links befindet sich der Hafen und rechts die Stadt Akrotíri. Rechts zum Fenster hin das *Fresko der Verehrungsszene*. Es zeigt drei hochstehend gekleidete Frauen aus der Oberschicht, möglicherweise vor einer Art Altar bei einem religiösen Ritual. Die Vitrine in der Mitte des Raums enthält den Nachbau eines Schiffs vom Fresko. Hinter dem Kamin ein paar Stufen hinauf befindet sich das ebenfalls sehr bedeutende *Fresko der boxenden Knaben*, mit roter Farbe auf weißen Hintergrund gemalt. Auffällig sind die geringe Bekleidung und langen, blauen Haare mit Zopf. Wahrscheinlich handelt es sich um Kinder aus der Oberschicht.

Firá (Thíra-Stadt) → Karte Umschlag hinten

Folkloremuseum (Laografikó Museío)

Das Folkloremuseum liegt im Ortsteil Kontochóri. Man folgt der unterhalb des Busbahnhofs verlaufenden breiten Straße Richtung Oía (vorbei am Hotel Lignós). Von hier aus befindet sich das Museum nach ca. 500 m auf der rechten Seite leicht unterhalb der Straße. Museumsgründer Emmanouíl Lignós hat seine auf der ganzen Insel zusammengetragenen Stücke in dieser Privatsammlung der Öffentlichkeit zugänglich gemacht. Im Hof des Museums liegt zudem eine Kirche, die Ágios Konstantínos und Agía Eléni geweiht ist.

Öffnungszeiten März bis Okt. tägl. 10–14 Uhr, im Juli und August bis 15 Uhr.

Eintrittspreise Erwachsene 3 €, ermäßigt 1,50 €.

Führung durch den Besitzer Emmanouíl Lignós, seine Schwester oder Herrn Josif. Alle sprechen Englisch.

Informationen ✆ 22860-22792, Fotografieren erlaubt. santorini.com/museums/folklore_museum.htm.

Rundgang

Höhlenkeller gegenüber der Kirche: Im alten santorinischen Stil hat man diese 1961 entdeckte Höhle mit mehreren Seitenhöhlen bis zu 35 m weit in den Bims hineingegraben. Hier wurden u. a. Tiere gehalten und Lebensmittel kühl, trocken und erdbebensicher gelagert. Zu sehen sind Viehtränken, eine Traubenpresswanne, eine Schlosserwerkstatt, Gefäße, Lampen, Gießkannen und verschiedene Werkzeuge. Weiter hinten befindet sich eine Tomatenpresse und am Ende der Höhle ist rotes Lavagestein zu sehen. Auffällig ist das in allen Bimshöhlen auftretende Fehlen des typischen Geruchs von stehender, feuchter Luft.

Weinhöhle: Zu sehen sind eine alte, große, 1861 erstmals benutzte Traubenpresswanne im Stein, wo die Trauben per Fuß gepresst wurden. Außerdem Weinfässer unterschiedlicher Größe und eine moderne Traubenpresse.

Gegenüber der Weinhöhle: Ehemalige Tischlerwerkstatt mit Werkbänken sowie Holzbearbeitungswerkzeugen aus Metall und Holz, wie Hobel, Sägen, Hämmer usw.

Angrenzend im Innenhof: Einrichtung einer traditionellen *Höhlenwohnung* mit den typischen drei Fenstern um die Eingangstür. Zu sehen gibt es ein altes Metallbett, Holzbett mit Baldachin, Babywiege, Tische, Schränke, Kleiderschrank mit alten Frauen-Trachten und Männerkleidung, Sofa, Glas, Porzellan, Keramik, Töpfe, Teller, Tassen, Stickereien, Lampen, Gemälde und sogar ein altes Grammophon ist vorhanden. Nebenan befindet sich ein *Lagerraum* mit Gefäßen für Öl, Wein, Getreide und Fáva-Bohnen usw. in Schalen und kleinen Amphoren. Außerdem eine *Küche* mit Holzkohleofen, Töpfen aus Metall und Ton, Pfannen, Sieben, Kaffeemühlen, Gewichten und einer alten Waage. In der Ecke der Küche ist ein alter Mahlstein für Fáva-Bohnen zu bewundern, wie ihn die Frauen früher bedient haben. An der Stirnseite des Hofes liegt eine ehemalige *Schmiedewerkstatt* mit Hammer, Amboss, Töpfen, Kannen, Kanistern und anderen geschmiedeten Gegenständen. Gleich nebenan befindet sich auch eine alte *Schusterwerkstatt*, in der eine Nähmaschine für Leder, Schusterwerkzeug und Größenmodelle aus Holz ausgestellt sind.

Räume im ersten Stock: In der *Museumsbibliothek* sammelt der Besitzer sämtliche verfügbaren Druckerzeugnisse über Santoríni, sogar touristische Werbebroschüren. Herr Lignós verlegt auch eine monatlich erscheinende Inselzeitung über Santoríni. Nebenan kann man eine kleine Gemäldegalerie mit ausschließlich santorinischen Motiven in Öl, Kreide, Bleistift oder Aquarell von diversen griechischen Künstlern bewundern.

Kirche Ágios Konstantínos & Agía Eléni: Im Hof des Museums wurde auch eine Kirche errichtet. Alte hölzerne Altarwand mit vier großen und zehn kleinen Ikonen in der Reihe darüber. Die Namensikone befindet sich direkt am Eingang, in der Apsis einige sakrale Kunstgegenstände. Zwar nicht sehr alt, aber eine der wenigen Inselkirchen, die besichtigt werden kann.

Südlich von Firá

Südlich von Firá liegen die großen Bimssteinbrüche der Insel, *Baládes* genannt. Hier wird nach wie vor Bims abgebaut, der als Bauzusatzstoff Verwendung findet. Bei starkem Wind sind manchmal riesige Bimsstaubwolken von Firá aus gut zu sehen. Vor den Bimssteinbrüchen schließt sich Richtung Süden zunächst aber die Müllkippe der Stadt an. Hier wird der Inselmüll gesammelt und die Menge durch müllzersetzende Chemikalien sowie gelegentlich durch Verbrennung „reduziert“. Die übrig bleibenden Feststoffe werden dann vergraben. Die von Firá nach Süden Richtung Athiniós-Hafen führende Straße verläuft dicht am Kraterrand vorbei, wurde rechts und links mit Hotelanlagen, Ladenzeilen, Bürohäusern und Lagerräumen ziemlich zugebaut. Hier befinden sich auch Tankstellen und mehrere große Supermärkte (u. a. Lidl).

Alte Leprastation: südlich von Firá, in der Nähe des Müllverbrennungsplatzes am Kraterrand. Von der Straße Richtung Süden ist etwa 1,2 km außerhalb der Stadt rechts kurz vor der Tankstelle (auf der linken Seite) ein kleines blaues Metallkreuz am Kraterrand zu sehen. Dahinter liegen die verschlossenen Höhlen und die ebenfalls unzugängliche Kirche der ehemaligen Leprastation, die noch bis in die 50er-Jahre hinein bewohnt war. Das Gelände wird heute zwar noch regelmäßig frisch gestrichen, lohnt aber die unangenehme (und sicherlich nicht gerade gesundheitsfördernde) Anfahrt durch den Gestank des Müllverbrennungsplatzes eigentlich kaum.

Zufahrt: Etwa 1,2 km stadtauswärts von Firá Richtung Süden zweigt von der Straße am Kraterrand kurz vor der Tankstelle die beschilderte Zufahrt zum Müllverbrennungsplatz nach rechts ab. Zwar ist diese Straße für Privatfahrzeuge verboten, aber man sollte bis etwa 100 m vor das Metalltor des Müllplatzes fahren und dort sein Fahrzeug abstellen. Von hier aus wandert man etwa 200 m über ein Feld Richtung Kraterrand und erreicht kurz vor den Bimsbrüchen die Eingangspforte der Leprastation.

Schönster Ort im Inselnorden: Ansichten in Oía

Inselnorden

Oía im äußersten Inselnorden und Imerovígli auf dem höchsten Punkt des Kraterrands sind die einzigen größeren Orte und gleichzeitig zwei absolute Santoríni-Highlights. Zwischen Firá und Oía verläuft eine schmale Höhenstraße nah an der Caldéra, von der man immer wieder herrliche Blicke tief hinunter zur Ostküste hat. Eine ruhigere Alternative ist die Fahrt auf der küstennahen Straße über Vourvoúlos und Porí.

Oía (sprich: „Ia") gilt vielen Santoríni-Liebhabern als schönster Ort der Insel. Ein faszinierendes Labyrinth von Treppengässchen, Kubenhäusern, Gewölbedächern und Kirchenkuppeln beherrscht die Szenerie, dazwischen liegen alte Höhlenwohnungen, die man als Unterkunft auch mieten kann. Postkartenmotive mit traumhafter Kykladenidylle finden sich an jeder Ecke. Allabendlich fahren Horden von „Sunset"-Fotografen Richtung Oía, da der Ort fast schon als Synonym für Sonnenuntergangsromantik gilt. Unweit von Firá thront das idyllische Imerovígli ganz oben pittoresk am Kraterrand und besitzt mit dem vorgelagerten Skáros-Felsen ein imponierendes Naturdenkmal. Ansonsten gibt es im Inselnorden mit Baxédes und

Tipp: Eine reizvolle Alternative zur Straße von Firá nach Oía ist unsere Wanderung über Firostefáni und Imerovígli am Kraterrand entlang (→ S. 250).

auf rund 5 km Länge an der Nordküste entlangziehen. Weitere Strände schließen sich an der Ostküste bis auf die Höhe von Vourvoúlos an, das in einer vulkanischen Erosionsrinne liegt und wegen seiner alten Höhlenwohnungen sehenswert ist.

Imerovígli

Der höchstgelegene Ort am Kraterrand, gerne als "Balkon von Santoríni" bezeichnet, liegt nur knapp 2 km von Firá entfernt. Auch hier breiten sich an der Caldéra zahlreiche neue, ästhetisch wohlgeformte Wohnkomplexe aus, darunter so manche hochpreisige Luxusanlage. Der imposante und mächtige Skáros-Felsen vor dem Ort dominiert die Caldéra-Szenerie.

Im Mittelalter und zu venezianischer Zeit war Imerovígli bzw. der vorgelagerte Felshügel Skáros einer der wichtigsten Inselorte. Piraten machten damals die Ägäis unsicher und von hier hatte man einen optimalen Blick über die gesamte Caldéra. Als die Piratengefahr weitgehend gebannt war und zudem Ende des 18. Jh. Bergrutsche und Risse im Gestein das Wohnen auf dem Skáros zusehends gefährlicher machten, errichtete man an einer deutlich niedrigeren Stelle Firá, die heutige Hauptstadt, und einige wenige Herrenhäuser im heutigen Imerovígli. Das eigentliche Wachstum des Ortes begann aber erst mit dem Tourismus. Wer von Firá über den gestuften Kraterrandweg in gut 30 Minuten zu Fuß hinaufkommt, trifft zunächst auf das mächtige *Frauenkloster Ágios Nikólaos* vor dem Ortseingang. Bald dahinter erscheinen die nach dem Erdbeben restaurierten Häuser und zahllose

Neubauten. In der Ortsmitte liegen die sehenswerte *Kirche Panagía Maltésa* sowie die *Kirchen Agía Anastasía* und *Ágios Geórgios* an der Kraterrandgasse. An der Geórgios-Kirche beginnt der Treppenweg, der den Kraterrand ein Stück hinunter und wieder hinauf zum Felsen *Skáros* führt (beschildert / → Wanderung 2).

Basis-Infos

Verbindungen Zu Fuß: Auf dem Kraterrandweg gelangt man von Firá in etwa 30 Min. über Firostefáni nach Imerovígli.

Bus: Bushaltestelle auf der viel befahrenen Linie Firá–Oía an der oberen Platía. Zum Kraterrand sind es nur wenige Meter.

Taxi: Standplatz an der Platía links der Straße Richtung Oía. Hier hält auch der Bus. Ein Taxi von Firá kostet ca. 5 €.

Apotheke Im Zentrum neben der Autovermietung Sunbird direkt an der Durchgangsstraße.

Bäckerei Bäckerei Ílios 19 an der Durchgangsstraße am unteren Dorfausgang.

Einkaufen Drei kleine Einkaufsmärkte an der Durchgangsstraße sowie ein Markt an der oberen Platía.

Geldautomat An der Durchgangsstraße neben der Autovermietung Sunbird.

Motorfahrzeugvermietung Sunbird 14, etwas unterhalb der Busstation an der Durchgangsstraße. Vermietet werden Zweiräder von 50–250 ccm und Autos aller Klassen. Jedes Jahr neue Modelle. Straßenservice rund um die Uhr und überall auf der Insel, Bringservice zum Hafen, Flughafen und Hotel. Wer mit diesem Buch kommt, erhält bei Autos 15 % und bei Zweirädern 10 % Rabatt. ✆ 22860-25672 und 6979-781073, www.sunbird-santorini.gr.

Übernachten

Am Kraterrand liegen zahlreiche komfortable und entsprechend hochpreisige Apartmentanlagen, die teils auch pauschal gebucht werden können. Fast immer ist ein Pool mit Kraterblick vorhanden. Weiter zur Durchgangsstraße hin und im oberen Ortsbereich gibt es günstigere Übernachtungsmöglichkeiten. Ab drei Sternen immer mit AC, TV, Wifi, Kühlschrank und Safe. Gelegentlich Wifi und Safe nur an der Rezeption.

**** **Hotel Andromeda Villas 3**, an der Caldéra im oberen Ortsteil. Vermietet werden 59 Einheiten unterschiedlicher Größe und Ausstattung, vom kleinen Studio über Maisonette bis zur Luxussuite. Alle weitgehend im Höhlenstil liebevoll terrassenartig in die Caldéra-Wand hineingebaut, geschmackvoll eingerichtet, mit kleinen Meerblick-Balkonen. Frühstücksterrasse am Pool, Jacuzzi, Poolbar, Café, Restaurant. DZ 139–245 €, Suite 199–725 €. ✆ 22860-24844, www.andromeda-santorini.com.

**** **Hotel Sunny Villas 12**, Apartmentanlage im traditionellen Stil mit Blick auf den Vulkan. Familie Marínis vermietet Studios, Apartments und Suiten, fast alle im Höhlenstil und mit Küchenzeile. Hausherr Spíros spricht Deutsch. In der Außenanlage kleiner Pool mit Bar. Frühstück auf der Terrasse. Studio 110–160 €, Suite 250–450 €. ✆ 22860-23142, www.sunnyvillas.gr.

**** **Hotel On the Rocks 16**, schöne, elegante Anlage mit 21 exquisiten Zimmern und Suiten. Die meisten Einheiten sind Höhlenwohnungen. DZ 300–625 €, Suite 520–990 €. ✆ 22860–23889, www.onrocks.net.

**** **Lángas Villas 6**, komfortable Anlage an der Caldéra. Der freundliche Eigentümer vermietet geschmackvoll eingerichtete Apartments für 2–4 Pers., alle mit Veranda. Jacuzzi und Pool, der teilweise in einer Höhle liegt. Apartment 128–195 €, Suite 180–240 €. ✆ 22860-22715, www.langasvillas-santorini.com.

**** **Hotel Prékas 2**, am Kraterrandweg am nördlichen Ortsausgang. Architektonisch interessant, da teilweise ruinenhaft belassen. Angeboten werden Studios und Apartments. Hübscher Panoramapool. Studio 99–204 €. ✆ 22860-28750, www.santorini-hotel-prekas.gr.

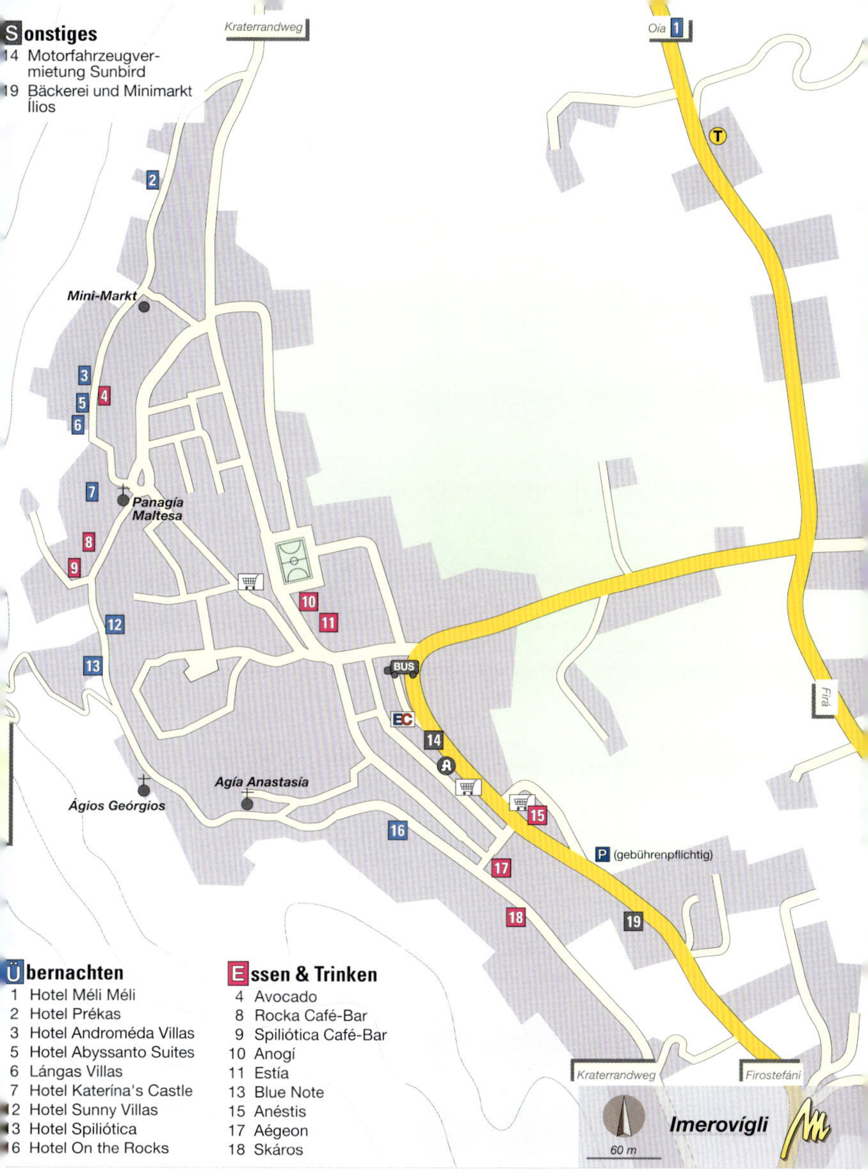

Sonstiges
14 Motorfahrzeugvermietung Sunbird
19 Bäckerei und Minimarkt Ílios

Übernachten
1 Hotel Méli Méli
2 Hotel Prékas
3 Hotel Androméda Villas
5 Hotel Abyssanto Suites
6 Lángas Villas
7 Hotel Katerína's Castle
12 Hotel Sunny Villas
13 Hotel Spilziótica
16 Hotel On the Rocks

Essen & Trinken
4 Avocado
8 Rocka Café-Bar
9 Spilziótica Café-Bar
10 Anogí
11 Estía
13 Blue Note
15 Anéstis
17 Aégeon
18 Skáros

*** **Hotel Abyssanto Suites** **5**, an der Caldéra im oberen Ortsteil. Georgía Drósou vermietet Apartments und Suites mit Caldérablick-Balkonen. Apartment 90–225 €, Suite 153–585 €. ✆ 22860-24136, www.apolafsivilla.gr.

*** **Hotel Spiliótica** **13**, an der Caldéra. Antónis Spiliótis vermietet 20 Apartments (2–6 Pers.) und 5 Suiten. Die Suiten sind luxuriös mit Antiquitäten eingerichtet, teilweise Maisonette und mit Jacuzzi, jeweils mit 2 Bädern und Balkonen. Jede Einheit verfügt über mehr als 80 qm Wohnraum im santorinischen Stil. Die Apartments sind etwas einfacher und verfügen über eine Küche. Pool und Bar in der Anlage. DZ 140–250 €, Suite 240–400 €. ✆ 22860-22637, www.spiliotica.com.

*** **Hotel Méli Méli 1**, kleine, gepflegte Anlage mit 6 geräumigen Zimmern und Pool. Freundlicher Service, 2 Min. zum Kraterrandweg. DZ 75–230 €. ✆ 22860-28933, www.melisantorini.com.

* **Hotel Katerína's Castle 7**, Dímitris vermietet 9 Höhlenzimmer am Kraterhang. Einfaches Haus mit nicht sehr großen, aber sauberen Zimmern. Cafébar und Gemeinschaftsterrasse mit Calderablick. DZ 85–145 €. ✆ 22860-22708, www.hotel-katerina.gr.

Essen & Trinken

→ Karte S. 129

Die Tavernenlandschaft von Imerovígli ist in den letzten Jahren stark gewachsen. Es gibt Restaurants direkt an der Caldéra mit ähnlichem Ambiente wie in Firá sowie mehrere im Ortsinneren und an der Durchgangsstraße. Die Preise folgen dem gleichen Prinzip wie in Firá: Der Kraterrandblick muss mitbezahlt werden. Abseits vom Kraterrand sinken die Preise auf ein normales Maß.

Anogí 10, zwischen der oberen Platía auf der Caldéra-abgewandten Seite und der Durchgangsstraße. Restaurant mit Tischen auf der Platía unter großen Sonnenschirmen und im Innenraum. Griechische Küche plus einige internationale Gerichte. Große Auswahl vor allem an Salaten, kalten und warmen Vorspeisen sowie Fisch und Meeresfrüchten. Leicht gehobenes Preisniveau. www.anogirestaurant.gr.

Estía 11, direkt neben dem Anogí, aber eher Grillhouse-Charakter und damit auch preisgünstiger. Auswahl etwas geringer, aber auch Fisch, Fleisch und Pasta. Empfehlenswert ist Lamm aus dem Ofen, Schwertfisch-Souvláki, Schweinefilet, Huhn mit Shrimps und Kebab. Windgeschützte Lage, aber kein Blick. Ab mittags geöffnet. www.estiathiras.gr.

Blue Note 13, über dem Skáros-Felsen mit herrlichem Ausblick gelegen – schön und teuer. Der Wirt Antónis Spiliótis, ein Greco-Amerikaner, serviert zu den Fisch- und Fleischgerichten seinen eigenen Wein in Weiß und Rot: „Ktíma Spilióti". Mit dem Rotwein hat er schon einen Preis gewonnen. Spezialität ist Hummer mit Spaghetti und Saganáki. Außerdem gibt es auch Salate und Desserts wie z. B. hausgemachtes Tiramisu. Angenehme, leichte Hintergrundmusik, passend zur Sonnenuntergangsromantik. www.spiliotica.com.

››› Mein Tipp: **Anéstis 15**, an der Durchgangsstraße. Chef Anéstis lebte 11 Jahre in Deutschland und spricht hervorragend Deutsch. Obwohl schon weit über das Rentenalter hinaus, will er sich nicht zur Ruhe setzen: „Was soll ich sonst tun und ich freue mich jedes Jahr, meine Stammgäste wieder zu sehen." Anéstis Spezialität sind Fleischgerichte der traditionellen griechischen Küche sowie gefülltes und gegrilltes Gemüse, Stifádo, Gýros und Tomatokeftédes. Besonders empfehlenswert vom Holzkohlengrill sind Lammkeule am Spieß und Lammkoteletts. Dazu Wein und Bier vom Fass. Plätze draußen im Vorgarten an der Straße und im ruhigen Innenraum mit Blick zur Ostküste. Ab Mittag geöffnet, alles auch zum Mitnehmen. Günstige Preise. ‹‹‹

Aégeon 17, vor der unteren Platía, direkt am Kraterrandweg. Windgeschützte Plätze unterm Sonnendach oder im Innenraum. Griechische Fleischgerichte, gekocht oder gegrillt und Pasta. Ruhige Lage, gehobene Caldéra-Preise.

Skáros 18, Fischtaverne in wunderbarer Lage am Kraterrandweg, aufmerksam geführt, guter frischer Fisch des Tages. Ebenfalls nicht billig. www.skarossantorini.com.

Avocado 4, an der oberen Platía. Im neuen mediterranen Stil gehalten. Einige Tische auf der Platía, vor allem aber im klimatisierten und begrünten Innenraum hinter einer Glasfassade wegen des oft starken Windes hier oben. Mediterrane Küche, gehobene Preise. www.avocadosantorini.gr.

Rocka Café-Bar 8, an der Caldéra mit Superblick auf Oía und Thirassía. Gehört zum *Hotel Katerína's Castle*. Geöffnet ab 9 Uhr, Frühstück, Snacks, Salate, Kaffee, Wein, Bier usw.. Wände mit Lavasteinen dekoriert, relaxte Atmosphäre.

Spiliótica Café-Bar 9, um die Ecke vom Rocka, daher unterschiedlicher Blick: Skáros, Thirassía, Kaméni-Insel und der Süden von Santoríni. Bequeme Bistro-Sessel auf drei Ebenen an der Caldéra, teils verglast, weil oft starker Wind. Amerikanisches Frühstück, Snacks, Pizza, Salate, Crêpes, Kaffee und Cocktails.

Sehenswertes

Kloster Ágios Nikólaos: Das einzige orthodoxe Frauenkloster der Insel. Einige wenige Nonnen wohnen noch in dem einfachen, festungsartigen Bau mit seinen dicken Mauern. Während das Außengebäude von 1674 stammt, wurde die Klosterkirche erst 1820 errichtet. In dieser gibt es zwei prächtige handgeschnitzte Holzikonostasen zu bewundern. Ihre teils vergoldeten Ikonen zeigen Darstellungen aus dem Alten Testament. Außerdem zahlreiche Porträts der ehemaligen Inselbischöfe an den Wänden und wertvolle Stickereien. Um das Kloster liegen noch alte Bruchsteinruinen vom Erdbeben im Jahr 1956. Leider werden nicht-orthodoxe Besucher aufgrund von Personalmangel seit einigen Jahren nicht mehr in das Kloster eingelassen. Eine Besichtigung ist daher derzeit nicht möglich.

Kirche Panagía Maltésa: Etwa in der Mitte des Ortes zwischen Straße und Caldéra. Sehenswert ist die Ikone der Panagía Maltésa, die ein santorinischer Matrose aus dem Meer bei Malta herausgefischt haben soll. Zu Ehren der Ikone wurde später die Kirche errichtet.

Kirche Agía Anástasia: An der Kraterrandgasse. Zu sehen gibt es eine alte, handgeschnitzte Ikonostase aus Holz mit fünf Oklad-Ikonen. Besonders schön sind die Fresken, die alle Wände und auch die Kuppeldecke der Kirche zieren. Der imposante frei stehende Glockenturm erinnert fast an venezianische Bauwerke.

Skáros: Markanter, steil aufragender Felsklotz direkt vor Imerovígli am Kraterrand. Hier hatten die Venezianer Anfang des 13. Jh. ihre größte Inselfestung Kástro errichtet, in deren Schatten sich die Häuser der Siedlung ausbreiteten. Erhalten ist vom Palast und der Bischofskirche praktisch nichts mehr. Zwar wurde der Felsen

Imerovígli und der markante Skáros-Felsen

niemals erobert, doch als die Türken auch Santoríni eroberten, wurde das Kástro nicht mehr gebraucht und zu Beginn des 19. Jh. schließlich völlig aufgegeben. Den Rest besorgte das Erdbeben von 1956. Durch die Erosion des locker gewordenen Gesteins rutschen im Winter nach Regenfällen oder nach kleinen, kaum spürbaren Erdbeben auch heute noch immer wieder auch größere Felsbrocken des Skáros ins Meer ab. Der Skáros gilt laut Geologen seit einigen Jahren als extrem abrutschgefährdet. Wir empfehlen, sich vor Ort nach der aktuellen Sicherheitslage zu erkundigen, bevor man den Skáros-Weg gemäß unserer Wanderbeschreibung (→Wanderung 2, S. 254) betritt!

Der Treppenweg führt ein Stück den Hang hinunter und wieder hinauf auf den Skáros. Von der meerzugewandten Seite des Skáros führt ein weiterer Treppenweg noch weiter hinunter zur *Kirche Theosképasti* in atemberaubender Lage direkt an der Kraterwand.

Von Firá auf der Kraterrandstraße nach Oía

Kurvenreiche und bisweilen enge Asphaltstraße, immer dicht am Kraterhang, aber selten mit Caldérablick. Dafür schöne Sicht auf die Ost- und Nordküste der Insel und tolle Farbenspiele der vulkanischen Gesteine. Auf der viel befahrenen Straße pendeln auch die öffentlichen Linienbusse zwischen Firá und Oía hin und her.

Von Firá aus passiert man zunächst Imerovígli, dann folgen etwa 7,5 kurvenreiche Kilometer, bevor man zunächst Finikiá und dann Oía erreicht. Wunderschön sind von hier oben die zahllosen Terrassenhänge und Erosionsspalten zu sehen, die sich von Oía zur Ostküste ziehen. Nur ein Teil des weitgehend einsamen Gebiets wird noch landwirtschaftlich genutzt, Bauernhäuser sieht man nur vereinzelt, Feriendomizile dagegen mittlerweile umso häufiger. Beeindruckend ist die Fahrt auf der

In die Bimswände hineingegrabene Höhlen dienen auch als Viehställe

Eselreiten

Esel bzw. Mulis gehören zu Santoríni wie Meer, Wind und Vulkan. In den engen Gassen der Dörfer am Kraterrand dienen Esel und Mulis noch heute als klassische Transporttiere. Man sieht sie überall und in Firá sowie Oía kann man auf ihrem Rücken Treppenwege an der Caldéra hinunter zum Meer und/ oder wieder hinauf reiten. Dóra und Nikólas bieten nun Esel- bzw. Mulireiten außerhalb der Zentren und auf für die Tiere einfacherem Terrain an, die geführten Reitausflüge dauern rund 1 Stunde. Sie führen von dem sogenannten „Donkey Terminal" oberhalb der Kraterrandstraße Imerovígli-Oía (etwa in der Mitte zwischen den beiden Orten) hinauf zur Kirche Tímios Stavrós und nach einer zehnminütigen Pause wieder zurück zum Ausgangspunkt. Dóras und Nikólas' Tiere werden artgerecht gehalten, gut gepflegt und gefüttert sowie tierärztlich betreut.

Ganzjährig geöffnet tägl. von 9 bis 18 Uhr, im Winter nur nach telefonischer Anmeldung. Preis: 15 € pro Pers., ✆ 22860-83178, ndadvertising@outlook.com.

engen Straße aber auch wegen der herrlichen Farben des vulkanischen Gesteins. Insbesondere im Bereich des *Kókkino Vounó* ziehen sich tiefrote, schwarze, graue, braune sowie kleine gelbe und grüne Adern durch die uralte erkaltete Schlacke.

Mikró Profítis Ilías: 317 m hoher Berg am Kraterrand, etwa in der Mitte zwischen Finikiá und Imerovígli. Auf der engen Straße entlang der Ostseite passiert man diese viertgrößte Erhebung der Insel. Die vulkanischen Auswurfschlacken sind hier etwa 100.000 Jahre alt. Für den Aufstieg empfehlen wir, unserer Wanderroute von Firá nach Oía zu folgen (→ S. 250).

To Stéki tou Níkou, Taverne und Cafébar direkt unterhalb der Straße, kurz vor der Abfahrt nach Porí. Netter Zwischenstopp mit Blick hinüber zur Ostküste, es gibt auch Kuchen und Eis.

Kókkino Vounó: Die Inselstraße von Oía nach Imerovígli kurvt nördlich am 283 m hohen Gipfel vorbei. An der Südseite der Straße sind die vulkanischen Formationen hervorragend zu beobachten, die dem Berg seinen Namen gegeben haben: tiefrote Lavaschichten, die bis zu eine Million Jahre alt sind.

Mávro Vounó: 331 m hoher Berg am Kraterrand östlich von Finikiá. Im Gipfelbereich dominiert schwarzes und graues Lavagestein, weiter unten auch heller Bims. Zur Besteigung empfehlen wir auch hier, unserer Wanderroute von Firá nach Oía zu folgen (→ S. 250). Die Kirche am Weg auf den Mávro Vounó heißt *Tímios Stavrós*.

Wanderung 1: Von Firá über den Kraterrandweg nach Oía → S. 250
Eindrucksvolle Tour mit phantastischen Blicken immer dicht an der Caldéra entlang

Wanderung 2: Von Firá auf den Skáros-Felsen → S. 254
An der Caldéra entlang in den höchsten Ort am Kraterrand und auf den vorgelagerten Felsen Skáros mit traumhaftem Rundumpanorama.

Von Firá entlang der Ostküste nach Oía

Eine im Gegensatz zum „Kraterrand-Highway" deutlich weniger befahrene Straße führt von Kontochóri zunächst durch Vourvoúlos und dann im flachen Inselosten unweit der Küste ebenfalls nach Oía. Unterwegs hat man Zugang zu einigen, auch in der Hochsaison wenig frequentierten Stränden. Verstreut gibt es einige wenige Unterkünfte und Tavernen.

Vom unteren Teil des kleinen Ortes Vourvoúlos folgt nordwärts auf der Küstenstraße alsbald auf der rechten Seite die *Kirche Agía Iríni*, die allerdings meist verschlossen ist. Etwa 1 km weiter trifft man auf die größere Anlage des *Ágios Artémios*. Danach führt die Straße weiter durch landwirtschaftlich genutzte Ebenen, wo hauptsächlich Getreide und Wein angebaut werden. Westlich steigen die Abhänge des Vulkans steil an, dennoch hat man hier einige Häuser errichtet, darunter eine neue Anlage im Windmühlenstil. Immer wieder überquert man Erosionsspalten und kleinere Schluchten, an deren Hängen einzelne Gebäude und Kirchen stehen. Etwa 1 km vor Porí kommt man an der ebenfalls verschlossenen *Kirche Análipsi* linker Hand vorbei. Hinter dem Weiler *Porí* überquert die Straße dann wieder einige Hügel. Bald erreicht man die lang gezogenen *Strände Kouloúmbos* und *Baxédes* – Tipp für einen ruhigen Strandtag an der nördlichen Ostküste. Weiter geht es auf der durchgängig asphaltierten Straße in weitem Bogen hinauf in den nördlichen Ortsbereich von Oía, unweit des Busbahnhofs.

Vourvoúlos

Kleiner Ort in einem tiefen und steil abfallenden Erosionstal. Zu sehen gibt es eine verschlafene Platía und Höhlenwohnungen sowie etwas außerhalb die beiden Kirchen Agía Panagía und Ágios Artémios.

Der obere Ortsteil namens *Áno Vourvoúlos* zieht sich die Schlucht hinunter und die Odós Konstantínou Bellónia führt mitten hindurch. Einen Blick wert sind hier vor allem die alten Höhlenwohnungen am südlichen Ortseingang, von denen einige immer noch als Wohnräume in Gebrauch sind und andere als Viehbehausungen genutzt werden. In *Káto Vourvoúlos*, dem unteren Ortsbereich, steht *Ágios Evstáthios*, die Hauptkirche des Ortes.

Verbindungen Die Busse der Linie Firá–Oía halten auf Anfrage an der Kreuzung oberhalb des Orts. Von Firá kommend, biegt der Bus hier nach einem abschüssigen Trasse nach links ab. Ein Taxi kostet etwa 8–10 €. Die Strecke ist zu Fuß von und nach Firá in 30–40 Min. zu bewältigen.

Adressen kleiner Einkaufsladen an der Platía.

Übernachten *** Hotel Santoríni Villas, zwischen den beiden Ortsteilen gelegen, von Áno Vourvoúlos aus auf der linken Seite. Michális und Ánna vermieten 12 im traditionellen Inselstil errichtete Apartments mit Veranda in einem auf das Jahr 1547 zurückgehenden Haus. Pool in der Anlage. Apartment 75–156 €. Ódos Konstantínou Bellónia, ✆ 22860-22036, www.santorinivillas.gr.

Essen & Trinken Róza, in Káto Vourvoúlos an der südlichen Ortsausgangsstraße auf einer Hochterrasse. Nett begrüntes Plätzchen mit blauem Sonnendach. Blick leider ziemlich verbaut. Es gibt Fisch, Souvláki, Moussaká, Salate und Drinks.

Die Kirche Ágios Artémios wurde in ein Hotel umgewandelt

Kirche Agía Panagía: Die obere der beiden Kirchen ist von der Straße aus über den Kinderspielplatz zu erreichen. Ihr Eingang liegt auf der etwas höher gelegenen Terrasse mit herrlichem Blick auf den flachen Ostteil der Insel. Während der Glockenturm frei steht, wurde die Kirche direkt an den Bimssteinhügel „geklebt". Im Innenraum finden sich eine handgeschnitzte und reich vergoldete Ikonostase mit einer großen Muttergottes-Ikone.

Gialós Vourvoúlos: Der kleine Strandabschnitt liegt etwa 1,5 km östlich des Ortes. Eine asphaltierte Straße zieht sich an Korn- und Weinfeldern entlang hinunter. Unten liegen ein kleiner Parkplatz und ein Fischerboothafen sowie eine Taverne. Der Strand besteht aus dunklem, mit Kies durchsetztem Lavasand und ist nur leidlich sauber, oft viel Wind. Scharfkantige Gesteine ziehen sich bis ins Meer hinein, auch in der Nähe der Wellenbrecher (Badeschuhe tragen). Interessanter sind aber ohnehin die auf beiden Seiten der Marína sich anschließenden Felsformationen der Bimswände. Von Wind und Wasser ausgewaschen, haben sie bizarre Formen angenommen. Hier wurden auch ein paar Bootsgaragen in den Bims gegraben.

Kurz vor dem Vourvoúlos-Strand zweigt eine Schotter- und Sandpiste nach links zum *Gialós Xiropígado* ab. Der Weg lohnt kaum. Man kann ihn sich und seinem Fahrzeug ersparen, ohne Nennenswertes zu versäumen – der dortige Strand ähnelt dem Gialós Vourvoúlos, keine Einrichtungen.

Einrichtungen Sonnenschirmverleih an der Taverne.

Essen & Trinken Limanáki, am Hafen und der Platía am Strand. Plätze außen und auf der Hochterrasse hinter den Bogenfenstern. Noch echt griechisch gebliebenes Ambiente. Spezialität sind Fischgerichte, je nach Fang. Einzige Taverne am Ort. Normale Preise.

Kirche Ágios Artémios: Knapp 2 km nördlich von Vourvoúlos steht diese große, blendend weiß gekalkte Kirchenanlage aus dem 15. Jh. ein wenig abseits der Durchgangsstraße. Das Kuriosum: Der gesamte Komplex wurde vor einigen Jahren in ein Hotel umgewandelt. Eine Besichtigung der Kreuzkuppelkirche ist aber am

Wochenende noch möglich. Die große, hölzerne Ikonostase befindet sich hinter Glas, Fresken gibt es keine, dafür ist das Kircheninnere mit Blumentöpfen und Farnen begrünt. Jährlich am 20. Oktober wird ein großes Panagýri gefeiert.

Ághios Artémios Traditional Houses, frühere Kirche, die nun als Hotel genutzt wird. Die einstigen um den großen Hof in den Bimssteinhang gegrabenen Pilgerzellen sind heute dezent-schick eingerichtete Zimmer und Suiten, alle mit AC. Dazu gibt es einen ebenfalls in den Bims gegrabenen Speisesaal, einen Pool und Plätze für Tennis, Volleyball und Basketball sowie einen Fitnessraum. Die Anlage ist beliebt für größere Feiern, Hochzeiten etc. Studio 75–140 €, Suite 120–260 €. Etwa 1,5 km von Voúrvoulos entfernt Richtung Oía, ✆ 22860-25249, www.aghiosartemios.gr.

Porí: Streusiedlung mit winzigem Kaíki-Hafen an der Nordostecke der Insel, auf Amtsgriechisch *Stenó Imerovígli* genannt. An dem Gebäude der ehemaligen *Taverne Porí* an der Durchgangsstraße führt eine steile Treppe hinunter zu einem gut 400 m langen Strand aus schwarzgrauem Sand und Kies, hohe Felsen bieten etwas Schatten – dennoch ein kaum besuchter Ort und in der Nebensaison fast menschenleer. Direkt nördlich von Porí liegen zwei größere, typisch santorinische Kirchenbauten mit Außenanlage links der Straße am Hang. Die kräftig blauen Kuppeln und das strahlende Weiß der Mauern heben sich eindrucksvoll von der grauschwarzen Lavalandschaft ab. Die südlichere der beiden Kirchen ist der *Panagía tou Kalóu* geweiht, die nördlichere dem *Ágios Geórgios Xechreotís* gewidmet. Von dort hat man einen schönen Blick auf die Küste und den steilen Vulkanhang.

Ágia Iríni, nicht direkt am Meer. Kleine DZ, teilweise mit Meerblick. Der Eigentümer ist Tischler und hat die Möbel selbst gezimmert. Schön bepflanzter Innenhof mit Pool, herrliche Ruhe. Freundliche Familie. DZ 40–95 €. Etwa 1 km von Porí Richtung Voúrvoulos, ✆ 22860-24498, www.agia-irini.gr.

Am Strand Gialós Kouloúmbos

Gialós Kouloúmbos: Um das Kap von Kouloúmbos führt die Straße in Kurven herum. Gegenüber der großen Apartmentanlage Soúlis, die direkt an der Straße liegt, führt ein Weg hinunter zum etwa 200 m langen, aber eher schmalen Strand mit dunklem Lavasand, der sich pittoresk unter einer Kraterwand erstreckt. Vermietung von Schilfmattenschirmen und Liegestühlen, kleine Strandbar und Parkplatz an der Straße.

Übernachten Soúlis Apartments, Vermietet werden 20 Apartments für 2–7 Pers. und einige größere Suiten, alle mit Küche, AC, Wifi und TV. Balkone weitgehend mit Meerblick, schöner Pool, ca. 80 m zum Meer. Eigenes Restaurant in der Anlage. Studio 35–50 €, Apartment 60–130 €. Am Kouloúmbos-Strand, ✆ 22860-72073, www.soulisapartments.com.

Essen & Trinken Kouloúmbos Fish Restaurant, wenige Meter südlich der Zufahrt zum Kouloúmbos-Strand an der Durchgangsstraße. Terrasse an der Straße unterm Sonnendach und windgeschützte Plätze direkt am Haus weiter hinten. Tägl. wechselndes Angebot an Fischgerichten. Spezialität sind Oktopus, Doraden, Brassen, Lobster und gefüllte Sardinen. Mai bis Oktober, tägl. ab 12 Uhr. Günstige Preise.

Inselnorden

Gialós Baxédes / Parádisos

Knapp 1 km hinter Porí beginnt ein langer Kies- und Sandstrand, der sich an der nördlichen Ostküste über fast 5 km bis zum Kap Mavrópetra hinzieht. Von der Straße hinter dem schmalen Strand zweigen überall kleine Stichpisten zum Meer ab.

Der Beach besteht aus grauschwarzem Lavasand, Kieseln und kleinen Felsbrocken. Dahinter ragen die hellen Bimssteinwände teilweise recht steil auf und geben dadurch sogar etwas Schatten. In der Nebensaison bietet der lange Strand genügend Platz, um gänzlich einsame Stellen zu finden. An den Wochenenden und im Hochsommer ist er aber auch bei den Einheimischen ein beliebtes Ausflugsziel. Das Wasser zeigt sich sauber und klar, größerer Wellengang ist selten, aber Felsblöcke und Steinplatten im Meer erlauben nur vorsichtiges Schwimmen. Bei gutem Wetter hat man einen herrlichen Blick nach Anáfi und Íos, an besonders klaren Tagen auch bis Náxos. Das *Kávos Mavrópetra* am Nordende des Baxédes ist größtenteils unzugängliche Steilküste.

Der sich unmittelbar nördlich dem Kouloúmbos-Strand anschließende Abschnitt wird auch *Parádisos* genannt. Der Parádisos ist gut 400 m lang und zieht sich ebenfalls vor zerklüfteten Bimssteinfelsen entlang. Im Hochsommer Vermietung von Sonnenschirmen und Liegestühlen, kleine Kantina am Parkplatz. Etwa 3 km hinter Porí steht die Kirche *Kyrá Panagía* im Inselinnern. Ein asphaltierter Abzweig führt hinüber, man kann sie etwas erhöht am Hang in südlicher Richtung gut erkennen. Über einen Stufenweg vom Ende der kurzen Zufahrtspiste gelangt man in wenigen Minuten zum Eingang.

Verbindungen Von Mitte Juni bis Mitte Sept. verkehren tägl. 3–5 Busse von Oía über die Küstenstraße Richtung Firá.

Übernachten Vrachiá, Evángelos Pagónis vermietet 5 Studios und 2 Apartments, alle mit Balkon, AC, Küche und TV. Freundlich geführt und ruhige, fast einsame Lage. Studio 56–94 €, Apartment 68–109 €. Im südlichen Strandbereich, ✆ 22860-71561, www.vrachia-santorini.com.

Álmyra, unmittelbar neben dem Vrachiá. Vermietet werden Studios und Apartments mit Küche, AC, TV und Wifi. Studios 50–65 €, Apartment 60–85 €. ✆ 22860-71596, www.almyra-studios.gr.

En Plo, große Anlage mit 7 gut eingerichteten Studios und Apartments, alle mit AC, TV und Wifi. Schöne Gartenanlage mit Pool und Pool-Bar. Studio 100–190 €, Apartment 110–170 €. Im nördlichen Strandbereich, landeinwärts der Straße, ✆ 22860-71305, www.hotelenplo.gr.

Hotel Parádisos Oía, 10 Zimmer und 14 Studios auf mehrere Häuser verteilt: einige vorne im kykladischen Würfelhaus, der Rest weiter nach hinten versetzt und mit tonnengewölbtem Dach. Alle Zimmer mit Balkon/Terrasse, Küche, AC und TV. DZ/ Studio 50–70 €. direkt an der Durchgangsstraße, ca. 1,5 km nach Oía, ✆ 22860-71519, 📠 22860-71771.

Essen & Trinken **Delfíni**, bei der Hotelanlage En Plo zwischen Straße und Strand, Terrasse mit Blick auf Oía, große Auswahl, aber nur in der Hauptsaison geöffnet.

Oía

Ein auf dem Kraterrand an der äußersten Nordspitze gelegenes faszinierendes Labyrinth aus Treppengässchen, Flachhäusern, Runddächern und Kirchenkuppeln, dazwischen alte Höhlenwohnungen. Wenig sichtbar Modernes stört die Szenerie, obwohl die meisten Häuser nicht viel älter als vierzig bis fünfzig Jahre sind. Traumhafte Kykladenidylle, Postkartenmotive an jeder Ecke.

Nur eine Minute, so lange dauerte das verheerende Erdbeben am frühen Morgen des 9. Juli 1956 – und Oía war ein Trümmerhaufen! Praktisch das gesamte Dorf hat man seitdem wieder aufgebaut und teils sehr geschmackvoll restauriert, doch zwischen den Häusern sieht man noch immer einige wenige Ruinen, vor allem weiter unten am Hang. Vor dem Erdbeben hatte Oía mehr als 8000 Bewohner – viele sind nach Athen gegangen oder ins Ausland. Die Stadt war früher eines der großen Wirtschaftszentren von Santoríni. Mehr als vier Fünftel der Männer fuhren zur See und brachten ihrer Heimat einen gewissen Wohlstand. Reiche Schiffseigner und Kapitäne errichteten einst die klassizistischen Gebäude oben auf den Klippen. Wo heute im Hafen ein paar bunte Kaíkis auf dem Wasser schaukeln, lagen damals weit

Oía gilt vielen als der schönste Ort der Insel

Domaine Sigálas: Bioweine aus Oía

Umgeben von Weinreben, die ganz untypisch für Santoríni nicht in "Nestern" am Boden wachsen, liegt die Kellerei des früheren Mathematikprofessors und heutigen Bio-Winzers Páris Sigálas etwas zurück von der Durchgangsstraße an der Zufahrt nach Finikiá (beschildert). Vor einigen Jahren gab er seinen Beruf auf, um sich nur noch dem Wein zu widmen, und übernahm die einzige Kellerei im Inselnorden. Heute bewirtschaftet er 14 ha um Oía und weitere 9 ha in Baxédes. Im Innenraum und auf der hübschen Terrasse kann man in aller Ruhe die sieben verschiedenen Weine kosten

(Glas ca. 2 €), die z. T. als Qualitätsweine mit kontrollierter Ursprungsbezeichnung (V.Q.P.R.D.) ausgewiesen sind, dazu gibt es leckere Snacks von Santoríni, z. B. *Mavromátika* (schwarze Bohnen) mit Kapern. Stélla berät fachkundig und freundlich. Zu erwerben sind auch getrocknete Tomaten, Fávabohnen, Kapern, eingelegte Mandeln, Honig u. a. Sigálas-Weine werden weltweit exportiert, auch nach Deutschland.

April/Okt./Nov. Mo–Fr 10–19, Sa/So 11–19 Uhr. Mai/Sept. Mo–Fr 10–20.30, Sa/So 11–20.30 Uhr. Juni/Juli/Aug. Mo–Fr 10–21.30, Sa/So 11–21.30 Uhr. ✆ 22860-71644, www.domaine-sigalas.com und www.sigalas-wine.com. ■

mehr als hundert Schiffe vor Anker. Doch der Reichtum ist für die Hiergebliebenen längst wieder zurückgekehrt – in Form des Tourismus. Die Grundstückspreise haben Münchner Niveau schon lange überschritten, und wer ein Restaurant an der Caldéra besitzt, ist lebenslang saniert (zumindest aber bis zum nächsten Erdbeben).

Außer dem Geschäft mit den Fremden und etwas Weinanbau im Hinterland gibt es allerdings keine anderen Erwerbsquellen. Heute leben wieder etwa 500 Menschen ganzjährig in Oía, im Sommer gut das Zehnfache. Viele Künstler und Kunsthandwerker überall aus Griechenland haben sich in dem pittoresken Ort niedergelassen und lassen sich von der weltweit einmaligen Atmosphäre inspirieren. Galerien und originell geschmückte Shops liegen an der schmucken, hübsch mit Marmor gepflasterten Hauptgasse, die etwa 140 m über dem Meer parallel zum Kraterrand verläuft. Der museale und artifizielle Charakter des Städtchens wird von seinen geschäftstüchtigen Bewohnern wirksam unterstrichen – aus jeder zweiten Tür ertönt klassische, meditative oder besinnliche Musik, die Düfte von Räucherstäbchen und orientalischen Parfüms hängen in der Luft.

Mit seiner ruhigen und gediegenen Atmosphäre gilt Oía als idealer Urlaubsort für frisch Verlobte und Hochzeitspaare, die vor allem die sündhaft teuren Höhlenwohnungen bevorzugen. Vor allem unter asiatischen Gästen hat sich dies rumgesprochen und so finden im Sommer praktisch jeden Tag Trauungen statt.

Oía dürfte generell der beliebteste Inselort bei den Urlaubern aus Fernost sein. Generell ist das Preisniveau in Oía sehr hoch, manchmal – speziell in den Sunset-Tavernen im westlichen Ortsbereich – schon fast sittenwidrig.

Verbindungen

Eigenes Fahrzeug Gebührenfreie **Parkplätze** am Ortseingang, unterhalb der Busstation und nach der Abzweigung zum Hafen Ammoúdi.

Bus Der **Wendeplatz** am Rand des alten Zentrums in Oía ist Endstation der Buslinie von Fira. Links durch eine enge Gasse kommt man rasch zur langen Kraterrandgasse. In der Hochsaison pendeln Linienbusse im 20-Min.-Takt (abends 30-Min.-Takt) von und nach Firá, trotzdem sind die Busse oft überfüllt (besonders eng wird es nach Sonnenuntergang in Oía, denn dann wollen oft hunderte Leute gleichzeitig in den Bus nach Firá). Beeindruckend ist die Fahrt auf enger Straße mit schönem Blick tief hinunter auf die Ostküste. Weitere Haltepunkte liegen entlang der Straße und im Ortsbereich von Finikiá. Ein Bus-Abfahrtsplan befindet sich am Buswendeplatz direkt vor dem Reisebüro.

Außerdem fahren im Sommer 4- bis 6-mal tägl. **Badebusse** zu den nahen Stränden Baxédes und Parádisos (→ S. 137).

Taxi Hauptstandplatz ist der Buswendeplatz, außerdem gibt es zwei, drei weitere Orte entlang der Straße. Ein Taxi von Firá nach Oía kostet ca. 22–25 €.

Schiff Der kleine Hafen **Arméni** ist von Oía über einen langen Treppenweg ab der Hauptgasse zu erreichen (Beschilderung „Arméni Beach"). Hier starten die Ausflugsboote in die Caldéra (Néa Kaméni, Paléa Kaméni und Thirassía. Vom Hafen **Ammoúdi** fährt zudem ein kleines Fährschiff 3-mal tägl. hinüber nach Thirassía zu den dortigen Häfen Ríva und Córfos.

Adressen

→ Karte S. 142/143

Ausflüge Per Kaíki auf die Inseln der Caldéra – Néa Kaméni, Paléa Kaméni und Thirassía. Buchung in den Reisebüros der Stadt oder direkt im Hafen.

Einkaufen Mehrere kleine **Supermärkte** an der Kraterrandgasse, am Buswendeplatz und ein größerer Markt an der Straße Richtung Finikiá. Rund ein Dutzend **Souvenir-**

läden an der Gasse zwischen Buswendeplatz und Kraterrand. Dort werden teils auch **Inselspezialitäten** angeboten.

Erste Hilfe Erste-Hilfe-Station hinter der kleinen Platía am Postamt. ✆ 22860-71227.

Geldautomat Am Buswendeplatz.

Internationale Presse In zahlreichen Läden entlang der Kraterrandgasse und im Supermarkt am Buswendeplatz.

Motorfahrzeugverleih **Vazéos Motor Rental** 17, Filialen an der Straße nach Finikiá und kurz vor dem Buswendeplatz. Zweiräder von 50–250 ccm und Autos aller Klassen. Jedes Jahr neue Modelle. Straßenservice rund um die Uhr und überall auf der Insel, Bringservice zum Hotel. Teilweise Deutsch sprechendes Personal. Preisliste online. ✆ 22860-71200, www.vazeos.gr.

Post Postamt hinter einer kleinen Platía mit Bogendurchgang an der nördlichen Kraterrandgasse, nahe Marinemuseum.

Reisebüros **Dróssos Travel** 43, an der südlichen Kraterrandgasse. Auto- und Motorfahrzeugvermietung, Schiffs- und Flugtickets, Ausflüge und Zimmervermittlung. Außerdem Hubschrauberrundflüge, Tauchen, Segeln und Schnellbootvermietung. ✆ 22860-71492, www.drossos.gr. Eigenes Privattaxi-Unternehmen: www.taxi-santorini.eu.

Ecoráma 22, am Buswendeplatz. Infos und Zimmervermittlung. ✆ 22860-71507, www.santorinitours.com.

Tauchen **Atlantis Dive Center**, geführt von Apóstolos und Márta. Apóstolos ist seit über 20 Jahren Padi Master Instructor. Er war der erste Cousteau-Tauchlehrer Griechenlands. Angeboten werden Scuba- Tauchkurse und Kurse für den Schnellboot-Führerschein. ✆ 22860-71158, www.atlantisoia.com.

Wellness **Kissing Fish** 37, Fisch-Spa an der südlichen Kraterrandgasse. 10 Min. 10 €, 20 Min. 15 €, 30 Min. 20 €, 40 Min. 25 €. ✆ 22860-72351.

Übernachten

→ Karte S. 142/143

In Oía gibt es hauptsächlich gediegene Unterkünfte in Höhlenwohnungen und traditionellen Inselhäusern am Kraterhang – meist 1- oder 2-Zimmer-Apartments inkl. Küche bzw. Kochnische. Zwar herrlicher Blick auf die Caldéra, eigene Terrasse, Pool etc., dafür in der Regel extrem hohes Preisniveau und oft Vermietung erst ab drei Übernachtungen. Klassische Hotels gibt es nur eine Handvoll im Ort, weitere Übernachtungsmöglichkeiten findet man im Vorort Finikiá. Ab drei Sternen immer mit AC, TV, Wifi, Kühlschrank und Safe. Gelegentlich Wifi und Safe nur an der Rezeption. Die beliebte Jugendherberge von Oía wurde leider Ende 2014 geschlossen.

Höhlenwohnungen **** **Ikiés Traditional Houses** 48, 10 luxuriöse Studios, Maisonettes und Suiten im Höhlenstil. Einrichtung nach bestimmten Themen: z. B. Fischer-, Kapitäns- oder Winzerhaus, teils mit Wandmalereien, alle mit Caldérablick-Veranda. Pool mit Sonnenterrasse in der Anlage. Herrlicher Blick auf Oía, dessen Zentrum 8 Fußminuten entfernt liegt. Je nach Einheit 260–1160 €. Am östlichen Ortsrand direkt am Kraterrand, ✆ 22860-71311, www.ikies.com.

**** **Cánaves Oía** 46, komfortable und durchdachte Apartmentanlage mit 12 Höhlenwohnungen, z. T. historisches Mobiliar und Betten mit Steinfundament. Wohnungen für 2–5 Pers., jeweils Terrasse mit Sonnenschirmen und Sitzmöbeln. Schöner Pool mit Bar und Restaurant. Ab 390 € je Einheit. Im östlichen Ortsbereich am Kraterrand, ✆ 22860-71453, canaves.com.

**** **Filótera Suites** 40, hübsche Anlage mit Pool am Kraterrand. María Xagorári und Tochter Spiridoúla vermieten einige geschmackvoll eingerichtete Höhlenhäuser unterschiedlicher Größe, vom „small house" bis zur Suite. Alle mit Balkon und kleiner Küche. Je Einheit 360–2020 €. ✆ 22860-71110, www.filoterasuites.com.

*** **Golden Sunset Village** 2, gegenüber der Windmühle im Nordwesten der Stadt werden Höhlenwohnungen, Apartments und Studios vermietet, alle recht großzügig gehalten und mit Caldérablick. Studio 160–210 €, Apartment/Höhle 190–290 €. ✆ 22860-71001, www.goldensunsetvillas.com.

››› **Mein Tipp:** *** **Chelidoniá** 31, die Österreicherin Erika und ihr griechischer Ehemann Triantáfyllos Pitsikális vermieten 9 traditionelle Höhlenwohnungen in exponierter Lage. Ausstattung teils mit antiken Möbeln,

Steinfundamentbetten, alle mit Caldérablick-Balkon. Große Bäder, alles tipptopp sauber. Freundliche Vermieter und viele zufriedene Gäste. Studio 180–195 €, Villa (Zweiraum-Höhle) 205–225 €, Suite 250–420 €. Am Kraterhang im Zentrum des Orts, ✆ 22860-71287, www.chelidonia.com. «‹

*** **Lauda** 36, Christóforos Níkos Fítros vermietet 16 Zimmer, Studios und Apartments im Höhlenwohnungsstil. Alle mit Terrasse, die Studios und Apartments mit Küche. Auch ein Pool gehört zur Anlage. Viel Ambiente und ganzjährig geöffnet. DZ 70–100 €, Studio 80–160 €. Am Kraterrand unterhalb der Hauptgasse, ✆ 22860-71204, www.lauda-santorini.com.

Hotels / weitere Unterkünfte **** **Hotel Kapetanóspito 1864** 28, Toni vermietet 3 luxuriöse Suiten mit dem Charme des 19. Jh. und dem Komfort des 21. Jh. in einem Haus von 1864. Geschmackvolle Einrichtung mit Antiquitäten und Kunstgegenständen. Vieles im traditionellen Steinstil. Sauna und Bibliothek im Haus, Spa auf dem Dachgarten. April bis Nov. Suite 290–600 €. ✆ 22860-71983, www.sea-captains-house.com.

**** **Hotel Katikiés** 44, kleines, luxuriöses Hotel, Mitglied der Kette „Small Luxury Hotels of the World". Im kykladischen Stil über mehrere Ebenen, Zimmer und Suiten teilweise mit Antiquitäten möbliert, 2 Pools, Jacuzzi, Bibliothek mit Internetecke, Poolbar und 2 Restaurants, ruhige Atmosphäre. Leserkommentar: „Sehr aufmerksames Personal. Die Wünsche wurden uns von den Augen abgelesen." DZ 485–990 €, Suite 580–1690 €. Im östlichen Kraterrandbereich, ✆ 22860-71401, www.katikies hotelsantorini.com.

›» Mein Tipp: **** **Hotel Aéthrio** 24, ruhig, aber dennoch fast im Zentrum von Oía. 1928 von der Familie Danígou als Socken- und Strumpfweberei errichtet, wurde das 2500 qm große Gelände nach langem Leerstand 1992 zu einem Hotel im Dorfstil umgebaut. Der Dieselmotorantrieb der alten Maschinen ist im Hotel noch als Ausstellungsstück zu sehen. Vermietet werden 13 Studios und 7 Apartments. Luxuriös eingerichtete Zimmer, alle mit Terrasse. Außenanlage mit Gassen, Treppen, Terrassen und Pool mit Bar. Studio 70–170 €, Apartment 85–199 €. ✆ 22860-71040, www.aethrio.gr. «‹

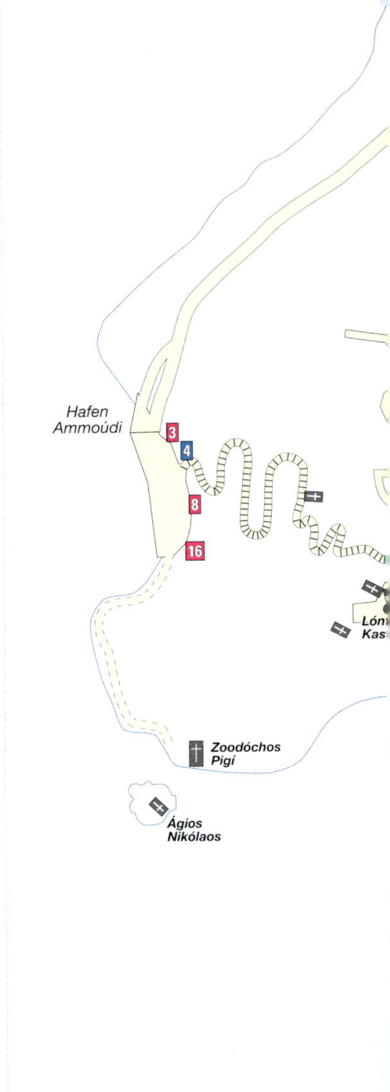

*** **Hotel Museum** 20, schönes, altes Stadthaus, gehört zur Best-Western-Kette. Leicht verkitscht im minoisch-byzantinischen Stil, jedoch elegant und sauber. Vermietet werden 7 Studios/Apartments mit Küche. Meerblick allerdings nur im oberen Stock. Im Hinterhof gibt es einen kleinen Pool mit Bar und ein Spa (www.santorinipremiumspa.com). Leider liegen gegenüber zahlreiche laute Musik-Bars. Studio 99–219 €, Suite 119–

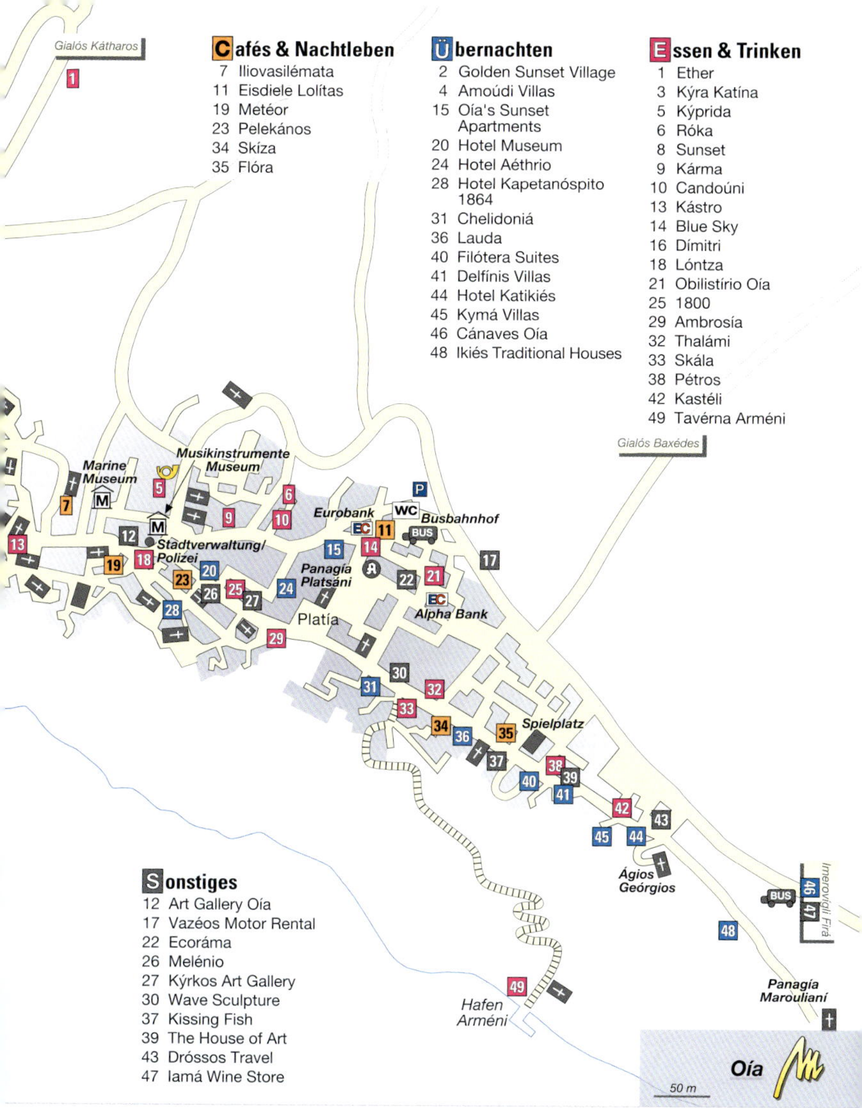

449 €. Direkt an der westlichen Kraterrandgasse, ✆ 22860-71406, www.hotelmuseum.net.

*** **Delfíni Villas** **41**, ruhige Lage am östlichen Ende der Kraterrandgasse, herrlicher Blick auf die Caldéra. Es gibt 3 DZ sowie Studios und große Apartments in Höhlenhäusern, alle mit Veranda. Pool mit Jacuzzi (zu den Apartments), oben ein Dachgarten. Studio 159–259 €, Suite 299–425 €. ✆ 22860-71600, www.delfinihotel.net.

*** **Kymá Villas** **45**, kleines, ruhig gelegenes Hotel mit 9 unterschiedlich großen Wohneinheiten für 2–4 Pers., alle mit Kochmöglichkeit und Terrasse/Balkon mit wunderschönem Calderáblick. Kleiner Pool in der Anlage. Studio 150–200 €, Apartment 170–220 €, Suite 330–400 €. Am östlichen Kraterrandweg in der Nähe des Restaurants Kastéli, ✆ 22860-71049, www.kimavilla.com.

*** **Oía's Sunset Apartments** 15, zentrale, aber ruhige Lage nahe der Kraterrandgasse, Bushaltestelle und Parkplatz gleich um die Ecke. 15 verwinkelte Studios und Apartments mit Küche und Terrasse, teils Sunset-Meerblick, schöner Eingangsplatz Café und Pool, relaxte Atmosphäre. Studio 85–140 €, Apartment 110–160 €. ✆ 22860-71420, www.oiasunset.com.

Essen & Trinken

→ Karte S. 142/143

Zum Essengehen bietet Oía ein ähnliches Ambiente wie Firá. Das hat sich herumgesprochen und sogar in der Nebensaison sind die „Renner" unter den Lokalen schnell bis auf den letzten Platz besetzt. Man sollte früh kommen, andernfalls muss man oft warten, bis ein Tisch frei wird. Leider haben mit steigenden Besucherzahlen auch die Preise bis hin zu unverschämtem Nepp deutlich zugenommen.

1800 25, restauriertes, altes Patrizierhaus mit Terrasse an der Kraterrandgasse, stilvolle, fast museale Atmosphäre, man fühlt sich 200 Jahre zurückversetzt. Der Wirt bietet interessante griechische Gerichte mit internationalem Einschlag. Zum hervorragenden Essen kommt die exquisite Weinauswahl – gut 25 bis 30 Sorten sind verfügbar, ausgewählt in Zusammenarbeit mit einem italienischen Connaisseur. Selbstverständlich sehr teuer. Nur abends. www.oia-1800.com.

Ambrosía 29, nahe dem zentralen Platz an der Kraterrandgasse. Ausgefallene mediterrane Küche des gehobenen Niveaus, z. B. gegrillte Früchte als Vorspeise, marinierte Artischocken, gegrilltes Lammfilet und Tiramisu. Dazu die besten Tropfen von Santoríni und Weine aus ganz Griechenland. Sehr kleine Tische auf den Terrassen erzeugen eine private Atmosphäre, verstärkt durch romantisches Kerzenlicht. Im Innenraum antike Stücke wie im Museum. Nur abends geöffnet, sehr teuer. Praktisch immer voll, daher Reservierung anzuraten. www.restaurant-ambrosia.com.

Kýprida 5 in der Nähe vom Marinemuseum. Zypriotische Spezialitäten wie beispielsweise Sievtaliés (in Wein gegarte Fleischbällchen aus Schwein und Lamm, mit Kräutern umwickelt) und zypriotischer Salat. Viele Vorspeisen, gute Fleischgerichte. Exzellente Qualität zu etwas höheren Preisen, aber lohnt sich – schmeckt wie verfeinerte griechische Küche. Hübsche Terrasse mit ein wenig Meerblick. Ab mittags geöffnet. www.kyprida.gr.

Kárma 9, nördlich der Hauptgasse. Netter Innenhof, fantasievolle Einrichtung mit vielen Polstern und einem Goldfischbecken, angenehm lauschige Atmosphäre. Das Ambiente sieht ein wenig asiatisch inspiriert aus, aber die Küche ist ausschließlich griechisch, allerdings mit einigen eigenen Kreationen. Ab 18 Uhr. Normale Preise. www.karma.bz.

››› Mein Tipp: **Róka** 6, kleines Lokal, an derselben Gasse ein Stück weiter Richtung Busbahnhof und dann links in eine Sackgasse einbiegen. Plätze im Innenhof und auf einem schönen Balkon mit Blick auf die Nordküste, gemütliche Einrichtung. Gute hausgemachte traditionelle Küche, Spezialität ist die gemischte Fisch-Stifádo-Platte, Kefthédes nach Santoríni-Art, Hähnchenfilet mit Santoríni-Tomaten in Zwiebeln. Ruhiger und preiswerter als an der Caldéra. www.roka.gr. ‹‹‹

Candoúni 10, noch ein paar Schritte weiter Richtung Bushaltestelle. Unter dem Gewölbedach eines alten Kapitänshauses von 1837 hat das einst nach Kanada ausgewanderte Ehepaar Fótis dieses kleine, gemütliche Restaurant im klassischen Stil mit viel Holz eingerichtet. Abends sitzt man bei romantischem Kerzenlicht in schönem Ambiente (alte Bilder an den Wänden, Parkettboden) und genießt die kulinarischen Spezialitäten der mediterranen Küche. Plätze auch draußen im stilvollen Innenhof. Ganzjährig und nur abends offen, in der Saison Reservierung anzuraten.

››› Mein Tipp: **Skála** 33, große Terrasse am Beginn des Treppenwegs zum Hafen Arméni, Plätze auf gemauerten Bänken mit gemütlichen Kissen, schöner Caldérablick. Der freundliche Kellner Geórgios spricht hervorragend Deutsch. Leckere, kreativ interpretierte griechische Küche: mit Féta und Gemüse gefülltes, gebackenes Lamm, Tintenfisch in Vinsánto, Spaghetti mit Krebsfleisch, dazu guter Hauswein. Preise im ortsüblichen Rahmen. Mittags kann man den

In Oía sind auch Bücherregale eine Kunstwerk

Eselstreibern mit ihren Tieren zusehen, wie sie zum Hafen Arméni hinunter reiten. «

Thalámi 32, gleich beim Skála an der Kraterrandgasse. Sitzplätze auf beiden Seiten der Gasse, Terrasse mit herrlichem Blick, wird sehr schnell voll. Gute griechische Küche, Fisch- und Fleischgerichte, Spezialität ist gegrilltes Hähnchenfilet. Offener Wein. www.thalami-restaurant.gr.

Pétros 38, ebenfalls an der Kraterrandgasse, ist eins der ältesten Fischrestaurants der Insel, noch recht authentisch geblieben, Sitzplätze auf der Dachterrasse, netter und höflicher Service, gut sind z. B. Lobsterspaghetti und der Santoríni-Salat, ausschließlich mit Zutaten von der Insel.

Blue Sky 14, an der engen Gasse von der Busstation zur Kraterrandgasse, bei Spýros gibt es Mezés und Fisch, aber auch gute vegetarische Gerichte. www.bluesky-restaurant.gr.

Kastéli 42, östliche Kraterrandgasse, wirkt authentisch. Ordentliche griechische Küche zu akzeptablen Preisen. Es gibt Gutes vom Grill und offenen Hauswein. Der Wirt singt gerne beim Grillen. www.kasteli-santorini.com.

Lóntza 18, kleines Terrassenlokal an der Kraterrandgasse, herrlicher Caldérablick. Service rund um die Uhr, d. h. Frühstück, Drinks zum Sunset und Dinner mit griechischer Küche. Preise nicht gerade günstig, laut Auskunft von Gästen ist die Qualität aber okay. In der Hauptsaison muss man oft warten, bis ein Tisch frei wird.

Kástro 13, ganz vorn am Lóntza-Kastell. Schöne Aussicht aufs Kastell und hinüber nach Thirassía. Tolle Sunset-Lage, oft allerdings voll im Wind. Reiche Auswahl quer durch die griechische Küche, französischer Champagner und Cocktails. Preisniveau extrem hoch. www.kastro-ia.gr.

Tavernen im nahe gelegenen Finikiá → S. 153

Snacks **Obilistírio Oía** 21, in einer kleinen Seitengasse bei der Bushaltestelle, bestes Souvláki im Ort. Viele Einheimische holen sich hier ihre Souvlákia, man kann aber auch unter einer Pergola ganz nett draußen sitzen.

Kafenía/Cafés/Café-Bars/Nachtleben

→ Karte S. 142/143

An der Kraterrandgasse liegen vorwiegend schicke Café-Bistros mit traumhaftem Blick. Die Sonnenuntergangs-Cafés an der Nordwestspitze verlangen teils schon fast sittenwidrige Preise. Am Ostende eher normales Caldéraniveau. Insgesamt hat man sich auf den internationalen Touristengeschmack eingestellt – Caldéra-View mit Bolero von Ravel ist obligatorisch.

Flóra 35, gemütliches Plätzchen am Kraterrand Richtung Ágios-Geórgios-Kirche. Man sitzt direkt auf der Gasse oder auf dem Dachgarten des Cafés mit Blick auf die Caldéra. Serviert werden Kaffee, Drinks und Snacks. Freundlicher Service. Preise okay.

Skíza 34, kleine Patisserie mit Kraterrandblick, sehr gute Auswahl an Kuchen, Crêpes, Waffeln. Auch leckeres Frühstück, Sandwichs und Pizzen, alles selbst gemacht und frisch. Schöner Blick auf die Inseln, höhere Preise.

Pelekános 23, an der Kraterrandgasse, ein wenig westlich von der Platía. Im Obergeschoss schöne Terrasse mit Blick auf den alten Uhrturm und den Sonnenuntergang. Cafébar und Restaurant, geführt vom gut Deutsch sprechenden Loúkas. Mittags und am früheren Abend griechisch-mediterrane Küche, ab 22 Uhr eher Bar-Charakter. Es gibt Salate, Pasta, Crêpes, Waffeln, Kaffee, Bier, Wein und Cocktails. www.pelekanosrestaurant.gr.

Iliovasilémata (Sunsets) 7, die Sonnenuntergangs-Bar schlechthin, man sitzt in einem überdachten Innenhof und auf einer Hochterrasse. Extrem hohes Preisniveau.

Meteór 19, kurz vor dem Lóntza-Kastell, stimmungsvoll-meditatives Café im Antik-Look. Caldérablick von der kleinen Terrasse und dem tonnengewölbten Innenraum. Gemütliche Sitzecken und Einrichtung mit gekonntem Stilmix. Teuer.

Lolítas 11, Eisdiele an der Gasse vom Buswendeplatz zum Kraterrand. Saisonhit: Eis aus echtem Vinsanto mit Schokosauce.

Kunst und Shopping

→ Karte S. 142/143

Oía gilt als die größte Künstlerkolonie auf Santoríni. Unzählige Künstler aller Stilrichtungen kommen jedes Jahr und lassen sich von der einmaligen Atmosphäre der Stadt inspirieren. Einige von ihnen sind hängen geblieben und haben Kunsthandwerksläden, Galerien und Boutiquen eröffnet.

Aquarelle **Art Gallery Sivridákis**, an der westlichen Kraterrandgasse. Manólis Sivridákis verkauft hier seine hübschen Santoríni-Aquarelle, sowohl Drucke als auch Originale. Angemessene Preise.

Kýrkos Art Gallery 27, an der breiten Gasse zum Lóntza-Kastell. Hübsche Aquarelle von Griechenland im Allgemeinen und Santoríni im Besonderen. Verkauft auch Silberwaren sowie Vasen, Krüge und Spiegel. www.kyrkos.gr.

Glas/Bronze/Keramik **The House of Art** 39, an der Kraterrandgasse direkt neben dem Restaurant 1800. Die freundliche Tána führt hier eine Galerie für Glaskunst, Bronzeskulpturen, Rakú-Keramik des Künstlers Iánnis Tsavrídis und Silberschmuck mit Edelsteinen oder Emaille, alles Arbeiten griechischer Künstler, Unikate oder limitierte Auflagen. www.santorini-gallery.com.

››› Mein Tipp: **Wave Sculpture** 30, an der östlichen Kraterrandgasse, gegenüber den Treppen zum Arméni-Hafen. Die freundliche Uschi aus München führt eine geschmackvoll in einer Höhle eingerichtete Galerie für Glaskunst, Vulkanschmuck, Bronzeskulpturen, Keramikmasken, Spiegel und Inselkeramik. Es gibt wenige, aber dafür nur ausgefallene Stücke, die man nirgendwo sonst auf Santoríni findet, z. B. Handtaschen, Gebäude, Schiffe und Tiere aus Glas, in Silber gefasste Vulkansteine oder in Bronze gegossene Hundepfoten-Abdrücke. Außerdem humorvolle Ideen aus dem erotischen Bereich. Fast alles stellt Uschi in limitierten Auflagen von nur 150 Stück selbst her (mit Zertifikat). Hochwertige Qualität, angemessene Preise. www.wavesculpture.net. ‹‹‹

Santoríni – die Insel der Aquarellmalerei

Holz **Art Gallery Oía (The Art Shop)** 12, an der Kraterrandgasse gegenüber der Tavérna Lóntza. Unbedingt sehenswert und originell ist der Laden von Bella und Stávros Galanópoulos (kleines Schild außen). Hier werden mit geradezu fotorealistischer Genauigkeit alte Fischerboote und die pittoresk verwitterten Fronten, Fenster und Türen alter griechischer Häuser nachgebildet. www.galanopoulos.com.

Ikonen **Ilioloústri**, kleine Werkstatt in einer Höhle an der westlichen Kraterrandgasse zum Lóntza-Kastell. Der Ikonenmaler Dimítrios Kolioúsis aus Nordgriechenland ist nicht ganz leicht zu finden, weil es ein paar steile Stufen hinuntergeht und man den tiefer als die Gasse liegenden Laden leicht übersieht. Seine Ikonen malt er fast vollständig als Auftragsarbeiten großer Sammler. Nur ein kleiner Teil ist für Kirchen bestimmt. Die Eigenart des Künstlers liegt in der Materialwahl begründet. Er bevorzugt als Grundlage das Holz alter Türen und Fensterläden.

Kulinarisches **Iamá Wine Store** 47, Ursula Deneke führt den gut sortierten Weinladen an der Straße Richtung Finikiá seit 25 Jahren. Sie verkauft nicht nur Santoríni-Weine, sondern auch Weine aus ganz Griechenland und anderen Ländern. Bestellungen auch online möglich: www.iamatrade.com.

Melénio 26, an der Kraterrandgasse. Große Konditorei mit den besten Torten und Blätterteigspezialitäten, leider ziemlich teuer. Caféterrasse mit Caldérablick.

The Secret of Greek Land, in dem Laden an der Ausfallstraße Richtung Finikiá werden traditionelle Produkte von der Insel und aus ganz Griechenland verkauft: Fáva, Santoríni-Tomaten, Kapern, Pistazien, Nüsse, Oliven, Olivenöl, Käse, Gewürze, Wein, Seife und Kosmetik, aber auch internationale Spirituosen.

Postkarten **Pitsikális**, an der Kraterrandgasse, nur ein paar Meter westlich der Platía. Vielleicht der größte Postkartenladen der Insel, sicher aber der größte von Oía. Chef Emmanouíl Pitsikális verkauft wohl so ziemlich alle jemals mit Motiven von Santoríni gedruckten Postkarten. Außerdem gibt es Fotoartikel, Sonnenbrillen, Rucksäcke, Bilder, Spiele, Teller, T-Shirts.

Souvenirs/Kleider **Beads & Roses** oder **Susámi aníxe**, „Sesam öffne dich" an der nördlichen Kraterrandgasse. Nicht unbedingt authentisch, aber die Waren sind so nett präsentiert, als betrete man einen Palast aus Tausendundeiner Nacht. Decken, indische Schals, Taschen, Modeschmuck. Die Silber- und Goldarbeiten stellt die freundliche Katerína Ilíadi selbst her.

Infinity, von Gabi aus Stuttgart und ihrer Tochter Sophía geführte Boutique am Buswendeplatz. Taschen, Hüte, Halstücher, Schuhe, Kleider und Accessoires sowie Schmuck überwiegend aus Griechenland.

Hochzeitsumzug an der Kraterrandgasse in Oía

Sehenswertes

Oía gilt als der Inbegriff eines idyllischen Kykladendorfs – es gibt Dutzende malerische Winkel, weiß gekalkte, steile Treppengässchen und blaue Kirchenkuppeln, die die Titelblätter diverser Farbbroschüren schmücken. Dazu kommt der immer präsente Traumblick auf die Caldéra.

Marinemuseum: Oía blickt auf eine lange Geschichte als Reeder- und Seefahrerstadt zurück. Seit Ende der 1970er-Jahre gab es viele Jahre lang an der Kraterrandgasse ein uriges Museum (das heutige „Hotel Museum") mit zahlreichen Ausstellungsstücken aus dieser Epoche. Zusammengetragen hatte die Sammlung Antónios Dakorónias, ein ehemaliger Kapitän. Als der alte Herr 1993 starb, beschlossen die Schiffseigner von Oía, das beliebte Museum nicht aufzulösen, sondern zu erweitern und zu modernisieren und in einer schön restaurierten Stadtvilla neben dem Rathaus unterzubringen. Im geschmackvollen Rahmen kann man dort nun diverse Schiffsutensilien, zahlreiche historische Fotos, Modelle, Diplome und andere Relikte aus der Seefahrertradition Oías betrachten, darunter sogar eine Galionsfigur von 1650. Auch Herr Dakorónias selbst ist auf verschiedenen Fotografien als junger Kapitän zu sehen.

Öffnungszeiten Tägl. 10–14 Uhr und 17–20 Uhr. Di geschlossen, Eintritt 4 €. ✆ 22860-71156.

Lage Das Haus liegt etwas versteckt im verwinkelten Ortskern, ist aber von der Kraterrandgasse aus gut beschildert. Von der Platía geht man auf der Kraterrandgasse Richtung Lóntza-Kastell bis zum Café/Restaurant Lóntza und hält sich anschließend rechts.

Rundgang Erdgeschoss: Seemannsknoten, diverse Bordwerkzeuge, alte Fässer, Ketten, Anlegebefestigungen, Logistikeinrichtungen, Kompasse, Sextanten, Taue, Netze, Signalflaggen, Signalleuchten, Arbeitsgeräte der Werften, Doppelrollen, Eisenringe, Rettungsringe, Schiffsschrauben, Steuerräder, Positionsleuchten und Schiffsnachbildungen.

Obergeschoss: Schiffsruder, Glocken, Kanonen, Kielfiguren, Truhen, Ferngläser, Sextanten und weitere Navigationsgeräte, Bilder, Porträts, Diplome, Urkunden, Uniformen sowie etwa zwei Dutzend Schiffsnachbildungen.

„Auf unserer Insel, an die Wellen schlagen, steht ein Leuchtturm, er leuchtet im Dunkeln. Es ist das Marinemuseum, Hafen Eurer Seele, gegründet, um an Euren Seemannstod zu erinnern und um ehrerbietig Eure Werke zu sammeln, um sie für die Geschichte aufzubewahren."

(Gedicht von Antónios Dakorónias, seinem Vater gewidmet)

Museum für antike, byzantinische und post-byzantinische Musikinstrumente: Die private Sammlung von Christódoulos Hálaris wurde 2011 aus Athen nach Santoríni verbracht und hier in Oía an der Hauptgasse Richtung Lóntza-Kastell neu eröffnet. Zu sehen sind ausschließlich rekonstruierte Musikinstrumente, da keine antiken Originale mehr erhalten sind. Die Rekonstruktionen aus der Zeit zurück bis 2800 v. Chr. basieren auf Beschreibungen, Wandmalereien, Vasen, Tonscherben und Ikonen aus dem gesamten Mittelmeerraum und darüber hinaus auch aus Deutschland und der Schweiz. Dargestellt wird auch die historische Entwicklung der Instrumente. Insgesamt werden rund 80 Exponate auf zwei Stockwerken präsentiert: Saiteninstrumente, Flöten, Panflöten, Trommeln, Xylophone, Crotels, Panduris, darunter auch Instrumente für religiöse Zeremonien. Beschreibungen in griechischer, englischer und französischer Sprache.

Öffnungszeiten: Im Juli und August tägl. 10–14 und 18–22 Uhr. ✆ 22860-72000, Eintritt 3 €. Gruppenführungen gegen Gebühr möglich.

Kirche Panagía Platsáni: Hauptkirche von Oía, direkt an der Platía vor der Kraterrandgasse gelegen. Sehr große, alte Ikonostase mit zahlreichen Oklad-überzogenen Heiligendarstellungen. Sämtliche Wände wurden in jüngerer Zeit mit bunten Fresken bemalt, z. B. Pantokrátor in der Kuppel. Wer bibelfest ist, kann mit ein bisschen Fantasie die dargestellten Szenen deuten, auch wenn die Schrift kaum lesbar ist.

In den Gassen von Oía

Tipp für Romantiker: Der Sonnenuntergang von Oía ist weltberühmt und mithin am schönsten ist er sicherlich hier vorne am Lóntza-Kastell – das Vergnügen teilt man während der Saison allerdings allabendlich mit hunderten anderer "Schaulustiger", was der Stimmung wenig zuträglich ist. Oft ist schon eine halbe Stunde vor Sonnenuntergang kein Durchkommen mehr. Ruhiger kann man den Sunset weiter westlich in Richtung der Windmühlen oder unten am Hafen in Ammoúdi erleben.

Kirche Ágios Geórgios: Imposanter Kirchenbau auf einer Platía am östlichen Ende der Kraterrandgasse. Eingangsbereich mit fünf Bogendurchgängen und einem beeindruckenden dreistöckigen Glockenturm im venezianischen Stil. Große Ikonostase über die gesamte Kirchenbreite. Die große Platía vor der Kirche bietet Sitzgelegenheiten, teils unter Bäumen.

Lóntza-Kastell: Am Westende der Kraterrandgasse. Die Gasse führt ein paar Stufen hinunter, dann unmittelbar am Kástro wieder hinauf. Von beiden Aussichtsplattformen bietet sich ein kaum zu überbietender Blick auf die Stadt und die rote Kraterwand – mit Abstand der beliebteste Fotografierstandort für den Sonnenuntergang von Santoríni. Die teils wieder befestigten Ruinen des Kástros stammen aus venezianischer Zeit und wurden schon weit vor der Erdbebenkatastrophe von 1956 zerstört. Zwar hieß die ehemalige Besitzerfamilie Argýri, doch wird der Platz heute allgemein als Lóntza-Kastell bezeichnet.

Blick auf das Lóntza-Kastell an der Abbruchkante der Kraterwand

Häfen und Strände von Oía

Arméni: Kleiner Hafen an der Innenseite der Caldéra unterhalb der Stadt, hier fahren die meisten Ausflugsboote ab. Ein steiler Treppenweg führt von der westlichen Kraterrandgasse in ca. 10–15 Min. hinab (beschildert) – direkt zum Hafenkai. Der Weg ist ständig von Erdrutschen und herabfallendem Geröll bedroht und wird bei Gefahr geschlossen, zuletzt von 2011 bis 2013. Zum Zeitpunkt der Drucklegung dieses Buches war der Weg geöffnet. Bei den letzten Sicherungsmaßnahmen wurden Fangnetze fürs Geröll und Sicherungsnetze für den Weg wie in den Alpen üblich errichtet. Während der Saison gibt es auch Transporte per Muli (6 €). Am Kai befinden sich eine Taverne (spezialisiert auf Fischgerichte) mit Plätzen direkt am Wasser unter einer Holzpergola 49, mehrere Liegeplätze für Yachten und Segelschiffe, einige Bootsgaragen und Privathäuser sowie eine kleine Schiffsreparaturwerft. Der Hafen ist zum Baden eher ungeeignet, ein Strand existiert praktisch nicht. Nur direkt vor der Taverne liegt eine kleine Kieselfläche und von hier kann man ins Wasser gelangen.

Ammoúdi: Pittoreske Bucht nordwestlich unterhalb von Oía. Entweder zu Fuß über den Treppenweg vom Lóntza-Kastell aus oder über eine Asphaltstraße zu erreichen (beschildert). Nicht zu überbietende Fischerhafenidylle: bunte Tavernen in Rot, Gelb, Blau und Weiß, davor das grünlich schimmernde Wasser der Bucht. Direkt über den Dächern steile Lavaabhänge mit tiefrotem Gestein wie am Red Beach im Süden Santorínis, an einigen Stellen fast senkrecht. Oben liegt die Stadt mit ihren weißen Würfelhäusern und den markanten Windmühlen. Gigantischer Blick – und Tipp für einen ruhigen Sonnenuntergang ohne Massenauftrieb (am schönsten im Südteil der Bucht).

Die Restaurants am Hafen Ammoúdi gelten als hervorragende Fischtavernen. Die Strände dagegen sind kaum der Rede wert. Gleich hinter dem Parkplatz am Ende der Zufahrtsstraße folgt ein etwa 15 m langer, dunkler Kiesstrand neben einer Mole. Eine andere (von den Einheimischen als „Strand" bezeichnete) Stelle liegt südlich der Bucht: Nach den Tavernen zieht sich ein schmaler Pfad dicht am Wasser entlang und endet nach ca. 250 m unvermittelt an einem Betonplateau. Der unattraktive Steinstrand zieht dennoch genügend Sonnenanbeter an, die dort ihr Handtuch ausbreiten. Oft ist kein Platz mehr zu finden. Einige Stufen führen ins Wasser. Man kann noch ein Stück weiter zwischen den Felsen kraxeln und kommt dann zum *Kap Ágios Nikólaos*. Vorgelagert ist die kleine *Insel Ágios Nikólaos*, zu der man hinüberschwimmen kann. Dort erwarten einen die an den Hang gebaute *Kirche Ágios Nikólaos* und eine Betonplattform am Meer. Mutige springen aus 5 m Höhe vom Felsen ins Wasser.

Zugang Beim vorgelagerten Lóntza-Kastell führt ein **Treppenweg** mit angeblich exakt 231 Stufen hinunter. Um die Mittagszeit, wenn die Besucher in die Tavernen strömen, wird auch Transport per Muli angeboten (6 €).

Wer motorisiert ist, kann auch auf der asphaltierten **Straße** bis zum winzigen Parkplatz unmittelbar an der Bucht fahren, der im Sommer regelmäßig überfüllt ist, sodass die Autos in einer langen Reihe die Zufahrtsstraße hinauf abgestellt werden. Die Straße zweigt im nordwestlichen Teil von Oía von der Piste nach Baxédes links ab (beschildert).

Verbindungen Im Sommer fährt 3-mal tägl. das Kaíki-Boot *Thirassía II* von Ammoúdi nach **Thirassía** zu den dortigen Häfen Ríva und Córfos (pro Pers. 1 € / kein Fahrzeugtransport). Siehe auch S. 236.

Der Hafen Ammoúdi: 231 Stufen unterhalb von Oía

Übernachten (→ Karte S. 142/143) **Amoúdi Villas 4**, am Beginn der kleinen Bucht werden terrassenförmig an und in den Hang gebaute Studios und Apartments im Höhlenwohnungsstil vermietet. Alle Einheiten mit Terrasse, Küche, AC, Sat-TV und Safe. Restaurant und Café/Cocktail-Bar angeschlossen. Studio 49–199 €, Apartment 59–299 €. ✆ 22860-72143, www.amoudi villas.gr.

Essen & Trinken (→ Karte S. 142/143) **Sunset 8**, große Taverne inmitten der Bucht. Herrlicher Blick nach Thirassía. Spezialitäten sind Hummer mit Spaghetti, Brassen, Rotbarben, Rofós und Fischsuppe. Gut auch die gefüllten Auberginen mit Knoblauch. Weißwein vom Fass, griechisches Bier. Höheres Preisniveau. www.sunset-ammoudi.gr.

››› **Mein Tipp: Kýra Katína 3**, zu erkennen an den orangefarbenen Tischen und Stühlen. Das älteste Restaurant am Platz wurde von Katínas Vater vor mehr als 75 Jahren gegründet. Heute wird es von Katína und ihrer Tochter Evangelía geführt. Im Innenraum hängen einige Fotos aus alten Zeiten. Es gibt jeden Tag frischen Frisch aus dem Meer rund um Santoríni, oft bis zu 20 verschiedene Sorten. Spezialitäten sind Hummer mit Spaghetti, frittierte Rotbarben, roter und silberner Schnapper, Schwertfisch und Tintenfisch vom Holzkohlengrill (steht draußen – man kann beim Grillen zusehen) sowie Fischsuppe. Bei Katína gehen auch die Einheimischen zum Fischessen. Relativ günstige Preise. Geöffnet Mitte April bis Ende Okt. ‹‹‹

Dímitri 16, ockergelbes Haus am Ende der Tavernenzeile, geführt von Dimítrios mit seiner kanadischen Frau Joy. Auch hier gute und authentische griechische Küche – und der beste Platz für den Sonnenuntergang am Ammoúdi. www.dimitris-ammoudi-restaurant.com.

Ether 1, an der Straße hinunter zum Strand (etwa auf halber Strecke). Cafébar auf einem Plateau rechts der Straße. Mithin einer der schönsten Orte für den Sonnenuntergang in Oía. Leider liegt die Terrasse oft voll im Wind.

Gialós Katharós: Knapp einen halben Kilometer vor Ammoúdi zweigt rechts eine Piste zum Strand Katharós von der asphaltierten Zufahrtsstraße ab. Nach etwa 200 m endet die Zufahrt und man muss noch ca. 30 m die Felsen hinuntersteigen. Unten liegt ein ungefähr 80 m langer und nicht sehr breiter Strand aus grauschwarzem Lavakies. Die Felsen spenden etwas Schatten. In der Nebensaison fast menschenleer, obwohl der Strand deutlich besser als die Felsen bei Ammoúdi ist. Am Zugangsweg oberhalb der Bucht gibt es eine kleine Taverne mit Café.

Finikiá

Kleiner, verwinkelter Vorort von Oía, kaum als eigenständiges Dorf wahrzunehmen, denn beide Orte sind entlang der Straße schon lange zusammengewachsen. Eigener Charakter erst ein Stück weiter unten am nördlichen Hang.

Großes touristisches Eigenleben findet hier nicht statt. In das ruhigere Finikiá haben sich vielmehr die Geschäftsbesitzer von Oía zum Wohnen zurückgezogen. Früher war Finikiá – wie Oía auch – ein Seefahrerort. Auffallend ist die Vielzahl der traditionellen Häuser mit Tonnengewölben. Auf der Caldéra-Seite des Ortes liegen die große *Dorfkirche Panagía Marouliáni* mit ihrer riesigen blauen Kuppel und der große Friedhof, an dem auch unsere Wandertour von Firá nach Oía vorbeiführt (→ S. 250). Jenseits der Straße fällt der Hang zur Nordküste hin ab. Treppengassen und eine asphaltierte Straße führen hinunter.

Verbindungen Die Busse der Linie Firá–Oía halten im Ortsbereich von Finikiá. Ein Taxi von Firá kostet etwa 20–22 €.

Übernachten ** **Hotel Finikiá Place**, freundlich geführtes Haus mit 12 DZ und 12 Studios, gut eingerichtet und teils sehr groß. Von den Terrassen und Balkonen weiter Blick auf die Hänge zur Ostküste. Pool vorhanden, außerdem ein vorzügliches Restaurant (→ Essen & Trinken). 20 Min. Fußweg nach Oía, Bushaltestelle vor der Tür. DZ 89–119 €, Studio 102–128 €. In Finikiá direkt an der Durchgangsstraße, ✆ 22860-71373, www.finikiaplace.com.

Villas Agnádi, vermietet werden 20 Studios und Apartments für 2–4 Pers., alle mit Veranda. Große Sonnenterrasse mit Pool und Poolbar. Ebenfalls wunderbare Aussicht auf die sanft abfallende Ostküste und auf den Sonnenuntergang. Studio 65–220 €. In der Nachbarschaft von Finikiá Place, ✆ 22860-71647, www.agnadivilla.com.

Essen & Trinken **Finikiá Place**, an der Durchgangsstraße. Bei Touristen und Einheimischen gleichermaßen beliebt. Man speist im hübsch begrünten Vorgarten mit einem offenen Holzkohleofen. Blumengesäumte Terrasse, fantasievolle Küche und interessante Vorspeisen, beispielsweise Gemüse, mit Féta und Honig überbacken. Die hervorragende Küche des Hauses ist auch bekannt für ihr Gebäck. Schneller, zuvorkommender Service. Es werden auch Zimmer vermietet. www.finikiaplace.com.

Santoríni Moú, direkt unterhalb der Durchgangsstraße. Wunderschönes Ambiente in einem bunten Garten. Tische auf mehreren Ebenen unter Sonnendach und Weinlaub. Bekannt für griechische Livemusik durch Chef Michális Hiónas und sein Personal. Michális hat sogar eine CD aufgenommen, die zum Verkauf angeboten wird. Gute griechische Küche, freundlicher und schneller Service in angenehmer Atmosphäre. Tägl. ab 18 Uhr geöffnet. Etwas teurer. www.santorinimou.com.

Krináki, ein Stück weiter an der Straße nach Finikiá hinunter, schöner Blick auf die Nordseite von Santoriní und ins Dorf. Gute und günstige Fleischküche. www.krinaki-santorini.gr.

Kamári: wichtigster Strandort im Mittelteil der Insel

Inselmitte

Kamári an der Ostküste ist der wichtigste Badeort von Santoríni. An der viel befahrenen Inselstraße von Firá nach Kamári passiert man mehrere ausgesprochen hübsche Dörfer mit traditionellen Höhlenwohnungen. Im Landesinneren sind vor allem Messariá, Pýrgos und Megalochóri mit Palazzi und einem Kastell aus venezianischer Zeit sehenswert.

Von Firá gleitet der Vulkanhang sanft zur Ostküste ab. Alle paar hundert Meter ziehen sich mehr oder minder schmale Erosionstäler vom Kraterrand hinunter. In einigen dieser ehemaligen Lavarinnen entstanden Dörfer. Zum einen boten die engen Täler früher ein fast optimales Versteck vor Piratenüberfällen, zum anderen auch einen natürlichen Schutz gegen den oft so starken Wind auf den Kykladen. Der dritte Vorteil lässt sich heute noch in allen Dörfern begutachten: In die weichen Bimssteinwände konnten recht einfach erdbebensichere und angenehm temperierte Höhlenwohnungen hineingegraben werden. Inzwischen überwiegt jedoch auch hier die moderne Bauweise mit Stahlbeton.

Um in Karterádos, Vóthonas, Éxo und Méssa Goniá ein paar alte Höhlenwohnungen zu finden, muss man nicht lange suchen. Einige dienen noch heute als Wohnhäuser, andere als Viehställe und wieder andere stehen – meist außerhalb der Orte – einfach leer. Hier sollte man einmal einen Blick in das Innere werfen. Aber auch sonst sind die Orte sehenswert. Es gibt eine Reihe imposanter Kirchen, venezianische Palazzi in Messariá und natürlich überall die typisch kykladische Archi-

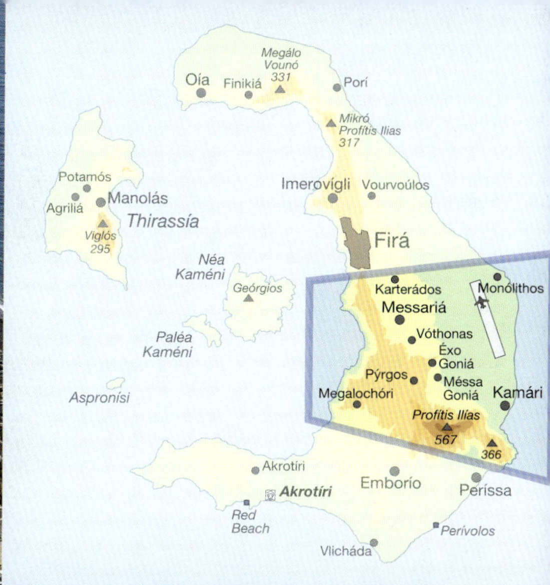

tektur zu bewundern. Im Umland finden sich bedeutende Kirchen wie die Panagía tis Sergeínas bei Vóthonas und die Panagía Episcopí bei Méssa Goniá. Und je weiter man sich von der Hauptstadt entfernt, desto mehr gelangt man in das Weinanbaugebiet – Éxo und Méssa Goniá sowie Vóthonas gelten zudem mithin als die grünsten Dörfer der Insel.

Die Inseldurchquerung auf der Straße nach Südosten endet in Kamári mit seinem schönen, breiten Lavastrand. Der Ort ist das Zentrum des internationalen Pauschaltourismus auf Santoríni. Die Busse auf der Strecke Firá–Kamári pendeln bis tief in die Nacht, so ist es gut möglich, in Firá unterzukommen und zum Baden jeweils nach Kamári zu fahren. Eine gute und ruhigere Alternative zu Kamári bieten die Strände von Karterádos und Monólithos. Westlich des Méssa-Vounó-Bergmassivs liegt das sehenswerte Künstlerdorf Pýrgos mit vielen romantischen Gassen zum Schlendern und einem venezianischen Kastell auf einem Hügel, gleichzeitig der höchstgelegene Ort der Insel. An seiner Westflanke gelangt man nach Megalochóri, bereits schon mitten im Weinbaugebiet.

Karterádos

Größeres Dorf mit drei markanten Kirchen wenige Kilometer südöstlich von Firá. Gute Unterkunftsmöglichkeiten, wenn im Hochsommer der Hauptort überfüllt ist. Einige Tavernen und ein recht einsamer Strandabschnitt.

Früher war Karterádos eine Seefahrersiedlung, später ein Bauernort und heute ist es ein beliebter Wohnort für viele, die in Firá arbeiten und am Abend Ruhe schätzen. Der Ort ist eines der „normalen" Wohndörfer der Einheimischen. In Karterádos

Die imposante Kirche Ágios Christódoulos in Karterádos

und an der Durchgangsstraße haben sich auch einige Hotels angesiedelt. Wegen der Nähe zu Firá wird Karterádos oft als ruhigeres und günstigeres Ausweichquartier benutzt, wenn die Unterkünfte in der Inselhauptstadt belegt sind. Allerdings ist der Ort bezüglich Panorama und Ambiente nicht sonderlich aufregend. Der untere Ortsteil liegt in drei engen Bimssteinschluchten, wo es noch zahlreiche Höhlenwohnungen gibt. Die alten Wohnhöhlen bleiben hier traditionell in der Hand der alteingesessenen Familien, sie wurden teilweise restauriert und sind inzwischen wieder bewohnt. Karterádos gehört auch zu den Dörfern mit den meisten Kirchen auf der Insel. Nach der Mitrópolis von Firá und der Stavrós-Kirche in Períssa steht hier mit der *Ágios Geórgios* die drittgrößte Kirche von Santoríni. Zum ruhigen Strand von Karterádos wandert man etwa 30 Minuten hangabwärts immer die Hauptstraße entlang. Um den Ort liegen zahlreiche landwirtschaftlich genutzte Felder.

Verbindungen Karterádos liegt günstig an den drei viel befahrenen Busrouten Firá–Kamári, Firá–Períssa und Firá–Akrotíri. Taxi kostet etwa 5 €. Zu Fuß läuft man von Firá etwa 15–20 Min.

Bäckerei An der nördlichen Gasse durch den alten Teil des Ortes liegt die älteste Bäckerei der Insel. Sogar das deutsche Fernsehen hat über sie schon eine Dokumentation gedreht.

Fahrzeugvermietung Sunrise, an der Hauptstraße hinter der Kurve, geführt von Dimítris Valvís. ✆ 22860-22695 oder 6944-141810, www.sunrise-rentacar.com.

Reisebüro Planési, an der Platía. Reisebüro, touristische Informationen und Autovermietung. ✆ 22860-25991, www.planesi.gr.

Wäscherei Plyntíria, an der Platía. ✆ 22860-25183.

Übernachten *** Hotel Nikólas, im oberen Ortsteil. Vermietet werden 42 Zimmer in der traditionellen Inselarchitektur. Hotelbar, Pool, Jacuzzi und Tiefgarage. DZ 50–85 €, Apartment 85–130 €. ✆ 22860-23912, www.nikolas.gr.

**** Hotel Villa Mános, gepflegte Anlage mit schönem Pool, ruhige Lage am südlichen Ortsausgang, 25 gut eingerichtete DZ, Vier- und Sechsbettzimmer sowie eine Suite mit Balkon. DZ 25–100 €. ✆ 22860-22882, www.villamanos.gr.

** **Hotel Cyclades**, an der Hauptstraße im Ort. Státhis Sigálas vermietet 22 DZ und 4 Dreibettzimmer. Alles sauber, wenn auch – wie das ganze Haus – schon etwas älteren Semesters. Einrichtung schlicht, aber Pool und Jacuzzi. DZ 30–80 €. ✆ 22860-22948, www.cycladeshotel.com.

Pension Villa Margaríta, María und Spýros Hálari vermieten 12 DZ, geräumig mit Doppelbetten. Pool im Hof. Spýros gibt gerne mal einen Wein aus. Familiäre Atmosphäre. Sehr ruhige Lage am Ortsrand. DZ 35–70 €. ✆ 22860-24485, www.margarita-villa.gr.

Pension George, im unteren Teil von Karterádos Richtung Strand. Geführt von Geórgios Hálari und seiner englischen Frau Helen. Sie vermieten 25 DZ, einige auch mit Küche. Kleiner, gepflegter Garten mit Blumen und Kakteen, sehr ruhige Lage. DZ 30–65 €. ✆ 22860-22351, www.pensiongeorge.com.

Pension Átlas, kleine Anlage mit 14 Zimmern und einem Apartment mit Küche. Geführt von Pétros und seiner Schweizer Frau Trudi, sehr familiäre Aufnahme. Das Haus mit Pool liegt direkt an der Hauptstraße nach Messariá, d. h., es kann etwas lauter werden, je nachdem, wo das Zimmer liegt. Bushaltestelle vor dem Haus. DZ 40–66 €, Apartment 52–95 €, inkl. Frühstück und Transfer vom Hafen / Flughafen. ✆ 22860-23415, www.hotel-atlas-santorini.com.

Essen & Trinken **Scaramágas Aglatas**, Fischtaverne kurz hinter der Platía an der Straße hinunter zum Strand. Große, alteingesessene Taverne unterm Holzdach. Es gibt Fisch je nach Fang, aber immer eine große Auswahl. Gute und ruhige Alternative zu den teils überteuerten Tavernen in Firá.

Grillhouse Fanoúris, linker Hand an der Platía Emmanuél Vathéou und wohl einer der besten Hühnchengrills der Insel. Es gibt aber auch Souvláki, Pítta usw. Sitzplätze auf der Platía und im Innenraum. Bei den Einheimischen sehr beliebt. Günstig.

Sehenswertes: Griechische Kirchenbauten verfügen meist über eine ungewöhnliche Entstehungsgeschichte irgendwo zwischen Mystik und Wahrheit – so auch bei der *Kapelle Agía Ánna* in Karterádos. Bei einem Piratenüberfall im 14. Jh. sollen die in einer der Höhlen versteckten Einwohner geschworen haben, der heiligen Ánna eine Kapelle zu errichten, wenn sie glimpflich davonkommen sollten – was denn auch geschah. Von der großen *Dorfkirche Agía Análipsi* aus ist sie über den Pfad auf der rechten Seite (d. h. südöstlich in Richtung Strand) nach nur 50 m zu erreichen. Auf der anderen Seite der Dorfkirche liegt die nur auf Griechisch beschilderte *Felsenkirche Ágios Fanoúrios*. Vom Innenhof der Agía Ánna aus ist am linken Hang die *Kirche Ágios Nikólaos* gut zu sehen.

Baden: Die Asphaltstraße durch den Ort führt zu einem Strand an der Ostküste hinunter. Der Strand von Karterádos besteht aus schwarz glitzerndem Vulkansand und Steinen auf gut 300–400 m Länge. Im sauberen Wasser dienen einige Molen als Wellenbrecher. Nach Süden in Richtung Monólithos (Durchfahrt möglich) steil abfallende Bimssteinfelsen, insgesamt durchaus beeindruckende Szenerie. Der Haken sind aber die oft sehr starken Winde, die den Strand manchmal ungemütlich werden lassen und gelegentlich Unrat aus dem Meer anspülen. Daher kommen selbst im Hochsommer nur wenige Strandbesucher und Ruhe ist garantiert. Kein Sonnenschirmverleih.

Pános, gemütliches Plätzchen am Strand von Karterádos. Panagiótis und seine deutsche Frau Danielle aus Franken bieten Fischspezialitäten vom Grill, gekocht oder aus dem Ofen. Fischsuppe und täglich wechselnde Gerichte, je nachdem, was Panagiótis gerade gefangen hat. Gemüse aus dem eigenen Garten. Außerdem gibt es (auf Bestellung) Stifádo von Kaninchen aus eigener Zucht. Geöffnet ab 9 Uhr, auch Frühstück. Mai bis Sept.

Messariá

Mehr als ein Zwischenstopp am Weg nach Kamári. Abseits vom hektischen Durchgangsverkehr liegen mehrere klassizistische Palazzi in unterschiedlichem Erhaltungszustand. Einer davon ist zur Besichtigung restauriert worden. Etwas außerhalb gibt es eine größere Weinkellerei.

Auf den ersten Blick ist Messariá geprägt von der Hektik an der großen Straßenkreuzung, dem Supermarkt nebenan und ein paar Souvenirshops im Umfeld. Aber nur wenige Schritte oberhalb der Kreuzung liegt der historische Kern des Orts mit ein paar größeren Kirchen. Hier, im ehemaligen Domizil reicher Reeder und Kapitäne, geht es deutlich gemächlicher zu. Mehrere Herrenhäuser aus dem 19. Jh. sind erhalten, eines wurde Anfang der 1990er-Jahre vollständig restauriert (hinter dem Sportplatz unterhalb der Kirche), ansonsten sind bis auf die Fassaden und Treppen alle Palazzi ziemlich renovierungsbedürftig und die Ruinen nicht zugänglich. Heute ist Messariá ein Handwerkerort mit zahlreichen Werkstätten und Wohndorf der Geschäftsleute von Firá und Kamári. Über hundert Jahre lang ist Messariá auch schon Standort einer Weinkellerei.

Verbindungen Messariá liegt an der viel befahrenen Busroute Firá–Kamári. Taxi von Firá kostet etwa 8–10 €. Zu Fuß läuft man von Firá aus etwa eine knappe Stunde.

An der Hauptkirche in Messariá

Adressen **Arzt** und **Apotheke** unweit vom Zentrum an der Ausfallstraße Richtung Karterádos. **Bäckerei** Boúas an der Durchgangsstraße im Ortszentrum.

Übernachten ** **Hotel Kálma**, an der Durchgangsstraße von Firá kommend auf der linken Seite. Maró Belónia vermietet 37 relativ großzügige DZ mit Balkon. Pool und Pool-Bar. DZ 60–85 €. ✆ 22860-31967, www.hotelkalma.gr.

** **Hotel Anny**, an der Hauptstraße Richtung Vóthonas. In einer vierstöckigen Anlage befinden sich 60 schlichte Zimmer, teilweise Maisonette und mit Balkon. Pool und Restaurant vorhanden. DZ 30–60 €. ✆ 22860-31627, www.santorinihotels.gr.

Essen & Trinken **Ouzerí Sérgaina**, von der großen Straßenkreuzung in Richtung Archontikó Argyroú. Schattige Plätze unterm Zeltdach abseits der Durchgangsstraße. Nettes Ambiente, gute Küche. Tipp ist das wechselnde 3-Gang-Menü für 2 Pers. zum Spezialpreis, z. B. Kefthédes in Tomatensauce oder frittiertes Fischfilet.

Messariá, Grillrestaurant direkt an der großen Straßenkreuzung. Píta, Gýros, Souvláki, Lammkoteletts und auch Fisch. Gute einfache Grillküche von Chef Michális, auch Lieferservice, ✆ 22860-32032.

Patásis, Grillrestaurant direkt an der Straße Richtung Karterádos unweit der großen Kreuzung. Fast Food, Píta, Gýros und Souvláki. Plätze direkt an der Straße. Mit Lieferservice, ✆ 22860-30460.

Fengéra, von der Straßenkreuzung Richtung Kirche rechts, Café und Snackbar. Gemütliche Sitzplätze unter einem Sonnendach, Pizza, Snacks und kühle Drinks.

Sehenswertes

Kirche Ágios Dimítrios: mitten im Dorf. Mal keine schneeweiße Kirche, sondern aus schwarzer und brauner Lava errichtet. Auch der Glockenturm reiht sich nicht so ganz in die inseltypische Architektur ein. Das alljährliche Kirchweihfest findet am Namenstag des heiligen Dimítrios statt, dem 26. Oktober.

Kirche Agía Iríni: auch im Ort. Der Bau stammt aus dem ausgehenden 17. Jh. Wie bei fast allen Agía-Iríni-Kirchen auch hier großes Fest am 5. Mai.

Archontikó Argyroú: Herrenhaus in Messariá

In der zweiten Hälfte des 19. Jh. ließ sich der begüterte Weinhändler Geórgios Argyrós in Messariá ein komfortables Anwesen errichten: 1860 erbaute man zunächst einen eingeschossigen Bau als Weinlager in traditioneller santorinischer Art aus Lavagestein, 1888 wurde ein Stockwerk im prächtigen Stil des Klassizismus obenauf gesetzt. Das Untergeschoss nutzte man für Gesindewohnung, Stallungen und Lagerung der Weinvorräte, darüber richtete Argyrós die Privatwohnung für sich und seine Familie ein. Seine weitreichenden Handelsbeziehungen ermöglichten ihm die luxuriöse Ausstattung der Villa. Im Tausch gegen Wein erwarb er wertvolles Mobiliar aus Deutschland, Österreich, Frankreich und Russland. Farbige Gemälde und Ornamente zierten die Decken und Wände, Parkettböden sorgten für Behaglichkeit. Das heftige Erdbeben von 1956 beschädigte das Gebäude schwer, danach stand es über 30 Jahre lang leer. Unter Kulturministerin Melína Merkoúri wurde in den 1980er-Jahren der Entschluss gefasst, das wertvolle Baudenkmal umfassend zu restaurieren. Die Arbeiten begannen 1987 und wurden 1992 abgeschlossen, seitdem kann das Gebäude besichtigt werden. Die weitgehend original ausgestatteten Wohnräume vermitteln einen anschaulichen Eindruck vom Lebensstandard eines begüterten Landbesitzers im 19. Jh.

Öffnungszeiten: 1. Mai bis 31. Okt. Di, Mi, Fr, Sa, So 10–14 und 17–19 Uhr, Mo und Do geschlossen. Eintritt 5 € inkl. Führung in englischer Sprache.

Kontakt: ✆ 22860-31669, www.argyrosmansion.com.

SAWA: Santoríni Animal Welfare Association

SAWA, der Tierschutzverein von Santoríni, wurde 1993 gegründet und setzt sich für Hunde, Katzen, Esel und Maultiere ein. Wenn nämlich im Spätherbst die letzten Touristen die Insel verlassen haben, kümmert sich kaum noch jemand um die streunenden Hunde und Katzen von Santoríni. Viele überleben den Winter nicht. Die Versorgung eines Großteils dieser Tiere hat SAWA übernommen, der vor Ort von der Tierärztin Dr. Margaríta Válvis in Messariá geleitet wird. Die Organisation führt jedes Jahr auch umfangreiche Sterilisierungsaktionen durch, um die unkontrollierte Vermehrung der Tiere zu stoppen. Finanzielle Unterstützung ist erwünscht.

Informationen: Tierschutzverein Santoríni e. V. Mainz, Holunderweg 24, D-55128 Mainz. ✆ 06131-368831, www.tierschutzverein-santorini.de. Kontakt auf Santoríni: Dr. Margaríta Válvis (spricht Englisch) in der Tierarztpraxis in Messariá, von Firá kommend am Ortseingang rechts abbiegen (ausgeschildert). ✆ 697-4321784, 22860-31482, www.sawasantorini.org.

Vóthonas

Das untere Vóthonas gehört zu den hübschesten Dörfchen der Insel. Eukalyptusbäume, eine Windmühle, zahlreiche Höhlenwohnungen in einer tiefen Schlucht und eine in den Bims gegrabene Kirche machen den Ort sehenswert.

Von Messariá aus erreicht man Vóthonas über eine wunderschön mit Eukalyptusbäumen gesäumte Allee. Hier liegt der neuere, obere Teil des Ortes, durch den die Straße hinauf zum Kraterrand führt. Einige Hotels und Privatzimmervermietungen finden sich rechts und links der Straße, allerdings ist Vóthonas kein bevorzugtes Dorf zum Übernachten, denn der Ort hat weder Caldéra-Blick noch einen Strand. Vielmehr kommen die Besucher wegen des romantischen, älteren Teils des Ortes. Dort im weiter unten liegenden Kern sind noch zahlreiche Höhlenwohnungen erhalten, die teils als Wohnraum, teils als Viehställe genutzt werden.

Káto Vóthonas wurde – wie so viele andere Dörfer auf der Insel auch – in ein enges Erosionstal hineingebaut. Wer von Messariá kommt, steigt vorbei an einer noch in Gang gehaltenen *Windmühle* und der 1749 erbauten *Kapelle Ágios Tríphonas* hinunter in die Schlucht. Hier liegt der ehemalige Ortskern rund um die große *Hauptkirche Panagía*. Die alten Häuser und Höhlenwohnungen sind in die teils steilen Abhänge der Schlucht hineingegraben worden. Enge Gassen und Treppen verbinden die Ortsteile. Wer von unten, d. h. von der Straße nach Kamári, in die Schlucht hineinfährt oder -wandert, trifft vor dem eigentlichen Dorfeingang zunächst auf die in den Bimsstein gebaute *Kapelle Ágios Ioánnis Roússos*, an der das jährliche Weihfest am 27. Mai stattfindet.

Verbindungen Einige Busse der Routen Firá–Períssa und Firá–Akrotíri halten nach Messariá im oberen Teil von Vóthonas. Von hier aus kann man in wenigen Minuten in den Schluchtteil des Ortes laufen. Wer direkt in den unteren Teil von Vóthonas will, kann mit dem Bus in Richtung Kamári fahren. Auch hier gibt es eine Haltestelle. Taxi kostet ca. 10–12 €.

Übernachten Einige Privatvermieter gibt es an der oberen Durchgangsstraße, die von Messariá über Vóthonas hinauf zum Kraterrand führt.

** **Hotel Kalispéris**, an der Durchgangsstraße im oberen Ortsteil. Zu erkennen an den blauen Türen und Fensterläden. Vermietet werden 26 Zimmer mit Balkon/Veranda. Pool am Haus. DZ 25–75 €. ✆ 22860-32965, www.hotelkalisperis.gr.

Essen & Trinken ››› Mein Tipp: **Kritikós**, „der Kreter". Wirt Michális stammt aus Kreta und bietet originale Küche, d. h. vorzügliche Fleischgerichte nach Rezepten aus seiner Heimat. Empfehlenswert sind Schweinefleisch, Beefsteak, Huhn und Lamm vom Grill. Auch gekochte Gerichte der griechischen Küche, Tomatokefthédes und verschiedene Käse-Pítas. Michális ist inselbekannt für große Portionen, auf der Karte wird fast alles auch in XXXL angeboten. Außerdem gute Salate, Kartoffeln und Pommes. Ganzjährig geöffnet von 12–24 Uhr. Günstige Preise. Liegt nicht im Ort, sondern an der Straße Messariá–Kamári direkt an der Bushaltestelle Vóthonas. ‹‹‹

Kirche Panagía tis Sergeínas: Diese Höhlenkirche wurde zur Zeit der Piratengefahr in der Ägäis errichtet und liegt etwas außerhalb von Vóthonas. Als Zufluchtsort hatte man eine Stelle ausgesucht, die sich von Vóthonas aus noch weiter die Schlucht hinauf befindet. Hier wurde die Kirche in eine Südwand des Bimssteins gegraben. Eine geweißelte Treppe führt hinauf zum Eingang. Der Innenraum reicht auf einer Breite von ca. 4 m etwa 14 m in den Fels hinein. Im Gegensatz zu ihrer historischen Bedeutung ist die Kirche aber nur spärlich mit Ikonen und sakralen Gegenständen ausgestattet. Zudem zeigt sich der Innenraum mangels großer Fenster feucht, kühl und dunkel.

Wegbeschreibung: Von der Hauptkirche Panagía im Dorfzentrum weiter Richtung Südwesten die Gasse entlang. Am Ende des befahrbaren Teils liegt links die Kirche Agía Ánna. Von hier aus führt ein schmaler Pfad zwischen den Mauern hindurch, die die Felder begrenzen. Der Pfad ist nicht zu verfehlen und läuft in den oberen und engeren Teil der Schlucht hinein, vorbei an Kaktusfeigen und mehreren Feigenbäumen. Nach etwa 8–10 Min. ist die Panagía tis Sergeínas links in mehr als 10 m Höhe am steilen Bimssteinhang zu sehen. Zur Treppe geht es noch ein paar Meter über ein Feld.

Vóthonas: wunderschönes Dorf in einer der Erosionsschluchten

Typisches Anwesen im Inselinneren

Weinmuseum und Kellerei Koutsouyanópoulos

Das sehenswerte Weinmuseum der privaten Kellerei Koutsouyanópoulos liegt im Ortsbereich von Vóthonas an der Straße Richtung Kamári auf der linken Seite. Vorbei an einem kleinen Weingarten gelangt man auf dem ansprechend gestalteten Gelände zum Eingang der großen Probierstube, die im Hochsommer Ziel Dutzender Busausflüge von Reisegesellschaften und daher oft völlig überfüllt ist (besser gegen Abend besuchen, dann ist es ruhiger). Neben den verschiedenen Weinsorten zum Probieren werden auch kleine Snacks angeboten und Souvenirs verkauft. Die Kellerei gehört mit etwa 100.000 abgefüllten Flaschen pro Jahr zu den größeren Produzenten auf Santoríni. Das eigentliche *Wine Museum of Santoríni* zeigt in einem umgebauten Gewölbekeller von 1880 allerlei Gegenstände der Weinherstellung vom 17. Jh. bis zum Beginn des 20. Jh. (Zugang von der Probierstube aus). Führung per Kopfhörer auch in deutscher Sprache.

Öffnungszeiten: April/Mai tägl. 10–17 Uhr, Juni bis Okt. tägl. 10–19 Uhr, Nov. bis März Mo–Sa 9.30–14 Uhr, So geschlossen. Eintritt: 8 € inkl. Führung per Kopfhörer und Weinprobe mit vier Sorten. ✆ 22860-31322, www.winemuseum.gr.

Rundgang

In den teils auch auf Deutsch beschrifteten Vitrinen wird die gesamte Produktionsphase und Wertschöpfungskette rund um den Weinbau auf Santoríni dargestellt, leider allerdings nicht konsequent in chronologischer Anordnung. Highlight der Ausstellung sind die lebensgroßen, in Trachten gekleideten beweglichen Puppen, die in 24 kleinen Schauhöhlen alle Arbeiten rund um die Weinherstellung zeigen.

Die Weinstöcke werden auf der Insel von November bis Februar geschnitten: Äste mit drei Augen werden zu einem Ring geflochten, sodass die Trauben auf dem Boden in Vertiefungen liegend im Innern des Rings heranwachsen und dadurch vor dem starken Wind geschützt werden. Die Wurzeln santorinischer Weinstöcke liegen nicht so tief unter der Erde, so können sie die geringe Oberflächenfeuchtigkeit leichter aufnehmen. Gepflügt wird nur bis etwa 12 cm Tiefe. Die Weinlese findet von etwa Mitte August bis Ende September statt. Dabei liegen die Erträge von etwa 400 kg Trauben pro Hektar aufgrund der kargen Vulkanböden und geringen Feuchtigkeit vergleichsweise tief (in anderen Regionen Griechenlands werden bis zu 3000 kg Trauben je Hektar gelesen). Früher wurden die Trauben traditionell in der Nacht mit den Füßen ausgepresst, um der großen Tageshitze zu entgehen.

Interessant sind auch die diversen mechanischen Weinpressen aus verschiedenen Epochen, darunter auch die älteste Presse der Insel überhaupt. Sie stammt von 1660, ist aus Eichenholz gefertigt und wurde von katholischen Mönchen während der Türkenzeit aus Frankreich nach Griechenland gebracht. Hinzu kommen zahlreiche handbetriebene Traubenquetschen aus Holz und Metall.

Auf Santoríni wurden Fässer von 10 bis zu 3400 Litern Fassungsvermögen hergestellt. Zu sehen sind zahlreiche Fässer aus Eichenholz. Eine besondere Rarität ist ein 3400-Liter-Eichenholzfass aus Odessa in Russland. Die Flaschenabfüllung kam relativ spät nach Santoríni: die erste halbautomatische Flaschenabfüllanlage wurde 1970 in Betrieb genommen. Im Museum werden auch zahllose Gegenstände aus der Weinherstellung präsentiert: Körbe, Krüge, „römische" Waagen, Lampen, Analysegeräte, Messbecher, Trichter, Schläuche aus Ziegenhaut, Abfülleinrichtungen, Werkzeuge für die Arbeit im Weinfeld sowie Walzen der Traubenpressen und einige Werkzeuge, die von santorinischen Böttchern ab ca. 1880 benutzt wurden. Ein besonderes Exponat ist das Türschloss der ersten Weinkellerei der Familie. Am Ende des Rundgangs darf man noch einen Blick in das Originalbüro mit den persönlichen Gegenständen des Firmengründers Grigóris Koutsouyanópoulos werfen und am Treppenaufgang hängen eindrucksvolle Fotos vom letzten Ausbruch des Vulkans.

Zwischen Juni und September findet einmal pro Woche in der Weinkellerei Koutsouyanópoulos das **Santoríni Festival** statt: Besuch des Weinmuseums, Weinproben, Dinnerbuffet inklusive Wein, Folklore- und Bauchtanzvorführung sowie Live-Musik von 20 bis 24 Uhr, Eintritt 52 €. Informationen bzw. Buchungen in der Weinkellerei und im Reisebüro „Water Blue" in Fíra, ✆ 22860-22266, www.waterblue-travel-online.gr.

Monólithos

Hübscher, langer Sandstrand direkt hinter dem Flughafen. Ruinen ehemaliger Tomatenfabriken, das Elektrizitätswerk von Santoríni und ein geologisch interessanter Kalksteinklotz bilden den Rahmen. Eine relativ ruhige Gegend mit Ausnahme des Fluglärms.

In den alten Tomatenfabriken von 1922, von denen nur noch eine einzige für ein paar Tage zur Erntezeit im Juni geöffnet ist, wurden einst die kleinen, festen Inseltomaten zu Mark und Saft verarbeitet. Eigentlich heißt die Siedlung zwischen dem Nordende des Flughafens und dem Meer *Alonákia*, doch die Insulaner nennen sie wie den Strand *Monólithos*. Heute bieten die langsam zerfallenden Industrieruinen mit ihren hohen Schornsteinen eine ungewöhnliche Kulisse am Strand von

Monólithos. Das tut auch der markante und mehr als 30 m hohe Kalksteinfelsen mit der weißen *Kapelle Ágios Ioánnis* direkt neben dem Ende der Landebahn, der dem gesamten Gebiet seinen Namen gegeben hat (móno = nur / líthos = Felsen). Wie das Profítis-Ilías-Massiv besteht er aus nichtvulkanischem Gestein und gehört somit zu dem geologisch ältesten Teil der Insel. Die *alte Hafenanlage* am Strand, von der früher die fertigen Tomatenprodukte aufs Festland transportiert wurden, ist heute versandet. Reste einer Mole sind noch erhalten, in ihrem Schutz liegt der Strand und in der Nachbarschaft ein bescheidener *Fischerhafen*, der gelegentlich auch von Segelschiffen angelaufen wird.

Hinter dem Flughafen führt eine asphaltierte Straße bis Kamári, dort haben sich einige Hotels und Tavernen angesiedelt. Dieser Strandabschnitt wird *Agía Paraskeví* genannt, nach der Kirche, die sich dort umzäunt, aber zugänglich im Flughafengelände befindet. Richtung Norden führt eine zusehends schmäler werdende Piste vorbei an bizarren Bimssteinformationen bis zum Strand unterhalb von Karterádos.

Verbindungen Von Firá per Bus nur über die Flughafen-Route, die bis zu 12-mal tägl. befahren wird. Taxi kostet etwa 15 €.

Wassersport Santorínikite, 2015 von Mános und Jim neu eröffnete Kitesurf-Station am Strand zwischen Monólithos und Éxo Gialós Karterádou. Angeboten werden Kitesurf-Kurse sowie Verleih, Verkauf, Service, Reparaturen und Aufbewahrung von Kitesurf-Equipment. Dazu auch Windsurfen und Wellenreiten. ✆ 693-7234095, www.santorinikite.gr.

Im Erosionstal von Vóthonas

Übernachten **** Scorpiós Beach Hotel, am Nordende des Hauptstrands. Die Anlage rund um den Pool umfasst 14 Studios und 9 Apartments, alle mit Balkon/Terrasse. Außerdem Pool, Poolbar, Restaurant und kleiner Laden im Komplex. Studio 50–115 €, Apartment 65–135 €. ✆ 22860-33666, www.scorpioshotel.gr.

** Memories Beach Hotel, direkt an der Bushaltestelle und unweit des Hauptstrands. Vermietet werden 27 Zimmer mit Balkon. Pool und Hotelbar. DZ 35–86 €. ✆ 22860-31918, www.memorieshotel.gr.

***** Royal Mediterranean Hotel, 5-Sterne-Haus am Agía-Paraskeví-Beach. Große Anlage mit allem, was zu einem Luxushotel dazugehört. Hauptsächlich von Reiseveranstalter angeboten, meist all-inclusive und dabei gar nicht mal so teuer. Auch individuell zu buchen. DZ 90–200 €, Suite 120–300 €, all-inclusive kostet 35 € pro Tag und Pers. ✆ 22860-31167, www.medhotel.gr.

** Alafoúzos Studios Hotel, am Agía-Paraskeví-Beach. Die Anlage mit 9 Studios gehört zum Memories Beach Hotel. Zimmer teilweise im Maisonette-Stil, alle mit Küche. 100 m zum Strand, auch großer Pool vorhanden. Studio 52–110 €. ✆ 22860–31369, www.alafouzos-studios.gr.

Der 30 m hohe Kalksteinfelsen mit der Kirche Ágios Ioánnis besteht aus nichtvulkanischem Gestein

Essen & Trinken **Scaramangás**, direkt hinter dem Strand und vor der stillgelegten Tomatenfabrik. Das Familienlokal von 1982 ist die beliebteste Fischtaverne am Ort. Vangélis ist der Fischer, Mutter kocht und die Familienmitglieder bewirten die Gäste. Spezialitäten sind die Fischsuppe Kakaviá, Barboúni vom Grill, frittierter und gegrillter Fisch je nach Tagesfang, Tomatokeftédes und Fáva, dazu Santoríni-Weine vom Fass. Schattige Plätze unter einem Schilfrohrdach, klassische Strandtaverne im alten Stil, nur wenige Meter vom Strand entfernt. Preise okay. April bis Okt. geöffnet.

Mário Nr. 1, am Agía-Paraskeví-Beach. Ruhige Lage direkt am Meer, Plätze draußen und im Innenraum. Blickfang sind ein großes Aquarium im Restaurant und der begrünte Vorgarten. Griechische Küche, insbesondere Fischgerichte je nach Tagesfang. Ganzjährig geöffnet, im Sommer ab 11 Uhr. Etwas teurer.

Galíni, ebenfalls am Agía-Paraskeví-Beach. Spezialität sind Fischgerichte und Vorspeisenteller, von denen es eine reiche Auswahl gibt. Natürlich werden auch die Besonderheiten der santorinischen Küche angeboten. Hübsche, ruhige Lage direkt am Meer, Plätze draußen am Strand und im Innenraum. Freundlicher Service, Preise im Rahmen. Nur in der Hochsaison geöffnet.

Baden in Monólithos

Hauptstrand: direkt an der Bushaltestelle. Der dunkle Sandstrand wird rechts und links von einer Mole und einem Fischerhafen eingerahmt. Ein kleines Tamariskenwäldchen hinter dem Sandabschnitt bietet Schatten. Nebenan beschallt eine Beach-Bar das gesamte Gelände mit Popmusik. Nur die Düsenjets bei den Starts und Landungen haben einen höheren Lärmpegel. Sonnenschirme und Liegestühle werden (im Hochsommer) verliehen, Duschen und Umkleidekabinen sowie ein Kinderspielplatz sind auch vorhanden, es gibt unweit des Strands einige Tavernen und Cafés. Da die Bucht in den letzten Jahren zunehmend versandet, zeigt sich das Wasser lang flach und wenig wellenanfällig bei Wind. Daher ist der Strand für Kinder sehr gut geeignet. Läge der Flughafen nicht so nahe, wäre Monólithos sicherlich einer der Topstrände von Santoríni.

Fischerhafenidylle in Monólithos

Strand Agía Paraskeví: Ein gut 5 km langer und bis zu 30 m breiter Strandabschnitt zieht sich östlich der gesamten Start- und Landepiste des Flugplatzes entlang. Noch vor wenigen Jahren schien das Gebiet durch den Fluglärm (im Sommer etwa 15–25 Starts und Landungen pro Tag) touristisch uninteressant. Doch die östlich des Flughafens verlaufende Piste von Monólithos nach Kamári wurde asphaltiert und daraufhin wurden einige Hotels in diesem Gebiet errichtet. Offenbar halten die Gäste den gelegentlichen Fluglärm für zumutbar. Die Strandqualität zeigt sich ähnlich hervorragend wie am Hauptstrand von Monólithos, auch hier feiner Vulkansand und sauberes Wasser.

Weinkellerei Gaía: Hinter dem Strand von Agía Paraskeví seit 1994 in einer stillgelegten Tomatenfabrik untergebracht. Ioánnis Paraskevópoulos produziert auf Santoríni den viel exportierten trockenen Wein *Thalassítis* (klassisch und im Holzfass), den trockenen Weißwein *Assýrtico Gaía Wild Ferment* sowie einen süßen Weinessig aus der Asýrtiko-Traube, der fünf Jahre in Holzfässern lagert und die Balsamicos von Modena „das Fürchten lehren soll". Gaía keltert generell nur die Asýrtiko-Traube, weil sie laut Inhaber das höchste Potenzial hat. Sie ergibt sehr gute Weißweine mit fruchtigem Aroma. Zu Gaía gehört auch ein großes Weingut in Neméa auf dem Peloponnes. Während einer kurzen Führung mit Erklärungen in englischer Sprache darf man einen Blick in den Weinkeller mit modernsten Produktionsmethoden werfen. Die Open-Air-Probierstube mit Tischen auf einer Meeresblick-Terrasse befindet sich direkt am Strand. Freundlicher Service von kompetenten Angestellten.

1. Mai bis Ende Okt. tägl. 11–19 Uhr. Weinprobe: 4 Weine 5 €, 8 Weine 10 €, ✆ 22860-34186, www.gaia-wines.gr.

Flughafen Santoríni (Kratikós Aeroliménas Santorínis)

Auf beschilderter Stichstraße zu erreichen. Der ehemalige Militärflughafen wurde seit 1972 auch zivil genutzt, inzwischen hat sich das Militär praktisch ganz zurückgezogen. Es gibt (derzeit) keine Starts und Landungen von Militärjets mehr, sehr wohl aber Flugübungen im Luftraum über der Insel. Asphaltierte Zufahrtsstraße, großer Parkplatz sowie ein schon lange viel zu kleines und veraltetes Abfertigungsgebäude (Baujahr 1989), in dem fast immer dichtes Gedränge herrscht und viel zu wenige Sitzplätze im Wartebereich zur Verfügung stehen. Das Chaos ist manchmal beträchtlich. Es gibt ein paar Läden, eine Bank, mehrere Autovermieter-Büros, Reiseagenturen, einen Erfrischungsstand und oben weitere Sitzplätze auf der Freiluftterrasse. Draußen auf der gegenüberliegenden Seite der Straße gibt es zwei Café-Restaurants.

Verbindungen Von und nach Firá per Bus ca. alle 90 Min. zwischen 7 und 21 Uhr. Danach keine Verbindungen mehr. Ein Taxi von und nach Firá kostet 15–18 €. Weitere Details → Kapitel Anreise S. 50.

Flughafenauskunft ☏ 22860-28400, ✆ 22860-33349, www.santorini-airport.com.

Die Tomatenfabriken von Santoríni

Neben dem Weinbau bildete die Produktion von Tomatenmark die Grundlage für den wirtschaftlichen Aufschwung der Insel im 19. Jh. Hergestellt wurde das Mark aus kleinen, festen Tomaten, die einst wohl von den Venezianern auf die Insel gebracht worden waren und noch heute als Santoríni-Tomaten bekannt sind. Wegen ihres niedrigen Wassergehalts sind sie nicht nur besonders aromatisch, sondern liefern auch einen hohen Ertrag bei der Weiterarbeitung.

Bis in die 1920er-Jahre hinein wurde das Mark von kleineren Familienbetrieben in Handarbeit hergestellt. Die zerkleinerten Tomaten wurden mit handbetriebenen Pressen entsaftet, dann brachte man den gesalzenen Saft zum Kochen, bis er leicht eindickte. Zum Schluss kam er in Holzbottiche, die offen in die Sonne gestellt wurden, bis das Mark seine gewünschte Konsistenz erreichte hatte.

Die industrielle Produktion im großen Stil wurde von *Dimítrios Nomikós* begründet, der 1922 in Monólithos die erste Tomatenmarkfabrik der Insel eröffnete. Sortiert wurden die Tomaten dort an Förderbändern, die Entsaftung übernahmen große hydraulische Pressen, von denen der Saft über ein Röhrensystem zum Einkochen in riesige kugelförmige Kessel weitergeleitet wurde. Nächste Station war die aus zwei ineinanderliegenden Zylindern bestehende Tomatenmischmaschine, in der das Mark durch den im äußeren Zylinder zirkulierenden Dampf zum zweiten Mal erhitzt wurde, bis es so geschmeidig war, wie es sein sollte. Auch die Abfüllung in Dosen war automatisiert, nur die Deckel mussten noch per Hand aufgeschraubt werden. Produziert wurde alljährlich bis zum Ende der Tomatenernte im späten August.

Dem Pionierstück von *Dimítrios Nomikós* folgten weitere Fabrikgründungen, darunter zwei in Vóthonás (*E. M. Karamoléngou* und *Avis*) und jeweils eine in Éxo Gialós (*E. Kanakarís*) und Exomíti (*Stélla*). Auch *Dimítrios Nomikós* selbst legte noch einmal nach und eröffnete 1944 eine weitere Produktionsstätte in Vlicháda, die heute als Museum zu besichtigen ist (→ S. 217). Bis auf die in den 1950er-Jahren gegründete Fabrik *Sánto* in Monólithos, die immer noch saisonweise produziert, haben alle anderen schon seit den 1970er-Jahren ihren Betrieb eingestellt und bröckeln heute als Industrieruinen vor sich hin.

Éxo Goniá

Hübsches Dorf am Steilhang hinauf zum Kraterrand. In der großen, weithin sichtbaren Kirche Ágios Charálambos Fresken von Christóforos Assimís. Intensiver Weinanbau und mehrere Weinkellereien.

Etwa 2,5 km hinter Messariá zweigt die Straße nach Éxo Goniá von der Hauptroute nach Kamári rechts ab (beschildert). Es geht in weiten Kurven und steilen Serpentinen den Hang hinauf. Das kleine Dorf beginnt unten an der Kamári-Straße und zieht sich praktisch den ganzen Hang hinauf. Sein alter Kern liegt weit oben und bietet Gelegenheit, durch die engen Gassen eines vulkanischen Erosionstals zu schlendern. In seinem oberen Ortsbereich trifft man auf die imposante und scheinbar „unkykladische“ *Kirche Ágios Charálambos*, die keine strahlend blauen Rundkuppeln besitzt, sondern rote Ziegeldächer (wie auf dem griechischen Festland). Im Vorhof der Kirche befinden sich einige Bodenmosaike aus verschiedenen santorinischen Lavagesteinen. Wer sein Fahrzeug auf dem großen Parkplatz an der Kirche abstellt, kann über die Treppen hinter der Kirche in den Ort von oben hineinlaufen.

Éxo Goniá ist ein hübsches kykladisches Bergdorf mit engen Gässchen, steilen Treppen, alten Höhlen- und neuen Betonhäusern sowie einigen Kirchen entlang der Hauptgasse. 1956 wurden fast alle Häuser durch das Erdbeben beschädigt, aber die Schäden sind heute nur noch an wenigen Stellen zu sehen. Die einst nach Kamári ans Meer abgewanderten Bewohner kehrten im Laufe der letzten Jahre verstärkt zurück in das Schluchtdorf. Im unteren Dorfbereich liegt eine der größten *Weinkellereien* der Insel. Hier herrscht vor allem zur Erntesaison im Spätsommer Hochbetrieb. Das Dorf setzt sich mittlerweile auch weiter oberhalb der Charálambos-Kirche fort. Dort wurden in den letzten Jahren einige Privathäuser, teils im Stil einer Windmühle, neu errichtet. Die Straße führt weiter hinauf an einem Bimssteinwerk, im Frühjahr bunten Blumenwiesen und üppigen Weinfeldern vorbei nach Pýrgos und in Richtung Caldéra.

Wanderung 3: Rundweg von Éxo Goniá nach Vóthonas und zurück → S. 256
Kleinere Tour von Dorf zu Dorf durch zwei der grünsten Erosionstäler der Insel

Verbindungen Alle Busse auf der viel befahrenen Route Firá–Kamári halten an der Hauptstraße weit unterhalb des Dorfs. In den Ort hinein muss man dann zu Fuß gehen. Taxi von Firá kostet etwa 15 €.

Adressen Tierarzt und Tierklinik an der Straße nach Kamári. ✆ 22860-33356.

Kunst und Wein Art Space, eines der exklusivsten Künstlerateliers auf der Insel. Von der Durchgangsstraße Messariá–Kamári rechts ab (beschildert). Das Atelier ist in einer ehemaligen Weinlagerhöhle von 1861 untergebracht. In dem ungewöhnlich großen, mehr als 6 m breiten und sehr langen Tonnengewölbe im Bimsstein befanden sich später auch ein Tomatenverarbeitungsbetrieb sowie eine Rakí-Brennerei. Das Ambiente ist daher mit Geräten aus der Tomatenindustrie und der Winzerei dekoriert. Insofern kommen nicht nur die Freunde moderner Kunst, sondern auch die Liebhaber des alten traditionellen Handwerks auf ihre Kosten. Im Mittelpunkt stehen aber natürlich die Exponate moderner Kunst. Der Kunstexperte, Antónis Argyrós, spricht Englisch und erklärt die Bilder, Keramiken und Skulpturen. Die Ausstellungsstücke stammen von mehr als 60, meist griechischen Künstlern. Die alten Weinpressen sind immer noch in Gebrauch: Antónis stellt Vinsánto und Niktéri her und brennt einen hervorragenden, milden Tsikoudiá. Im Anschluss an die Führung können seine Produkte verkostet werden. Geöffnet Mai bis Okt. tägl. von 11 Uhr bis Sonnenuntergang, Eintritt frei, ✆ 22860-32774, www.artspace-santorini.com.

Übernachten ››› Mein Tipp: **At home by the Sea**, Beatrice aus Deutschland und ihr griechischer Mann vermieten ein Haus und ein Studio in bester Hangaussichtslage von Éxo Goniá. Beide Einheiten sehr geschmackvoll eingerichtet und praktisch neu. Das Studio ist eine Maisonette mit Doppelbett auf einer Galerie, Sofas und komplett eingerichteter Küche. Das Haus besteht aus 2 Schlafzimmern mit Doppelbett und Einzelbetten, 2 Bädern, einem großen Aufenthaltsraum mit Kamin und einer offenen komplett eingerichteten Küche. Große eigene Terrasse mit Meeresblick. Kleiner Pool auf weiterer Terrasse. AC, Wifi und Sat-TV. Vermietung ganzjährig ab 3 Übernachtungen. Studio 80–120 €, Haus 130–200 € für 2 Pers., 40–50 € pro Extraperson. ✆ 697-3271438, www.at-home-by-the-sea-santorini.com. ‹‹‹

Essen & Trinken ››› Mein Tipp: **Metaxý mas**, Ouzerí im alten Stil ziemlich weit oben in Éxo Goniá, von der markanten Kirche Ágios Charálambos nur ein paar Treppenstufen hinab. Sehr schöne Hochterrasse mit Blick auf Méssa Goniá, Kamári und auf den Profítis Ilías. Chef Kóstas bietet überwiegend kretische Küche und eigene Kreationen, beispielsweise in Honig gebackener Féta, Brokkoli-Käse-Auflauf, weiße Santoríni-Auberginen und Schweinemedaillons in Orangen und Honig sowie Rinderfilet in Vinsánto-Sauce. www.santorini-metaximas.gr. ‹‹‹

Weinkellerei Ártemis Karamolégos: Das im Jahr 1995 gegründete kleine, familiengeführte Weingut befindet sich an der Hauptstraße Richtung Kamári im Ortsbereich von Éxo Goniá. Dort großes Weinprobierlokal und Möglichkeit zum Weineinkauf. Eigentümer Ártemis Karamolégos versucht, modernste Kellereitechnologie mit traditionellem Weinbau zu kombinieren. Angebaut werden nur die einheimischen Sorten Asýrtiko, Aidáni Áspro, Athíri und Mavrotrágano. Vor dem Ein-

Pistazienernte

Pistazien (*Fistíkia Aigínis*) sind neben Wein und Tomaten ein weiteres traditionelles Anbau- und Ausfuhrprodukt der Insel. Vor allem rund um Pýrgos, Éxo und Méssa Goniá findet man zahlreiche Pistazienplantagen. Ende August werden die kleinen, mandelförmigen Früchte reif und sind dann leuchtend rot. Man pflückt sie im September, danach erfolgt die Weiterverarbeitung. An der Straße unterhalb von Éxo Goniá gab es vor Jahren Gelegenheit, eine Pistazienschäl- und Waschmaschine in Aktion zu sehen: Die festen Schalen der nussartigen Früchte sind nämlich noch mit einer zähen und dicken Haut umgeben, die zunächst entfernt werden muss. Dies geschieht in einer Art Drahttrommel, in der die Pistazien unter Zugabe von Wasser hin- und hergeschleudert werden, bis sich die Haut löst. Die Bauern der Umgebung bringen ihre Ernte zur Maschine und diese läuft über mehrere Tage hinweg unermüdlich. Danach werden die Pistazien in der Sonne getrocknet. Ihre weitere Verarbeitung geschieht folgendermaßen: In einen Liter Wasser zweieinhalb Suppenlöffel Salz geben, dazu einen Teelöffel Xinó, eine Art Aromastoff mit dem Geschmack von Zitrone. Die Mischung über ein Kilo sonnengeröstete Pistazien gießen, dann eine Viertelstunde im Ofen rösten, wobei eine Zeitung untergelegt wird, die das Wasser aufsaugt. Pistazien kann man zwar auch roh essen, der Geschmack ist dann aber lange nicht so aromatisch.

gang zum Weinprobierlokal wurde die *TaverneÁroma Avlís* unter einem Weinlaubdach neu eröffnet. Angeboten wird ägäische Küche mit lokalen Produkten nach traditionellen und kreativen Rezepten von Küchenchef Chrístos. Dazu natürlich die eigenen Weine.

Im Sommer tägl. 12–20 Uhr. ✆ 22860-33395, www.wineryartemiskaramolegos.com, www.aromaavlis.com.

Méssa Goniá (Episcopí Goniá)

Ein weiteres Zentrum des Weinanbaus auf Santoríni, zwei Weinkellereien arbeiten hier. Verfallene, alte Häuser, einige Neubauten, Lagerhallen für Wein und viele kleine Kirchen prägen das Bild.

Der kleine Ort Méssa Goniá (auch Episcopí Goniá genannt) liegt südlich von Éxo Goniá in den Kraterhängen und reicht hinunter bis zur Straße nach Kamári. Auch Méssa Goniá wurde beim Erdbeben 1956 stark in Mitleidenschaft gezogen. Viele der Bewohner wanderten an die Küste ab und der ehemals winzige Fischerort Kamári wuchs stark an. Seitdem Kamári jedoch eine touristische „Karriere" begonnen hat, zogen immer mehr Leute wieder zurück in den alten Ort und restaurierten ihre Häuser und Höhlen.

Verbindungen Alle Busse auf der viel befahrenen Route Firá–Kamári halten an der Hauptstraße. In den Ort hinein muss man dann zu Fuß gehen. Taxi von Firá kostet 16–18 €.

Essen & Trinken Coach Stop, nette kleine Taverne, geführt von einem älteren Ehepaar. An der Wand eine Tafel als Speisekarte, kleine, leckere Gerichte.

Weinkellerei Cánava Roússos: Santorinis älteste Weinkellerei wurde im Jahre 1836 gegründet. Nachdem die Winzer in ein anderes Gebäude umgezogen waren, hat die Roússos-Familie eine große Kellerei zur Weinprobierstube umfunktioniert, die Cánava Roússos. Man kann die alten Räumlichkeiten mit großen Fässern und Gerätschaften für Anbau, Kelterei etc. besichtigen und danach für wenig Geld ver-

Historische Räumlichkeiten in der Cánava Roússos

schiedene Weine zusammen mit Santoríni-Snacks kosten – im Garten sitzt man angenehm und schattig. Möglichkeit zum Weineinkauf. Roússos baut die inseltypischen Rebsorten Asýrtiko, Athíri, Aidáni, Mandilariá und Mavrathiró an. Daraus werden sieben verschiedene Weine gekeltert.

Zufahrt von der Straße Messariá–Kamári hinter Éxo Goniá rechts ab und nach 100 m auf der rechten Seite (beschildert). Die gleiche Straße führt dann weiter zur Panagía Episcopí.

Tägl. 11–19 Uhr geöffnet. ✆ 22860-31278, www.canavaroussos.gr.

Weinkellerei Estate Argyrós: Die zweite Kellerei in Méssa Goniá liegt an der Straße von der Cánava Roússos zur Panagía Episcopí. Sie wurde 1903 von Geórgios Argyrós gegründet und ist seitdem in Familienbesitz, heute in vierter Generation von Matthéos Argyrós geführt. Spezialisiert ist die Kellerei auf Vinsánto. Ioánnis, der Vater von Matthéos, war in den 1980er-Jahren der erste Winzer auf Santoríni, der seinen Wein zwanzig Jahre und länger lagerte. Sein „Vinsánto 1987“ gilt heute als der Beste von Santoríni und Argyrós gehört mittlerweile zu den angesehensten Weinproduzenten im Land. Ein neues, leckeres Produkt von Argyrós ist schwarze Schokolade, gefüllt mit Vinsánto.

Im Sommer Mo–Sa 9–20 Uhr, So 10–18 Uhr, ✆ 22860-31489, www.estate-argyros.com.

Donkey Beer – Bier aus Santoríni

Die 2011 von vier jungen Leuten gegründete Bierbrauerei „Santoríni Brewing Company“ ist die einzige Bierbrauerei der Insel und laut Gründungsregister die 18. Brauerei Griechenlands. Unter dem Markennamen *Donkey Beer* werden derzeit rund 1000 Liter Bier pro Tag in drei Sorten hergestellt. Das Bier wird hauptsächlich in Flaschen abgefüllt, nur ein sehr kleiner Teil in Fässern. Die Brauerei befindet sich in Méssa Goniá direkt an der Straße nach Kamári. Dort kann man das Bier in der Probierstube und an der Bar degustieren und auch Flaschen kaufen sowie die aus Österreich und Griechenland stammende Brauanlage, die Tanks und die Abfüllanlage aus Italien besichtigen. Auf der Insel wird Donkey Beer in vielen Bars, Tavernen, Hotels und kleinen Spezialitätenmärkten angeboten, jedoch nicht in den großen Supermärkten.

Biersorten: *Yellow Donkey* ist ein Bier nach typisch englischem Vorbild mit rund 5 % Alkohol. Ein leichtes exotisches Sommerbier für Strand und Taverne mit einem Hauch von Zitrus-Geschmack. Die mit rund 5,5 % etwas stärkere Sorte *Red Donkey* erinnert geschmacklich an belgisches Bier. Sie ist ebenfalls fruchtig, körperreich und fast kastanienfarbig in einer mittleren Stärke. Das Spezialbier *Crazy Donkey* ist eigentlich ein Winterbier mit einem – im Vergleich zu den typisch griechischen Lagerbieren – höheren Alkoholgehalt von bis zu 6 %. Es schmeckt aromatisch bitter-hopfig, aber gleichzeitig auch sehr fruchtig und ist laut Brauerei das erste und einzige *India Pale Ale* Griechenlands. Seit 2015 wird neu 1-mal pro Monat das unfiltrierte Weißbier *White Donkey* mit rund 5,5 % gebraut.

Yellow und Red Donkey werden in Standard-Braunglasflaschen zu 0,35 Liter abgefüllt. Crazy und White Donkey werden in Champagnerflaschen zu 0,75 Liter abgefüllt. Bier nach deutschem Braustil und gemäß Deutschem Reinheitsgebot wird (noch) nicht angeboten.

Öffnungszeiten: Mai bis Okt.: Mo–Sa 11–17 Uhr, So geschlossen, im Winter verkürzte Öffnungszeiten. Eintritt frei. ✆ 22860-30268, www.santorinibrewingcompany.gr und www.donkeybeer.gr.

Kirche Panagía Episcopí in Méssa Goniá

Panagía Episcopí

Die kleine Kreuzkuppelkirche aus dem 12. Jh. ist eine der bedeutendsten Kirchen der Insel aus byzantinischer Zeit. Sie steht zwischen Zypressen auf einer Anhöhe über Méssa Goniá und ist von der Straße nach Kamári über eine Asphaltpiste zu erreichen.

Ihre Grundlegung im Jahre 1115 geht auf Kaiser Aléxios I. Komnenós (1081-1118) zurück, doch Teile der Anlage stammen von einer frühchristlichen Basilika, die bereits im 6. Jh. hier stand. Nachdem die Kirche dem orthodoxen Bischof von Santoríni als Sitz gedient hatte, wurde sie von den Venezianern während der Frankenzeit zum katholischen Bischofssitz umfunktioniert. Erst unter türkischer Besatzung (ab 1537) gelangte sie wieder in den Besitz der griechisch-orthodoxen Kirche, war aber dann über Jahrhunderte Zankapfel zwischen katholischem und orthodoxem Bistum. 1915 wurden ein Teil der sakralen Gegenstände und Gewänder sowie die Bibliothek durch ein Feuer zerstört. Das Erdbeben von 1956 beschädigte dann die Fassade und den Innenraum stark. Erst 1986 konnten die Restaurierungsarbeiten abgeschlossen werden, obwohl die Kirche schon 1962 unter Denkmalschutz gestellt worden war. Die Verwendung von viel unansehnlichem Beton außen und innen wurde dadurch leider nicht verhindert.

Der Boden und die beiden Säulen im Innenraum bestehen aus Marmor. Die alten Fresken sind weitgehend Opfer der Feuchtigkeit und des Kerzen-Rußes geworden und nur noch an wenigen Stellen zu sehen. Zu den Themen zählten Salome mit dem abgeschlagenen Kopf Johannes des Täufers, die Heilung der Blinden, Christi Auferstehung sowie die Darstellung verschiedener Heiliger. Die altehrwürdige Ikone der *Panagía Glykofiloúsa* (Muttergottes der Zärtlichkeit) aus dem 12. Jh. ist nach einer Restaurierung seit 2006 wieder an Ort und Stelle hinter Glas zu betrachten. Am 15. August findet das große Kirchenfest zu Ehren der Panagía statt (→ gegenüberliegende Seite).

Tägl. 10–12 und 14–17 Uhr. Kleine Spende wird erwartet.

Das Fest der Panagía

Das Kirchenfest *Panagía* (*Mariä Entschlafung* oder *Mariä Himmelfahrt*) am 15. August ist nach Ostern das wichtigste Fest der griechisch-orthodoxen Kirche. Nach orthodoxem Glauben ist die Mutter von Jesus nicht leiblich gen Himmel gestiegen, sondern ihre Seele wurde von einem Engel geholt. Schon das Wort Panagía, wörtlich aus dem Griechischen übersetzt die „ganz Heilige", zeigt die Wertschätzung, die der Muttergottes entgegengebracht wird. Auf Santoríni finden die größten Festlichkeiten in der *Kirche Panagía Episcopí* in Méssa Gonía statt.

Bereits am Abend des 14. August wird eine Messe vom Metropoliten von Thíra zelebriert. Da nicht alle Gläubigen in der Kirche Platz haben, wird die Liturgie per Lautsprecher auf den Vorplatz übertragen. Vor dem Eingang zur Kirche bilden sich lange Schlangen, denn jeder will vor der Ikone, die wundertätig sein soll, seinen Dank oder seine Fürbitte aussprechen. Im Anschluss an die Messe werden an die Anwesenden Wein und ein Fáva-Gericht verteilt, das vorher in riesigen Töpfen gekocht und mit ruderähnlichen Holzspaten umgerührt wurde. Am folgenden Tag beginnt die Messe bereits um sieben Uhr morgens. Nach etwa drei Stunden liturgischer Gesänge, Gebete und der Predigt werden die blumengeschmückten Marienikonen und der Epitaph der María in einer feierlichen Prozession um die Kirche getragen. Anschließend haben die Gläubigen noch einmal Gelegenheit, vor den Ikonen zu knien. Auch an diesem Tag wird an alle das *Panigýri*, dieses Mal Trauben und Käse, verteilt. Das Panigýri geht auf die mittelalterliche Tradition der Pilgerspeisung zurück. Die Speisen haben ebenfalls eine symbolische Bedeutung: Fáva war eines der ersten Erzeugnisse kirchlicher Ländereien, Wein und Käse folgten später. Ursprünglich wurden die Speisen von den Pächtern der ehemaligen Kirchenländereien gespendet.

Besucher sind bei den Feiern willkommen und werden herzlich mit einbezogen und bewirtet. Man sollte allerdings auf dem Festtag angemessene Kleidung achten und mit dem Fotografieren nicht allzu aufdringlich sein.

Kamári

Wichtigster Badeort der Insel und Standbein des internationalen Pauschaltourismus mit Schwerpunkt auf deutschsprachigen Gästen. Schöner, kilometerlanger Strand aus dunklem Sand und Kies am Fuß des mächtigen Felskaps Méssa Vounó. Alles ist auf Badetouristen ausgelegt, relaxen, genießen, bummeln und feiern ist angesagt. Allenfalls ein Ausflug hinauf nach Alt-Thíra unterbricht das bunte Strandleben.

1856 gefundene Inschriften aus römischer Zeit belegen, dass an der Stelle des heutigen Kamári der Hafen von Alt-Thíra lag. Auch der Begriff Kamári stammt noch aus dieser Zeit (*Kamára* = Arkade, Gewölbe). Das heutige Dorf ist eine Neugründung der Bewohner von Éxo und Méssa Goniá, die 1956 ihre vom Erdbeben zerstörten Orte verließen und hinunter an die Küste zogen. Der alte Dorfkern von

Kamári liegt ein Stück zurück vom Meer. An den Stichstraßen zum Strand und unten an der über 1 km langen Promenade breitet sich dagegen ein wild wucherndes Hotel- und Tavernenangebot aus. Kamári verändert ständig sein Gesicht. Am Nordrand wird nach wie vor viel gebaut. Immer weiter wird die Uferpromenade damit Richtung Norden verlängert. Erfreulicherweise findet man noch einige Gärten mit schwer beladenen Pistazienbäumen zwischen den Neubauten und auch die angepflanzten Tamarisken geben der schön gepflasterten Uferpromenade ein freundliches Gesicht.

Unmittelbar südlich des Ortes liegt das schroffe, steil aufragende *Kávos Méssa Vounó*, ein Ausläufer des Profítis Ilías, der vom Strand aus einen atemberaubenden Anblick bietet. Südlich des Felsens befindet sich Períssa, der zweite große Badeort von Santoríni. Ein Kaíki setzt Neugierige im Sommer mindestens 1-mal stündlich dorthin über. Der dunkle Lavastrand ist teilweise feinsandig, teilweise steinig und man findet sicherlich ein Plätzchen nach seinem Geschmack. Überall werden Sonnenschirme und Strandliegen vermietet. Natürlichen Schatten durch Tamarisken gibt es nur wenig, vor allem am südlichen Ende kurz vor der Felswand. Im sauberen und meist ruhigen Wasser wurden mehrere Steinaufschüttungen als Wellenbrecher vorgenommen, um ein Abtragen des Sandes im Winter zu verhindern. Richtung Norden wird es deutlich stiller, allerdings wird der Strand hier nicht mehr regelmäßig gereinigt.

Hübsch anzusehen ist am Fuß des Méssa-Vounó-Felsens die weiß gekalkte Kapelle *Ágios Nikólaos* (meist geschlossen) auf einer Aussichtsterrasse, daneben liegt eine offene Höhlenkapelle. Bei gutem Wetter bietet sich auch ein schöner Blick hinüber bis zur Insel Anáfi, wo man an klaren Tagen das hoch aufragende *Kávos Kálamos* erkennen kann. Wer will, kann von Kamári aus in etwa einer Stunde hinauf nach *Alt-Thíra* wandern, wobei wir natürlich den Wanderweg (→ S. 258) und nicht die viel befahrene Straße empfehlen. Nicht verschweigen darf man allerdings, dass Kamári in der Einflugschneise des Flughafens bei Monólithos liegt und es daher jeden Tag gelegentlich zu kurzzeitigen Lärmbelästigungen kommt – andererseits geben die einfliegenden Düsenjets ein durchaus eindrucksvolles Bild ab.

Verbindungen

Bus Kamári ist Endstation der Linie Firá–Kamári, der Verbindung mit der höchsten Frequenz auf der Insel, im Hochsommer Abfahrt alle 20 Min., in der Nebensaison alle 30 Min. Es gibt sieben Haltestellen – eine am Ortseingang, zwei in der Verlängerung, drei in der Parallelstraße zur Paralía und eine an der Flughafenstraße.

Taxi Standplatz an der Ortseingangsstraße oder Ruftaxi. Die Fahrt nach Firá kostet etwa 20 €.

Schiff Im Hochsommer fährt zwischen 9 und 17 Uhr etwa alle 45 Min. ein Boot die Tour um das Kap Méssa Vounó nach Períssa. Kostet 5 € einfach und 8 € hin/rück. Während der Saison gibt es auch Badeboote zum Red Beach bei Akrotíri, Abfahrten am südlichen Strandabschnitt (beschildert).

Adressen

→ Karte S. 177

Arzt und Apotheke kleine **Erste-Hilfe-Station** in der Verlängerung der Ortseingangsstraße hinter der Kirche Panagía Myrtidiótissa auf der linken Seite. ✆ 22860-31175.

Eine **Apotheke** liegt an der Stichstraße zum Strand, ✆ 22860-32440.

Beliebtestes Badeparadies der Insel: der lange dunkle Lavastrand von Kamári

Ausflüge **Ancient Thíra Tours 47**, an der Kreuzung Odós Hiller von Gaertringen und der Straße nach Alt-Thíra, Minibus nach Alt-Thíra stündlich von 9–13 Uhr (Di–So) April bis Ende Okt., letzte Rückfahrt 14.30 Uhr, Tickets 7 € einfach bzw. 10 € hin und zurück. ✆ 22860-32474, www.ancient-thira.gr.

Auto-/Zweiradvermietung konzentriert an den Stichstraßen zum Strand, der Parallelstraße zur Strandpromenade und an der Ortseingangsstraße.

Vitánis 38, an der Verlängerung der Ortseingangsstraße auf der rechten Seite. Der freundliche Vitánis vermietet Vollautomatik-Roller und Motorräder (50–250 ccm), Autos vom Kleinwagen bis zum Jeep und Quads (50–300 ccm) verschiedener Klassen. Jedes Jahr neue Modelle. 24-Std.-Straßenservice überall auf der Insel. Günstige Preise. Wer mit diesem Buch kommt, erhält 10 % Rabatt. Buchung nur direkt vor Ort. ✆ 22860-32010 und 694-6555313.

Papus Rent a Car 53, Autovermietung am Ende der Ortseingangsstraße kurz vor dem Strand. Michalis vermietet alles vom Kleinwagen über die untere Mittelklasse bis zum Jeep. ✆ 22860-33000 und 697-7339396.

Bäckerei Zwischen Erste-Hilfe-Station und Fußballplatz und eine weitere neben der Apotheke.

Einkaufen diverse kleine **Märkte** und **Touristenshops** an der Paralía. Großer **Supermarkt BIG** hinter dem Fußballplatz. Strandmode und Andenken verkauft **En Plo** am Nordende der Paralía. **The Wine Garden** in der Odós Panagía Mirtidiótissas bietet eine gute Auswahl von Santoríni-Weinen der verschiedenen Kellereien, dazu Honig, Gewürze, Kräuter und Souvenirs. Große **Buchhandlung Papasotiriou 21** an der Platía. Dort wird u. a. dieses Buch verkauft. An der Platía zudem mehrere **Boutiquen**, **Schuh- und Sportgeschäfte**, **Computerladen** und ein **Fish-Spa**. Das **La Cava** an der ersten Parallelstraße zur Paralía verkauft Weine, Spirituosen aus Santoríni und ganz Griechenland.

Fun **Santoríni Mini Golf 26**, 18-Loch-Anlage in zentraler Lage in der Parallelstraße zur Paralía direkt hinter dem mittleren Parkplatz. Im Sommer tägl. 11–23 Uhr. Erwachsene 7 €, Kinder 5 €. ✆ 22860-32090.

Escape Game 6, Rätselspiel, bei dem 2–5 Personen in einem Raum eingesperrt werden und 60 Minuten Zeit haben, sich in Teamarbeit durch Interpretation von verschlüsselten Hinweisen u. Ä. aus ihrem Gefängnis zu befreien. In englischer Sprache und mit Piktogrammen. Kein Darkroom, mit Kameraüberwachung und Emergency-Panik-Knopf. Vier verschiedene Themenräume. 20 € pro Pers., ab 6 Pers. 15 €. ✆ 22860-31901, www.escapegamekamari.gr.

Geldautomat an der Kirche, neben der Buchhandlung und mehr als fünf Geldautomaten an der Paralía.

Information **Kamári Tours Information Center 45**, an der Strandpromenade, hier sind alle Reiseveranstalter, die in Kamári tätig sind, unter einem Dach versammelt. ✆ 22860-31390, 22860-31455, 📠 22860-31497, www.kamaritours.com.

Internationale Presse mehrere Läden an der Uferfront. Deutsche Presse auch im Laden Afrodite an der nördlichen Paralía. Hier wird auch dieses Buch angeboten.

Reisebüro Kamári Tours 45, unbestrittener Marktführer auf der Insel mit Filialen in fast allen Orten. Preise oft ziemlich hoch, auch Leserkritik wegen der Qualität der Führungen bei Ausflügen erreichte uns. Vergleiche mit kleineren Anbietern sind zu empfehlen. Exklusiv ist die Halbtages-Bootstour nach Aspronísi (Fischen, Schwimmen, BBQ für 29 €) ✆ 22860-31390, www.kamaritours.gr.

››› Mein Tipp: Lísos Tours 36, geführt von Lísos Zilelídes aus Zypern und seiner deutschen Frau Wiebke Godau aus Hamburg, beide sehr freundlich und hilfsbereit. Zimmervermittlung, Transfers zum Hafen und Flughafen, Geldwechsel, Autovermietung, Ausflüge in die Caldéra und zur Nachbarinsel Íos per Boot (60 €), Kajaktouren in der Caldéra, Rundflüge über Santoríni, private Guides, Spezial-Arrangements fürs Heiraten auf Santoríni und Flitterwochen, Organisation von Konferenzräumen sowie Schiffstickets für Blue Star und Hellenic Seaways. Besonders empfehlenswert ist ein Ausflug mit dem privaten Segelschiff Margaríta (→ Kasten S. 183). ✆ 22860-33765, 📠 22860-33661, lisostours@otenet.gr. ‹‹‹

Tankstelle Etwas außerhalb an der Hauptstraße Richtung Firá.

Wäscherei Eco Cleaners 14, unweit vom Strand unterhalb der Apotheke. 2-Std.-Service. Pro Waschladung 12 €. ✆ 22860-32848, ecocleaners@hotmail.gr.

Wassersport 3SXsports+fun, etwa im mittleren Strandabschnitt. Geórgios bietet Wasserski (10 Min. 25 €), Windsurfen (1 Std. 25 €), Kitesurfen (1 Std. 50 €), Wakeboard (10 Min. 25 €) und Waverunner (15 Min. 50 €). Außerdem Banana, Ringos, Kajaks, Tretboote und Segelschiffvermietung. ✆ 6932-780852, www.3sxsport.com.

Diving Center Volcáno 23, am Strand. Anfänger-Schnuppertag 65–90 €, Kurse in Scuba von Anfänger bis Master für 260–650 €, Tauchexkursionen (Höhlen, Riffe, Vulkane, Wracks) 60–80 €. ✆ 22860-33177, www.scubagreece.com.

Yoga Yolicious 16, Kornelia aus Deutschland verkauft in ihrem Laden Yoga-Bekleidung aus organischer Baumwolle, Yoga-Equipment und -Schmuck. Außerdem bietet sie Kurse in Vinyasa-Flow- und Scuba-Yoga an. www.santorini-yoga.com.

Übernachten

Aufgrund des intensiven Pauschaltourismus besteht kein Mangel an Unterkünften. An und hinter der Uferpromenade längs des langen Sandstrands reiht sich ein Hotel ans andere. Auch gute Möglichkeiten im oberen Ortsbereich. Angeboten wird so ziemlich die gesamte Bandbreite: vom einfachen Zimmer bis zum teuren Oberklasse-Hotel. Der Campingplatz am Ortseingang ist allerdings schon viele Jahre geschlossen. Hotels ab drei Sternen immer mit AC, TV, Wifi, Kühlschrank und Safe. Gelegentlich Wifi und Safe nur an der Rezeption.

An der Uferpromenade Alle Preisklassen vorhanden, das meiste aber eher mittel bis teuer, dafür nur durch die Fußgängerpromenade vom Strand getrennt und viele Zimmer mit schönem Meerblick. Günstigere Anbieter in den Seitengassen.

**** Afrodíti Venus Beach Hotel & Spa 43, Großanlage mit 56 Zimmern, 4 Maisonetten und 5 Suiten in 4 Häusern, teils um einen großen Pool herumgebaut. Zimmer komfortabel ausgestattet und mit Balkon. Pool, Kinderpool und Poolbar in der Anlage. Angeschlossen sind Dachgartentaverne, Strandtaverne, Wellnesscenter mit Sauna und Dampfbad. DZ 95–200 €, Suite 126–315 €. ✆ 22860-34250, www.afroditivenushotel.gr.

*** Hotel Kamári Beach 42, große Anlage mit 106 Zimmern, eines der ersten Großhotels in Kamári. Alle Zimmer mit Balkon, von den meisten schöner Meerblick. Vor dem Haus großer Pool und Poolbar. DZ 90–200 €. ✆ 22860-31216, www.kamaribeach.gr.

**** Bellónias Villas 39, ansprechende, einfallsreich dekorierte, zweistöckige Anlage mit großem Pool und Wellnesscenter. Gut geführt, 41 Studios Apartments und Suiten, alle mit Balkon/Terrasse und Küchenzeile. Studio 130–170 €, Apartment 140–190 €,

Essen & Trinken
2 Almíra
5 Lólos
8 Vassilikós
9 The Boat House
13 Korallí
15 Ouzerí Pinakí
17 Aléxis
18 Grillhouse George
19 Vácchous
25 Nichtéri
27 To Katí Állo
34 Juttas Biergarten
40 Alexander
44 Sellàda
46 Atmosphere
50 Kapetán Nikítas
51 Salíveros
57 Iríni's
Sonstiges
6 Escape Game
14 Wäscherei Eco Cleaners
16 Yolicious
21 Buchhandlung Papasotiriou
26 Santoríni Mini Golf
28 Diving Center Volcáno
36 Lísos Tours
38 Vitánis
45 Kamári Tours
47 Ancient Thíra Tours
53 Papus Rent a Car
Übernachten
1 Hotel Sigálas
3 Hotel Hermés
4 Oceanís Bay
7 Seaside Beach Hotel
10 Hotel Strongilí
11 Hotel White House
20 Hotel Dílino
23 Kamaréla Studios
30 Santoríni Kastélli Resort
33 George's Beach Studios
35 Hotel Andréas
37 Hotel Black Sand
39 Bellónias Villas
41 Hotel Matína
42 Hotel Kamári Beach
43 Aphrodíti-Venus Beach Hotel & Spa
48 Hotel Nárkissos
49 Hotel Sunshine
52 Hotel Ákis
54 Aegéan View
56 Studios Mários
Cafés & Nachtleben
12 Cinema Kamári
22 Cine Villaggio
24 Mango
29 Dolphins
31 Club Álbatros
32 Ethnic
55 Hook Bar
58 Kamára Beach Bar
Avís
Dionýsou
Agiou Nektáriou
Irakléous
Ermoú
Ágios Nektários
Achílleos
Apollónos
Firá, Messariá, Flughafen
Vassiléos Thíras
Ágios Pankrátios
Panagía Myrtidiótissa
Panagía Myrtidiótissis
Bäckerei
Artemidós
Makedonías
Andría
Pezodrómos Nymfón
Erste-Hilfe-Station
Damotheiou
Timosthenoús
Zafeiropoúlos
Zoodóchou Pigís
Zoodóchos Pigí
M. Aléxandros
Z. Pigis
Archáion Thíras
BUS
P
80 m
Kamári

Suite 222–285 €. ✆ 22860-31138, www.belloniasvillas.com.

*** **Hotel Sunshine** 49, renoviertes Haus mit Rundbögen. 35 Zimmer mit Balkon (teilweise Meerblick). Pool, Jacuzzi, Poolbar und Restaurant in der Anlage. DZ 60–105 €. ✆ 22860-31007, www.hotelsunshine.gr.

** **Hotel Sigálas** 1, nördlich vom Nordende der Promenade, gute Lage direkt am Strand. Kürzlich renovierte Zimmer, Studios, Apartments und Suiten im Inselstil, Tipp sind die 3 Suiten mit direktem Zugang zum Strand. Ansprechende Dekoration mit heimeliger Atmosphäre. Alle Einheiten mit Balkon, die Studios und Apartments auch mit Küche. Pool und Beach-/Snackbar in der Anlage. Frühstücksbuffet mit 5 Brotsorten und Brezeln. Deutschsprachige Leitung. DZ 60–110 €, Studio derselbe Preis ohne Frühstück, Suite 90–200 €. ✆ 22860-31260, www.hotelsigalas.com.

* **Hotel White House** 11, im nördlichen Teil der Promenade, einfache Bleibe ohne großen Komfort, jedoch mit kleinem Pool. Vorne Cafébar. DZ 30–60 €. ✆ 22860-31819, ℻ 22860-33513.

Seaside Beach Hotel 7, gut geführtes Strandhotel mit 27 Zimmern und Apartments, alle mit Balkon. Kleiner Pool, Bar und Jacuzzi. DZ 50–95 €, Apartment 60–110 €. ✆ 22860-33403, www.seaside.gr.

George's Beach Studios 33, Evangelía vermietet 14 Studios an der Paralía, alle mit Balkon und Küche. Anlage mit Pool, Jacuzzi und Bar. Studio 65–100 €. ✆ 22860-31108, ℻ 22860-31200.

Studios Oceanís Bay 4, sehr gute und ruhige Lage direkt am Strand am Nordende der Paralía. Freistehendes Haus mit sechs Studios, alle mit Balkon und Küchenzeile. Begrünter Vorgarten, aufmerksame Vermieter, alles gut in Schuss. Studio 65–110 €. ✆ 22860-34005, www.studiosoceanis.gr.

Hinter der Promenade ***** **Santoríni Kastélli Resort** 30, luxuriöse Anlage mit eleganten Zimmern und Suiten im 5-Sterne-Segment, „Member of the Small Luxury Hotels of the World“. Schöner Pistazienbaumgarten, zwei Pools mit Poolbar und -restaurant, Wellnesscenter und Tennisplatz. DZ 129–268 €, Suite 163–380 €. ✆ 22860-31530, www.kastelliresort.com.

››› Mein Tipp: **** **Hotel Aegeán View** 54, an der Straße hinauf nach Alt-Thíra. Der freundliche Eigentümer Tásos vermietet 24 moderne Studios und Apartments mit Balkon in bester Hangaussichtslage aufs Meer. Einheiten teilweise im Höhlenstil, teilweise Maisonette, alle mit Küchenecke, Holzmöbeln und geräumigen Bädern. Pool und Poolbar im oberen Bereich. Etwa 10 Fußminuten zum Strand. Studio 92–148 €, Apartment 116–190 €. ✆ 22860-32790, www.aegeanview-santorini.com. ‹‹‹

**** **Hotel Hermes** 3, gemütliches Großhotel mit geräumigem Pool, Kinderbecken und Poolbar, Jacuzzi, Restaurant und Fitnessraum. Zimmer und Suiten mit Meerblick-Balkon. Zum Strand sind es 200 m. DZ 78–152 €, Suite 108–180 €. ✆ 22860-31664, www.hermes-santorini.com.

*** **Hotel Strongilí** 10, zweistöckige Anlage, geführt von Beatrice aus Deutschland und ihrem griechischen Mann. Sie vermieten 25 Zimmer mit Balkon. Garten mit Palmen, Pool und Poolbar am Eingang. Live-Musik mit Barbecue 2-mal pro Monat. DZ 60–120 € inkl. Frühstück. ✆ 22860-32802, www.strogilihotel.gr.

** **Hotel Andréas** 35, von Familie Karaméngos freundlich geführtes Hotel ein Stück zurück vom Strand. Pool, idyllischer Garten mit vielen Blumen und Granatapfelbäumen, Terrasse und Bar, Andréas serviert Wein aus eigenem Anbau. Blick hinauf nach Alt-Thíra. DZ 55–118 €, Apartment 90–155 €. ✆ 22860-31692, www.hotel-andreas-kamari.com.

** **Hotel Matína** 41, gepflegtes Haus mit hübscher Poolanlage, etwas zurück von der Durchgangsstraße. 27 Zimmer und Suiten, alle mit Balkon. DZ 72–138 €, Suite 124–224 €. ✆ 22860-31491, www.hotel-matina.com.

** **Hotel Ákis** 52, zweite Reihe hinter der südlichen Paralía. 19 Zimmer, dazu 8 Studios und 2 Apartments, alle mit Balkon/Terrasse, Studios und Apartments auch mit Küche. Unten Terrasse mit Cafeteria. DZ 40–80 €. ✆ 22860-31670, www.akishotel.gr.

** **Hotel Nárkissos** 48, im südlichen Dorfbereich, etwa 50 m zum Strand. Vermietet werden 18 einfache, funktionale, saubere Zimmer mit Bad und Balkon. DZ 28–72 €. ✆ 22860-30939, www.narkissoshotel.com.

››› Mein Tipp: **Hotel Dílino** 20, kleines Familienhotel unweit der Paralía. Gleiches Management wie das Nárkissos. Vermietet werden 24 Zimmer mit Balkon/Terrasse. Etwas zurückgezogen von der Straße, daher ruhige Lage. 50 m zum Strand DZ 22–58 €. ✆ 22860-30939, www.dilino-santorini.com. ‹‹‹

Black Sand 37, gepflegte Studio-/Apartmentanlage mit Pool, etwa 200 m zurück vom Strand (an der Straße hinter dem Großhotel Aphrodite). Vermietet werden 5 Studios, 13 luxuriöse Apartments und eine Suite, alle mit Küche. Studio 50–90 €, Apartment 90–120 €, Suite 120–200 €. ✆ 22860-33871, www.apartmentblacksand.com.

››› Mein Tipp: **Kamaréla Studios** 23, die freundlichen Eheleute Andréas und Stavroúla vermieten 11 Studios und 5 DZ in zentraler, aber ruhiger Lage in zweiter Reihe hinter der Paralía. Zimmer im kykladischen Stil, schlicht eingerichtet, sauber und gepflegt. Alle mit Bad und Balkon, die Studios mit kleiner Küchenzeile. Kleiner Innenhof, in dem bei Interesse ein Frühstück serviert wird. Tochter María spricht gut Englisch. Preise: DZ 30–55 €, Studio 40–65 €, jeweils inkl. Frühstück für 2 Pers. ✆ 22860-32338, www.kamarela.com. ‹‹‹

Mários Studios 56, ruhig gelegen, etwas abseits der Stichstraße zum Strand. Dimitriós vermietet 15 Apartments, alle mit Küche, Terrasse/Balkon. Kleiner Pool mit Poolbar. Studio 100–150 €. ✆ 22860-33727, www.studiosmarios.com.

Essen & Trinken

→ Karte S. 177

Die meisten Tavernen, Restaurants und Bars ballen sich an der Strandpromenade. Generell speist man in Kamári gut, wenn auch die Wirte sich schon jahrzehntelang an die Geschmäcker der Touristen gewohnt haben und daher nicht mehr alles authentisch ist. Selbstverständlich gibt es erfreuliche Ausnahmen. Solch gravierende preisliche Unterschiede wie in Firá oder Oía findet man in Kamári nicht.

An der Uferpromenade **Almíra** 2, fast am Nordende der Paralía, mit einer großen Tamariske und einigen kleinen Palmen im Vorgarten. Solide griechische Küche, Muscheln in Oúzo-Soße, Lammkoteletts und Fischspezialitäten. Außerdem Spaghetti und einige weitere italienische Spezialitäten. www.almirarestaurant.com.

››› Mein Tipp: **Vassilikós** 8, gehobene mediterrane Küche. Sehr sauberes und gepflegtes Ambiente an lindgrünen Tischen und Stühlen mit Meeresblick. Spezialitäten von Chef Geórgios sind weiße Auberginen mit Fáva und geräucherten Tomaten, Fáva mit Kapern und Kapernblättern, traditioneller Santoríni-Salat, Kabeljau in Knoblauch und Tomatenmark (Brantáda, eine traditionelle kykladische Spezialität), Schweinebauch in Süßkartoffelpüree, Lamm-Soufflé, verschiedene Steaks, Fleischspieße und Meeresfrüchte. Alle Speisen phantasievoll angerichtet und präsentiert. Aufmerksamer Service. Ganzjährig geöffnet und für die gebotene Qualität günstige Preise. www.vassilikosrestaurant.com. ‹‹‹

The Boat House 9, Terrasse unter Tamarisken am Strand, vorwiegend Inselküche. Spezialität ist *Gástra*, mit Gemüse im Topf geschmortes Rindfleisch, das mit einer Blätterteigkruste überbacken ist. Freundlicher und schneller Service, Preise im Rahmen.

››› Mein Tipp: **Aléxis** 17, etwa in der Mitte an der Paralía. Chef Aléxis ist in Düsseldorf geboren und spricht hervorragend Deutsch. Er bietet leckere griechisch-mediterrane

Küche vom Grill und aus dem Kochtopf. Gute Vorspeisen, vor allem die Santoríni-Fáva schmeckt hier hervorragend. Fisch und Fleisch immer frisch vom Markt. Die Qualität gehört mithin zu den besten an der Paralía. Viele Stammgäste, im Hochsommer ist am Abend schnell alles besetzt. Vergleichsweise günstige Preise. «<

Nichtéri 25, die etwas edlere Taverne von Vassílis Zacharákis präsentiert die moderne griechische Küche. Kleine, aber feine Speisekarte, z. B. Hühnchen mit Ingwer oder Schwein in Mavrodáfni-Wein, dazu Traditionelles neu interpretiert. Etwas teurer. www.nichteri.gr.

Atmosphere 46, liegt als einziges Paralía-Lokal auf einer Hochterrasse im Obergeschoss, hat aber auch Plätze unten an der Paralía. Chef Dimítrios serviert griechische und internationale Küche der kreativen Art: Avocado-Shrimps, Ente, gegrilltes Rindfleisch mit Shrimps in Sauce, drei Sorten Paprika mit scharfer Knoblauchsauce, Lammkoteletts, verschiedene Steaks sowie Fisch und Meeresfrüchte. Ende April bis Okt. Normale Preise. www.atmosphere-restaurant.gr.

Salíveros 51, nahe am Südende der Paralía, unter einem blauen Sonnendach. Macht mit den alten, handgeflochtenen Holzstühlen, die so herrlich unbequem sind, noch einen echt griechischen Eindruck. Salíveros und seine Tochter Maroúlia servieren einheimische Spezialitäten: Tomatokeftédes, Fáva, Tirópita, Oktopus, Kalamari und die weißen Santoríni-Auberginen. Tipp ist Stifádo und im Ofen gebackener Fisch mit Santoríni-Tomaten. Preise im Rahmen.

Iríni's 57, große, alteingesessene Taverne mit Cafeteria/Snackbar am Südende der Promenade, seit 1965 von Iríni persönlich und aufmerksam geführt, gute Qualität zu normalen Preisen. www.irinis-santorini.com.

Hinter der Promenade und im Ortskern **Selláda** 44, an der alten Stichstraße zum Strand, von der Promenade kommend ganz oben auf der rechten Seite. Echt griechisch gebliebene Taverne, die auch Einheimische empfehlen. Hübscher, überdachter Hof mit Zisterne, Santoríni-Wein vom Fass und relativ günstig.

»> **Mein Tipp:** **Lólos** 5, 100 m vom Meer entfernt an einer Stichstraße im nördlichen Ortsbereich, seit 1987 hier am Ort. Der immer freundliche Wirt Geórgios stammt von Santoríni und bietet beste griechische Inselküche, vor allem vom Grill. Seine Frau ist die Köchin. Es gibt eine reiche Auswahl an Fleisch, Fisch, leckere Mezés und diverse Santoríni-Spezialitäten. Plätze unterm Sonnendach und im Innenraum, alles macht einen sauberen, freundlichen Eindruck, aufmerksamer Service, entspannte Stimmung. Im Sommer tägl. ab 9 Uhr, im Winter nur an den Wochenenden geöffnet. Gutes Preis-Leistungs-Verhältnis. www.lolos-restaurant.com. «<

Gemütliches Plätzchen im Schatten an der Strandpromenade in Kamári

Feste in Kamári

Am 9. Juli feiern die Bewohner die Gründung Kamáris mit einem großen Volksfest, denn an diesem Tag jährt sich das Erdbeben von 1956. Das größte Kirchweihfest in Kamári findet am 24. September zu Ehren der *Panagía Myrtidiótissa* statt. Die gleichnamige Kirche, die Mitrópolis, steht im alten Ortskern an der Durchgangsstraße, im Gemeindezentrum gegenüber wird dann ausgelassen musiziert und getanzt.

Vácchous (Bacchus) **19**, 130 Sitzplätze neben dem Gemeindezentrum, empfehlenswerte Taverne mit gutem griechischem Essen: leckere Mezés, Lamm-Kléftiko, Rindfleisch-Stifádo und Gegrilltes. Ganzjährig geöffnet, freundlicher Wirt.

Korallí **13**, rustikales Lokal im Zentrum zwischen Platía und Strand. Typisch griechische Inselküche sowie Pasta. Koch Michális lebte einige Zeit in Deutschland und spricht gut Deutsch. Es gibt Gekochtes und Gerichte vom Grill, gute Fischsuppe. Kaffee und Frappé auch als Take-away, im Sommer Frühstück ab 9 Uhr. Ganzjährig geöffnet, freundlicher Service, realistisches Preisniveau.

Kapetán Nikítas **50**, laut Wirt Nikitás die älteste Fischtaverne in Kamári. Man besitzt ein eigenes großes Fischerboot. Hummer, Rotbarbe, Meerbrassen, Shrimps in vielen Variationen. Auch Fleischgerichte, z. B. Lamm-Kleftikó. Tische draußen im Steingarten unter Pistazienbäumen. Im Sommer jeden Mo und Do live Bouzoúki-Musik und Tanz.

Alexander **40**, an der Ortseingangsstraße zunächst geradeaus, dann links ab. Eines der gehobenen Lokale von Kamári, gute griechische Küche mit kreativen Verfremdungen. Man sitzt auf einer gepflegten Terrasse unter einem Sonnendach, bequeme, mit rotem Stoff bezogene Stühle, Teppiche auf dem Boden. Preise etwas höher. www.alexander-santorini.com.

To Katí Állo **27**, Grillhouse in einem überdachten Hof und illuminiertem Garten in der zweiten Reihe hinter der Paralía. Reiche Auswahl an guter einheimischer Grillküche. Laut Chef Manólis sind das Mix-Grill-Souvláki und das Pfeffersteak besonders beliebt. Alle Gerichte auch als Take-away. Preise okay.

Grillhouse George **18**, auf der Platía. Einige Vorspeisen und Salate, Souvláki, Píta und Burger auf dem Teller oder als Take-away.

Ouzerí Pinakí **15**, gegenüber der Platía an der Straße. Traditionelles Ambiente mit Tischen unterm Holzdach. Große Mezé-Auswahl und einige kleine Hauptgericht

Snacks/Cafés **›››** **Mein Tipp:** **Juttas Biergarten** **34**, etwas erhöht an der verlängerten Ortseingangsstraße, geführt von Jutta aus Berlin, die schon mehr als 40 Jahre auf Santoríni lebt. Prachtvoller mediterraner Garten mit ruhiger Musik und relaxter Atmosphäre. Eine deutsche Oase in Kamári: Es gibt nur deutsches Bier (gut ein halbes Dutzend Sorten), deutsche Brat- und Currywurst, Leberkäse, Folienkartoffel, deutschen Kartoffelsalat, Kartoffelsuppe Berliner Art mit Schinkenwürfel, deutsche Würstchen, Toasts, selbst gebackenen Kuchen, natürlich deutscher Art, d. h. weniger süß als die griechischen Kuchen. Lockerer Umgangston mit Berliner Herz und Schnauze. Im Sommer tägl. 10–21 Uhr, in der Nebensaison wird früher geschlossen. **‹‹‹**

Beach-Bars/Cafés/Unterhaltung/Nachtleben

→ Karte S. 177

Kamáris Nachtleben findet weitgehend in den Musikbars, Lounges und Clubs an der Paralía statt.

Mango **24**, eine Institution etwa in der Mitte der Paralía. Man sitzt gemütlich unter Strohmattenschirmen in einem tropisch anmutenden Palmengarten. Schon zur Frühstückszeit geöffnet, die meisten Gäste kommen aber abends. Im Angebot sind 65 verschiedene Cocktails, vielleicht der Rekord in Kamári. Deutschsprachige Bedienung.

Ethnic 32, ebenfalls eine Institution im Nachtleben von Kamári und am späten Abend immer gut besucht. Internationaler Musik-Mix je nach Saison und Gästen. Schummrig dunkles Licht, aber die Palme in der Mitte der Bar wird hell beleuchtet. Gute Stimmung.

Álbatros 31, an der Paralía. Außenbereich mit Palmen und einer Bar in der Mitte. Öffnet ab 21 Uhr. Farbenfrohes Ambiente mit bunten Stühlen. Später am Abend geht man in den Innenraum (Naturstein und viel Holz) und tanzt zwischen der Bar und den Stehtischen weiter.

Hook Bar 55, im Süden der Paralía. Oft griechische Musik, gemischtes Publikum, auch tagsüber als Café geöffnet.

Dolphins 29, ebenfalls an der Paralía. Eine von mittlerweile zahllosen Cafébars, die aber ein sehr ordentliches Frühstück bietet. Beliebt sind auch die guten Crêpes. Tische im Vorgarten oder unter den Tamarisken direkt auf dem Strand.

Kamára Beach Bar 58, schön gelegene Strandbar kurz vor dem Méssa-Vounó-Fels, Tische im Sand.

Kinos Zumeist US-Spielfilme in englischer Sprache mit griechischen Untertiteln.

Cinema Kamári 12, Freilichtkino am Ortseingang neben dem ehemaligen Campingplatz, während der Hauptsaison fast tägl. Vorstellungen, meist um 21 und 23.15 Uhr. ✆ 22860-31974, www.cinekamari.gr

Cine Villaggio 22, weiteres Kino an der kleinen Platía im Ortskern, Nähe Bushaltestelle. Vorstellungen meist um 20.30 und 22.45 Uhr. ✆ 22860-32800, www.villaggio cinema.gr

Baden im Ortsbereich

Der dunkle Strand aus Lavasand und feinem Kies zieht sich über die ganze Länge von Kamári unmittelbar vor der Uferpromenade entlang. Er wird während der Sommersaison durchgängig gepflegt und sauber gehalten. Alle paar Meter werden Sonnenschirme und Liegestühle verliehen, etwa in der Mitte auch Tretboote und Surfbretter. Im Hochsommer (Juli und August) werden Umkleidekabinen und Duschen aufgestellt und es gibt dann auch eine Strandaufsicht. Im Wasser gibt es an einigen Stellen sehr große Kiesel und einige Felsplatten, die das Baden erschweren. Nördlich von Kamári wird der Strand schmaler und verwilderter. Achtung – der dunkle Lavakies heizt sich im Sommer unglaublich auf und kann dann bloßen Füßen durchaus Verbrennungen zufügen! Unbedingt Badelatschen tragen.

Sehenswertes im Umkreis von Kamári

Kapelle Zoodóchos Pigí: hoch oben über Kamári in der Steilwand des Profítis-Ilías-Gebirges. Zu erreichen am besten über unseren Wanderweg Nr. 4 (→ S. 258). Der Vorhof des einsamen Kirchleins ist ein wunderschönes Ruheplätzchen mit weitem Blick, darüber ragt ein prächtiger Johannisbrotbaum. Die Kapelle selbst (meist verschlossen) ist eine unspektakuläre, tonnengewölbte Einraumkirche, teils in den Fels hineingebaut und mit einer alten hölzernen Ikonostase. Die Namensikone der Zoodóchos Pigí befindet sich links.

Bootsfahrt gefällig? Eine wirklich feine Sache: per Boot von Kamári um den Steilfels Méssa Vounó herum nach Períssa tuckern bzw. umgekehrt. Die kurze Fahrt kostet 5 € einfach (8 € hin/rück.) und spart viel Zeit – ansonsten müsste man mit dem Bus zurück nach Messariá oder Firá und dort in einen anderen Bus umsteigen. Die *Eléni* pendelt im Sommer tägl. von 9 bis etwa 17 Uhr zwischen Kamári und Períssa, bei hohem Seegang fallen die Fahrten aus.

Santorini Dream Sailing: Mit der Segelyacht Margaríta durch die Caldéra

Der exklusive Ausflug mit maximal zwölf Personen an Bord führt vom Hafen Vlicháda an der beeindruckenden Südwestküste entlang. Nach wenigen Minuten stoppt Kapetán Ioánnis das erste Mal am Red Beach, wo man vor der tiefroten Kraterwand entlang schwimmen kann. Danach werden die Segel gesetzt und es geht weiter am White Beach und am Fáros vorbei Richtung Paléa Kaméni. Die *Margaríta* ankert vor der Hot-springs-Bucht und die Gäste können in die warmen Quellen hineinschwimmen und einige Minuten im Schwefelwasser verweilen. Danach fährt die Yacht nach Thirassía und ankert dort vor der Bucht von Córfos. Auch hier gibt es erneut Gelegenheit, im tiefblauen Meer der Caldéra zu schwimmen. Nach gemeinsamem Grillen mit einigen Snacks an Bord setzt die *Margaríta* wieder die Segel und fährt in einem größeren Bogen wieder zurück nach Vlicháda. Angeboten werden auch Touren mit Abfahrt vom Hafen Ammoúdi bei Oía. Die traumhafte Tour ist ein unvergessliches Erlebnis an Bord einer modernen, sauberen und ruhig im Wasser liegenden Yacht mit freundlicher, zuvorkommender Betreuung im privaten Ambiente.

Fahrten: von Mai bis Okt. 2-mal tägl. um 10 Uhr die Vormittagstour und um 15.30 Uhr die Sunsettour, jeweils ab Vlicháda. Die Touren dauern jeweils fünf Stunden (Sunsettour je nach Jahreszeit bis zum Sonnenuntergang) mit jeweils drei Schwimmstopps, Verpflegung und Getränke inkl., ebenso Transfer vom eigenen Hotel nach Vlicháda und zurück. Preis: 110 € pro Pers.

Buchung: exklusiv über Lísos-Tours in Kamári. ✆ 22860-33765, 📠 22860-33661, lisostours@otenet.gr. Wer mit diesem Buch kommt, erhält 5 % Rabatt.

Inselmitte

Interessanter wird es hinter der Kapelle: Vorbei an einem betonierten Tisch für die Panigýri gelangt man durch ein meist offen stehendes Eisentor in eine gut 10 m tiefe *Grotte*. Hier entspringt eine erfrischende *Quelle*, die der Kirche (Zoodóchos Pigí = dt. „lebensspendender Quell") ihren Namen gegeben hat. Vom ständigen Herabtropfen des Wassers haben sich große Kalkterrassen gebildet, die sich vom dunklen Fels selbst ohne Licht abheben – eine Tropfsteinhöhle en miniature. Im Frühjahr ist die Quelle oft randvoll, im Hochsommer reicht das Wasser aber kaum aus, um die Flasche aufzufüllen. Die Höhle ist hinter der Quelle noch ein Stück weit begehbar. Vorsicht jedoch auf dem glitschigen Untergrund!

Die Entstehungslegende berichtet von einer Frau, die ihren Sohn durch einen Unfall verloren hatte. Sie stieg zur Kapelle hinauf, um ein Opfer zu bringen, wurde hier oben aber von einem Dämon vergewaltigt. Das Bildnis der Frau wurde später von der Familie in die Felsen geritzt. Seither ziehen am Jahrestag dieser Tat, dem 5. Mai, jedes Jahr die Einwohner Kamáris unter großem Lärm und Krach hinauf, um die bösen Geister zu vertreiben.

Wanderung 4: Von Kamári über die Kapelle Zoodóchos Pigí und Alt-Thíra nach Períssa → S. 258
Spannende Sehenswürdigkeiten entlang der Tour über den Méssa Vounó

Alt-Thíra (Archéa Thíras)

Weit gestreutes Ruinenfeld einer antiken Stadt hoch über Kamári. Großartige und strategisch einzigartige Lage auf dem Méssa Vounó: steil abfallende Felswände und ein gut überschaubarer Zugang von der Landseite her – vom Meer aus praktisch uneinnehmbar. Kaum zu glauben, dass sich hier oben einst eine komplette Stadt entwickeln konnte.

Gegründet wurde Alt-Thíra etwa um 1000 v. Chr. von dorischen Einwanderern aus Spárta. Seit dem 3. Jh. v. Chr. errichteten die ägyptischen Ptolemäer hier oben eine starke Garnison, um den großen Flottenhafen am Fuß des Felsens (das heutige Kamári) zu schützen, denn von hier aus kontrollierten sie ihren Herrschaftsbereich in der südlichen Ägäis. Nach dem Ende der Ptolemäerherrschaft auf Santoríni im Jahr 145 v. Chr. bewohnten Römer die Stadt, bis sie in spätbyzantinischer Zeit dann aufgegeben wurde. Erhalten sind heute hauptsächlich Überreste aus hellenistischer und römischer Epoche. Mauern und Säulenstümpfe liegen verstreut auf den weitläufigen Felsterrassen.

Öffnungszeiten Di–So 8–15 Uhr, Einlass nur bis 14.30 Uhr, Mo geschlossen.

Eintritt Erwachsene 2 €, ermäßigt 1 €.

Informationen Fotografieren erlaubt. ✆ 22860-23217, odysseus.culture.gr/h/3/eh351.jsp?obj_id=2454.

Einrichtungen Ein **Kioskwagen** am Parkplatz (am Ende der Zufahrtsstraße von Kamári) bietet Getränke und Snacks.

Anfahrt Vom Südwestrand **Kamáris** führt eine betonierte Straße, die so genannte *Odós Adenauer* (der deutsche Bundeskanz-

Antikes Ruinenfeld auf gut 350 Höhenmetern: die alte Stadt Thíra

ler kam im März 1954 als erster Prominenter herauf) in vielen Serpentinen hinauf auf den Sattel. Dort steht begrenzter Parkraum zur Verfügung, der im Hochsommer aber selten ausreicht. Zu Fuß empfehlen wir unseren Wanderweg über die Kirche Zoodóchos Pigí (siehe S. 258). Von **Períssa** aus verläuft ebenso ein Wanderweg hinauf nach Alt-Thíra, jedoch keine befahrbare Straße. Wer in Períssa startet, sollte sich an die Beschreibung unseres Wanderweges *Von Períssa nach Pýrgos* (S. 264) halten. Vorsicht: Der Sattel ist oft sehr windig. Man wird geradezu weggeblasen! Vom Sattel führt ein kurzer betonierter Weg hinauf zum Eingang.

Ausgegraben wurde Alt-Thíra 1896–1902 vom deutschen Wissenschaftler *Friedrich Freiherr Hiller von Gaertringen* (1864–1947) aus Berlin. Eigentlich war er Epigrafiker, interessierte sich für das phönizische Alphabet und arbeitete als Beamter der Preußischen Akademie der Wissenschaften mit an einem Inschriftenwerk der griechischen Antike (*Inscriptiones Graecae*). Doch hier fand er sein Lebenswerk und bezahlte sämtliche Kosten aus eigenen Mitteln – damals übrigens gängige Praxis, denn Archäologie war ein Hobby vermögender Privatleute.

Rundgang: Das Gelände ist mit einem hohen Metallzaun abgeriegelt und nur durch den offiziellen Eingang oberhalb des Selláda-Sattels zugänglich. Eine betonierte Treppe führt weiter hinauf in das Ausgrabungsgelände. Dort gibt es englischsprachige Erklärungstafeln. Überall stehen Wärter, die darauf achten, dass man die zugänglichen Wege nicht verlässt, die vielen losen Absperrungen nicht „übersieht" und über die antiken Steine klettert.

Direkt hinter dem Eingang befinden sich die Mauerreste eines *Aphrodíti-Heiligtums* auf einem kleinen Plateau. Weiter hinauf entlang des Treppenwegs liegt ein weiteres kleines Plateau: Die wenigen Steine gehören zu einem *Tempel des Artemidóros* **1**, dem weiter oben in der Stadt ein weiterer (und bedeutenderer) heiliger Ort gewidmet war. Am Ende der Treppen erreicht man die Doppelkapelle *Ágios Stéfanos/ Ágios Theódoros* **2**, ein gedrungenes zweischiffiges Kirchlein aus unverputzten Marmorblöcken und Lavasteinen mit Tonnengewölben sowie einer kleinen Ikonostase. Man kann durch die offene Eingangstür hineinschauen, die Kirche aber nicht betreten. Der dem heiligen Stefan geweihte Teil gilt als eine der ältesten Kirchen der Insel. Dahinter befindet sich ein antiker Marmoraltar. Ruinen einer frühchristlichen Basilika aus dem 4. Jh., die dem Erzengel Michael geweiht waren, liegen davor.

200 m weiter, am Beginn der dorischen Stadt, trifft man auf das etwa 23 m lange *Heiligtum des Artemidóros* 3. Es wurde von einem Admiral der Ptolemäer (Ägypter) zur dritten Jahrhundertwende v. Chr. errichtet, als Thíra ptolemäische Flottenstation wurde, und ist gleich mehreren Gottheiten geweiht. Die in den Fels geschlagenen Reliefabbildungen eines Delfins, eines Löwen und eines Adlers symbolisieren die Götter Poseidón, Apóllon und Zeus. Daneben steht ein Porträt des Artemidóros.

Etwa 100 m nach dem Artemidóros-Tempel trifft man auf die große *Agorá* der Stadt 8, die sich in einen nördlichen und einen südlichen Bezirk unterteilt. Auf dem mehr als 110 m langen Marktplatz liegen Kapitelle und Säulenteile mit Inschriften verstreut. Mehr als die Grundmauern der ehemaligen Ladengeschäfte und öffentlichen Gebäude sind aber nicht mehr zu sehen. Gleich danach trifft man rechter Hand auf eine lang gestreckte *Stoá* (Säulenhalle) mit den Resten einer zentralen Säulenreihe 14. Sie stammt aus der Regierungszeit des römischen Kaisers Augustus und ist fast 45 m lang. Zehn Stümpfe von dorischen Säulen sind noch vorhanden. Sie stützten einst das Dach, das mehrmals (verursacht wahrscheinlich durch Baumängel oder Erdbeben) einstürzte und wieder aufgebaut wurde.

Unmittelbar oberhalb der Stoá, am Beginn einer Gasse den Hang hinauf, befindet sich ein Haus mit erstaunlich gut erhaltenem, in den Fels eingemeißeltem *Phallus-Symbol*, wahrscheinlich ein Wegweiser zu einem *„Haus der Freuden"* 34, gemeint ist ein antikes Bordell. Vom *Tempel des Diónysos* 10 schräg gegenüber ist dagegen kaum noch etwas zu sehen. In die etwa 10 x 6 m große, heilige Stätte des Weingottes gelangt man über eine Treppe. Die vier dorischen Säulen stammen wie der gesamte Tempel aus der Zeit des Hellenismus. Oberhalb der Stoá führt die Gasse hinauf in das Zentrum der Stadt mit Grundmauern vieler Wohnhäuser und dem *ptolemäischen Statthalterpalast* 7, der aber sehr schlecht erhalten ist.

Südöstlich dieses Ruinenfeldes trifft man auf eine *heilige Stätte der ägyptischen Götter Isis, Sarapis und Anubis* 21. Unmittelbar dahinter befinden sich die Fundamente des *Tempels des Apóllon Pýthios* 22 am Südwestrand der alten Stadt. Apollon tötete einst die Schlange Pýthon, die das Heiligtum von Délphi bewachte, und erlangte so ihre seherischen Fähigkeiten als Apóllon Pýthios. Den Hang nordöstlich hinab stößt man wieder auf den Hauptweg, der ab der Agorá zur *Heiligen Straße* wird. Nach dem Ende der Stoá folgt eine beschilderte Brunnenanlage, dann Häuserruinen am Hang. Rechter Hand kommt man an einem großen freien Platz vorbei, kurz danach sieht man links am Hang die zerstörten Sitzreihen eines *ägyptisch-römischen Theaters* 18, von dem die bis zu 1500 Zuschauer einst auch einen wunderschönen Ausblick aufs Meer hatten.

Die Heilige Straße verläuft südöstlich weiter und endet auf einer lang gestreckten, windigen Felsnase. Dabei passiert man zunächst die aus dorischer Zeit stammende *Götter-Agorá* 33 mitsamt einer kleinen, der Ártemis geweihten Säule auf der linken Seite. Sie gilt als der älteste und heiligste Platz der alten Stadt. Dahinter liegt der *Tempel des Apóllon Kárneios* 26 aus dem 6. Jh. v. Chr. Kárneios war der alte Gott der Dorer, Sohn des Zeus und der Europa und ist später mit Apóllon verschmolzen. Nebenan sind ein Hof mit Zisterne und eine weiter südlich liegende Terrasse für Wettkämpfe zu sehen. Hier hat man zahlreiche erotische Felsinschriften entdeckt, in denen angeblich Männer ihre Lieblingsknaben gepriesen haben – die „ältesten und wüstesten" Schriftzeugnisse der Dorer sind sie genannt worden.

Schließlich befindet sich am Ende der Heiligen Straße links eine (nicht zugängliche) *Grotte* 29, die Heraklés und Hermés geweiht war. Gegenüber sind die Ruinen

1 2 3, Eingang
Heilige Straße
1 Tempel des Artemidóros
2 Doppelkapelle Ágios Stéfanos/Ágios Theódoros
3 Heiligtum des Artemidóros
4 Kaserne der ptolemäischen Garnison
5 Gymnasium der ptolemäischen Garnison
6 Öfen der Keramik-Manufaktur
7 Palast der ptolemäischen Statthalter
8 Agorá
9 Säulenfundamente
10 Tempel des Diónysos
11 Agorá
12 Exedren (nischenartige Räume, die sich auf einen Hof oder Platz hin öffnen)
13 Heiligtum des Mitras (römische Göttergestalt als mythologische Sonne)
14 Stoá
15 Haus der Týchi (griechische Göttin des Schicksals)
16 Römisches Bad
17 Haus
18 Ägyptisch-römisches Theater
19 Haus
20 Haus
21 Heiligtum der ägyptischen Gottheiten Isis, Sarapis und Anubis
22 Tempel des Apóllon Pýthios (Apóllon mit seherischen Fähigkeiten)
23 Einrichtung der "Basilistai" (Mitglieder der königlichen Gesellschaft)
24 Einrichtung eines religiösen Verbands
25 Heiligtum des Ptolemäus III.
26 Tempel des Apóllon Kárneios (mit Apóllon verschmolzener Gott der Dorer)
27 Platz für rituelle Tänze der Jugend
28 Römisches Bad
29 Höhle des Heraklés und Hermés
30 Gymnasium der Epheben (junge Männer nach der Pubertät)
31 Monument des Schatzamts
32 Archaische Inschriften
33 Götter-Agorá
34 Wegweiser zum "Haus der Freuden" (antikes Bordell)
Alt-Thíra

römischer Thermen 28 erhalten. Dazwischen liegt ein *Gymnásion* 30 aus dem 2. Jh. v. Chr. Das Panorama von hier oben ist wunderschön – man kann den nach Monólithos einschwebenden Flugzeugen zusehen, die in der Ferne sich dunkel erhebende Insel Anáfi erkennen und die Silhouette von Kreta erahnen. Ebenfalls herrlich ist der Blick über den ganzen Südteil Santorínis, vor allem auf Períssa mit seiner markanten Kirche. Auf dem Rückweg kann man nach der Agorá links den gut erhaltenen Stufenweg hinauf zur *Garnison der ptolemäischen Soldaten* 4 gehen. Hier ist die höchstgelegene Stelle von Alt-Thíra erreicht. Benachbart liegt das *ptolemäische Gymnásion* 5, ein mehr als 200 qm großer militärischer Übungsplatz.

Alt-Thíra: in den Fels geschlagene Reliefs am Artemidóros-Heiligtum

Profítis Ilías

Mit 568 m der höchste Berg und gleichzeitig der geologisch älteste Teil der Insel. Der Profítis Ilías mit dem gleichnamigen Kloster an der Spitze präsentiert sich optisch etwas verunstaltet durch eine militärische Radaranlage samt „Greek Radio Television Transmitter Centre", bietet aber gute Wandermöglichkeiten.

Das gesamte Massiv des Profítis Ilías – dazu gehören noch der Méssa Vounó, der Gavrílos und der auffällige Felsen bei Monólithos – umfasst den nichtvulkanischen Teil der Insel. Dieser ist deutlich älter als die Vulkangesteine. Der teils marmorisierte Kalkstein unterscheidet sich insbesondere durch seine helle Farbe und das spezifische Gewicht des Kalks von den entweder schwereren oder sehr viel leichteren (Bims) vulkanischen Gesteinen. Allerdings finden sich auch an einigen Stellen des Profítis Ilías Schichten von dort niedergeregnetem, leichtem Auswurfmaterial aus Bims. Wer will, kann über Pýrgos mit dem Fahrzeug bis auf den Gipfel des Profítis Ilías hinauffahren, dort das Kloster besuchen und den gigantischen Blick über die gesamte Insel genießen. Wir empfehlen jedoch, mit Hilfe unserer beiden Wanderungen (→ S. 258 und 264) das gesamte Bergmassiv zu Fuß zu erkunden. Dabei lassen sich auch die Besuche von Pýrgos und Alt-Thíra wunderbar mit einbeziehen.

Kloster Profítis Ilías

Das einst bedeutendste Kloster der Insel ist heute nicht mehr ständig bewohnt. Einlass nur noch zur Messe. Mit Ausnahme von Aussichtsterrasse und Klosterkirche bekommt man aber auch dann nichts vom Kloster zu sehen. Zugänglich ist jedoch die Kirche Ágios Nektários unterhalb des Klosters.

Besonders enttäuschend ist, dass das früher viel gerühmte *Volkskundemuseum* im Inneren seit vielen Jahren geschlossen ist (und wahrscheinlich nie wieder geöffnet wird). Damals gab es unter anderem eine Weinpresse, eine Schnapsdestillerie, eine

Buchbinderei und eine Kerzenmacherwerkstatt zu sehen. Die Bibliothek umfasste mehr als 1000 Bücher und zahlreiche kirchliche Dokumente. Die beiden Mönche, die hier zuletzt bis Anfang der 1990er-Jahre gelebt haben, sind damals auf den Berg Áthos gezogen. Die mächtigen Eingangstore der Klosteranlage sind heute meist verriegelt und werden nur noch zu den orthodoxen Messen drei- bis viermal pro Woche geöffnet.

Der Eingang zur Klosteranlage wird durch den imposanten *Glockenträger* überragt. Gleich dahinter liegt die große, sonnenüberflutete *Klosterterrasse*, von der man einen herrlichen Blick über ganz Santoríni hat. Die Dörfer sind wie im Bilderbuch ausgebreitet, man sieht bis Oía an der Nordspitze. Gleich südlich unterhalb des Felsens liegt Períssa mit seiner mächtigen Kreuzkuppelkirche. Bemerkenswert ist das marmorne *Weihwasserbecken* auf der Terrasse. Es stammt aus Lésbos und wurde im Jahr 1742 gemeißelt. Unter dem Hof befindet sich eine große *Zisterne* aus venezianischer Zeit, in der noch heute Wasser gesammelt wird. Die *Klosterkirche* selbst ist nicht so groß, wie man vielleicht erwarten könnte. Immerhin besitzt sie eine imposante Ikonostase von 1836, bedeutende Ikonen sowie zahlreiche Sakralgegenstände. Aus dem 15. Jh. stammt die Hauptikone des Propheten Elias, auch die Entstehungszeit der anderen Ikonen reicht z. T. bis ins 14. Jh. zurück. Die südliche Nebenkapelle ist Ypapantí (Mariä Lichtmess), die nördliche der Agía Triáda (Heilige Dreifaltigkeit) geweiht. Gegründet wurde das Kloster 1711 zu Zeiten der Türkenherrschaft von zwei Mönchen aus dem nahen Pýrgos, die dort eine griechisch-orthodoxe Geheimschule unterhielten. Von 1852 bis 1857 folgte eine bauliche Erweiterung. Das Erdbeben von 1956 ging zwar auch am Kloster Profítis Ilías nicht spurlos vorbei, doch verhinderte die geologische Formation des Berges größere Schäden.

Damit die vielen Besucher nicht völlig „umsonst“ jeden Tag hinauf auf den Berg Profítis Ilías fahren, wurde im Jahr 2014 die direkt unterhalb der Klosteranlage liegende *Kirche Ágios Nektários* mit Kuppel und einem Vorraum zur täglichen Besichtigung von 9 Uhr bis Sonnenuntergang geöffnet. Allerdings handelt es sich um eine historisch unbedeutende, neu errichtete unspektakuläre Einraumkirche mit hölzerner Ikonostase und einigen neueren Ikonen hinter Glas. Die Kirche liegt auf einer

Der Blick vom Profítis Ilías reicht über die ganze Insel

sehr schönen, mit Bäumen und Blumen begrünten Plattform, deren unterer Zugang über einen langen, mit Pergola überdachten Gang erfolgt. Weiterer Zugang weiter oben von der Straße durch eine Pforte. Neben der Kirche wurde ein Souvenirshop eröffnet, wo Ikonen, sakrale Gegenstände, religiöse Bücher (auch ein kleines Buch über die Geschichte des Klosters in deutscher Sprache), aber auch zahlreiche Santoríni-Produkte wie Wein, Fáva, Honig, Käse und Lavasteine verkauft werden.

Anfahrt Nur über Pýrgos möglich. In Pýrgos am Kreisverkehr rechts, etwa 3 km in steilen Serpentinen hinauf, dann vor der Militäranlage unterhalb des Gipfels auf die schmalere Straße rechts einbiegen und noch ein paar Kurven hinauf.

Besichtigung Seit einigen Jahren ist die eigentliche Besichtigung des Klosters (wegen Personalmangel) nicht mehr möglich. Am besten kommt man zu den Messen und kann sich danach noch ein wenig umschauen. Liturgie: Mi, Fr und Sa 15 Uhr, So 4.30 Uhr. Im Sommer zusätzlich Vesper am So ab 16 Uhr. Einlass nur mit passender Kleidung.

Pýrgos

Höchstgelegener Ort der Insel. Extrem verwinkeltes Hangdorf mit Treppen, Gassen, Kirchen und den Überresten einer venezianischen Befestigungsanlage. Ehemalige Inselhauptstadt zur Zeit der Piratengefahr. In den letzten Jahren hat sich hier eine wachsende Künstlerszene niedergelassen. Absolut sehenswert und jedes Jahr kommen mehr Besucher in das Dorf.

Hoch über Pýrgos: Gasse im Kastélli

Als die Bewohner des nahen Alt-Thíra wegen eines Erdbebens in der Antike ihre Stadt verlassen mussten, siedelten sie sich hier an. Pýrgos ist damit der älteste noch bewohnte Ort der Insel. Er liegt auf dem nordwestlichen Arm des Profítis-Ilías-Massivs und kann noch mit weiteren Superlativen glänzen: Mit etwa 360 Höhenmetern ist Pýrgos das „Penthouse" von Santoríni – kein Ort der Insel liegt höher. Und so wundert es auch nicht, dass in der Zeit verheerender Piratenüberfälle hier die Inselhauptstadt entstand. Als nach dem Vierten Kreuzzug die Kykladen von den Venezianern erobert wurden, errichteten die neuen Herren – in Pýrgos war es die Familie Aquila – die ersten Befestigungsmauern des Kastells. Auch unter türkischer Besatzung (1537–1821) hielt man an Pýrgos als Hauptort von Santoríni fest. Leider blieb auch dieses Dorf vom katastrophalen Erdbeben 1956 nicht verschont. Teile des Kástros und seiner Kirchen wurden fast vollständig zerstört.

Pýrgos hat in den letzten 20 Jahren eine bemerkenswerte Entwicklung erfahren.

Kykladische Architektur in Pýrgos

Nachdem viele der alten, vom Erdbeben beschädigten Häuser wieder aufgebaut worden waren, hat sich im Dorf über die Jahre eine Künstlerszene etabliert aus Leuten, die dem wenig kreativen Rummel in den überfüllten Kraterrand-Orten aus dem Weg gehen wollen. Dazu haben sich recht schnell ein luxuriöses Hotel, einige neue und teils gehobene Restaurants sowie zahlreiche Cafés im nostalgischen Retro-Stil angesiedelt und dem Ort ein neues Gesicht gegeben. Pýrgos gilt heute als der Inbegriff eines gemütlichen, ruhig gebliebenen Künstlerdorfes mit weiterhin hohem Entwicklungspotenzial.

Verbindungen Viele, aber nicht alle Busse der Routen Firá -Períssa und Firá-Akrotíri halten an der runden Platía in Pýrgos. Etwa 4- bis 8-mal tägl. Verbindungen. Taxi kostet von Firá ca. 16 €.

Adressen **Erste-Hilfe-Station** an der Hauptstraße, ✆ 22860-32479. **Apotheke** an der Zufahrtsstraße gegenüber der Abzweigung nach Kamári. **Geldautomat** am Kreisverkehr. Der **Bäcker** (*Foúrnos*) an der Hauptstraße kurz vor dem Kreisel hat auch leckeren Kuchen im Angebot.

Fahrzeugvermietung **Pýrgos Rent a Car**, an der Ortseingangsstraße kurz vor dem Kreisel im Zentrum. ✆ 22860-31190.

Reisebüro **Borelli Tours**, am Ortseingang. Individuelle Exkursionen, Fototouren Kochkurse und Weinproben. ✆ 22860-28730, www.borellitours.com.

Kunst **Fívos Déndris**, an der Hauptgasse hinauf zum Kástro. Zwei Hanseaten haben das ehemalige Pantopoleíon, das früher der Treffpunkt des Dorfes (Apotheke, Kafénion etc.) war, stilgerecht und weitgehend unter Verwendung der Originalmaterialien renoviert. Sie verkaufen u. a. hochwertige Keramik, Mastixprodukte aus Chíos, Bilder deutscher Künstler, die auf Santoríni entstanden sind, CDs mit griechischer Musik aus den 60ern und 70ern, Kunstbücher und Postkarten. Die beiden kennen jede Ecke der Insel und geben gerne Tipps. Denis ist Heilpraktiker und bietet Therapie mit Bachblüten an. ✆ 22860-33485, denisglavas@web.de.

Art Gallery Kallísti, vor dem Eingang zum Kástro rechts in der Gasse. Malereien auf Holz und Leinwand, Keramik, Schmuck, Skulpturen, Spiegel usw.

Übernachten **** **Hotel Zánnos Melathrón**, das 1750 mit Mosaiken, Wandmalereien und Stuckdecken errichtete Herrenhaus hinter einem Bogendurchgang im oberen Teil des Ortes steht unter Denkmalschutz. Chef Chrístos Pouläkis hat es saniert und zu einem luxuriösen Hotel umgebaut. Fast alle 10 DZ und Suiten von 45–95 qm sind im Höhlenstil errichtet. Sie besitzen Marmorküchen und -bäder, Sat-TV und Wifi. Im Hotelsalon antike Möbel und museumsreife Ausstellungsstücke, weiterhin gibt es eine Weinbar und einen schönen Aussichtsbalkon. Pool mit Jacuzzi. DZ 250–380 €, Suite 400–1600 €. ✆ 22860-28220, www.zannos.gr.

*** **Donna's House**, wohnen mit exklusivem Touch in Pýrgos. Athína und Manólis haben ein altes Herrenhaus von 1850 originalgetreu nachgebaut. Vermietet werden 7 DZ und ein Vierbettzimmer, jedes im eigenen Stil, mit Marmorbädern, schmiedeeisernen Betten, AC, Sat-TV und Wifi. Von den Balkonen der oberen Zimmer hat man eine grandiose Aussicht. Innenhof mit Springbrunnen in einem Blumenparadies. Freundliche und entspannende Atmosphäre. DZ 60–95 €. ✆ 22860-31873, www.donnashouse.gr.

Studios Margaríta, Wirtin Theóni vermietet in dem zweistöckigen Haus mit braunen Fensterläden 7 kleine DZ mit Bad und Balkon, nach hinten schöner Blick. DZ 35–60 €. An der Zufahrtsstraße, kurz vor der Platía auf der rechten Seite, ✆ 22860-31866.

Essen & Trinken **Mylópetra**, an der Platía am Ortseingang. Der „Mühlstein" wird von María und Panagiótis geführt. Sie bieten santorinische und kretische Küche an, gekocht oder aus dem Ofen. Kleinere Auswahl, aber einige ausgefallene Kreationen. Moderne gemütliche und helle Einrichtung, Kamin im Innenraum und Plätze draußen unter der Holzpergola. Normale Preise. www.mylopetrasantorini.com.

››› Mein Tipp: **Kallísti**, auf einer Hochterrasse direkt an der Platía, wo der Bus hält. Nektários Fítros serviert hier zahlreiche Spezialitäten und hervorragende Eigenkreationen, z. B. Maroulikefthédes, gebackener Teig mit Kopfsalat, Zwiebeln und Dill (nur bis ca. Mitte Juni), Kondosoúvli und Chloró-Käse oder alternativ Käse aus Íos, als Vorspeise gefüllte Santoríni-Tomaten. Außerdem gibt es Nachspeisen, wie Griechen sie lieben: Orangen, Mandarinen, Pfirsiche, Trauben, Kirschen, Grapefruits, Pistazien, Nüsse, Karotten und Auberginen in süßen Sirup eingelegt. Gelegentlich spielt Manólis, der Sohn des Hauses, auf seiner Bouzoúki. Ganzjährig und ab 9 Uhr bis spät am Abend geöffnet. Preise okay. ‹‹‹

Penélope's, echt griechisch gebliebenes Café/Tavérna etwa auf halber Höhe zum Kástro links ab etwas versteckt durch einen Bogendurchgang. Im ein paar Stufen tiefer liegenden Innenraum ein beeindruckendes Sammelsurium von alten und neuen Fotos an den Wänden. Angeboten werden Frühstück, Mezés, Salate, Grillplatten sowie Getränke und Süßigkeiten.

Pýrgos, hübsche Lage an einem Weingarten vor dem Ortseingang auf der linken Seite. Ein weinüberrankter Holzsteg führt zum Speisepavillon mit Superblick über den gesamten Mittelteil der Insel. Küche im Rahmen, Preise gehoben. www.pyrgos-santorini.com.

Cafés **Kastéli 1663 Art Gallery Café**, in einer Höhlenwohnung im Bereich des Kástros. Innen drei alte dunkelbraune Holztische. An den Wänden sehenswerte und eindrückliche Werke des Amateurfotografen Antónis Lagadás aus den Jahren von 1890 bis 1916: Begebenheiten, Landschaften und Leute von Santoríni. Das bereits zum Frühstück geöffnete Café im nostalgischen Retro-Stil wird von der jungen freundlichen Iríni geführt. www.kasteli1663.com.

Kadoúni, Kafeníon direkt an der zentralen Platía am Dorfeingang, wo auch der Bus hält. Man sitzt unter Pinien, wartet auf den Bus und sieht den alten Männern zu, die hier genüsslich ihren Kaffee schlürfen und debattieren. Frappé, Oúzo, Mézes.

Fránco's Café, kleines Café am höchsten Punkt von Pýrgos direkt unterhalb vom einstigen Kastell. Ein Tisch an der Gasse, zwei, drei im Innenraum und weitere auf der Dachterrasse. Innen hübsch dekoriert mit einem alten Küchenschrank, Sofa und Bildern von früher. Es gibt Kaffee, Oúzo, Wein, Eis und Vorspeisensnacks, z. B. italienische "Crostoni", alles zu stolzen Preisen.

Jonnies Café, direkt am Kreisverkehr. Plätze draußen auf bequemen Regiestühlen unter Sonnenschirmen und Bäumen. Übliches Angebot an Sandwichs, Crepes usw.

Rundgang und Sehenswertes

Von der zentralen **Platía**, an der auch die Bushaltestelle liegt, führt eine Gasse geradewegs hinauf in das Gewirr von schmalen Gässchen, Bogendurchgängen, Treppchen, Würfelhäusern und tiefblauen Kirchenkuppeln. Am höchsten Punkt inmitten dieses typischen Kykladenambientes finden sich zahlreiche (mit Beton restaurierte) Mauern, die den Standort des mittelalterlichen Kástros andeuten. Heute nennen es die Einheimischen „Kastélli“. Von hier oben genießt man einen fantastischen, kaum zu überbietenden Rundblick – nur der Profítis Ilías ragt noch höher hinauf. Unmittelbar unterhalb des Kástro-Eingangs liegt die zweischiffige, reich ausgeschmückte **Kirche Ágios Nikólaos** aus dem Jahr 1607 mit einer alten Ikonostase aus dunklem Holz. Bemerkenswert ist ihr zweistufiger Glockenturm aus roter Santoríni-Lava und die hohe Kuppel. Die Namensikone befindet sich neben dem Durchgang zum Seitenschiff rechts, dort auch eine weitere kleine Ikonostase.

Kástro: Das historische Pýrgos bestand nur aus dem Kástrobezirk. Der Ort zählt zu den fünf Kastellen auf Santoríni, die in Folge des Vierten Kreuzzugs nach 1207 errichtet wurden. Damals fielen die Kykladen gerade an die Venezianer (→ Kapitel „Geschichte“). Sowohl das Wort „Pýrgos“ als auch der aus dem Italienischen abgeleitete Begriff „Kástro“ können synonym für das deutsche „Burg“ gebraucht werden. Pýrgos lag zu Verteidigungszwecken strategisch günstig und hoch in der Inselmitte. Innerhalb des Kástros existierten einst sechs Kirchen: *Eisódia tis Theotókou* **1**, *Ágios Geórgios* **2**, *Agía Triáda* **3**, *Theotokáki* (älteste Kirche aus dem 10. Jh.) **4**, *Ágios Ioánnis Theológos* **5** und *Ágios Iákovos* **6**. Die wichtigste Kirche, *Agía Triáda*, gehörte früher zum Kloster Profítis Ilías und wurde beim Erdbeben von 1956

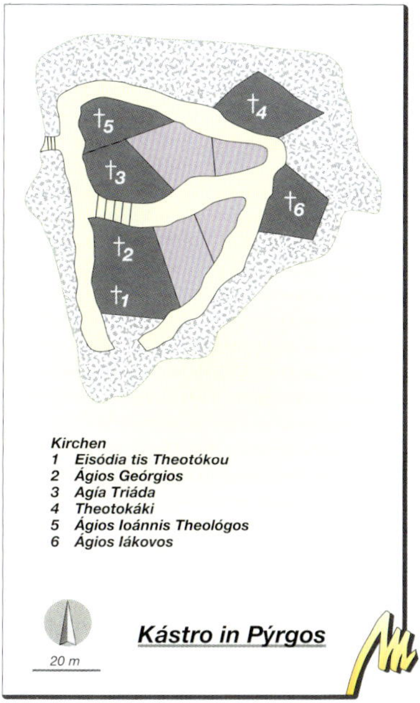

Kástro in Pýrgos

fast völlig zerstört. Eine private Trägerschaft hat sie später wieder aufgebaut. Die Kirche *Theotokáki* besitzt eine wertvolle, holzgeschnitzte Altarwand und Fresken aus dem 14. Jh. sowie alte Inschriften.

Zugang am oberen Ende der Hauptgasse, das Kástro ist frei zugänglich.

Ikonenmuseum: im Kástrobezirk, in der ehemaligen Kirche Agía Triáda. Das offiziell „Sammlung von Ikonen und liturgischen Objekten" genannte, kleine Einraum-Museum zeigt wenige, aber wertvolle Objekte, u. a.: Christós-Ikone aus der zweiten Hälfte des 17. Jh.; Artophoríon aus der Agía-Triáda-Kirche; Artophoríon von 1749: Ikonostase mit Kreuz; Marienikone von 1676; Kímissi-tis-Theotókou-Ikone aus der zweiten Hälfte des 17. Jh.; Agía-Katarína-Ikone, Marmor- und Tonschalen für Weihwasser; antike Säulenreste und Kapitelle; Ágios-Ioánnis-Theológos-Ikone, Ágios-Geórgios-Ikone aus dem ausgehenden 15. Jh.; Darstellung der göttlichen Liturgie von 1671; Propheten-Ikone aus der kretischen Schule des frühen 17. Jh.; Epitáphios aus der Metamórphosis-Kirche; diverse Priestergewänder, Weihrauchgefäße und sakrale Gegenstände aus Silber.

Nebensaison: Mi, Sa, So 10–14 Uhr. **Hauptsaison**: Mo, Mi, Fr, Sa, So 10–14 Uhr. Eintritt frei.

Außerhalb von Pýrgos

Kirche Ágios Geórgios Katefío: Die Kirche wurde auf etwa 320 Höhenmeter in die steile Felswand am Nordfuß des Profítis Ilías südlich von Pýrgos hineingebaut. Sie ist im Rahmen einer Wanderung (Beschreibung auf S. 260) zu erreichen. Leider ist die Kirche meist verschlossen. Im Innern befindet sich eine weiß bemalte, steinerne Ikonostase. Die Außenanlage ist ein schöner Rastplatz mit einer großen Terrasse vor dem Kircheneingang und einer weiteren Terrasse oberhalb der Kirche. Dort befinden sich Sitzgelegenheiten, aber kein Schatten. Leider wird an Werktagen die

Kirche Ágios Geórgios Katefío

Ruhe des romantischen Orts durch den unablässigen Geräuschpegel des Steinbruchs unterhalb der Felswand gestört.

Weinkellerei Hatzidákis: Am Weg zum Profítis Ilías liegt linker Hand das Weingut von Harídimos und Konstantína Hatzidákis. Seit 1997 bewirtschaften sie hier etwa 10 ha Rebfläche im biologischen Anbau und produzieren sechs Rot- und Weißweine in einer kleinen Cánava (Gewölbekeller), die in den Hang gebaut ist. Auch die Lagerung der Weine findet im Berg statt, z. T. werden sie in Holzfässern ausgebaut.
Tägl. 10.30–16.30 Uhr, nur nach Vereinbarung unter ✆ 22860-32552, www.hatzidakiswines.gr.

Weinkellerei Sánto: Die große Genossenschaftskellerei der *Association Cooperatives of Santoríni Products* liegt oberhalb der Kreuzung Richtung Firá bzw. Akrotíri am Kraterrand – nicht zu übersehen. Sie wurde 1947 gegründet und ist mit fast tausend Mitgliedern der größte Weinproduzent der Kykladen. Da das weitläufige Terrassenrestaurant ausgesprochen schön liegt, kommen täglich Dutzende Touristenbusse herauf. Tagsüber oft völlig überlaufen, aber gegen Abend ab etwa 19 Uhr findet man hier einen wunderbar entspannenden Platz, um bei einem Glas Santoríni-Wein den Sonnenuntergang über der Caldéra zu genießen. Im gut sortierten Verkaufsraum gibt es ein weit gefächertes Angebot an Santoríni-Weinen und anderen kulinarischen Produkten, z. B. eingelegte Früchte, Santoríni-Tomaten, Kapern, Süßes u. v. m., darunter auch Olivenöl (aus Kreta) sowie hübsche Utensilien zum gepflegten Weingenuss. Die modernen und voll automatisierten Weinkeller liegen auf mehreren Ebenen hinter dem Gebäude. Angeboten wird eine Kellereibesichtigung (20 Min./3 €), eine Multimediashow (15 Min./3 €) und Weinverkostung (2,50 € je Glas). Außerdem Wein-Probiersortiment mit sechs verschiedenen Weinen (12,20 €) oder zwölf verschiedenen Weinen (19,40 €), jeweils mit Brot und Käse.
April bis Okt. tägl. 10 Uhr bis Sonnenuntergang. ✆ 22860-22596, www.santowines.gr.

Gemüsemarkt Láchanoagora Níkos O Kritikós: Der Gemüsemarkt von „Níkos dem Kreter" ist keine eigentliche Sehenswürdigkeit, zumindest ist er vom Geschäftsinhaber nicht als Ort touristischen Sightseeings vorgesehen. Für den Besucher aus deutschsprachigen Ländern ist der gigantische und mit Abstand größte Gemüsemarkt der Insel in einer riesigen Halle aber dennoch absolut sehenswert. Es gibt wirklich alles, was in Griechenland an Obst und Gemüse aus dem In- und Ausland zu bekommen ist. Im Nebenraum werden auch Fleisch und Käse an offenen Theken sowie Gewürze, Hülsenfrüchte, Nüsse und Olivenöl angeboten. Hier kaufen die Tavernenbesitzer, Großverbraucher, aber auch Privathaushalte ein. Günstige Preise. ✆ 22860-21266. Der Gemüsemarkt liegt außerhalb von Pýrgos zwischen der großen Kreuzung zur Weinkellerei Sánto und der zum Hafen Athiniós abzweigenden Straße.

Wanderung 5:
Spaziergang von Pýrgos zur Kirche Ágios Geórgios Katefío → S. 260
Zu einer einsamen Kirche auf einem spektakulären Felsplateau im Profítis-Ilías-Massiv

Wanderung 6:
Auf dem alten Kalderími von Pýrgos hinunter nach Emborío → S. 262
Vorbei an terrassierten Weinfeldern auf einem alten natursteingepflasterten Eselspfad

Im Hafen Athiniós

Hafen Athiniós

Hauptverkehrshafen von Santoríni und Endstation der Kykladenfähren von Piräus, im Sommer fast schon so etwas wie ein kleines Dorf. In der Hochsaison oft heftiger Trubel und teils beträchtliches Chaos.

Athiniós, der ehemalige Hafen von Pýrgos, ist heute Hauptverkehrshafen von Santoríni. Nach dem Bau der auf den ersten Blick ziemlich abenteuerlich wirkenden Serpentinenstraße über fast 300 Höhenmeter hat er den alten Hafen Skála in seiner Funktion abgelöst. Mit Ausnahme des Kreuzfahrttourismus wird heute praktisch der gesamte Seeverkehr der Insel über den Hafen Athiniós abgewickelt. Im Hochsommer sind der Trubel und das Chaos zwischen ankommenden und abfahrenden Schiffen beträchtlich. Die Hafenpolizei versucht, den Motorfahrzeugverkehr und die Menschenströme zu ordnen, doch oft vergebens.

Athiniós ist die Bezeichnung für die Hafenanlage und kein Dorf im eigentlichen Sinne. Doch haben sich zahlreiche Restaurants und Cafés angesiedelt, die im Hochsommer teils rund um die Uhr geöffnet sind. So ist die Pier im Sommer zu einem dauerhaft bewohnten Ort geworden. Wer griechische Hafenromantik mit Ankunft und Abfahrt der großen Pötte mag, findet hier sicherlich das für ihn passende Plätzchen in einem der Cafés. Trubel, Geschrei, Gehupe und Marktplatzatmosphäre gehören allerdings zum täglichen Leben in Athiniós dazu.

Verbindungen Jeweils ca. 15–20 Min. nach Ankunft eines Schiffs starten die öffentlichen Busse der Gesellschaft KTEL vor dem Hafenausgang auf der linken Seite. Es gibt **Direktbusse** vom Hafen hinauf nach Firá, nach Kamári und nach Períssa (Preise jeweils ca. 2–2,50 €). Wer gerade ankommt, sollte aufpassen, nicht in einen der für Tagesausflügler bereit stehenden Privatbusse zu steigen. Umgekehrt starten Direktbusse vom Busbahnhof in Firá jeweils ca. 60–120 Min. vor Ablegen eines Schiffs. Taxi Athiniós–Firá kostet ca. 22–25 €.

Information www.santorini-port.com.

Adressen Einige **Reisebüros** der Insel sind mit einer Filiale am Haupthafen vertreten. Hier bekommt man **Fährtickets** für alle Schiffe und Speedboats. Außerdem werden in den **Agenturen** auch die Arrangements für die **Ausflugs-Tagesfahrten** verkauft und **Zimmervermittlung** für praktisch alle Orte der Insel angeboten. Es gibt eine große **Freiluft-Wartehalle** am Pier und eine **klimatisierte Wartehalle** weiter hinten. **Gepäck** kann man in den Agenturen aufbewahren lassen.

Inmitten der Agenturen haben sich auch **Souvenirshops** niedergelassen, wo man touristischen Bedarf, Getränke und jede Menge **Postkarten** sowie **internationale Presse** kaufen kann. Auch einige **Autovermietungen** haben hier Zweigstellen, sind aber nur im Hochsommer besetzt. Es gibt mehrere **Geldautomaten** und einen **Briefkasten** im Hafen.

Essen & Trinken Rund ein halbes Dutzend **Fast-Food-Läden** und **Cafés**, während der Saison fast durchgängig geöffnet. Außerdem Snacks, Sandwichs sowie Getränke in vielen Shops.

Der Untergang der Sea Diamond

Am 5. April 2007 gegen 16 Uhr lief das Kreuzfahrtschiff *Sea Diamond* mit etwa 1600 Menschen an Bord in der Caldéra von Santoríni auf ein Unterwasserriff. Fischer- und Ausflugsboote konnten fast alle Passagiere retten. Zwei Franzosen blieben vermisst. 15 Stunden nach der Havarie sank die *Sea Diamond*. Seitdem hängt das Wrack in einer Tiefe von 60 m (Bug) bis 150 m (Heck) an einem Steilhang unter Wasser. Größere Mengen Dieselöl-Treibstoff sind inzwischen ausgelaufen, wie viel Öl sich noch im Wrack befindet, weiß niemand – möglicherweise eine tickende Zeitbombe für das Ökosystem Santorínis. Nach dem Desaster kam es zu einem heftigen Streit über Verantwortlichkeiten und Kosten. Die Inselverwaltung wies sämtliche Forderungen von sich, die Regierung schob alle Schuld auf die zypriotische Reederei *Louis Hellenic Cruises*. Doch diese konnte nachweisen, dass die verwendete von der griechischen Marine erstellte Seekarte des Gebiets falsch war und sich das betreffende Riff viel weiter vor der Küste der Insel erstreckt als eingezeichnet und auch die Tiefenangaben nicht stimmten. Seither gibt es ein typisch griechisches Gerangel zwischen Schifffahrtsministerium, Regionalregierung, Inselverwaltung, Strafverfolgungsbehörden, Ökoverbänden und der Reederei. Zwar wurde 2014 ein erstinstanzliches Gerichtsurteil gegen den Kapitän und die Reederei gesprochen, doch es wurde Revision eingelegt. Niemand will die Verantwortung übernehmen und für die Kosten einer Bergung (man spricht von etwa 150 Mio. Euro) oder wenigstens für ein Absaugen des im Schiff verbliebenen Treibstoffs aufkommen. So liegt das Schiff noch heute auf Grund und wird – in Anbetracht des praktisch handlungsunfähigen griechischen Staats – wahrscheinlich auch noch längerer Zeit dort liegen bleiben. Die Unglücksstelle liegt ein wenig nördlich vom Hafen Athiniós und ist durch einen Ring von Ölsperren markiert, vom Kraterrand deutlich zu sehen.

Friedlich eingebettet zwischen Häusern und Grün: Kirche in Megalochóri

Megalochóri

Zwei prächtige Glockentürme überspannen die Hauptgasse, einzigartig auf der Insel. Dazu gibt es eine idyllische Platía mit Tavernen und mehrere Weinkellereien im Dorf und in der Nähe. Trotzdem ist Megalochóri bis heute ein touristisch kaum berührter Ort geblieben.

Das kleine, verwinkelte Dorf liegt etwas abseits der Hauptstraße von Firá nach Períssa kurz hinter der Abzweigung zum Athiniós-Hafen. Megalochóri wurde – wie die meisten Orte der Insel – ebenfalls in eines der vulkanischen Erosionstäler hineingebaut. Eine lange, gewundene Straße durchquert den Ortskern. Rechts und links zweigen ein gutes Dutzend kleine und kleinste Gässchen ab. Auf der zentralen *Platía Nikoláou Giannakópoulou* sitzt man idyllisch unter einem uralten Baum.

Optischer Höhepunkt von Megalochóri sind zwei Kirchen, deren Glockentürme jeweils die Hauptgasse überspannen. An der Platía steht der imposante Kreuzkuppelbau der *Kirche Panagía* mit hölzerner Ikonostase. Ihr zweistufiger Glockenturm mit Kuppel und Uhr befindet sich auf dem langen Durchgang mit dem blauen Geländer, der Kircheneingang links an der Häuserzeile. Im Mittelschiff sind Kuppel und Bogendurchgänge reich mit neueren Fresken bemalt. Gleich rechts am Eingang kann man die Panagía-Ikone bewundern. Weiter oben im Dorf überragt ein zweiter Glockenturm malerisch die Hauptgasse. Er gehört zur *Kirche Ágii Anárgiri*. Mit seinen drei Stockwerken und insgesamt sechs Glocken ähnelt er verblüffend dem Glockenträger der Panagía-Kirche an der Platía in Oía. Allerdings sind die Stufen des Spitzbogens von Megalochóri sehr viel filigraner ausgearbeitet worden. Die eigentliche Hauptkirche des Dorfes steht etwas erhöht von der Hauptgasse und ist von der Ágii Anárgiri über ein paar Stufen zu erreichen. Auch sie ist den Heiligen Kosmas und Damian (Ágii Anárgiri) geweiht.

An der Platía in Megalochóri

Verbindungen Fast alle **Busse** der Routen Firá-Períssa und Firá-Akrotíri halten an der Umgehungsstraße, jeweils am nördlichen und am südlichen Ortseingang von Megalochóri. Ein **Taxi** kostet von Firá ca. 20 €. Achtung **Selbstfahrer**: Die Hauptgasse durch den Ort ist eine Einbahnstraße, die nur von Nord nach Süd befahren werden darf.

Einkaufen/Kunst **Transit Leather Studio**, der Schuster Stélios produziert in Handarbeit Schuhe, Sandalen, Taschen, Gürtel und Geldbörsen aus echtem Leder. In seiner Werkstatt etwas oberhalb der Platía an der Dorfgasse kann man ihm gelegentlich bei der Arbeit zusehen. Maßanfertigungen möglich. ✆ 22860-85351. www.transit-mask.com.

Kombolói, handgefertigter Schmuck und die typischen griechischen Gebetsketten Kombolói, von Gabriella überwiegend in Handarbeit selbst gefertigt. Der Laden liegt im oberen Bereich der Dorfgasse hinter dem Glockenturm.

Bounty, Keramik und kleine Kunstgegenstände werden an der unteren Dorfgasse unweit der Platía angeboten.

Ákron Art Center, wenig südlich von Megalochóri an der Hauptstraße in einem auffälligen Gebäude im alten Inselstil. Hier stellen diverse Künstler von der Insel aus: Bilder, Skulpturen, Mosaiken, Marmor, Vasen, Amphoren und Kopien der Fresken von Akrotíri, in der Originaltechnik gemalt. www.akron-art.com.

Art Studio Michális K., südlich außerhalb von Megalochóri, 100 m nach der Abzweigung nach Akrotíri. Aquarelle und andere Kunstwerke mit Santoríni-Motiven zu erschwinglichen Preisen, freundliche Beratung.

Übernachten ***** **Hotel Vedéma**, luxuriöseste 5-Sterne-Anlage der Insel, Mitglied der Kette „The Luxury Collection" von Starwood Hotels. 45 Suiten und Villen mit allem erdenklichen Luxus, 10 davon mit Privatpool. Pool und Spa in der Anlage, eigener kleiner Strand in 3 km Entfernung (Busservice), außerdem Tennisplatz; Wassersport, Inseltouren und Babysitting. Restaurant und Weinbar sind in den Gemäuern einer 200 Jahre alten Weinkellerei untergebracht, serviert wird griechische Gourmetküche. Suite 288–690 €, Villa 640–880 €. ✆ 22860-81796, www.vedema.gr.

*** **Hotel Santoríni Star**, zweistöckiges Gebäude mit 40 DZ, 3 Studios und 3 Suiten, alle mit Balkon. Zwei Pools mit Jacuzzi und Poolbar hinter dem Haus im ruhigen Garten. Kinderspielplatz und Tenniscourt. DZ 45–90 €. An der Ortsumgehungsstraße, teils viel Lärm, ✆ 22860-81198, www.hotelstar.gr.

** **Hotel Villa Aegéon**, 10 einfach möblierte Zimmer mit Balkon/Veranda. Mit Bougainvillea überwachsener Innenhof mit kleinem

Pool. DZ 45–70 €, Studio 50–60 €. An der Ortsumgehungsstraße, ✆ 22860-81579, www.villa-aegeon.gr.

*** **Caldéra's Dolphin**, Studios und Apartments mit Küchenzeile. Pool und Poolbar am Kraterrand, ruhige Lage und herrlicher Blick. DZ 150–310 €, Suite 260–470 €. Gleich bei der Weinkellerei Boutári (siehe unten), ✆ 22860-81777, www.calderasdolphin-santorini.gr.

Essen & Trinken **Géro Manóli**, etwa 300 m vor dem unteren Dorfeingang an der Zufahrtsstraße. Traditioneller, einfach gebliebener Stil. Einfache, leckere Inselküche ohne viel Schnickschnack. Geöffnet am Mittag und abends ab 18 Uhr. Freundlicher Wirt.

Marmíta, an der zentralen Platía, Plätze auf beiden Seiten der Dorfgasse. Traditionelle und mediterrane Küche, z. B. gefülltes Lamm oder gedünsteter Fisch, gehobenes Preisniveau.

Rakí, ebenfalls an der Platia gelegenes Mezé-Restaurant, idyllische Lage mit Tischen unter einem riesigen Baum und weitere Plätze 20 m weiter oben an der Dorfgasse in einem stilvoll dekorierten Garten. Verschiedene Mezés und Salate zum Rakí, den es hier mit Zimt- oder Zitronenaroma gibt (Rakómelo). Gemischte Leserkritiken.

Fengera, an der unteren Zufahrt zum Dorf. Drei Tische unter der Pergola neben dem Eingang, im Erdgeschoss innen und auf dem begrünten Dachgarten. Ägäische Küche aus Griechenland und der Türkei. Große Auswahl an Vorspeisen und Salaten, Hauptspeisen vom Grill und Fischgerichte. Spezialitäten sind Würste aus Santoríni, Sýros, Tríkala und aus Kreta.

Weinkellerei Gaválas: Die alt eingesessene Cánava ist seit über hundert Jahren mitten im Ort ansässig. Besichtigung möglich. Man erreicht sie von der Platía aus durch einen kleinen, tunnelartigen Gang (beschildert). Es wird eine kurze Führung veranstaltet, man kann die Weine natürlich auch probieren und erwerben.

April bis Okt. tägl. 10.30–20 Uhr. ✆ 22860-82552, www.gavalaswines.gr.

Weinkellerei Antónis Arvanítis: Die zweite, kleinere Weinkellerei von Megalochóri liegt im südlichen Ortsbereich an der Durchgangsstraße (beschildert). Im netten, familiären Rahmen darf man die Weine probieren und auch kaufen. Hergestellt wird hauptsächlich der aromatische Weißwein Niktéri.

April bis Okt. tägl. 10–18 Uhr. ✆ 22860-82848.

Außerhalb von Megalochóri

Weinkellerei Boutári: Am Abzweig nach Períssa bietet die große, 1989 gegründete Kellerei auch Werksführungen in englischer Sprache mit Multimedia-Show zu Santoríni und anschließender Weinprobe der drei Sorten *Boutári*, *Kallísti* und *Vinsánto*. Boutári ist eine der größten Weinkellerei-Ketten Griechenlands.

Mai bis Okt. Mo–Fr 10–18, Sa 11–18 Uhr, So. geschlossen. Führung mit Weinprobe und Snacks 40 € pro Pers. (50 € mit Hotel-Transfer). Mo–Sa jeweils 16 Uhr. ✆ 22860-81011, www.boutari-santorini.gr.

Weinkellerei Antoníou: Die erst in den 1990er-Jahren eröffnete Kellerei liegt südlich von Megalochóri. Sie ist mit mehreren Stockwerken tief in den Bims am Kraterhang gegraben. Oben gibt es eine kleine Weinprobier- und Verkaufsstube (Glas für 3 €, drei Weine 5 €), davor liegt eine Terrasse mit wunderbarem Caldérablick. Anschließend kann man auf enger Wendeltreppe tief in die kühlen Räume der Kellerei hinuntersteigen, dort sind traditionelle Utensilien des Weinbaus ausgestellt.

April bis Okt. tägl. 9–21 Uhr. ✆ 22860-23557, www.antoniousantorini.com.

Der Glockenturm der Kirche Agía Anárgiri
überragt die Durchgangsstraße in Megalochóri

Viel Inselatmosphäre am Fischer- und Jachthafen von Vlicháda

Inselsüden

Der längste Strand der Insel ab Períssa südwärts und die noch weitgehend griechisch gebliebenen Dörfchen Emborío und Akrotíri prägen die klimatisch wärmste Gegend von Santoríni. Attraktionen im Inselsüden sind die weltberühmte Ausgrabung der kykladisch-minoischen Hafenstadt Akrotíri, das Tomatenindustrie-Museum und der optisch eindrucksvolle Red Beach.

Die Inselhauptstraße entlang der Caldéra verläuft von Firá über Megalochóri gen Süden und knickt dann nach Südosten ins Landesinnere hin ab. An der nächsten Kreuzung geht es rechts nach Akrotíri. Geradeaus auf der Hauptstraße gelangt man zunächst nach *Emborío*. Der größte Ort im Inselsüden wird oft verkannt, da man seine sehenswerten Ecken nicht auf den ersten Blick findet und ein bisschen auf Entdeckungsreise durch die oberen Gassen gehen muss. Die Gegend rund um Emborío wird intensiv landwirtschaftlich genutzt. Wo keine Weinstöcke oder Feigenbäume stehen, werden Weizen und Gerste oder Linsen, Erbsen, Fáva (Kichererbsen) und Melonen angebaut.

Die meisten Besucher fahren jedoch geradewegs zur Küste nach Períssa. Dort beginnt südlich der Steilwand des Méssa-Vounó-Felsens ein Strand, der sich über Períssa, Límnes, Perívolos und Ágios Geórgios über das Kap Exomítis bis westlich von Vlicháda zieht – kein anderer Strand der Insel erreicht diese Länge und Qualität.

Períssa am Fuß des Méssa Vounó hat sich im Laufe der Jahre zum Anziehungspunkt vor allem jugendlicher Gäste entwickelt. Das Gerücht, der Ort sei preiswerter als die anderen Stranddörfer der Insel, trifft zwar im Allgemeinen nicht mehr zu, doch die Vielzahl der Neubauten hält die Preise im Rahmen. Parallel zum Strand verläuft von Períssa über Perívolos und Ágios Geórgios in Küstennähe eine Asphaltstraße nach *Vlicháda*, auch Busse und der neue „Fun Train" befahren diese Strecke. In Vlicháda wurde ein riesiger Kaíki-Hafen erstellt und 2014 kam als neue Attraktion das Tomatenindustrie-Museum in einer der alten Tomatenfabriken hinzu.

Der südwestliche Teil der Insel ist über die Straße zu erreichen, die südlich von Megalochóri nach rechts abzweigt. Touristisch ein erst spät entwickeltes Gebiet, doch die Übernachtungskapazitäten sind seit Beginn des Jahrhunderts deutlich erweitert worden. Der Ort *Akrotíri* mit dem mittelalterlichen Kástro hat durchaus Charme, denn hier wohnt man noch immer vergleichbar ruhig und abseits des Massentourismus. Die weltberühmte archäologische Ausgrabungsstätte liegt in Fußentfernung und auch zum sagenhaften *Red Beach* gelangt man bequem zu Fuß. Der äußerste Südwesten Santorínis war dagegen lange Jahre weitgehend einsam geblieben und unerschlossen. Hinter Akrotíri gab es bis Anfang des Jahrhunderts nur vereinzelte Häuser und Kirchen in den Felshängen, aber keine touristische Infrastruktur. Doch dann wurde die Straße bis zum Leuchtturm am *Kávos Akrotíri* in der äußersten westlichen Inselspitze asphaltiert und ringsum viel neu gebaut. Die vulkanische Natur Santorínis ist in dieser Inselecke besonders stark zu spüren – Staub, Bimsstein und Lavageröll in allen Farbschattierungen.

Emborío

Größter Ort im Süden der Insel. Ehemals bedeutendes Zentrum mit einem Befestigungswall aus dem Mittelalter und dem mächtigsten Pýrgos der Insel, der fast mitten im Dorf steht. Hübsche kykladische Architektur im alten Teil und acht Windmühlen etwas außerhalb. Kaum touristische Bedeutung, sondern vielmehr Wohnstadt der Einheimischen.

Emborío verdient eigentlich mehr Besucher. Doch der Ort mit seinen mehr als 1500 Einwohnern sieht von der Durchgangsstraße her betrachtet nicht gerade attraktiv aus. Aber auch wenn der Strand von Períssa lockt, sollte man sich etwas Zeit für Emborío nehmen. Wer den wunderschönen Wanderweg von Pýrgos nach Emborío gelaufen ist (→ S. 262), wird dem sicher zustimmen – von Norden kommend blickt man nämlich direkt auf die *mittelalterliche Befestigungsanlage* des historischen Ortskernes, die von der Straße her kaum auszumachen ist.

Die Busse von Firá und Períssa halten an der zentralen Platía mit Kiosk und kleinem Kinderspielplatz sowie der *Kirche Panagía* dahinter. Von hier aus führt eine Gasse nördlich den Hang hinauf in den älteren und wirklich sehenswerten Teil von Emborío. Hier taucht man in das typische Kykladenambiente von schmalen Gassen, Bogendurchgängen, Treppchen, Würfelhäusern und tiefblauen Kirchenkuppeln ein – im Grunde so eindrucksvoll wie in Pýrgos. Die mittelalterlichen Strukturen sind im höher gelegenen Ortskern noch erhalten, weiter östlich auch Teile der Befestigungsmauern. Wer jedoch nicht von der Platía direkt die Gasse hinaufsteigt, sondern westlich des Kiosks in die Straße einbiegt, trifft auf den besterhaltenen Pýrgos von Santoríni. Der bullige *Wohnturm Goúlas Froúrio* aus byzantinischer Zeit diente bei Belagerungen als Fluchtburg. In venezianischer Zeit wurde er nach der Herrscherfamilie d'Argenta benannt. Im Innenraum der heutigen, markant am Hang gelegenen Ruine befanden sich einst eine Zisterne und eine Kapelle.

In den Gassen von Emborío

Verbindungen gute Busverbindungen auf der Route Firá–Períssa. Ein Taxi kostet von Firá ca. 20 €.

Adressen **Arzt** und **Apotheke** an der Platía, dort auch ein **Geldautomat**.

Einkaufen Großer Cash-&-Carry-Markt Carrefour an der Durchgangsstraße in Richtung Períssa.

Essen & Trinken **Stavrós**, an der Durchgangsstraße, etwa in der Mitte des Ortes. Terrasse liegt direkt an der Straße. Schwerpunkt der Karte sind Fischgerichte. Nur abends geöffnet.

Páme Platía, Gýros-Souvláki-Kalamáki-Grillstube direkt auf der Platía an der Bushaltestelle. Einige Tische draußen, weitere im Innenraum. Ganzjährig geöffnet, Lieferservice und Take-away. ✆ 22860-82350.

Venezianischer Wohnturm Goúlas Froúrio

Windmühle südlich von Emborío

Taka Taka Mam, Grillhouse an der Durchgangsstraße wenige Meter von der Platía Richtung Períssa. Gehobenes Fast Food, beliebt bei den Einheimischen.

Platís, unterhalb des Carrefour-Supermarkts, etwas zurück von der Straße, Sitzplätze im Hinterhof. Fast-Food-Grillstube, Lieferservice und Take-away. Gýros, Souvláki, Kalamáki, Burger, Kebab, Würste und Salate. ✆ 22860-82014.

Cafe Láva Emboríou, von der Platía Richtung Dorfkern in westlicher Richtung etwa 100 m. Plätze unterm Wellblechdach gegenüber der Dorfschule.

Sehenswertes in der Umgebung von Emborío

Kirche Ágios Nikólaos Marmarítis: an der Durchgangsstraße kurz vor dem westlichen Ortseingang. An der Stelle der heutigen kleinen, dem heiligen Nikolaus geweihten Kirche aus naxiotischem Marmor (daher der Beiname) gab es hier früher einen Tempel aus dorischer Zeit (3. Jh. v. Chr.). Die Ikonostase mit dem Ágios Nikólaos ist zwischen zwei Säulen ionischen Stils eingepasst, oben erkennt man ein Gesims dorischen Ursprungs. Ebenfalls aus Náxos stammt der Marmor für die weiteren Pfeiler im Innenraum.

Windmühlen: Am Hügelkamm *Gavrílos* südlich von Emborió stehen acht alte *Windmühlen*, die wahrscheinlich einst von den Fallwinden des Profítis Ilías profitierten. Sie sind auf einem asphaltierten Fahrweg am westlichen Ortsausgang zu erreichen (beschildert). Die Windmühlen sind in sehr unterschiedlichem Erhaltungszustand, von voll restauriert bis fast eingestürzt, die Mühlenflügel fehlen aber bei allen. Am besten erhalten ist die zweite Windmühle. Sie wurde vor einigen Jahren vorübergehend als Bar betrieben, ist aber heute nicht mehr zugänglich. Die erste und die letzte Windmühle in der Reihe sind offen und ein Blick ins Innere ist möglich. Zwei der Windmühlen sind schon weitgehend Opfer von Wind und Wetter geworden und ihre Dächer größtenteils eingestürzt. Eine dritte Mühle ist akut einsturzgefährdet.

Blick vom Berg Méssa Vounó über die Ebene von Períssa und Perívolos

Períssa und Perívolos

Neben Kamári das zweite Badeparadies von Santoríni, direkt unterhalb der gigantischen Kulisse des Méssa Vounó. Weit auseinander gezogene Sommersiedlung entlang der Küste, beliebt vor allem bei Jugendlichen aus aller Welt. Der kilometerlange, schwarze Lavastrand bester Qualität zieht sich bis zum Kap Exomítis.

In Goldgräberstimmung haben sich in Períssa seit den 1990er-Jahren zahllose touristische Unternehmer entlang der langen Zufahrtsstraße zum Strand niedergelassen. Hotels, Tavernen, Strandbars, Clubs und Fahrzeugverleiher gibt es zuhauf in dem ziemlich wild gewachsenen Küstenort. Im Gegensatz zu Kamári ist das weitläufige Gelände weit chaotischer bebaut worden. In den letzten Jahren ist insbesondere außerhalb des alten Kerns von Períssa eine riesige, weit ausufernde Feriensiedlung entstanden, die mittlerweile auch von den öffentlichen Linienbussen bedient wird. Südlich von Períssa schließen sich die ebenfalls weitläufigen Strandgebiete von *Límnes, Perívolos* und *Ágios Geórgios* an. Noch immer gibt es viele Baulücken und schon längst wäre das gesamte Hinterland von Períssa über Perívolos bis Vlicháda bebaut worden, hätte nicht die „Griechenlandkrise" den Bauboom ab 2010 zumindest stark gebremst.

Ansonsten ist dennoch vieles ähnlich wie in Kamári: die atemberaubende Lage neben dem steilen Fels Méssa Vounó und der schwarze Lavastrand, der jedoch breiter und länger ist als bei Kamári und aus etwas feinerem Sand besteht. Platzprobleme gibt es nicht: Auf einer neu asphaltierten Straße direkt hinter dem Strand kann man rund 3 Kilometer am Meer entlang Richtung Süden laufen oder fahren, Tavernen und Bars reihen sich wie an einer Perlenkette aneinander, bevor die Küstenpiste im Bereich von Ágios Geórgios unvermittelt endet und ins Hinterland abbiegt. Während Kamári größtenteils von Pauschaltouristen in Beschlag genommen wird, ist Períssa der individuellste und jugendlichste Ort auf Santoríni und im Juli und August bevorzugter Anlaufpunkt für Inselhüpfer und Traveller, aber auch für die Athener Jugend. Die Jugendherberge und der Campingplatz sind im Hochsommer fast immer ausgebucht. Und während in Kamári das Nachtleben konzentriert an der Paralía stattfindet, sind die Musik-Clubs und -Bars in Períssa über die gesamte Siedlungsfläche bis Ágios Geórgios an Strand und Straße wild verteilt. Wirkliche Ruhe findet man hier im Hochsommer kaum. Doch vor Mitte Juni und dann wieder ab Mitte September ist es ruhig in Períssa, die Stimmung ist beschaulich.

Verbindungen

Bus Die Bushaltestelle befindet sich direkt an dem kleinen Platz an der **Hafenfront** vor dem Steilfelsen. Dort wenden alle Busse nach Períssa und fahren zurück nach Firá. Im Ortsbereich entlang der Hauptstraße liegen noch weitere Haltestellen. Es gibt Expressbusse nonstop nach Firá (ca. 30 Min.), eine Linie über Perívolos und Vlicháda (ca. 1 Std.) und eine Linie über Karterádos, Messariá, Vóthonas, Pýrgos, Megalochóri und Emborío (ca. 1 Std.).

Taxi Standplätze an der Kirche Tímios Stavrós und am Buswendeplatz. Taxi kostet von/nach Firá ca. 30–35 €. Zum Flughafen etwa gleicher Preis.

Schiff Im Hochsommer fährt zwischen 9 und 17 Uhr etwa alle 45 Min. ein Boot die Tour um das Kap Méssa Vounó nach **Kamári**. Kostet 5 € einfach und 8 € hin/rück. Während der Saison fährt außerdem die *Períssa Express* 2-mal tägl. zum **Red Beach**. Preis 8 € einfach. ✆ 22860-82093. Abfahrten jeweils am Strandabschnitt vor dem Buswendeplatz.

„Zug“ Ein sogenannter *STS Fun Train* (gemeint ist ein Auto in Lokomotivenform mit mehreren angehängten Wagen mit Sitzplätzen) der Gesellschaft DNG Travel verkehrt in der Saison tägl. von 10 bis 22 Uhr alle 2 Std. über die Strandstraße von Períssa nach Vlicháda und zurück. Preis: 8 € pro Pers., Kinder 5 €, jeweils einfach. Angeboten wird ebenfalls eine rund halbstündige Períssa-City-Rundfahrt in der Saison tägl. von 11 bis 21 Uhr alle 2 Std. Preis: 6 € pro Pers., Kinder 4 €. ✆ 22860-34054, www.dngtravel.gr.

Adressen

→ Karte S. 209

Auto-/Zweiradvermietung Diverse Anbieter praktisch alle entlang der Ortseingangsstraße.

››› Mein Tipp: **Motomanía** **19**, Tipp für Zweiräder in Períssa. Márkos und Kíki vermieten Scooter (50–300 ccm für 15–40 €), Motorräder (125–800 ccm für 25–50 €) und auch Quads (50–300 ccm für 15–50 €). Teilkasko ist jeweils inkl., Vollkasko kostet 5–10 € extra. Zudem Mountainbikes (Pro Rider mit 24-Gang-Shimano für 10–15 €), Lady-Bikes (Pro Rider für 10 €) und City-Bikes (Testek für 10 €). Straßenservice rund um die Uhr auf der gesamten Insel. Außerdem eine kleine Karte gratis und gute Inseltipps. An der Ortseingangsstraße auf der linken Seite ca. 200 m vor der Platía. ✆ 22860-82322, 697-2083478, www.motomania-santorini.com. ‹‹‹

Sánto Sun **21**, Autovermietung schräg gegenüber von Motomanía. Vom Kleinwagen bis zum 9-Sitzer. ✆ 22860-81456.

Bäckerei **Aptopoiós** **15**, an der Zufahrtsstraße etwa 200 m vor der Platía links hinter dem Parkplatz. Eine der besten Bäckereien/Konditoreien der Insel. Auch Betrieb als Café.

Einkaufen diverse kleine **Supermärkte** und **Touristenshops** an der Ortseingangsstraße und an der Paralía.

Sandalopolío **18**, handgemachte Ledersandalen für Männer und Frauen. In der Werkstatt fast am Ende der Einfallstraße an der linken Seite gegenüber von Motomania kann man Argýris bei der Arbeit zusehen. Der Handarbeit angemessene Preise und gute Qualität. www.sandalworkshop.gr.

Geldautomat An der Uferfront nahe dem Buswendeplatz.

Reisebüro An der Ortseingangsstraße und im Dorfzentrum an der Paralía.

Sánto Sun 21, freundlicher, hilfsbereiter Service von Chef Kóstas und seinen Angestellten. Zimmervermittlung, Schiffstickets, Ausflüge, Autovermietung. ✆ 22860-81456.

Sánto Info Park 6, neues Büro an der Ecke Zufahrtsstraße / Paralía. Praktisch gleiche Dienstleistungen wie Sánto Sun. Großes Angebot an diversen Ausflügen. ✆ 22860-85444, www.santoinfopark.com.

Sport **Water Park 34**, südlich vom Ortskern, etws hinter dem Strand. 3 Rutschen und 3 Pools, Kinderspielplaatz, Restaurant, Snackbar, Sonnenschirme und Liegestühle. Dazu internationale Popmusik und vorwiegend junges Publikum. In der Saison tägl. 10–19 Uhr. Eintritt Erwachsene 8 €, Kinder ab 3 Jahre 4 €, Bar frei zugänglich. ✆ 22860-83311, www.santoriniwaterpark.gr.

Santorini Dive Club 13, Büro an der Paralía, die Tauchstation befindet sich auf der Calderaseite in Akrotíri. Entdeckungstauchen zu versunkenen Schiffswracks, Vulkan-, Riff- und Höhlentauchen ab ca. 55 € pro Tauchgang, Schnorcheln 25 €. März bis Okt. ✆ 22860-83080, www.santorinidiving.com.

Wavesports 45, am Strand von Períssa und Perívolos. Bootsverleih, Parasailing, Wakeboard, Windsurfen, Tretboote, Kanus, Kajaks, Tubes, Ringos, Banana. ✆ 22860-81512, www.wavesports.gr.

Übernachten

Zahllose Hotels und Pensionen unterschiedlicher Kategorien verteilen sich im ganzen Ort, die meisten in Strandnähe. Das Angebot ist riesig, daher ist es auch im Hochsommer vergleichbar einfach, eine Unterkunft zu finden. Vor allem in der Nebensaison kommen nur wenige Gäste, dann gibt es erhebliche Preisnachlässe. Hotels ab drei Sternen immer mit AC, TV, Wifi, Kühlschrank und Safe. Gelegentlich Wifi und Safe nur an der Rezeption.

**** **Hotel Vengéra 25**, geschmackvolle Anlage am Strand, großzügig und schön begrünt, Haupthaus klassisch angehaucht, 2 Pools mit Kinderbecken, gutes Restaurant. 40 Zimmer und Suiten mit Balkon. Der freundliche Besitzer spricht gut Deutsch. DZ mit Frühstück 66–254 €, Suite 140–310 €. ✆ 22860-82060, www.veggerahotel-santorini.com.

**** **Hotel Koúros Village 28**, etwa 50 m vom Meer. Insgesamt 35 Zimmer und Studios mit Balkon, die Studios auch mit Küchenzeile. Besonders hübsch der geschwungene Pool mit Bar, auch Kinderbecken vorhanden. DZ 95–170 €, Studio 115–190 €. ✆ 22860-81972, www.kouros-village.com.

**** **Hotel Meltémi 30**, größere, durch Tamarisken stark beschattete Anlage an der Ortseingangsstraße. Vermietet werden 56 DZ und Studios mit Balkon, teils Maisonette, verteilt auf 4 Gebäude. Großer Poolbereich mit Palmen und Bar, Kinderspielplatz vor dem Haus. Einmal pro Woche griechischer Abend. DZ 70–157 €, Studio 70–172 €, Suite 230–299 €. ✆ 22860-81325, www.meltemivillage.gr.

**** **Hotel Sánto Miramare 46**, einladendes Badehotel an der Strandstraße in Richtung Perívolos, alles in freundlichen Farben gehalten, großzügige Poolanlage, Beachvolleyball, Restaurant und 2 Bars. 85 Zimmer, 5 Studios und 20 Suiten mit Balkon, die Studios auch mit Küchenzeile. DZ 107–226 €, Studio 117–255 €, Suite 129–265 €. ✆ 22860-83440, www.miramare-resort.gr.

***** **Hotel Nine Muses 39**, geräumige Bungalowanlage mit 52 Zimmern, Suiten und Maisonettes, alle mit Balkon. Pool mit Kinderbecken, Poolbar und -restaurant, Tennis- und Volleyballfeld. Zum Strand 200 m. DZ 140–210 €, Suite 250–300 €, Maisonette 280–330 €. In Perívolos, 2 km südlich von Períssa, ✆ 22860-81781, www.santorini9muses.gr.

*** **Hotel Dróssos 31**, geführt vom freundlichen, kommunikativen Eigentümer Ioánnis Dróssos persönlich. Zimmer im zweistöckigen Haupthaus direkt an der Straße und im Gebäude dahinter, dort liegt auch der Salzwasserpool. Vermietet werden 26 DZ und 3er-Zimmer, teils Maisonette, durchaus geräumig und alle mit Balkon. Täglicher Service, sauber und gepflegt. Gutes Frühstück. DZ 30–120 € inkl. Frühstück. ✆ 22860-81639.

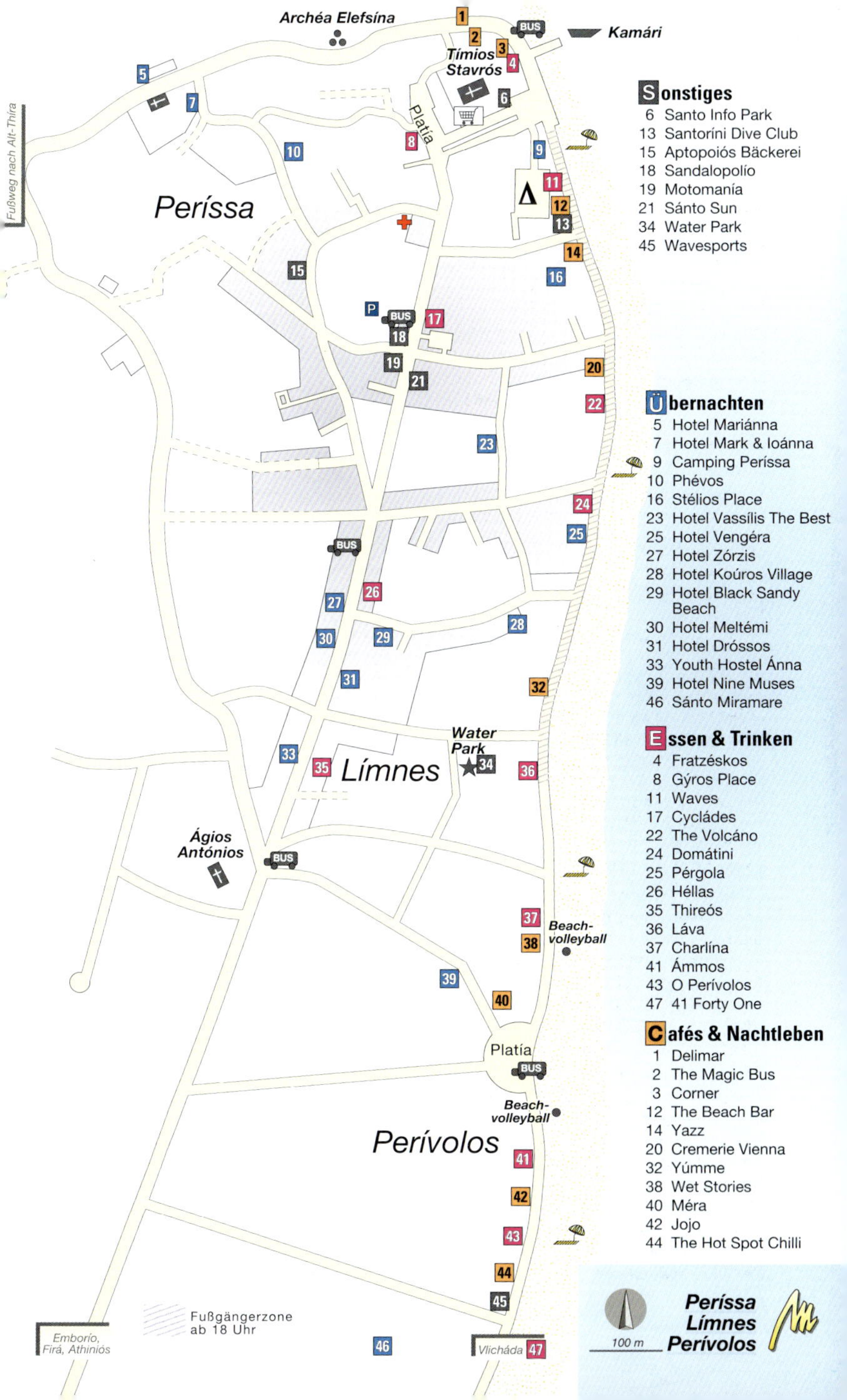
Archéa Elefsína
Kamári
Tímios Stavrós
Platía
Períssa
Fußweg nach Alt-Thira
Water Park
Límnes
Ágios Antónios
Beach-volleyball
Platía
Beach-volleyball
Perívolos
Fußgängerzone ab 18 Uhr
Emborío, Firá, Athiniós
Vlicháda
100 m
Períssa Límnes Perívolos
Sonstiges
6 Santo Info Park
13 Santoríni Dive Club
15 Aptopoiós Bäckerei
18 Sandalopolío
19 Motomanía
21 Sánto Sun
34 Water Park
45 Wavesports
Übernachten
5 Hotel Mariánna
7 Hotel Mark & Ioánna
9 Camping Períssa
10 Phévos
16 Stélios Place
23 Hotel Vassílis The Best
25 Hotel Vengéra
27 Hotel Zórzis
28 Hotel Koúros Village
29 Hotel Black Sandy Beach
30 Hotel Meltémi
31 Hotel Dróssos
33 Youth Hostel Ánna
39 Hotel Nine Muses
46 Sánto Miramare
Essen & Trinken
4 Fratzéskos
8 Gýros Place
11 Waves
17 Cycládes
22 The Volcáno
24 Domátini
25 Pérgola
26 Héllas
35 Thireós
36 Láva
37 Charlína
41 Ámmos
43 O Perívolos
47 41 Forty One
Cafés & Nachtleben
1 Delimar
2 The Magic Bus
3 Corner
12 The Beach Bar
14 Yazz
20 Cremerie Vienna
32 Yúmme
38 Wet Stories
40 Méra
42 Jojo
44 The Hot Spot Chilli

** **Hotel Zórzis 27**, im Inselstil gehaltenes Hotel, etwa 250 m vom Strand, herzlich geführt von Spíros. Vermietet werden 10 DZ mit Balkon. Kein Platz für Zustellbetten vorhanden, daher wird nur an Erwachsene ohne Kinder vermietet. Hinter dem Haus schöner Pool mit Jacuzzi. Viele zufriedene Gästezuschriften. DZ 58–95 €. An der Ortseingangsstraße, ✆ 22860-81104, www.santorinizorzis.com.

*** **Hotel Black Sandy Beach 29**, gepflegte Anlage im kykladischen Stil mit 12 Zimmern und Studios, etwa 150 m zum Strand. Alle Zimmer mit Balkon, die Studios mit Küchenzeile. Kleiner Pool, Jacuzzi und Fitnessraum. Transfer zum Hafen/Flughafen ab 5 Nächten frei. DZ 45–79 €, Studio 48–82 €. ✆ 22860-82474, www.blacksandybeach.gr.

** **Hotel Mariánna 5**, am Fuß des Méssa-Vounó-Felsens, direkt vor der prächtig aufragenden Bergkulisse. Vermietet werden 28 Zimmer mit Balkon. Schöne Poolanlage mit Bar, 300 m zum Meer. DZ 24–60 €. ✆ 22860-81286, www.marianna-hotel.com.

* **Studios Mark & Joánna 7**, kurz vor dem Mariánna. Schöne Studioanlage mit Garten, von Adónis und seiner Frau Anastásia aufmerksam geführt. Das herzliche Paar vermietet 14 Studios mit jeweils voll ausgestatteter Küche und Balkon. Kleiner Pool, 300 m zum Strand. Preis 35–75 €. ✆ 22860-82018, www.mark-joanna.com.

Phévos 10, ansprechende Anlage mit 18 Studios und Apartments (4 Pers.) mit Balkon und Küchenzeile. Schöner Pool mit Bar. 200 m zum Strand. Studio 30–80 €. ✆ 22860-27024, www.phevosvilla.gr.

Vassílis The Best 23, schöne Anlage Nähe Zufahrtsstraße, 100 m zum Strand. Vassílis und seine belgische Frau vermieten Studios und Apartments für bis zu 6 Pers. Alle Einheiten mit Balkon, teils mit Küchenzeile. Salzwasserpool, Kinderpool, Whirlpool und Poolbar in der Anlage. Ganzjährig geöffnet. DZ 50–120 €. ✆ 22860-81739, www.thebest-santorini.gr.

Stélios Place 16, gemütliche Anlage mit Pool und Poolbar, ein wenig zurück vom Strand, viel Traveller-Publikum. Zimmer mit Balkon. Bei Voranmeldung freier Transfer vom Hafen und Flughafen. Ganzjährig geöffnet. DZ 25–75 €. ✆ 22860-81860, www.steliosplace.com.

Youth Hostel Ánna 33, geführt von der freundlichen Fédra und ihrem Mann Kóstas. Die modernen Schlafräume sind alle klimatisiert und haben Schließfächer zu jedem Bett. Es gibt DZ und 4-Bett-Zimmer mit privatem Bad sowie Mehrbettzimmer (10- bis 12-Bett-Säle) mit Gemeinschaftsbad. Innenhof mit Sitzplätzen zur Selbstverpflegung. Freier Transport vom Hafen nur bei Vorbuchung übers Internet. Pro Bett im Großraum 6–12 €, im 2- und 4-Bett-Zimmer 8–23 €. An der Ortseingangsstraße, ✆ 22860-81943, annayh@otenet.gr.

Hotelanlage mit Pool vor der prächtigen Bergszenerie des Méssa Vounó

Am breiten schwarzen Lavastrand von Perívolos

Camping Períssa 9, direkt am Strand. Ebenes Gelände aus dunklem Lavasand, nur wenige Kieselsteine und geringe Grasnarbe. Tief hängende Tamarisken und Schilf bieten reichlich Schatten. Sanitäre Anlagen sauber, reichen jedoch in der Hochsaison bei voll belegtem Platz nicht ganz aus. Es gibt eine Selbstkocherküche, Mini-Markt, Safe-Boxen, Wifi auf dem gesamten Platz, Beachbar und ein Restaurant. Transfer vom/zum Hafen ab 10 vorangemeldeten Personen. Lockerer Umgangston. Achtung: Der Platz ist umzingelt von Open-Air-Clubs, im Hochsommer oft Techno-Musik bis 5 Uhr. Preise: Pro Pers. 7–8 € (Kinder 50 %), Zelt 7–8 €, Auto im Juli/August 2 €, Strom 4 €. Keine Mietzelte. Geöffnet Juni bis Sept. ✆ 22860-81343, www.perissa-camping.com.

Essen & Trinken

→ Karte S. 209

Die meisten Tavernen liegen verteilt an der gesamten Paralía von Períssa (Busendhaltestelle) über Límnes Richtung Perívolos und bis Ágios Geórgios. Weitere Tavernen zudem direkt an der Einfallstraße nach Períssa.

Paralía **Waves Restaurant 11**, Nähe Campingplatz. Nettes Ambiente unter einem Holzdach und Strohmatten. Chef Mários bietet Frühstück, tagsüber eher Beachbar und am Abend Restaurant. Spezialitäten sind Hähnchenfilet und Hamburger. Sonnenschirme am Strand sind für die Gäste frei.

››› Mein Tipp: **Fratzéskos 4**, hinter der Kirche direkt am Meer. Beste Fischtaverne in Períssa, 2014 von Iríni und ihrem Mann Kóstas übernommen. Irínis Vater, Bruder und Onkel sind selbst Fischer und fahren fast jede Nacht aufs Meer hinaus. Plätze im Innenraum und auf einer Hochterrase am Strand. Spezialitäten sind gegrillter und frittierter Fisch wie Skorpína, Balládes und Rotbarben, die Santoríni-Fischsuppe Kataveá und Spaghetti nach Fischerart. Tipp sind der Salat Fratzéskos, Thunfischsalat, Oktopus in Essigsauce, Muscheln in Wein-Sauce mit Zwiebeln und eine spezielle Santoríni-Platte mit Fáva und getrockneten Tomaten sowie Radíkia (spinatähnliches Gemüse). Freundlicher Service, ganzjährig geöffnet, Preise okay. ‹‹‹

The Volcáno 22, beliebtes Restaurant an der Paralía, großer überdachter Raum mit Blick zum Strand. Gute Grillküche. Spezialitäten sind aber Lamm-Kleftikó, Stifádo und die sogenannten „Vulkan-Spaghetti“.

Inselsüden

Kompetentes, freundliches Personal, günstige Preise, auch von Lesern empfohlen. www.the-volcano.com.

Láva 36, an der Strandpromenade in Límnes. Wohl die einzige authentisch gebliebene Taverne in diesem Bereich der Paralía, schon fast eine Institution. Der freundlich korrekte Chef Ioánnis Rígos spricht vorzüglich Deutsch und erlaubt gerne einen Blick in die Küche. Gekocht wird mit alten Rezepten der Großmutter mit viel frischem Gemüse, wo immer möglich mit Produkten und Gewürzen der Insel. Angeboten wird selbst gebackenes, dunkles Brot und niemand auf der Insel bietet bessere vegetarische Küche. Natürlich gibt es auch Fleisch und Fisch. Auch Einheimische gehen hier gerne essen. Gutes Preis-Leistungs-Verhältnis. ■

Charlína 37, ebenfalls an der Strandstraße, auf einer Hochterrasse, alles in weißem Holz gehalten. Tägl. wechselnde Specials, spezialisiert auf Fisch. Beliebt zum Mittag. Normale Preise. www.charlina.com.

Pérgola 25, gepflegtes Restaurant an der Paralía, gehört zum Hotel Vengéra und ist im gleichen klassischen Stil gehalten, gute griechische Küche, beliebt. www.veggera hotel-santorini.com.

››› **Mein Tipp:** **41 Forty One** 47, in der ehemaligen Tomatenfabrik von 1942 direkt am Strand von Ágios Geórgios. Nachdem das Gebäude viele Jahre lang leer stand, haben Mánia und Pávlos 2015 hier ein Café-Bar-Restaurant neu eröffnet. Im Innenraum sind noch einige der alten Maschinen und Einrichtungen aus der Tomatenverarbeitung zu sehen. Geboten wird gehobene Küche neuen mediterranen Stils. Spezialitäten sind diverse Vorspeisen, Salat 41, Wolfsbarsch, Hühnchen mit Trüffel, Meeresfrüchte und Diverses aus der Grillküche. Gediegenes, gehobenes Ambiente mit Kerzenlicht. Freundlicher, sehr aufmerksamer Service. Angemessenes Preis-Leistungs-Verhältnis. April bis Okt. ‹‹‹

Ámmos 41, im traditionellen Tavernenstil, Tische mit Marmorplatten. Schwerpunkt sind Fischgerichte, große Weinkarte, freundlicher Service. www.ammosrestaurant.wordpress.com.

O Perívolos 43, ziemlich weit südlich am Strand von Perívolos. Schöne Fischtaverne unter Tamarisken, nett dekoriert, schlicht und einfach. Laute Beachbars auf beiden Seiten. Preise okay.

Domátini 24, an der Paralía im südlichen Bereich von Períssa. Fällt auf wegen seiner grünen Stühle und roten Tische. Mezés und Hauptgerichte, tägl. wechselnde Specials. Gäste empfehlen Byzantinischen Salat und Gefüllte Kalamari. Normale Preise.

Zufahrtsstraße **Héllas** 26, schräg gegenüber vom Hotel Zórzis, leckeres Essen zu erfreulichen Preisen und sehr nette Besitzer, die immer zu Späßchen aufgelegt sind. www.hellas-santorini.gr.

Thireós 35, an der Einfallstraße schräg gegenüber der Jugendherberge. María und ihre englischsprachige Tochter Emmy bieten traditionelle griechische Küche, Gekochtes und Gegrilltes mit vielen Produkten aus dem eigenen Garten. Spezialitäten sind Fáva, Tomatokefthédes, Moussakás und Lamm-Kleftikó. Ab 11 Uhr geöffnet, Mai bis Okt.

Cycládes 17, ein Stück weiter in Richtung Kirche Stavrós , gemütliche, kleine Taverne, hübsch begrünt, nett zum Sitzen, Preise okay. www.cyclades-santorini.com.

Gýros Place 8, an der Platía hinter der Kirche Stavrós. Tische direkt an der Platía.

Es gibt Vorspeisen, Salate sowie Gýros, Souvláki, Kalamáki, Kebab, Würste und Burger, alles vom Grill. Serviert wird direkt vor Ort oder alles auch zum Mitnehmen im Píta-Brot direkt aus der Hand. Lieferservice in ganz Períssa, ✆ 22860-82765.

Strandbars/Cafés/Nachtleben

→ Karte S. 209

Zahlreiche Cafés und Musikbars haben sich entlang der langen Paralía von Períssa über Límnes, Perívolos bis nach Ágios Geórgios niedergelassen, ihre Fluktuation ist allerdings hoch. Strandbars mit Lounges und teils extrem lauter Musik tendenziell eher Richtung Perívolos, im Hochsommer fast rund um die Uhr. Alle Cafés bieten freies Wifi.

››› Mein Tipp: **Chocolat** 32, an der Paralía Períssa, eine große Ananaspalme wächst mitten durch das Holzdach. Rund 60 verschiedene Sorten herzhafte oder süße Crêpes und 15 Sorten Waffeln stehen zur Auswahl. Der freundliche Chef Ángelos serviert zudem Salate, Snacks, Sandwichs, Burger, Eis, Schokolade, Fruchtsalate, Säfte, Smoothies, Milchshakes, Softdrinks und Bier. Im Angebot aber auch diverse kleine Hauptgerichte, Hühnchenfilet, Gýros und Pasta. Der eigentliche Tipp aber bleiben die selbst gemachten Süßigkeiten und Desserts von Ángelos Mutter, beispielsweise das unübertreffliche „Chocolate Souffle". ‹‹‹

The Magic Bus 2, bei der Bushaltestelle am Nordende der Paralía, große, einladende Kneipe mit Pub-Charakter, ganz aus Holz. Oft Jazz und R & B. www.magic-bus.gr.

Corner 3, Snackbar am Nordende der Paralía, die Musik beschallt den davor liegenden Strandabschnitt gleich mit. Vorwiegend junges Publikum.

Yazz 14, Strandbar neben dem Campingplatz. Fantasievoll errichtetes Café mit Plätzen an der Straße und unter den Tamarisken. Schon zur Frühstückszeit geöffnet, aber auch abends beliebt. Natürlich Jazzmusik.

The Beach Bar 12, ebenfalls in der Nähe des Campingplatzes. Kühle Drinks bei angenehmer Musik unter Schatten spendendem Schilfdach, abends geht auf der Tanzfläche oft die Post ab. Freundliche Bedienung.

Cremeria Vienna 20, an der Paralía. Chefin Alexandra verbreitet mit ihrem breiten Lächeln immer gute Laune. Eis, Waffeln und Crêpes, Frühstück ab 9 Uhr. Das Eis wurde schon mit einem Preis ausgezeichnet. Zudem Gebäck polnischer Art von Alexandras Mutter.

Demilmar 1, riesiger Beachclub direkt vor dem Méssa Vounó-Felsen. 300 Liegestühle am Strand, auch Plätze innen hinter Glasfront für Winter und Nebensaison. 2 Cocktailbars, Beachvolleyballfeld und Pingpong. Tägl. ab 9 Uhr. www.demilmar.gr.

Wet Stories 38, Beachclub am Strand von Perívolos. Bar unterm Schilfdach und Schilfmattenschirme am Strand. Neben Drinks und Snacks auch Salate und Pasta.

Merá 40, nett eingerichtete Café- und Musik-Bar an der Hauptzufahrtsstraße zum Perívolos-Strand. Unter Tamarisken und Schilfrohrschirmen sitzt man bequem mit Meerblick beim Drink. Stehbar und Open-Air-Tanzfläche nebenan.

Jojo 42, größere Beachbar am Perívolos-Strand. Riesige Holzbodenveranda mit Bar, Sofas, Liegestühlen und Pool, unter Palmen und Tamarisken an der Paralía. Drinks, Snacks und Cocktails. Serviert wird auch

am Strandabschnitt gegenüber, kostenlose Liegen und Schirme für eigene Gäste.

The Hot Spot Chilli 44, weit im Süden von Perívolos. Tagsüber chillout, abends lautstarkes Vergnügen direkt an der Strandpiste, Athener Wochenendtreff. Beachvolleyball, gemütliche Strandliegen. 2 Bars unter Tamarisken und Holzdach, Salate, Sandwichs, Pizza und Drinks. Gute Stimmung, freundliches Personal.

Sehenswertes

Kirche Tímios Stavrós: Die optisch imposante Hauptkirche von Períssa direkt am Ende der Zufahrtsstraße mit dem mächtigem Glockenturm und fünf Kuppeln ist nach der Mitrópolis in Firá der größte Sakralbau der Insel. Sie wurde etwa Mitte des 19. Jh. an der Stelle eines ehemaligen Klosters aus byzantinischer Zeit errichtet. Zuvor soll hier schon in der Spätantike ein frühchristlicher Tempel aus dem 1. Jh. n. Chr. gestanden haben. Beim Erdbeben von 1956 wurde der orthodoxe Kirchenbau zerstört und später wieder aufgebaut. Durch den weit ausladenden Innenhof betritt man den großen Innenraum mit hohen Säulen, einem mächtigen Kronleuchter und viel Marmorausstattung. Die Ikonostase an der Vorderfront misst gut 20 m in der Breite und ist wahrhaft übersät mit Heiligenbildern. Besonders bedeutend ist die etwa 300 Jahre alte Ikone russischen Ursprungs, die links vorne vor der Altarwand steht. Ihr gegenüber befindet sich eine auf Leinwand gemalte Darstellung der gesamten biblischen Geschichte in Form von Dutzenden einzelner Bilder. Zwei Kirchweihfeste finden jedes Jahr am 29. August und 14. September statt.

Das Wasserwunder der Zoodóchou Pigí

Philíppios, der Papás von Períssa, erzählt gerne vom Wunder des Wiederaufbaus: Zunächst hatte man nämlich kein Wasser, weil die ehemalige Dorfquelle beim Erdbeben versiegt war. Alle Einwohner Períssas kamen zur Kirchenruine und beteten. Da entsprang unter der jetzigen Kirche eine Quelle, die selbstverständlich den Namen *Zoodóchou Pigí* (dt.: Leben spendender Quell) bekam. Das Wasser für den Wiederaufbau war nun vorhanden und wer will, kann den Ort der wundersamen Quelle sogar besichtigen. Der Zugang zur Quelle befindet sich hinter der Nordwestecke der Stavrós-Kirche im großen Innenhof. Ein paar Stufen führen hinunter in den tiefer liegenden, kleinen Hof. Die braune Tür hinten links in der Ecke führt in einen winzigen Raum unter der Kirche, in dem die Quelle einst entsprang. Von Wasser ist jedoch heute (zumindest im Sommer) keine Spur mehr vorhanden. Sehenswert ist auch einer der Säulenstümpfe, die in dem kleinen Hof liegen. Er stammt aus minoischer Zeit, was an dem eingemeißelten Stierkopf als Zeichen der kretischen Minoer gut zu erkennen ist. Gegenüber, an der Nordostecke des großen Innenhofs, befinden sich – ebenfalls auf tieferem Niveau – Reste einer heiligen Stätte aus römischer Zeit.

Archéa Elefsína: Am Fuß des Kaps Méssa Vounó stößt man nicht weit entfernt vom Buswendeplatz auf eine umzäunte Ausgrabung, in der einige Säulenstümpfe auffallen. Lange Zeit war man sich der Bedeutung des Fundes nicht bewusst, doch vermuteten einige Archäologen schon länger, dass die antike Totenstadt Elefsína nicht – wie bisher vermutet – vor dem Kap Exomítis in den Fluten des Meeres versunken ist, sondern hier in Períssa unter dem Ort liegt. Dafür sprachen auch einige Funde bei der Mitrópolis. Im Jahr 2002 kam dann der Durchbruch für die Forschung. Nun ist man sich sicher, dass in oder unter Períssa das Zentrum von Elefsína lag und dieser Teil der Inselgeschichte neu geschrieben werden muss. Der Grund: Ein Fund konnte eindeutig als Überrest eines Dímitra-Heiligtums (Göttin der Erde) identifiziert werden. In der Ausgrabungsstätte hat man auch die Überreste der frühchristlichen *Basiliká Agía Iríni* entdeckt. Sie stammt aus dem 4. Jh. und ist damit eine der ältesten Kirchen der Insel.

Hoch oben in der Felswand: Kirche Panagía Katefianí

Kirche Panagía Katefianí: hoch oben über Períssa im Bergmassiv des Méssa Vounó. Größere, tonnengewölbte Einraumkirche mit dunkelbrauner, hölzerner Ikonostase. Jeden Morgen und am späten Nachmittag kommen Frauen aus dem Dorf hier hinauf, um das Ewige Licht zu erneuern. Nur dann kann man einen Blick in die Kirche werfen, tagsüber ist sie ansonsten verschlossen. Das jährliche Weihfest der Kirche findet am 7. September statt. (Zugang: siehe Wegbeschreibung in Wanderung 7 auf Seite 264.)

Baden in Períssa

Der Strand beginnt direkt am südlichen Steilhang des Kaps Méssa Vounó und zieht sich etwa 4 km südwestlich hinunter bis zum Kávos Exomítis. Richtung Süden wird er breiter und vielerorts auch leerer, doch überall wird gebaut. Der erste und beliebteste Strandabschnitt gehört zum Ort Períssa, danach schließen sich die Siedlungen Límnes, Perívolos und Ágios Geórgios (benannt nach der gleichnamigen Kirche im Hinterland) an. Der letzte Kilometer bis Exomítis zeigt sich fast menschenleer. Der dunkle Strand aus Lavasand und feinem Kies ist im Dorfbereich von *Períssa* während der Saison gepflegt und recht sauber. Alle paar Meter werden Sonnenschirme und Liegestühle verliehen, bei manchen Strandcafés auch komfortable Strandbetten und sogar Sofas. Einige Cafés installieren im Sommer auch Stranduschen. Im nördlichen Strandbereich vor dem Méssa Vounó gibt es einige Felsplatten und Steinansammlungen im Wasser. Weiter nach Süden zeigt sich der Strand breiter, dafür aber verwilderter. In den Bereichen von Límnes und Perívolos gibt es je ein Fußballfeld und mehrere Beachvolleyball-Felder.

Wanderung 7: Hinauf auf den höchsten Berg der Insel – von Períssa über den Sellàda-Sattel nach Pýrgos → S. 264
Die Inseltour mit der höchsten Höhendifferenz und vielen Highlights am Wegesrand

Fischerbootromantik im neuen Kaíki-Hafen Vlicháda

Vlicháda

Hübsche Szenerie eines großen Jacht- und Fischerhafens vor einer fahlgelben Sandsteinklippe. Dazu ein schöner und noch weitgehend ruhig gebliebener Strand, klares Wasser, gute Fischtavernen und das neue Tomatenindustrie-Museum, das viele Besucher in die Hafensiedlung lockt.

Am Ende der asphaltierten Zufahrtsstraße kommen – noch bevor man die Bucht erreicht – zunächst die Schornsteine und Hallen zweier längst stillgelegter Tomatenfabriken ins Blickfeld. Sie wurden im Jahr 2014 als Tomatenindustrie-Museum und Kunstausstellungshalle neu eröffnet und somit für Besucher zugänglich gemacht. Eine interessante Bereicherung für die vielfältige Museumslandschaft der Insel. Gleich oberhalb der Bucht zweigt die Straße über Ágios Geórgios und Perívolos nach Períssa ab, danach folgt ein breiter Parkplatz direkt am Meer. Westlich davon liegt unter der Sandsteinklippe ein ruhiger, ca. 500 m langer, schwarzer Kiesstrand. Östlich des Strandes hat man 1997 eine große Marína errichtet. Hier liegen Jachten, Ausflugsschiffe, Fischerkähne und Kaíkis vor Anker. Hinter der Marína ragt die gelbe Bimssteinwand einige Meter hoch empor. Bei starkem Wind löst sich der Bims und bedeckt im Nu alles mit Staub. Die Fischer wissen ein Lied davon zu singen. Wer ihnen bei der täglichen Arbeit an Land (Netze flicken, Boot reparieren usw.) zusehen will, kann dies hier in aller Ruhe tun. Oberhalb der erwähnten Bimssteinwand an der Straße nach Períssa befinden sich einige Tavernen und Übernachtungsmöglichkeiten.

Verbindungen **Bus**: Vlicháda wird von Firá aus etwa 2- bis 4-mal tägl. auf der Períssa-Route angefahren, jedoch nicht alle Busse nach Períssa fahren auch über Vlicháda. Das gilt analog auch für die Rückfahrt. Vorsicht, in der Nebensaison kann man dort leicht hängen bleiben.

„Zug“: Ein sogenannter *STS Fun Train* (gemeint ist ein Auto in Lokomotivenform mit mehreren angehängten Wagen mit Sitzplätzen) der Gesellschaft DNG Travel verkehrt in der Saison tägl. von 10–22 Uhr alle 2 Std. über die Strandstraße von Vlicháda nach Períssa und zurück. Preis: 8 € pro Pers., Kinder 5 €, jeweils einfach. ✆ 22860-34054, www.dngtravel.gr.

Adressen Ein **Mini-Markt** befindet sich an der Straße vom Hafen Richtung Períssa.

Übernachten Es gibt ein Hotel und einige Pensionen, die aber teils nur im Hochsommer geöffnet sind.

**** **Hotel Nótos Therme & Spa**, geschmackvolles Hotel direkt oberhalb des Hafens. Vermietet werden 23 Zimmer und 5 Suiten mit Meerblickbalkonen. Pool und Jacuzzi mit Quellwasser; Poolrestaurant und -bar. Das Spa bietet von Aromatherapie-Massage bis Yoga und Gesichtsgymnastik viele Schönheits- und Wellness-Behandlungen an. DZ 120–340 €, Suite 190–390 €. ✆ 22860-81115, www.notosthermespa.com.

Rooms Stélla, gehört zur Taverna Vlicháda Dimítris. Die Wirtsfamilie vermietet im ersten Stock der Taverne und in einem Gebäude dahinter insgesamt 16 Zimmer, alle mit Balkon/Veranda, AC und TV. Pool hinter dem Haus. DZ 35–70 €. ✆ 22860-82532, www.vlichada-dimitris.gr.

Essen & Trinken Durch den Fischerhafen habe sich die Tavernen vor allem auf Fisch spezialisiert.

Vlicháda Dimítris, oberhalb des Fischerhafens an der Straße nach Períssa. Zugang vom Hafen über ein paar Stufen in der Bimssteinwand. Terrasse mit schönem Hafenblick direkt an der Steilwand. Tavérna einer Fischerfamilie, stets frische Ware. Eigener Tomatengarten und eigene Ziegenkäseherstellung. Hier gehen auch Einheimische zum Fischessen. Angenehme Atmosphäre, Preise okay. www.vlichada-dimitris.gr.

To Psaráki, Fischtaverne hoch über dem Hafen auf den Felsen, Zugang über die Straße Richtung Períssa. Große Auswahl an Fischgerichten, je nach Fang. Guter Service, herrlicher Blick über den Hafen und Preise im üblichen Rahmen. www.topsaraki.gr.

Théros Wave Bar, coole Lounge-Bar mit Palmen und Strohmatten vor imposanten Bimssteinfelsen. Strandliegen kostenlos für Gäste. Die Bar liegt am Strand westlich von Vlicháda, Zufahrt etwa 2 km oberhalb von Vlicháda rechts ab (beschildert). Eindrucksvolle Fahrt durch bizarre Bimssteinwände. www.theroswavebar.gr.

Fischer-Kaíkis im Hafen Vlicháda

Sehenswertes

Tomato Industrial Museum D. Nomikós: Die historische Tomatenfabrik D. Nomikós direkt hinter dem Strand in Vlicháda wurde 2014 in ein Museum umgewandelt. Einst wurden hier in der Erntezeit von Juni bis August täglich rund 3500 Körbe Tomaten zu Mark verarbeitet, das dann alljährlich in rund 1,5 Millionen Metalldosen abgefüllt wurde (zum Produktionsprozess → S. 167).

1952 wurden Teile der Fabrik zerstört, als Wassermassen nach schweren winterlichen Regenfällen ihren Weg vom Talausgang durch die Produktionshalle hindurch ins Meer fanden und dabei Maschinen und Ausstattung mitrissen. Das schwere Erdbeben von 1956 überstand die Fabrik dagegen praktisch schadlos. Anfang der 1980er-Jahre wurde die Fabrik weitgehend stillgelegt, als die Betreibergesellschaft Nomikós auf dem griechischen Festland eine neue Produktionsstätte in Betrieb nahm.

Der Rundgang führt durch die 1945 errichtete Produktionshalle, in der zahlreiche Originalmaschinen und alte Werkzeuge zur Tomatenverarbeitung besichtigt werden können. Am beeindruckendsten ist der große Tomatenkocher, in dem das Mark eingedickt wurde. Interessant sind aber auch die verschiedenen Dosenproduktionslinien mit ihren jeweils zeittypischen Designs. Einen Blick in die Geschichte der Fabrik gewährt ein Film, der im Eingangsbereich des Museums gezeigt wird. Außerdem bietet das Museum noch Raum für wechselnde Kunstausstellungen (kostenlose Besichtigung) und einen Museumsshop, in dem natürlich auch Tomaten gekauft werden können.

Öffnungszeiten: April bis Okt. tägl. 10–20 Uhr, im April, Mai und Okt. reduzierte Zeiten. Eintritt 3 € pro Pers. inkl. Tourguide in englischer Sprache. Kinder unter 12 J. frei. ✆ 22860-85141, www.tomatomuseum.gr.

Baden und Wandern in und um Vlicháda

Der lange, schwarze Lavastrand westlich vom Hafengelände liegt vor der prächtigen Szenerie der steil abfallenden Bimssteinwand. Auf den ersten 200 Metern neben dem Parkplatz stehen Schilfmattenschirme, dahinter ist der Strand ziemlich unberührt und gnadenlos der Sonne ausgesetzt. Im recht schnell tief werdenden Wasser liegen einige Felsblöcke. Bei Wind nimmt auch die Brandung sofort zu.

Lavastrand vor der steilen Bimssteinwand

Weiter Richtung Westen kann man ca. 5 km bis zum Strand von Akrotíri direkt oder nahe am Wasser entlanglaufen. Zum Teil geht es dort allerdings durch wegloses Gebiet und einige Male muss man über die Bimssteinhänge ausweichen. Am Strandabschnitt *Almíra* liegt die einsame und hübsch aufgemachte Taverne von *Kapetán Márkos*, wo man sich allerdings vor der Bestellung zuerst nach den Preisen erkundigen sollte (keine Speisekarte, kritische Leserzuschriften). Mit dem Fahrzeug erreicht man Almíra auf einer holprigen Staubpiste von der Straße nach Akrotíri.

Östlich der Marína Vlicháda schließt sich wieder ein Strandteil in ebensolcher Qualität wie auf der Westseite an. Er zieht sich über Ágios Geórgios, Perívolos und Límnes entlang bis Períssa und wer will, kann im Sand bis zum Méssa-Vounó-Fels wandern. Unterwegs überall hervorragende Bademöglichkeiten.

Felsengräber am Kávos Exomítis: Zwischen Vlicháda und Ágios Geórgios sind am Hang des Gavrílos etwas landeinwärts versetzt von der Straße einige Felsengräber aus der griechischen Antike erhalten. Mehrere Feldwege zweigen Richtung Berg Gavrílos ab, einer davon führt zu einem recht gut erhaltenen Grab mit angedeuteten Säulen korinthischen Stils rechts und links, Rundbogen, ionischen Kapitellen und Giebel in der Art eines Tempeldachs. Ansonsten liegen die Überreste ziemlich verstreut in der Landschaft am Südosthang des Gavrílos. Wissenschaftler datieren die Gräber etwa ins 5.–4. Jh. v. Chr. Die Gräber sind vom Feldweg aus zu sehen, der Zugang wurde durch einen Metallzaun gesperrt.

Wegbeschreibung: Von Vlicháda kommend, zweigt nach rund 500 m ein Feldweg in nördlicher Richtung von der Asphaltstraße ab. Vorbei an einigen Feigen- und Ölbäumen und entlang landwirtschaftlich genutzter Gärten erreicht man nach etwa 400 m ein eingezäuntes Grundstück. Hier sind die Gräber in der Felswand links zu erkennen.

Akrotíri (Ort)

Das schlichte Inseldorf ist weltberühmt wegen der benachbarten Ausgrabungen einer kykladisch-minoischen Stadt, die beim Ausbruch des Santoríni-Vulkans verschüttet wurde. Aber auch das Dorf an sich ist sehenswert. Sein Ortskern liegt pittoresk am Hang, oben sind Reste eines teils restaurierten venezianischen Kastells erhalten.

Mittlerweile ist Akrotíri zu einem kleinen Tourismuszentrum geworden. Schon weit vor dem Dorf passiert man fast ein Dutzend neuerer Hotels rechts und links der Inselhauptstraße. Weitere Unterkünfte liegen am Ortseingang und bieten z. T. einen herrlichen Blick in die Caldéra. Zehn Fußminuten unterhalb der Straße findet man einen schmalen Kies-/Sandstreifen, der offiziell *Órmos Bálos* heißt, aber *Caldéra-Beach* genannt wird, sowie einen kleinen *Fischerhafen*, wo man frühmorgens dem Einlaufen der Fischerboote zuschauen kann. Gleich am Ortseingang trifft die Straße auf eine Platía, an der einige Tavernen und Privatzimmer liegen. Rechts führt eine Gasse hinauf in den alten Teil des Dorfes, vorbei an Höhlenhäusern und dem eindrucksvollen *Rathaus*. Oben am Hang sind die zugänglichen Reste der ehemaligen mittelalterlichen Wehranlage schon von weitem zu sehen. Im Gegensatz zu den anderen Zentren der Insel ist das Preisniveau in dem besonders bei französischen Feriengästen beliebten Ort Akrotíri noch recht moderat.

Typisches Haus in Akrotíri

Basis-Infos

Verbindungen Die **Busse** der Route Firá–Akrotíri halten zunächst im Ort Akrotíri, fahren danach zum Ausgrabungsgelände und wenden schließlich am Strand von Akrotíri. Von dort kann man zu Fuß zum Red Beach laufen.

Taxistandplätze gibt es im Ort, am Ausgrabungsgelände und am Buswendeplatz. Ein Taxi kostet von/nach Firá ca. 25–30 €.

Einkaufen Kleiner Laden neben der Kirche Ágios Epiphánios.

C.A.R.M.E.N., Éva von der Pension Carlos verkauft vorzügliche selbst gemachte Produkte aus ihrem Garten: getrocknete Tomaten, eingekochte Tomatensauce, eingelegte Auberginen, Kapern, Fáva, Oliven, Paprika, Pistazien, Nüsse, Oregano, Wein sowie zahllose Sorten Marmelade: Orangen, Melonen, Trauben, Aprikosen, Pampelmusen, Pfirsich usw. Verkauf direkt in der Pension und an einem Stand gegenüber der Tavérna Gláros an der Zufahrtsstraße zum Red Beach. ■

Mietfahrzeuge Áxion, im Ort an der Durchgangsstraße. Kleine und große Autos, Jeeps, Quads, Motorräder, Roller von 50 bis 250 ccm. Straßenservice auf der ganzen Insel. ☏ 22860-81683, www.axion.gr

Reisebüro Akrotíri Travel, an der Platía, ☏ 22860-81910.

Tauchen Santoríni Dive Center, am Caldéra-Beach. Station für diverse Tauchtouren: Kaméni-Inseln, Schiffswracks, Meereshöhlen sowie Tauchkurse und Schnorcheln. ☏ 22860-83190, www.divecenter.gr.

Übernachten/Essen & Trinken

Die Hotels von Akrotíri liegen entweder direkt im Ort oder rechts und links entlang der Zufahrtsstraße. Einige Häuser sind aber nur in der Hochsaison geöffnet. Weitere Übernachtungsmöglichkeiten am Strand von Akrotíri oder Richtung Fáros.

Übernachten *** Hotel Paradise, gehört zur Best-Western-Kette. Moderne Anlage im Zentrum, an der Kurve der Durchgangsstraße. 20 gut ausgestattete Zimmer mit Balkon. Im angeschlossenen Restaurant sitzt man in einem lauschigen Garten, außerdem gibt es einen großen Pool. Serviert wird traditionelle Küche und nachmittags hervorragender Kuchen aus der eigenen Backstube. DZ 75–150 €, Suite 100–280 €. ☏ 22860-81352, www.hotelparadise.gr.

** Hotel Villa Mathiós, gepflegte Anlage mit Restaurant und Fitnessraum am Ortseingang, direkt an der Straße. 20 DZ und 8 Suiten mit Balkon. Hinter dem Haus zwei große Pools mit Jacuzzi und Poolbar. DZ 75–130 €, Suite 110–200 €. ☏ 22860-81152, www.vmathios.gr.

** Hotel Kaliméra, neben Villa Mathiós. Schöne Anlage mit nett gestaltetem Innenhof, Poolanlage und Restaurant. 22 Zimmer und Suiten mit Balkon/Veranda. Freundliche Inhaberfamilie. DZ 66–102 €, Suite 110–200 €. ☏ 22860-81855, www.kalimerasantorini.com.

››› Mein Tipp: Pension Carlos, ruhig gelegen, sauber und freundlich, vom oberen Stockwerk Blick auf die Caldéra. 2015 renoviert, neue Möbel. 15 Zimmer, geführt von Éva und ihren Söhnen Raffaíl und

Glockenturm der Hauptkirche Ágios Epiphánios in Akrotíri

Arsénios. Éva kümmert sich herzlich um die Gäste und verpflegt sie auf Wunsch mit guter einheimischer Küche. Zum Frühstück werden selbst gemachte Marmeladen gereicht. Von der Platía aus beschildert. Hafen-/Flughafentransfer bei Voranmeldung. DZ 40–60 €, 3er-Zimmer 55–70 €, 4er-Zimmer 65–85 €. ✆ 22860-81370, www.carlospansion.gr. «

Caldéra View, etwa 1 km vor Akrotíri, nicht weit von der Straße entfernt. Weitläufige Anlage mit 30 Bungalows für 2–4 Pers. und 4 Maisonettes, alle mit Terrasse. Zwei schöne Pools, mit Hydromassage. Das 70 m entfernte originelle Café/Restaurant „View" am Caldérarand mit prächtigem Blick gehört zum Haus. DZ 60–125 €, Maisonette 135–270 €. ✆ 22860-82010, www.calderaview-santorini.com.

Essen & Trinken Sowohl im Ort als auch am Strand von Akrotíri, am Weg zum Red Beach und an der Straße zum Leuchtturm (→ S. 230) liegen zahlreiche Tavernen.

Zaforá, im Ort an der Durchgangsstraße. Viele eigene Kreationen mit Fleisch, Fisch und Meeresfrüchten. Auch gute Kefthédes und Moussakás. Spezialität sind Gerichte mit Safran. Preise okay.

Theofánis, im Ort an der Platía, Nähe Bushaltestelle. Hochterrasse mit Blick auf die Platía, Tische unter einer Pergola. Griechische Landküche, normale Preise.

María, auf einer Terrasse direkt an der Straße zu den Ausgrabungen. Man sitzt schattig im von Weinreben und anderen Kletterpflanzen überwucherten Außenraum. Mehrere Kanarienvögel singen den ganzen Tag zur griechischen Musik. Gute Salate und Kaninchen-Stifádo.

» Mein Tipp: Éva von der **Pension Carlos** kocht auf Wunsch abends für ihre Hausgäste und hat auch immer ein paar Tische für fremde Gäste frei. Es gibt leckere Fisch- und Fleischgerichte mit teils eigenen vorzüglichen Kreationen. Überwiegend werden Obst und Gemüse aus dem eigenen Garten und Fleisch aus eigener Produktion verwendet. Günstige Preise. «

Panórama, Restaurant und Cafeteria, von Firá kommend vor dem Ortseingang auf der Caldéra-Seite der Straße. Herrlicher Blick in die Caldéra und zu den beiden Kaméni-Inseln. Daher sehr beliebter Platz für den Sonnenuntergang. Gute einheimische Küche, etwas höhere Preise.

Remézzo, gemütliche Strandtaverne auf einer Hochterrasse unten am Caldéra-Beach. Gute griechische Küche, Fleisch und Fisch. Große Speisekarte, vorzügliches Essen. Herrlicher Blick auf den kleinen Hafen und die Inselchen in der Caldéra. Mai bis Sept. geöffnet. Normale Preise.

Caldéra View Unique, Café-Bar auf mehreren Ebenen mit schönem Caldéra-Blick an der Zufahrtsstraße nach Akrotíri. Es gibt ein paar gemauerte Bögen und tolle Plätze, speziell um romantische Fotos vom Sonnenuntergang zu machen. Allerdings geht auf der Terrasse häufig ein kräftiger Wind.

Sehenswertes

An einer kleinen westlich im Dorf gelegenen Platía befindet sich die *Hauptkirche Ágios Epiphánios*. Ihr Inneres besteht aus zwei Räumen mit zwei kunstvoll bemalten und ausgestalteten Ikonostasen aus Olivenholz. An der südlichen Außenwand wird die Namensikone der Kirche verehrt. Jedes Jahr findet am 29. Mai das Weihfest zu Ehren des Heiligen statt. In dem kleinen Hof vor der Kirche gibt es dann Fáva, Kapern und gegrillte Sardinen. Die zweite bedeutende Kirche des Ortes heißt *Ágios Taxiárchis*.

Venezianisches Kastell: Das Kastell von Akrotíri wird nach der alten venezianischen Besitzerfamilie *Kástro Belógna* genannt. Es wurde durch das Erdbeben von 1956 stark beschädigt und ist erst in den Jahren nach 2010 größtenteils wieder restauriert worden. Im Innern des Kástros sind die beiden *Kirchen Agía Triáda* und *Ypapantí tou Sotíros* sehenswert. In einem Turm ganz oben im Kástro befindet sich das kleine private *Museum & Workshop La Ponta* für griechische Dudelsäcke (*Tsamboúna*) von Árgy und Ioánnis, der selbst Dudelsäcke herstellt. Zu sehen gibt es neben Dudelsäcken und einer großen Anzahl von Dudelsack-Flöten weitere alte griechische Musikinstrumente von Inseln rund um Santoríni, von Kreta und aus der Ostägäis. Die Instrumente können teils auch erworben werden. Infos gibt es auf einem Faltblatt auch in deutscher Sprache. Auf der Terrasse nebenan wird tagsüber Kaffee oder Wein serviert.

Das Kastell ist frei zugänglich. Öffnungszeiten La Ponta: April bis Okt., tägl. 10–14 Uhr und 17–20 Uhr. Eintritt frei. In englischer Sprache geführte Tour zur Geschichte des Kastells und des Dudelsacks in Griechenland tägl. um 12 und 18 Uhr für 7 € pro Pers. Im Sommer tägl. Konzerte ab 21 Uhr für 12 € pro Pers. ✆ 22860-85374, www.laponta.gr.

Baden auf der Caldéra-Seite von Akrotíri

Etwa 400 m vor der Platía des Dorfs zweigt eine fast vollständig betonierte Piste auf der Caldéra-Seite von der Inselstraße ab. Sie führt in einigen Serpentinen steil hinab zum sogenannten *Caldéra-Beach* (offiziell: Órmos Bálos) und trifft dort auf die *Taverne Remézzo*. Der Strand besteht aus zwei Abschnitten: Der östliche Abschnitt ist rund 5–10 m breit und 150 m lang. Im Hintergrund stehen einige Tamarisken und Felsblöcke liegen am Strand. Der westliche Abschnitt ist ebenfalls rund 150 m lang, aber deutlich breiter. Beide Strandabschnitte bestehen aus dunkelrotem Vulkansand und kleinen Kieseln. Kein Sonnenschirmverleih. Neben der Taverne hat die Tauchschule *Santoríni Dive Center* ihre Tauchbasis, etwas weiter liegt ein kleiner Fischerhafen. Der Caldéra-Beach ist von Akrotíri in gut 10 Minuten zu Fuß zu erreichen.

Wanderung 8: Rundweg von Akrotíri die Kraterwand hinunter zum Caldéra-Beach → S. 267
Schöne Rundwanderung und gute Alternative, um zum Caldéra-Beach zu gelangen und unterwegs eindrucksvolle Impressionen der Vulkanlandschaft im Inselsüden zu genießen.

Ausgrabungen von Akrotíri

Die beim Vulkanausbruch im 17. Jh. v. Chr. vollständig verschüttete Siedlung gilt als eine der bedeutendsten Ausgrabungen im östlichen Mittelmeer und wird gerne als das „Pompeji der Ägäis" bezeichnet. Sie liegt nahe der Ortschaft Akrotíri fast unmittelbar an der Südküste. Nach einer langjährigen Generalsanierung ist die Anlage seit 2012 wieder zugänglich.

Weit über 3000 Jahre lang lag die Stadt luftdicht abgeschlossen unter einer bis zu 60 m hohen Bimssteinschicht. Im Laufe der Jahrhunderte erodierten aber große Teile des Bimssteins. Letztlich blieb eine 7 m hohe Schicht übrig, die den griechischen Archäologen *Spýridon Marinátos* 1967 nach mehreren Vorarbeiten durch andere Forscher auf die richtige Spur brachte. Was er hier entdeckte, war eine wissenschaftliche Sensation! Erstmals fand man in Griechenland ganze intakte Gassenzüge und bis zu drei Stockwerke hohe Häuserfronten aus einer Zeit lange vor der klassischen Antike. Schnell erkannte man, dass Akrotíri keine einfache Agrarsiedlung, sondern allem Anschein nach eine wohlhabende Seefahrer- und Handelsstadt gewesen war, zu der mindestens ein Hafen gehört hatte (der bisher aber noch nicht gefunden wurde) und die kulturell auf derselben Stufe wie das hoch entwickelte minoische Kreta stand. Spektakulärer Höhepunkt der Ausgrabungen waren die hervorragend erhaltenen *Wandmalereien*, die Marinátos und seine Mitarbeiter in vielen Häusern entdeckten, ähnlich denen von Knossós auf Kreta. Sie sind heute teilweise im Nationalmuseum von Athen ausgestellt, einige kann man im Prähistorischen Museum von Firá bewundern (S. 116). Professor Marinátos starb am 1. Oktober 1974 unter einer zusammenstürzenden Mauer inmitten seines Lebenswerks. Er liegt hier begraben, Kränze und Blumen erinnern an ihn. Der Archäologe Chrístos Doúmas führt Marinátos' Lebenswerk bis heute fort. Dank der unglaublichen Fülle an Funden und der Größe des Areals werden noch Jahrzehnte verstreichen, bis die Stadt vollständig ausgegraben und in allen Einzelheiten untersucht ist.

Geschichte: Die ältesten Siedlungsspuren in Akrotíri reichen gut 5000 Jahre zurück, doch entwickelte sich die Stadt erst in der mittleren Bronzezeit zu ihren späteren Ausmaßen. Das „Pompeji der Ägäis" ist somit wesentlich älter als die verhältnismäßig junge süditalienische Römerstadt, die erst 79 n. Chr. verschüttet wurde. Der Zeitpunkt der Katastrophe von Akrotíri kann mittlerweile auf die Zeitspanne zwischen 1627 und 1600 v. Chr. festgelegt werden (→ S. 22). Vielleicht war die Insel im 17. Jh. v. Chr. eine Art Satellit des minoischen Kreta, ein vorgeschobener Seestützpunkt. Genuin minoisch war Akrotíri wahrscheinlich nicht, sondern eine schon Jahrhunderte, wenn nicht Jahrtausende lang besiedelte Kykladeninsel, die kulturell von den mächtigen kretischen Minoern stark beeinflusst wurde. Der gewaltige Ausbruch des Santoríni-Vulkans zerstörte bzw. begrub die kykladisch-minoische Siedlung unter seinem Auswurfmaterial. Akrotíri war aber wohl bereits eine erhebliche Weile (manche Forscher sprechen von einem ganzen Jahr) vor dem Ausbruch des Vulkans verlassen worden, denn unter der Asche- und Bimssteinschicht hat man weder Leichen noch Wertgegenstände aus Metall, Schmuck oder Münzen gefunden (mit der einzigen Ausnahme der *Goldenen Ziege*, siehe unter *Prähistorisches Museum* in Firá, S. 116). Wahrscheinlich hatten vorangegangene

Blick vom erhöhten Rundgang in die Ausgrabungsstätte von Akrotíri

Erdbeben die Bevölkerung zu einer groß angelegten Flucht veranlasst. Ob sie letztendlich glückte, ist nicht geklärt. Vielleicht sind die Schiffe noch auf See von den Auswirkungen des Ausbruchs eingeholt worden und gekentert. Dafür würde sprechen, dass man nirgendwo auf den ägäischen Inseln eine Siedlung der ehemaligen Akrotíri-Bewohner fand. Nicht mitgenommen wurden Hausrat, Keramik und Handwerksgeräte. Die Bewohner hatten jedoch versucht, ihre Habseligkeiten vor den Beben zu schützen, indem sie sie in vermeintlich stabilen Räumen und unter Türstöcken aufgestellt hatten. Wahrscheinlich wollte man nach dem drohenden Vulkanausbruch wieder nach Akrotíri zurückkehren. Und natürlich konnte man auch die fantastischen Wandbilder nicht mitnehmen, die von den Archäologen in beinahe jedem Haus entdeckt wurden. Anhand von Abdrücken und Hohlräumen in der Asche haben die Archäologen vieles über die Lebensgewohnheiten herausgefunden – so gab es bereits richtige Möbelstücke wie Betten, Tische und Stühle (Gipsmodelle im Prähistorischen Museum in Firá), man hat Speisereste analysieren können (u. a. Bohnen, Fisch, Ziegen- und Schweinefleisch), fast jedes Haus besaß einen Webstuhl und eine öffentliche Kanalisation mit Röhren aus Ton sorgte für die Beseitigung der Abwässer.

Über 3000 Jahre alte Tongefäße in Akrotíri

Ausgrabung: Das Gelände liegt etwa 250 m oberhalb der heutigen Südküste von Santoríni und umfasst derzeit mehr als 10.000 qm. Allerdings ist schon jetzt bekannt, dass die historische Stadt einst wohl das Doppelte dieser Fläche einnahm. Ob es jedoch ehemals Hauptort der Insel war, kann nicht nachgewiesen werden. Jedenfalls lag die Stadt sehr günstig an der windgeschützteren Südseite und praktisch an der kürzesten Seeroute nach Kreta. Bis heute wurden über tausend Tongefäße unterschiedlicher Größe entdeckt, die entweder aus einheimischer Produktion oder aus Kreta stammen. Die Forscher unterscheiden drei Typen von zumeist zwei- bis dreistöckigen Häusern: größere öffentliche Gebäude ohne Wohneinheiten, Wohngebäude mit Wirtschafts- und Schlafräumen sowie Einzelgebäude nur mit Wirtschaftsräumen. Zwischen den Wänden wurden Holzbalken als „Knautschzone" eingezogen, Erdbeben waren also schon immer eine Gefahr für die Stadt. Erdgeschossräume ohne Fenster waren Lagerstätten, mit Fenstern Verkaufsräume. Sogar eine Art Bad mit Kanalisation wurden an fast allen Herrenhäusern entdeckt und ausgegraben. Soweit ersichtlich, verfügten die Häuser über ein Flachdach und die Wände waren verputzt. Auf diesem weißen Putz wurden die Malereien aufgebracht, die Akrotíri dreieinhalbtausend Jahre später weltberühmt machen sollten.

Rundgang: Rund um die eindrucksvollsten Mauern der alten Stadt wurde ein begehbares Wegenetz mit Holzplanken auf einer Stahlkonstruktion erstellt. Man geht praktisch einmal um das Zentrum der Stadt herum und kann von einer erhöhten Position die Gebäudereste und Straßenzüge einsehen. Der Rundweg mit Aussichtsplattformen, Sitzgelegenheiten und Treppen führt über zwei Abzweigungen auch quer

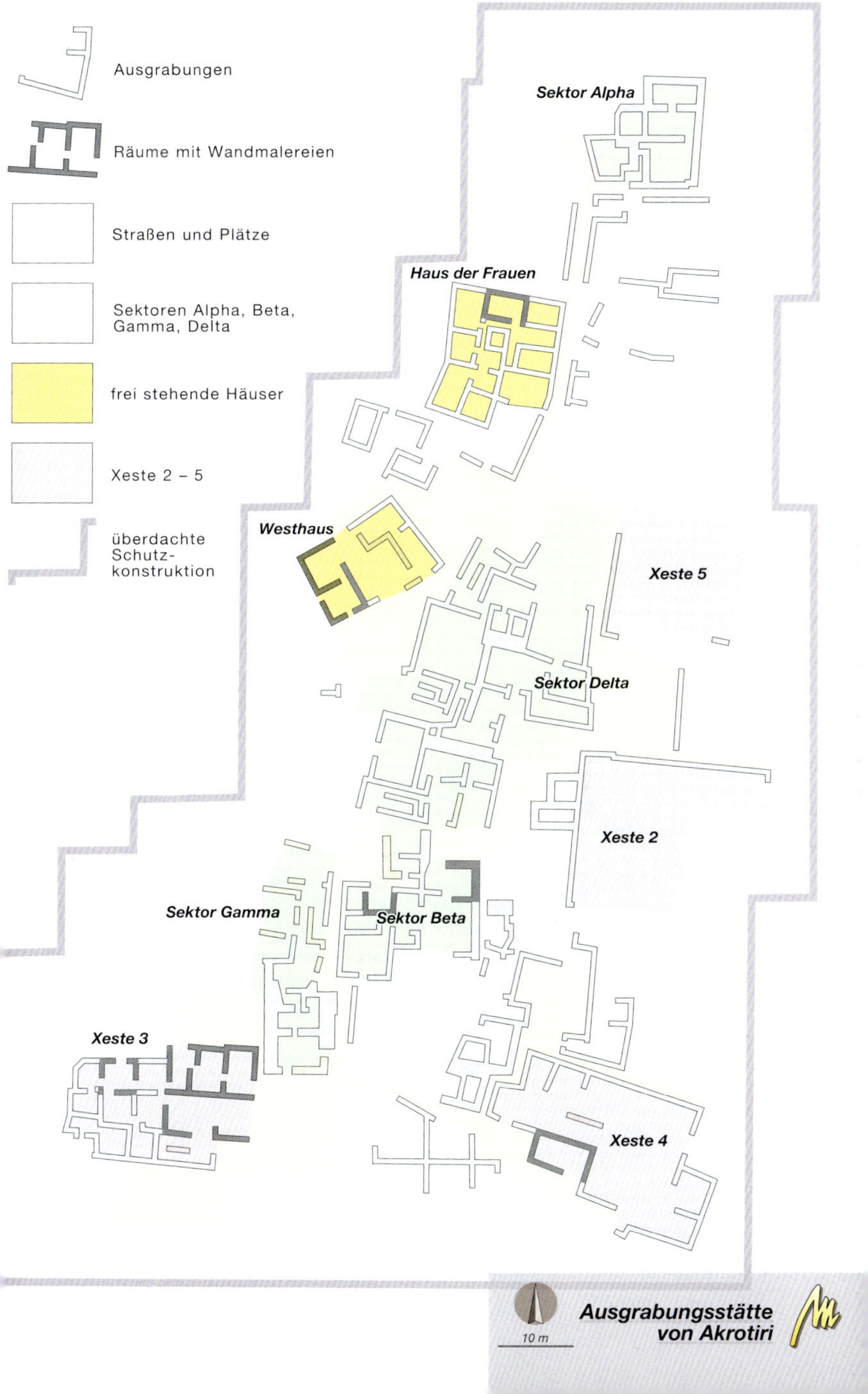
Ausgrabungen
Räume mit Wandmalereien
Straßen und Plätze
Sektoren Alpha, Beta, Gamma, Delta
frei stehende Häuser
Xeste 2 – 5
überdachte Schutzkonstruktion
Sektor Alpha
Haus der Frauen
Westhaus
Xeste 5
Sektor Delta
Xeste 2
Sektor Gamma
Sektor Beta
Xeste 3
Xeste 4
10 m
Ausgrabungsstätte von Akrotiri

durch die Stadt auf Augenhöhe mit den Häuserfronten. Diese beiden Teilstücke sind mit einem Betonboden befestigt. Die gesamte Anlage ist von einem modernen Holzdach mit lichtdurchlässigen Glasfenstern auf einer Stahlkonstruktion mit zahlreichen Stützpfosten überdacht. Diese „Schutzhülle" vermittelt aber leider eher eine moderne als eine archaische Atmosphäre. Am Eingang wurde eine große Orientierungstafel mit Nummerierungen aufgestellt und auf dem Rundgang finden sich unterwegs im unteren Teil der Stadt einige Informationstafeln mit Erklärungen auch in deutscher Sprache. Ein Faltplan oder Ähnliches sowie offizielle Führungen werden nicht angeboten.

Öffnungszeiten 1. April bis 31. Okt. tägl. 8–20 Uhr. 1. Nov. bis 31. März Di–So 8–15 Uhr, Mo geschlossen. Gebührenpflichtiger Parkplatz gegenüber dem Eingang zum Ausgrabungsgelände.

Eintrittspreise Erwachsene 5 €, ermäßigt 3 €.

Parken Bewirtschafteter Großparkplatz gegenüber vom Eingang. Zweirad 1,50 €, Quad 2 €, Auto 3 €, Wohnmobil 5–6 €.

Information Fotografieren und Filmen erlaubt, Anfassen der Mauern verboten. Sitzgelegenheiten und Toiletten (auch barrierefrei) in der Außenanlage. ✆ 22860-81939, odysseus.culture.gr/h/3/eh351.jsp?obj_id=2410.

Die Wandmalereien von Akrotíri

Neben den minoischen Wandbildern aus Knossós auf Kreta sind die Fresken von Akrotíri die ältesten erhaltenen Bildwerke Griechenlands – kaum zu glauben, dass sie mehr als tausend Jahre vor der klassischen Antike entstanden sind.

Elegant und schwungvoll angelegt, mit sicherem Blick für Farbwirkung, ähneln sie stark den kretischen Darstellungen, wirken aber naturalistischer und sind oft detaillierter. Als Farbtöne wurden hauptsächlich Blau, Rot, Orange, Gelb, Schwarz und Weiß verwendet. Da die Bilder auf bereits getrocknete und glatt polierte Wände gemalt wurden und nicht in den noch feuchten Wandverputz (al fresco – ital. = im Feuchten), darf man dabei streng genommen eigentlich nicht von Fresken sprechen. Während sich „al fresco"-Malerei, die vor allem die italienischen Renaissancekünstler meisterhaft einsetzten, untrennbar mit dem Grund verbindet und für Jahrtausende dauerhaft konserviert ist, blätterten die kykladisch-minoischen Gemälde rasch ab. So blieben nur karge Reste der teilweise überlebensgroßen Darstellungen erhalten.

Frühlingsbild mit Lilien

In ihrer Thematik spiegeln die Bilder das Leben und die unmittelbare Umwelt der Bewohner Akrotíris wieder, aber auch ihre weitreichenden Beziehungen im östlichen Mittelmeerraum.

Neben Menschen und Tieren sind vor allem Pflanzen und insbesondere Schiffe dargestellt. Umstritten ist, ob die Bilder religiösen Hintergrund besitzen oder ob sie lediglich profane bzw. private Szenen zeigen. Zu den bedeutendsten Bildern gehören das wunderschöne Frühlingsbild, der nackte Fischer, die boxenden Knaben, die weißen Antilopen und die kletternden blauen Affen. Eine Sonderstellung nehmen die einzigartigen Darstellungen eines Seekriegszugs und einer Schiffsprozession ein, die anstatt einer Ornamentleiste in der oberen Hälfte eines Raumes gefunden wurden. Die meisten Exponate sind im Archäologischen Nationalmuseum von Athen untergebracht. Einige der Originalbilder können aber im Prähistorischen Museum von Firá (S. 116) betrachtet werden. Exakte Kopien der restaurierten Wandgemälde sind außerdem im neuen Museum *Santozeum* in Firá ausgestellt (S. 121).

Die wichtigsten Bilder **Weiße Antilopen**: Das Antilopenpaar wurde so naturgetreu gemalt, dass die Wissenschaftler heute sogar den Namen der Gattung erkennen können: Oryx Beissa. Einst soll das gesamte Bild aus sechs Tieren bestanden haben, zwei Paaren und zwei Einzeltieren.

Boxende Knaben: Keine „normalen" Kinder, sondern Diener der Götter, die hier einen spielerischen Kampf austragen. Hierfür sprechen die teils kahlen Köpfe (nach afrikanischem Vorbild) und der Schmuck an den Ohren, dem Hals und den Armen. Sportliche Betätigung hatte nicht nur im klassischen Griechenland religiösen Charakter (z. B. bei den Olympischen Spielen). Die Darstellung der Boxhandschuhe ist die älteste ihrer Art.

Blaue Affen: Nur noch in Fragmenten erhalten. Sehr naturgetreu gemalte Affen klettern auf stilisierten Felsen. Der Rest des Bildes ist leider nicht bekannt. Affen wurden oft als spezielle Diener der Götter dargestellt. Warum die Affen in Blau wiedergegeben wurden, ist ebenfalls unbekannt. Die reale Existenz blauer Affen wird jedenfalls ausgeschlossen.

Frühlingsbild mit Lilien: In impressionistischen Farben gemalte Lilien auf einer Felslandschaft, deren rote und braune Töne noch heute in der Umgebung Akrotíris zu sehen sind. Die Darstellung der Pflanzen erfolgte in der Bewegung durch einen leichten Wind, da die minoischen Maler starre Haltungen immer vermieden. Von der Knospe bis zur reifen Lilienblüte sind alle Phasen des Wachstums vertreten.

Erwachsene Frauen: Erhalten sind nur noch zwei Fragmente einer ehemals größeren Komposition. Die Frauen tragen feine Kleider und viele Schmuckstücke. Wahrscheinlich überbringen sie gerade kultische Geschenke an die Gottheiten. Im Hintergrund sind die ebenfalls heiligen Papyruspflanzen zu erkennen.

Jugendliche Priesterin: Sie trägt eine Art Sari und eine Mütze mit eingeflochtener Schlange auf dem Kopf, wie sie auch schon bei ähnlichen Darstellungen auf Kreta gefunden wurden. Die junge Frau hält einen Krug mit langem Griff. Solche Exponate fand man tatsächlich in Akrotíri.

Nackter Fischer: Vielleicht kein wirklicher Fischer, sondern Diener einer Gottheit. Für den religiösen Charakter sprechen der geschorene Kopf und die Nacktheit. Arbeitende Männer wurden ansonsten niemals nackt dargestellt. In Laufrichtung der Diener fand man zudem einen Opferaltar im selben Zimmer.

Seekriegszug und **Schiffsprozession**: Zwei vielfigurige Bildwerke mit zahlreichen Schiffen, fast hundert Menschen und vielen Tieren. Der genaue Inhalt ist noch immer umstritten. Meist werden die zwei Friese als zusammengehörige Darstellung eines geschichtlichen Ereignisses interpretiert: ein siegreich beendeter Kriegszug – wahrscheinlich ins heutige Libyen – und eine anschließende Prozession zur Erinnerung daran. Dies wird aus dem besonderen, religiös gedeuteten Schmuck der Schiffe heraus interpretiert, während Speere und Helme die militärische Komponente unterstreichen.

Tropische Landschaft: Zwei Raubtiere, eine Wildkatze und ein Greif (Löwe mit Adlerkopf) jagen in der Nähe eines Flusses. Wegen der Palmen glauben die Forscher an eine Szene aus einem Expeditionszug nach Libyen.

Strand von Akrotíri

Unterhalb der Ausgrabung endet die Straße mit einem Buswendeplatz direkt am Meer. Davor liegt ein mehrere hundert Meter langer Strand aus grobem, schwarzem Lavakies und verstreuten Felsbrocken, der zum Baden aber nicht sonderlich gut geeignet ist.

Hinter dem Beach fällt die Küste in bizarren Klippenformationen und Bimssteinwänden zum Meer ab. Fischer haben sich darin ihre Bootsgaragen eingerichtet, einige davon wurden zu stimmungsvollen Tavernen umgebaut. In der Mitte des Strandabschnitts befindet sich ein kleiner, betonierter Anlegesteg, von dem im Hochsommer Kaíkis zu den nahen Stränden *Red Beach* und *White Beach* fahren. Der landschaftlich eindrucksvolle Red Beach ist aber auch leicht zu Fuß zu erreichen, Zugang zum White Beach nur mit dem Kaíki.

Verbindungen Am Strand unterhalb von Akrotíri liegt die Endstation der **Busse** von Firá nach Akrotíri. Die Busse wenden auf dem großen Platz und fahren zurück nach Firá. Wer zum Red Beach will, muss hier aussteigen und den Rest zu Fuß gehen oder mit dem Boot fahren (siehe folgender Abschnitt).

Einrichtungen **Sonnenschirmverleih** am Strand.

Schwarze und weiße Lava erstarrt in den Felswänden der Südwestküste

Übernachten Nach Privatzimmern in den Tavernen erkundigen.

** **Hotel Akrotíri**, vermietet werden 17 solide möblierte Zimmer und Studios auf mehreren Ebenen und mit Meerblickbalkonen. Frühstück auf der unteren Terrasse. Ruhige Lage. Lauschige Caféterrasse vor dem Haus. DZ 50–80 €. Direkt beim Buswendeplatz, ✆ 22860-81375, www.hotelakrotiri.gr.

Essen & Trinken Vor den Höhlentavernen sitzt man gemütlich auf Terrassen am Meer, die Wellen plätschern fast bis an die vordersten Stühle. Weitere Tavernen liegen an der Straße zum Red Beach.

Café Akrotíri, Snackbar direkt am Buswendeplatz. Gehört zum gleichnamigen Hotel. Man sitzt angenehm schattig unter Tamarisken und Schirmen auf einer Terrasse am Meer und kann einen Kaffee genießen, während man auf den nächsten Bus wartet.

››› Mein Tipp: **I Spília tou Nikóla (The Cave of Nikolas)**, originelle, von Nikólas und seiner Frau Stathía 1967 eröffnete Höhlentaverne am Strand, tief in die Klippen hineingebaut, Schilfdach davor. Heute in dritter Generation geführt. Die Küche hat schon griechische Gourmetpunkte bekommen. Chef Mínas versucht, Tradition und alte Tavernenatmosphäre zu bewahren. Das Innere der Höhlen und die topmoderne Küche sind ein Blick wert. Außerdem ein kleines Museum mit Weinfässern, Behältern, einem Mühlstein und Ikonen. Herrlicher Platz am Meer, um einen halben Tag bei offenem Wein und leckerem Essen zu verträumen! Fisch und Oktopus direkt vom Boot, als Mezés (Vorspeisen) z. B. leckere Shrimps. Beste Qualität zu angemessenen Preisen. www.thecave-ofnikolas.gr. ‹‹‹

Der Red Beach: beliebtester Strand im Südwesten Santorínis

Melína, gleich die erste Höhlentaverne westlich vom Ende der Straße. In die Felswände hat man zwei Bootshälften integriert. Hübsche Dekoration mit Fischernetzen und Nachbildungen der Wandbilder von Akrotíri. Gute Fischgerichte zu angemessenen Preisen. www.melinastavern.com.

Red Beach (Kókkini Ámmos)

Gigantische Szenerie vor einer tiefroten Vulkansteinwand, die fast mit dem Kraterrandblick mithalten kann. Einer der beliebtesten Badeplätze auf der Insel. Von Akrotíri aus zu Fuß und per Kaíki zu erreichen.

Wer mit dem eigenen Fahrzeug kommt, parkt am Ende der Zufahrtsstraße an der *Kirche Ágios Nikólaos Mavrorachídi* unter einer dunkelroten Lavawand (früh kommen – im Hochsommer ist nach 11 Uhr kaum noch ein Platz zu finden). Wer mit dem Bus fährt, steigt an der Endhaltestelle aus, wandert über den Strand von Akrotíri westwärts und gelangt so ebenfalls zum Parkplatz an der Kirche. Weiter geht es nur zu Fuß durch spärliche Phrygana bergauf um ein kleines Kap. Der Pfad ist stark ausgetrampelt, mit weißen Punkten markiert und nicht zu verfehlen. Nachdem man um die Ecke gebogen ist, öffnet sich der Blick urplötzlich auf die gigantische, tiefrote Felswand, die nach links allmählich ins Wasser abgleitet. Darunter erstreckt sich ein grauschwarzer Sand- und Kiesstrand. Überwältigend zeigt sich das Farbenspiel des Vulkangesteins – von Hellgelb über Dunkelrot bis Tiefschwarz! Sicherlich eine der schönsten Stellen Santorínis, jedoch erkennt man von Juni bis August vor lauter Menschen den Strand kaum mehr. Tourbusse, Badeboote, Mietwagen – alle fahren zum Red Beach. Liegestühle und Sonnenschirme stehen in Reih und Glied, zwei kleine Snackbars bieten Erfrischungen.

Warnung: Der Fußpfad ist völlig ungesichert, teils steil und führt über loses Gestein. Wir empfehlen mindestens Sandalen, keine Flip-Flops. Zudem ist die hohe rote Felswand von ständigen Steinschlägen bedroht. Kleinere Steinchen lösen sich praktisch täglich und fallen auf den Strand hinunter, größere Brocken dürften nur eine Frage der Zeit sein …

Anfahrt/Verbindungen Wer zum Red Beach will, muss den Bus nach Akrotíri nehmen und am **Buswendeplatz** unterhalb von Akrotíri aussteigen. Den Rest entweder zu Fuß gehen, am besten über den schmalen Kiesstrand an den Tavernen vorbei, dann wieder ein kurzes Stück über die Straße, bevor der eigentliche **Fußweg** zum Red Beach an der Kirche Ágios Nikólaos beginnt (ca. 20–25 Min.) oder per Boot: Von Juni bis Sept. verkehren **Kaíkis** von der kleinen Mole vor der *Taverne Cave of Nikólas* am Akrotíri-Strand zum *Red Beach*, zum *White Beach* und zum *Black Beach*. In der Hauptsaison (Juni bis Aug.) etwa halbstündlich zwischen 10.30 und 18 Uhr, in der Nebensaison nur 3- bis 5-mal tägl. Preis 5 € pro Pers. einfach. Infos unter ✆ 22860-81360.

Von Períssa und Kamári aus fahren auch Badeboote direkt zum Red Beach. Details siehe jeweils dort.

Einrichtungen Postkarten, Souvenirs, Strandbedarf, Getränke und Snacks werden an Ständen und in **Läden** an der Zufahrtsstraße zum Beach verkauft. **Sonnenschirmverleih** an der Bar am Strand.

Übernachten Keine Möglichkeiten. Die nächsten Zimmer liegen am Strand von Akrotíri und im Ort.

Essen & Trinken **Cafébar** am Parkplatz an der Kirche Ágios Nikólaos. Direkt am Red Beach gibt es zwei **Imbissstände** mit Snacks und Getränken.

Ta Delfínia, am Weg zum Red Beach, direkt am Meer, ein paar Stufen führen von der Straße hinunter. Man sitzt auf einer ins Meer hineinbetonierten Mole unter einem Sonnendach. Kapetán Geórgios serviert natürlich Fischgerichte. Tipp ist die gemischte Fischplatte: von Oktopus über Kalamári bis zu Melanoúri und Brassen. Freundliche Bedienung, griechische Musik und Inselweine.

››› Mein Tipp: **Gláros**, auf einer Hochterrasse an der Zufahrtsstraße zum Red Beach. Spezialität der freundlichen Sotiría sind Fisch und Meeresfrüchte, Marídes und Kalamári frittiert und vom Grill, Mezé-Platte mit Oktopus und hausgemachten Dolmadákia, Tomatokefthédes und gefüllten Tomaten. Choriátiki mit Gewürzen und Zutaten aus dem eigenen Garten neben der Tavérna sowie Käse von eigenen Ziegen und Schafen. Weiß- und Rotwein aus der Gegend um Akrotíri. Ganztags geöffnet von März bis Nov. Preise okay. ‹‹‹

Der äußerste Südwesten

Vor dem Ortseingang von Akrotíri zweigt eine asphaltierte Stichstraße zum Leuchtturm an der äußersten Südwestspitze Thíras ab, beschildert mit „Faros“. Die touristische Entwicklung schreitet auch hier voran.

Die noch zu Beginn des Jahrhunderts völlig abgelegene Region ist mittlerweile durch Ferienhäuser touristisch erschlossen worden. Wie früher wird aber auch noch viel Weinbau und Landwirtschaft betrieben. Entlang der Straße warten einige Restaurants und auf lokale Bio-Produkte spezialisierte Marktstände auf Tagesausflügler. Unterwegs gibt es einige (noch) nicht asphaltierte Seitenwege zu erforschen, u. a. zu den Stränden Kampiá und Méssa Pigádia. Nach knapp 5 km erreicht man am Ende der Straße den *Fáros* (griech. Leuchtturm). Es gibt keine öffentlichen Busverbindungen in den äußersten Südwesten.

Kirche Panagía tou Pállou: tief unten am Kraterhang versteckt, ziemlich am Anfang der Straße zum Fáros. Die Höhlenkirche wurde mit ihren elegant geschwungenen Formen dem Fels angepasst. Von der Feuerstelle schöner Blick auf die Caldéra. Wenige hundert Meter danach, in einer Kurve auf der linken Seite, steht die *Kapelle Ágios Ioánnis*. Die *Panagía Kímisi* mit leuchtend blauer Kuppel befindet sich etwas unterhalb davon.

Übernachten *** Hotel Apánemo, modern und mit diversen Kunstwerken eingerichtetes Haus mit fantastischem Panoramablick über die Caldéra und in sehr ruhiger Lage. Vermietet werden 10 Zimmer und 8 Apartments mit Terrasse und schicken Bädern. Schöner Pool auf 3 Ebenen mit Jacuzzi und Poolbar. DZ 90–250 €, Apartment 90–130 €. An der Straße zum Leuchtturm, ✆ 22860-82831, www.apanemo.com.

Essen & Trinken Aeólos, kurz vor der Abzweigung zum Kampiá-Strand. Hübscher Blick in die Caldéra. Tische draußen und drinnen in einem sechseckigen Pavillon. Gute griechische Küche. Vor allem zum Mittag beliebt.

Gialós Kampiá: Etwa 2 km ab der Platía in Akrotíri und ca. 700 m nach zwei markanten Kirchen zweigt linker Hand ein breiter Schotterweg von der Straße ab. Schon von hier aus ist die weiße *Höhlenkirche Agía Paraskeví* (→ nächster Abschnitt) gut zu sehen. Der geschotterte Weg hinunter zur Bucht von Kampiá (gelegentlich als „Kabiá" transkribiert) führt etwa 2,3 km hangabwärts. Unten am Meer mehrere hundert Meter schmaler, leidlich sauberer Strand aus grobem Kies, Geröll und größeren Felsblöcken zwischen hohen Felsen, in die einige Bootsgaragen gebaut wurden. Links leuchtet der „Red Beach" herüber, aber auch am Kampiá gibt es rotes Lavagestein. Baden ist möglich, allerdings sollte man auf die vielen kantigen Felsen im Wasser achten.

Kabiá, direkt im Rücken der Bucht befindet sich die kleine Taverne auf einer schilfüberdachten Hochterrasse. Das freundliche Wirtsehepaar serviert überwiegend Fischgerichte. Preise okay. Juni bis Sept. offen.

Kirche Agía Paraskeví: lang gestreckte, weiße Höhlenkirche an der Schotterstraße zum Kampiá-Strand. Nach ca. 1,1 km auf dieser Piste zweigt rechts ein schmaler Pfad zur Agía Paraskeví ab. Ihre Südseite wurde in die Felsen hineingebaut, sodass sie vom Meer aus nicht zu sehen ist. Über der (meist verschlossenen) Tür befinden sich die Namen der Stifter. Kleiner Vorhof mit Sitzbänken und Blick ins Landesinnere. Ausgesprochen hübsche Lage.

Sand, Kies und Geröll am Black Beach – Méssa Pigádia

White Beach (Áspri Ámmos): um das Kap rechter Hand liegt der schmale White Beach unterhalb einer weißen Felswand. Ein Zugang über Land besteht nicht. Zum White Beach gelangt nur per Badeboot vom Akrotíri-Strand aus (Informationen siehe dort).

Kirche Panagía Theosképasti: Etwa einen halben Kilometer nach der Abzweigung zum Kampiá-Strand zweigt ebenfalls nach links eine kurze Stichpiste zu dieser Kirche ab. Sie ist leider meist verschlossen, besitzt aber eine fantastische Aussichtslage mit Blick aufs Meer und die üppigen Weinfelder.

Marktstand Kalí Kardiá

Kalí Kardiá, der Marktstand von Michális Belás an der Straße zum Fáros (kurz nach der Abzweigung nach Kampiá) wurde 2015 zu einer Taverne mit rund 20 Tischen erweitert. Die freundliche Ánna serviert santorinische Küche mit lokalen Produkten aus dem eigenen Garten, alles frisch zubereitet. Man sitzt auf einer großen, hübsch dekorierten und windgeschützten Aussichtsterrasse oder im rundum verglasten Innenraum. Vorzügliches Essen und gutes Preis-Leistungs-Verhältnis. Im benachbarten Shop kann man Gewürze, Fáva, Oliven, Olivenöl, eingelegtes Gemüse, Tomaten, eingekochte Tomatensauce, Kapern und Kapernblätter, lokalen Käse, Nüsse und verschiedene Santoríni-Weine erwerben. Außerdem leckere selbst gemachte Marmeladen, z. B. aus Maulbeeren. ✆ 22860-82247. ■

Gialós Méssa Pigádia: Gut 3 km ab Akrotíri zweigt links von der Asphaltstraße die etwa 1,5 km lange Schotterpiste zur Bucht Méssa Pigádia ab. Der Strand – auch *Black Beach* genannt – besteht aus grobem, grauen und schwarzen Lavakies mit Felsen und zieht sich über ca. 350 m Länge. Wasser mit Felsblöcken, daher nicht sonderlich attraktiver Badeplatz und selbst im Hochsommer nur wenig besucht. Vorsicht beim Schwimmen! Die weit ausladende Bucht wird auf beiden Seiten von weißen und roten Klippen eingerahmt.

Essen & Trinken **Méssa Pigádia**, hübsch auf mehreren Ebenen am Strand und am Hang angelegte Taverne im alten Stil, mit Lavasteinen dekoriert. Vom Kaffee über Salate und traditionellen Grillgerichten bis zu Fisch ist alles zu haben. Der gemauerte Ofen ist einen Blick wert.

Kirche Panagía Kalamiótissa: Knapp 800 m vor dem Leuchtturm zweigt rechts von der Hauptstraße eine ebenfalls asphaltierte Piste zur 1993 geweihten Kirche Panagía Kalamiótissa ab. Sie liegt wunderschön auf einem Plateau unterhalb des Bergrückens. Die Außenanlage ist mit zahlreichen Blumen und Pflanzen begrünt, darunter auffallend viele Feigenbäume. Unter dem Glockenturm hindurch gelangt man zum leider meist verschlossenen Eingang der Kirche. Nebenan ein Gebäude für die Panigýria und ein nettes Ruheplätzchen. Von hier aus sind auch die Lavaformationen am Kraterrand gut zu sehen.

Der große Leuchtturm am Kap Akrotíri

Fáros: Der große Leuchtturm steht am *Kávos Akrotíri* etwa 110 m über dem Meer zwischen Bimssteinhängen und Lavaklippen in allen Farbtönen. Das Gebäude ist umzäunt und unzugänglich. Vorsicht bei Spaziergängen am Steilkap: Die Wände fallen steil ab und das Geröll ist teils lose. Gelegentlich lösen sich auch einige Steine und fallen ins Meer. Wir raten vom Klettern in diesem Gebiet ab! Superblick hinüber auf den Kraterrand-Felsen Aspronísi und auf die von Kreta oder Anáfi kommenden Fähren. Hinter Aspronísi liegt das Südkap der Insel Thirassía mit dem gut zu erkennenden Kloster Kímissi tis Theotókou auf der Spitze.

Anfahrt Leider gibt es am Ende der Straße kaum Parkplätze, deshalb besser versuchen, ein Stück vor dem Leuchtturm zu parken.

Essen & Trinken / Shopping **Kapetán Dimítrios**, auffällig mit Lavasteinen dekoriertes Gebäude ca. 1 km vor dem Fáros. Windgeschütztes Plätzchen unter Sonnendach mit Blick über die Felder aufs Meer. Spezialität der freundlichen Eigentümerfamilie sind Tomatokefthédes, Fáva nach Art des Hauses und Käse aus eigener Schafhaltung. Auch Lammgerichte und Souvláki von Tieren des eigenen Bauernhofs. Preise im Rahmen.

Giorgáros, kurz vor dem Leuchtturm, Taverne einer Fischerfamilie. Selbst gefangener Fisch, alles frisch zubereitet, herrlicher Blick bis hinüber nach Oía.

Fáros Products, Spezialitätenladen mit Café an der Straße zum Leuchtturm. Die freundliche María und ihre Schwägerin Markélla verkaufen lokale Bio-Produkte und Spezialitäten der Insel wie Gewürze, Fáva, Oliven, Olivenöl, Gemüse, Tomaten, Kapern, lokalen Käse, Honig, Nüsse und Weine. Die Marmelade wird direkt im Laden gekocht. Im Sommer kann man den Frauen beim Verarbeiten von Obst und Gemüse zusehen. Im Außenbereich einige Sitzplätze, wo Getränke serviert werden. Idyllisch gestaltetes Außengelände mit zwei Puppen in der traditionellen Kleidung der Weinbauern, Dreschplatz, Brunnen, Winzer-Gerätschaften und Miniaturwindmühle. Nebenan eine Ziege und ein Esel zum Streicheln und Fotografieren. Weiter hinten auf dem Gelände eine Sonnenuntergangsterrasse mit weiteren Sitzplätzen. Dazwischen eine Traubenwanne, in der die Trauben mit den Füßen verpresst werden. Wer im August zu Besuch ist, kann mitmachen. Im einen Stock tiefer gelegenen Weinkeller wird der gepresste Saft gekeltert. Dort werden die Fässer auch gelagert und Weinproben durchgeführt. ✆ 22860-81150, www.farosproducts.gr. ■

Thirassía: Hauptort Manolás hoch oben am Kraterrand und sein Hafen Córfos

Die weiteren Inseln des Archipels

Thirassía ist die zweitgrößte Insel des Archipels und neben Thíra die einzige bewohnte. Zusammen mit Thíra und Aspronísi bildet sie den Rand der ehemaligen Vulkaninsel Strongilí. Paléa und Néa Kaméni inmitten der Caldéra sind deutlich jüngeren Datums und durch vulkanisches Auswurfmaterial bei Eruptionen im untermeerischen Krater entstanden.

Alle Inseln des Archipels können besucht werden, wobei es tägliche Linien-Fährschiffe nur nach Thirassía gibt. Aspronísi sowie Néa und Paléa Kaméni können nur tagsüber per Ausflugsboot besucht werden. Die zahlreichen organisierten Ausflüge (Hinweise im Kapitel *Firá* und hier nachfolgend) sind eine schöne Abwechslung zum Strand-Alltag auf Thíra und gehören zu Ferien auf Santoríni einfach dazu. Besonders reizvoll ist Thirassía: Mit Ausnahme des Hafens Córfos ist diese Insel touristisch gänzlich unerschlossen und ursprünglich geblieben. Der Trip nach gegenüber ist eine Zeitreise nach Santoríni vor dreißig Jahren. Nicht alltäglich sind auch der Besuch der imposanten Kraterlandschaft auf Néa Kaméni und das Schwimmen in den warmen Quellen von Paléa Kaméni.

Nachmittags im Hafen Córfos

Thirassía

Die kleinere Schwesterinsel von Thíra ist ein kleines Stück der Westküste der ehemaligen Insel Strongilí, die beim Ausbruch des Santoríni-Vulkans explodierte. Praktisch ohne touristische Entwicklung ist es hier ruhig und beschaulich geblieben, man findet viel griechisch-gemütliche Ursprünglichkeit und die Zeit scheint fast still zu stehen.

„In the middle of nowhere“ charakterisieren die Santoríner abschätzig die kleine Insel auf der anderen Seite des Kraterrands. Gegenüber sieht man das naturgemäß etwas anders. Ihr Eiland, so sagen die Einheimischen voller Stolz, sei „Santoríni before thirty years“ und untertreiben damit keineswegs. Tatsächlich zeigt man auf Thirassía an touristischer Entwicklung kein sonderliches Interesse, was auch gleichzeitig den besonderen Reiz dieser Insel ausmacht. Mit Ausnahme des Monats August findet man auf Thirassía wirklich pure Einsamkeit. Dann trifft man auf der Insel – mit Ausnahme der Tavernenwirte, Gemeindebeamten und Eselstreiber – fast nur noch alte Leute. Ihre höchste Bevölkerungszahl erreichte Thirassía um 1900 mit etwa 850 Einwohnern. Heute leben gerade noch etwa 150 Menschen ständig hier. Die Jugend verdient ihr Geld auf Santoríni oder am weiten Festland und kommt nur noch in den Sommerferien zurück nach Hause.

Geologisch zeigt Thirassía denselben Aufbau und fast haargenau dasselbe Erscheinungsbild wie Thíra, nur spiegelbildlich am gegenüberliegenden Kraterrand. Thirassía besitzt nur noch zwei bewohnte Orte: *Thirassía-Ort* oder *Manolás* genannt sowie *Potamós*. Außerhalb liegen zwei mittlerweile verlassene Weiler sowie eine Handvoll Bauernhäuser. In Strandnähe gibt es außerdem in den Sommermonaten bewohnte private Ferienwohnungen. Auf ganz Thirassía gibt es derzeit 21 Kirchen und Kapellen. Der Hauptort Manolás zieht sich in gut 175 m Höhe als ein weißes Band auf der Abbruchkante entlang, genau wie Firá und Oía auf Santoríni. An der Westküste läuft Thirassía ebenso sanft aus wie der große Bruder gegenüber an seiner Ostküste. Auch das Gestein entspricht dem von Santoríni, was für die vulkanischen Verwerfungen auf der Oberfläche ebenfalls gilt. Die Buchten im Westen von Thirassía bestehen fast ausschließlich aus lockerem Geröll und sind zum Baden leider kaum geeignet. Auf den Feldern im flachen Teil der Insel werden Futtermittel, Gemüse und etwas Wein angebaut.

Die meisten Ausflugsschiffe laufen den Hafen *Córfos* an der Steilwand unterhalb von Manolás an. Von dort kann man über einen *Treppenweg* hinaufsteigen oder per Muli reiten. Fährschiffe von Athiniós und Oía halten im Hafen *Ríva* am Nordende von Thirassía. Hier liegt auch der einzige taugliche Badestrand des Eilands.

Thirassía umfasst nur etwa 9,4 qkm Fläche. Die Insel in der Form eines Parallelogramms ist etwa 5,7 km lang und 2,7 km breit.

Verbindungen zwischen Santoríni und Thirassía

Fährschiffe: Die Großfähren der Route Piraeás–Santoríni legen in Thirassía seit einigen Jahren nicht mehr an. So erfolgt der Fährverkehr mit Fahrzeugtransport ausschließlich innerhalb des Santoríni-Archipels. Die Kleinfähre *Níssos Thirassía* hält über den ganzen Winter die Verbindung zwischen den Inseln aufrecht. Abfahrten nach Córfos und Ríva gibt es vom Hafen Athiniós und vom Old Port (Skála) je nach Saison etwa 2- bis 3-mal tägl. Bei ausreichendem Interesse werden auch Ausflugsfahrten für Touristengruppen angeboten, Infos über Pelikan Travel in Firá (✆ 22860-22220).

Preise: Die einfache Fahrt vom Hafen Athiniós oder vom Old Port nach Thirassía kostet pro Pers. ca. 4 €.

Ganzjährig hält auch das größere Kaíki *Thirassía II* die Verbindung von Oía nach Thirassía aufrecht. Abfahrt ist vom Hafen Ammoúdi, in der Saison 3-mal tägl. Die *Thirassía II* fährt von Ammoúdi zunächst nach Ríva und dann weiter nach Corfós. Anschließend geht es von Córfos über einen Halt in Ríva wieder zurück nach Ammoúdi. Im Winter wird der Hafen Córfos nicht bedient. Kein Fahrzeugtransport.

Fahrzeiten (1. April bis 31. Okt.) Abfahrten ab Ammoúdi um 8, 12.45 und 17.15 Uhr, letzte Rückfahrt von Córfos um 16.30 Uhr, von Ríva um 17 Uhr. Infos bei Pelikan Travel (✆ 22860-22220) oder direkt im Hafen Ammoúdi.

Preise Die einfache Fahrt von Ammoúdi nach Ríva oder Córfos kostet pro Pers. 1 €.

Ausflugsboote: Ausflüge nach Thirassía werden fast ausschließlich als Pauschalarrangement angeboten, als Caldéra-Rundfahrt, Sunset- oder Vulkantour usw. Die teils recht großen Kaíkis von Santoríni steuern meist nur den Hafen Córfos an und bleiben dort oft nur 1–2 Std. liegen. Für den steilen Aufstieg in den Ort und die Besichtigung braucht man jedoch Kondition und Zeit – so bleiben fast alle Ausflügler in den Tavernen unten im Hafen Córfos. Nur wenige Boote fahren zum Hafen Ríva oder an den Strand in der Míllo-Bucht. Informationen über Fahrzeiten und Routen geben die Reisebüros auf Thíra. Am besten bei mehreren nachfragen, nicht alle bieten die gleichen Ausflüge an und die Bootsbesitzer offerieren ihre Touren bei verschiedenen Reisebüros. Abfahrten gibt es sowohl vom Athiniós-Port und vom Hafen Skála unterhalb von Firá als auch von Ammoúdi bei Oía oder von Vlicháda. Oft wird auch ein Bustransfer vom Hotel zu den Häfen organisiert. Kein Fahrzeugtransport auf Ausflugsbooten.

Preise: Variieren je nach Reisebüro, Route der angebotenen Tour, Sonderleistungen wie Mittagessen und Qualität der Führung erheblich. Mindestens ca. 25 € pro Pers. für die einfachste Tour sollte man einkalkulieren. Spezielle Touren (mit Stopps an den Kaméni-Inseln oder mit Mehrgang-Menü) kosten bis zu 80 €.

Thirassía wurde erst vor wenigen Jahren von der Zivilisation eingeholt. Die kleine Insel bekam 1991 einen Anschluss an das elektrische Energienetz. Die zentrale Wasserversorgung ist noch jünger. Quellen, Flüsse und Teiche gibt es nicht, sodass fast jedes Haus über eine eigene Zisterne verfügt. Es gibt einen Bus und zwei Taxis. Die einzige Tankstelle der Insel liegt zwischen Ríva und Potamós etwa auf halber Strecke. Seit der Gebietsreform von 1997 gehört die gesamte Insel zur Gemeinde Oía.

Verbindungen auf Thirassía

Die asphaltierte Hauptstraße der Insel führt vom Hafen Ríva zunächst an der Ostküste entlang und dann durchs Landesinnere über Potamós hinauf nach Manolás. Inzwischen gibt es um die 25 Autos auf Thirassía, darunter zwei Taxis. Es verkehrt auch ein öffentlicher Bus zwischen dem Hafen Ríva und Manolás, dessen Fahrzeiten auf die Fähren zwischen Athiniós und Ríva sowie Oía und Ríva abgestimmt sind. Bus- und Taxistationen liegen am Hafen Ríva direkt am Anleger sowie in Manolás am Ortseingang an der Kirche Ágios Konstantínos.

Preise: Die Fahrt von Ríva nach Manolás kostet mit dem **Taxi** ca. 8 € (✆ 22860-29025) und mit dem **Bus** 1,60 €. Der Ritt per **Maultier** vom Hafen Córfos hinauf nach Manolás kostet 5 €.

Manolás (Thirassía-Ort)

Hauptort von Thirassía und – wie Firá – spektakulär am Kraterrand gelegen. Ausgesprochen hübscher und ursprünglich gebliebener Ort mit vielen frisch gekalkten und teils bunt bemalten Würfelhäusern, immer wieder genießt man weite Ausblicke.

Etwa zwei Drittel der Inselbewohner leben hier oben im Dorf oberhalb der Nikólaos-Bucht. Trotz Elektrifizierung hat eine wirkliche Erschließung des Orts nie stattgefunden. Im Gegenteil, es gibt nur zwei Tavernen und nur noch einen Lebensmittelladen im Dorf. Die enge Hauptgasse zieht sich den Kraterrand entlang und die Seitengassen enden oft an privaten Anwesen. Viele Häuser werden von ihren

Eigentümern nur im Sommer als private Ferienwohnungen genutzt. Zwei in Pastellfarben gehaltene Kirchen schmücken den verschlafenen Ort. Die 1874 erbaute *Hauptkirche Ágios Konstantínos* befindet sich an der Bushaltestelle und die *Kirche Ágios Ioánnis Prodrómos* an der Hauptgasse Richtung Gemeindeamt.

Der natursteingepflasterte Treppenweg vom Hafen Córfos zieht sich über viele Serpentinen den Hang hinauf und ist in etwa 30 Min. zu bewältigen. Nachdem man gut 150 Höhenmeter überwunden hat, befindet sich oben eine nette Terrassentaverne zum Verschnaufen. Der wunderschöne Blick hinüber nach Thíra entschädigt für den schweißtreibenden Aufstieg. Alternativ kann man auch per Maultier hinaufreiten.

Adressen

Einkaufen Kleiner **Lebensmittelladen** *Karkanías* an der Hauptgasse im Ort.

Essen & Trinken Im Ort gibt es zwei Tavernen.

Kirche Ágios Ioánnis Prodrómos an der Hauptgasse in Manolás

»› Mein Tipp: **Panórama**, tatsächlich hat man einen herrlichen Blick auf Santoríni, die Kaméni-Inseln und die gesamte Caldéra. Die Taverne mit ihrer auffälligen Holzkonstruktion liegt direkt hoch oben am Treppenweg, der hinunter zum Hafen Córfos führt. Chef Ioánnis kocht und grillt hervorragende griechische Landküche, besser als alle Tavernen vom Hafen Córfos. Spezialitäten sind hausgemachtes Moussakás, Tomatokefthédes, weiße Auberginen aus dem Tontopf und Souvláki vom Grill. Schneller Service, gute Preise. Von April bis Okt. jeweils tagsüber geöffnet, bis die letzten Schiffe von Córfos abgelegt haben. ‹‹‹

Different, kein sehr griechischer Name, aber die Taverne heißt wirklich so. Chára und Níkos haben die zweite Taverne des Ortes im Norden von Manolás ebenfalls direkt am Kraterrand 2013 öffnet. Sie bieten klassische Inselküche, Tomatokefthédes, Fáva, Moussakás und Souvláki. Ganzjährig und auch am Abend geöffnet. Schneller Service, normale Preise. An der Hauptgasse den Treppenweg rechts liegen lassen, dann ca. 300 m geradeaus, an der Hotelruine vorbei.

Geldautomat Am Gemeindeamt in der Hauptgasse.

Post Briefkasten am Gemeindeamt in der Hauptgasse.

Übernachten Es gibt nur eine einzige kleine Pension auf der Insel, kein Hotel und keine Privatzimmer.

Rooms Zácharo, kurz hinter dem südlichen Ortsausgang in ruhiger Lage am Hang. Der griechische New-York-Heimkehrer Jimmy und seine Frau Zacharoúla vermieten 11 ältere, funktional möblierte Zimmer mit eigenem kleinem Bad, AC, Kühlschrank und Kochnische. 9 Zimmer im Bungalowstil aneinandergereiht und 2 in einem separaten Gebäude mit Tonnengewölbe. Große Terrasse mit fantastischer Aussicht auf Manolás, den Hafen Córfos, den nördlichen Teil Thirassías und Santoríni. Großer, etwas verwilderter Garten mit Weinstöcken und einigen Olivenbäumen. Preis ca. 25–50 €. ✆ 22860-29102 und 697-8395640.

Einladende Taverne unter der steilen Kraterwand im Hafen Córfos

Hafen Córfos

Der ehemals kleine Hafen Córfos unterhalb des Hauptortes Manolás am Fuße der Kraterwand hat sich in den letzten Jahren zu einer Art Fress- und Partymeile für Tagesausflügler von Santoríni entwickelt. Mittlerweile gibt es über zehn Tavernen und sogar Píta-Buden sowie Snackbars und ein Mini-Markt inklusive Souvenirladen. Grund sind die Segelboote sowie vor allem die vielen Ausflugsschiffe, die jeden Tag hunderte von Gästen bringen, die – mangels anderer Beschäftigung – ihre Zeit auf der Insel dann in den Tavernen verbringen. Vor 11 Uhr vormittags ist der Hafen Córfos praktisch tot, und wenn nach etwa 18 Uhr die letzten Ausflugsboote abgelegt haben, bleibt außer den Eselstreibern niemand hier. Dazwischen gibt es reichlich Trubel, da und dort laute Musik und an den (sehr) kurzen, unverbauten Strandabschnitten mit Kies- und Felsuntergrund liegen die Badetücher dicht gedrängt. Baden ist möglich, aber wegen der Abwässer der Tavernen direkt am Hauptstrand eher nicht zu empfehlen. Besser weiter an den Rändern der Bucht baden.

Entlang der touristisch voll erschlossenen Bucht existiert ein schmaler Weg über Beton und schwarze Lavakiesel. Hier liegen in den Fels gegrabene Bootsgaragen und Lagerräume, teils noch in Gebrauch, teils halb verfallen. Etwa in der Mitte der Bucht beginnt der *Treppenweg* mit 270 gepflasterten Stufen hinauf nach Manolás. Man kann auch mittels Mulis (5 € pro Pers.) hinaufreiten. Am Westende der Bucht liegt die kleine *Kirche Ágios Nikólaos*, die der gesamten Bucht ihren Namen gegeben hat. Links des Eingangs befindet sich die Apsis mit einer kleinen Ikonostase. Der winzige Innenraum ist völlig von Ikonen bedeckt. Während die Kuppel von innen blau bemalt wurde, hat man sie außen untypisch für die Kykladen mit roten Ziegeln gedeckt. Ein kleiner Glockenturm steht nebenan. Die *Kirche* in der zweiten Reihe hinter den Häusern ist der *Zoodóchos Pigí* geweiht und meist verschlossen. Die östlichste Spitze der Insel Thirassía liegt am Nordende der Bucht und heißt *Kap Simandíri*.

Einkaufen Mini-Markt Gláros am Hafen. Hier gibt es Lebensmittel, Getränke, Eis, Sonnenschutzmittel usw. Kleiner Souvenirshop am Hafenkai.

Essen & Trinken Alle Tavernen sind nur im Sommer und nur tagsüber geöffnet.

Mýlos, mit der großen, weißen Windmühle nicht zu übersehen. Der Wirt bietet gute

Fischgerichte, aber auch viele Snacks. Man sitzt wie überall in Córfos auf einer Terrasse direkt am Wasser. Auch zu einem Kaffee ist man willkommen und wird freundlich bedient.

Lámbros, ebenfalls große, holzüberdachte Terrasse direkt über dem Meer, gleich am Beginn des Treppenwegs. Tägl. wechselnde Gerichte, man ist, wie überall in Corfós, auf die schnelle Verpflegung eingerichtet. Trotzdem durchaus lecker. Gäste lobten den Fisch.

Cadoúni, früher oben in Manolás, vor einigen Jahren an den Hafen gezogen. Der freundliche Wirt Gouliémos bietet als Spezialität des Hauses gegrillten Tintenfisch, Lamm- und Schweinefleischgerichte sowie Taramosaláta.

Captain John, direkt östlich vom Anleger. Die größte Taverne in Córfos, gut 50 Tische unter einer Holzdachkonstruktion auf einer ins Meer ragenden Terrasse. Alle Gerichte werden innen in der Auslage präsentiert. Es gibt Fisch- und Fleischgerichte vom Grill oder aus dem Ofen, Moussaká, Salate und guten Tsatzíki.

Tónia, nördlich hinter dem Captain John auf einer ins Meer hineinbetonierten Terrasse. Oft nicht so überfüllt, weil weiter entfernt vom Anleger. Griechische Küche mit Schwerpunkt auf Fischgerichten. Schneller Service, ortsübliche Preise.

Tony's, Fast Food an Stehtischen mit Barhockern. Souvláki, Píta, Gýros, Salate, Bier, Kaffee, Wasser und Softdrinks. Preise wie in Firá.

Cafeteria Córfos, direkt am Kai. An wenigen Tischen werden Kaffee, Drinks und Eis serviert. Außerdem gibt es Gýros und Píta. Günstiger als die Tavernen.

Wanderung 9:
Auf Thirassía (I) – von Manolás zum Kloster Kímissi tis Theotókou → S. 270
Längerer Spaziergang zu Kirchen, Klöstern und an das Südende von Thirassía

Ziele und Sehenswertes auf der Insel

Außerhalb von Manolás liegen einige interessante Kirchen und ein Kloster, ein kleines Dorf, zwei mittlerweile verlassene Bauernweiler, kleinere und größere Strandabschnitte an der Westküste sowie die beiden Häfen Córfos und Ríva. Die Insel lässt sich mit unseren beiden Wanderungen praktisch vollständig erkunden (→ ab S. 270).

Wandern auf Thirassía

Wer statt unserer beiden Touren lieber geführte Wanderungen auf Thirassía unternehmen will, kann diese bei der kleinen Agentur *Santoríni Experts* buchen. Die beiden Inhaber Kathrin Vogel und Márkos Kyriakákis führen die Wanderungen selbst durch. Zweimal pro Woche wandern sie, genügend Interessenten vorausgesetzt, die Tour von Manolás zum Kloster Agriliá. Informationen: www.santoriniexperts.com, ✆ 697-7435033.

Hafen Ríva und **Gialós Míllo**: Eine asphaltierte Straße verbindet Manolás mit dem Hafen Ríva im äußersten Norden der Insel. Ríva ist der *Verkehrshafen* von Thirassía. Über seinen breiten Kai können auch Autos entladen werden. Heute wird die gesamte Versorgung der Insel über den Hafen Ríva abgewickelt. Direkt am Anleger fährt der Bus nach Manolás ab und meist stehen auch zwei Taxis bereit. Die *Tavérna Angístri* liegt direkt hinter der Bushaltestelle. Da die meisten Ausflügler allerdings in den Hafen Córfos fahren, ist das Angebot oft eher mäßig. Dafür sitzt man ruhiger und idyllischer als im überlaufenen Córfos. Wunderschön ist der Blick hinüber nach Oía. Unmittelbar südlich vom Hafen liegt in der nahen *Míllo-Bucht* der einzige größere, hauptsächlich aus Kies bestehende Badestrand von Thirassía. Vorsicht beim Baden: Zwischen den Inseln Thirassía und Thíra kommt es oft zu starken Meeresströmungen, nicht zu weit hinausschwimmen.

Wanderung 10: Auf Thirassía (II) – Vom Hafen Ríva über das Kloster Agriliá und die Dörfer Potamós und Manolás zum Hafen Córfos → S. 272
Streckenwanderung über den flachen Westteil der Insel und zu den Kirchen Evangelismós, Christós sowie zur Klosterkirche Panagía Agriliá und den beiden einzigen bewohnten Dörfern der Insel.

Kirche Agía Iríni: Einige Meter nördlich des Anlegers am Hafen Ríva steht unweit der Straße diese leider meist verschlossene, für die Inselgeschichte aber sehr bedeutsame Kirche. Laut Legende stammt von ihr der Name des Archipels „Santoríni“ ab (Agía Iríni = ital. Santa Irini). Zudem ist die Agía Iríni eine der ältesten Kirchen der Insel. Im Gedenken an die Namenspatronin findet hier alljährlich am 5. Mai das größte Inselfest statt.

Kap Tíno: südöstlich vom Hafen Ríva gelegenes Kap. Hier ist eine Verladerampe aus roten Backsteinen am Meer zu sehen. Seit Mitte des 18. Jh. wurde hier in Steinbrüchen Bimsstein abgebaut. Derzeit sind die Steinbrüche stillgelegt.

Potamós: Neben Manolás der einzige noch bewohnte Ort der Insel. Potamós liegt am ausgleitenden Hang Richtung Westen und ist in etwa 15 Min. von Manolás zu Fuß über die einzige Inselstraße zu erreichen, die mitten durch das Dorf führt. Der Ort zeigt sich nicht so verwinkelt wie Manolás. Ursache ist seine Lage an beiden Seiten eines vulkanischen Erosionstals. Deshalb wurden die Häuser rechts und links leicht am Hang angelegt. Im Dorf gibt es vier Kirchen mit den kykladentypischen blauen Kuppeln: *Ágios Dimítrios* am unteren Dorfausgang, *Panagía i Giátrissa* etwa in der Dorfmitte, *Ágios Ioánnis* und *Ágios Spiridónas* am nördlichen Hang leicht erhöht.

Klosterkirche Panagía Agriliá: Die 1887 erbaute Klosterkirche Panagía in einem Erosionstal westlich von Potamós ist sicher die schönste Kirche von Thirassía und wahrscheinlich auch des gesamten Santoríni-Archipels. Es handelt sich um eine dreischiffige Kirche mit je zwei Säulen auf beiden Seiten und einer riesigen hölzernen Ikonostase über die gesamte Breite der drei Schiffe. Die grau gehaltene und handgeschnitzte Ikonostase von 1911 ist mit zahlreichen bunt bemalten Ornamenten übersät, ihre zahllosen Ikonen sind teils mit Oklad überzogen. Hinter der Ikonostase befindet sich ein Altar mit Reliquien und einem Kreuz. Ihr jährliches Weihfest findet am 21. November statt. Gegenüber der Kirche liegen einige verlassene Höhlenhäuser mit in den Bims gegrabenen Weinkellern. Agriliá gilt als die älteste Ortschaft der Insel, ist aber heute verlassen. Die Kirche ist von Potamós über Asphalt und einen geschotterten Fahrweg zu erreichen (beschildert).

Kirche Christós: Auf einem kleinen Plateau über der südlichen Westküste mit schönem Blick über die Felder aufs Meer. Im Innern der tonnengewölbten Einraumkirche gibt es eine alte handgeschnitzte Ikonostase aus dunkelbraunem Holz mit mehreren Ebenen und vielen Ornamenten zu bewundern. Die Kirche ist von Potamós über Asphalt und einen geschotterten Fahrweg zu erreichen.

Kirche Ágios Charálambos: größerer Kreuzkuppelbau mit zwei Seitenschiffen südlich von Manolás am Hang des Berges Viglós. Die aus blau, rot und silber bemaltem Holz bestehende Ikonostase beinhaltet zahlreiche alte Holzikonen und eine Oklad-Ikone, die auch gleichzeitig die Namensikone der Kirche ist. Große Sammlung sakraler Gegenstände im Innenraum. Das jährliche Weihfest findet am 10. Februar statt.

Eingangspforte der Kirche Profítis Ilías

Berg Viglós: mit 295 m höchster Inselberg von Thirassía. Der Gipfelpunkt des Viglós liegt hinter der *Kirche Ágios Charálambos*. Wer den Fußweg zum Kloster Kímissi tis Theotókou nimmt, kommt unmittelbar rechts unterhalb der höchsten Stelle vorbei. An der Südflanke des Viglós liegt die *Kirche Profítis Ilías*.

Kirche Profítis Ilías: auf einem kleinen Plateau an der Südseite des Berges Viglós. Vom Vorplatz mit Tischen und Bänken (schöner, aber schattenloser Rastplatz) bietet sich ein fantastischer Blick auf den Südteil von Thirassía und hinüber zur Klosteranlage Kímissi tis Theotókou. Gelegentlich kann man Ausflugsboote beobachten, die in der Westbucht von Néa Kaméni anlegen. Schon diese großartige Szenerie lohnt den Aufstieg zum Profítis Ilías allemal. Die Kirche beinhaltet eine große, dunkelbraune, hölzerne Ikonostase mit Blumenornamenten im unteren Teil, Namensikone des Propheten Elias ist die zweite von rechts. Viele der Ikonen sind stark verblichen und aufgrund ihres Alters kaum noch zu erkennen. Außerdem eine weitere große Ilías-Ikone an einem Gebetsstock rechts, mit zahlreichen Votivtäfelchen der Gläubigen geschmückt. Das alljährliche Weihfest findet am 20. Juli statt. Leider ist die Kirche nicht immer geöffnet.

Kloster Kímissi tis Theotókou: An der einsamen äußersten Südspitze Thirassías steht hoch oben am Kap Tripití das verlassene Kloster Kímissi tis Theotókou. Der lohnenswerte Ausflug zum Kloster dauert mit unserer Wanderbeschreibung (S. 270) zu Fuß etwa 50 Min. (ohne Abstecher zu den Kirchen am Wegesrand). Im Vorhof der Klosterkirche sind Pilgerzellen zu sehen, die noch heute für Feste zu Ehren der Klosterheiligen genutzt werden, ein paar Stufen hinauf liegen die ehemaligen Wirtschaftsgebäude. Gegenüber dem Kircheneingang befindet sich ein Ziehbrunnen mit Trinkwasser hinter dem blauen Holzdeckel. Der Hof ist wirklich ein schönes Ruheplätzchen. Am Hang unterhalb des Klosters soll sich eine von Süden her zugängliche Höhle befinden.

Die aus dem Jahre 1872 stammende *Klosterkirche* ist ein dreischiffiger Bau mit einer großen, auch von innen blau bemalten Kuppel. Das Mittelschiff wird von einer russischen Ikonostase geschmückt. Die große Oklad-Ikone stellt Christi Geburt dar. Eine identische Szene zeigt die Ikone direkt hinter dem Eingang. Auf der großen Ikonostase befinden sich vier weitere große Heiligenbilder, davor eine Kanzel und Chorgestühl an den Außenwänden. Die beiden deutlich kleineren Seitenschiffe verfügen ebenfalls über Ikonostasen mit uralten Bildnissen, rechts dem Pétros und Pávlos, links der Panagía geweiht. Bemerkenswert sind zudem eine etwa mannshohe

Filmtipp: Die 2008 gedrehte Krimikomödie **Kleine Verbrechen** von Chrístos Georgíou (Regisseur/Autor/Produzent) ist ein liebenswerter Film, der in weiten Teilen auf Thirassía gedreht wurde. Der Alltag auf einer kleinen Insel, die Individuen, die dort leben, ihre kleinen und großen Verwicklungen – alles humorvoll geschildert und so richtig schön griechisch, für alle Griechenlandfans eine gelungene Einstimmung auf den Urlaub.

und schon ziemlich verblasste Darstellung des heiligen Michael am linken Bogendurchgang sowie ein Epitáphios für die traditionelle Karfreitagsprozession. Das Weihfest des Klosters findet alljährlich am 15. August statt.

Aspronísi

Das gut 70 m hohe und nach allen Seiten steil abfallende Eiland liegt am Südwestrand der ehemaligen Vulkaninsel Strongilí. Auch Aspronísi ist ein Überbleibsel des großen Ausbruchs aus dem 17. Jh. v. Chr.

Aspronísi liegt zwischen dem Südwestende der Hauptinsel Thíra und dem südlichsten Zipfel von Thirassía. Das gänzlich unbewohnte Eiland bedeckt mit einer Länge von nur ca. 650 m und einer Breite von 200 m lediglich 0,13 qkm Fläche. Abgesehen von der geringen Größe ist es wohl vor allem die Topografie, die jede Ansiedlung von Menschen verhindert: Auf allen Seiten stürzen die Abhänge teils bis zu 70 m in die Tiefe. Es gibt nur einen kleinen und schmalen Strand, der aber mittlerweile im Sommer auch von Ausflugsbooten angefahren wird. Aspronísi ist wie Thíra und Thirassía ein Stück der ehemaligen Vulkaninsel Strongilí. Daher entspricht auch das Gestein den anderen Kraterrandinseln: erstarrte Lava und Bims, dessen weiße Schichten in der oberen Hälfte sehr gut zu erkennen sind und der Insel ihren Namen gegeben haben (aspró = weiß/nisí = Insel).

Die Inseln in der Caldéra

Schwarz wie Pech, eine erstarrte urweltliche Lavawüste. Spaziergang durch bizarre Steinformationen und zwischen Kraterlöchern in öder Mondlandschaft und Baden in warmen Schwefelquellen. Das nicht ganz alltägliche Vergnügen eines Halbtagesausflugs auf die Caldéra-Inseln gehört zu einem Santoríni-Urlaub unbedingt dazu.

Poseidón und Héphaistos, die Götter des Meeres und der Vulkane, betreiben in der Caldéra ihre untermeerische Werkstatt. Soweit die mythologische Erklärung zu den Inseln, die hoch oben vom Kraterrand aus gesehen an einen Schutthaufen Koks erinnern. Sollte der Santoríni-Vulkan dereinst wieder aktiv werden, wird dies wohl zuerst auf den Inseln der Caldéra zu bemerken sein. *Paléa Kaméni* ist die ältere der beiden Inseln, die zusammen etwa 5 qkm Fläche umfassen. *Néa Kaméni* besitzt eine schöne Kraterlandschaft, deren Gipfel man recht einfach erklimmen kann. Die älteren Leute glauben noch heute, so erzählt man in Firá, auf den Kaméni-Inseln hausen die Vampire. Doch die Eilande sind unbewohnt, nur einige widerstandsfähige Pflanzenarten, Vögel, Eidechsen und Insekten sind hier heimisch geworden.

Paléa Kaméni

Die ältere der beiden Kamin-Inseln. Ihre untermeerischen Quellen – die so genannten „hot springs" – sind ein beliebtes Ausflugsziel mit Bademöglichkeit im schwefelhaltigen Wasser.

Der genaue Entstehungszeitpunkt von Paléa Kaméni ist weder historisch noch geologisch genau belegt, doch wird mehrheitlich das Jahr 197 v. Chr. angenommen. Ausgangspunkt dieser Datierung sind die Überlieferungen in der Schrift *Geographiká* des griechischen Historikers und Geografen Strábon (63 v. Chr. bis 28 n. Chr.). Aus seinen Darstellungen wurde errechnet, dass um 197 v. Chr. die Bewohner von Santoríni ein Neptun-Heiligtum auf Paléa Kaméni errichtet haben sollen, da sie das Auftauchen des Eilandes aus den Fluten für sein Werk hielten. Doch waren es weniger der mythologische Meeresgott als vielmehr vulkanische Aktivitäten, die Paléa Kaméni aus der Ägäis hervorhoben. Bei nachfolgenden Eruptionen vergrößerte sich die Insel weiter, bevor um 1460 ein Teil des Eilands wieder im Wasser versank. Seither liegt Paléa Kaméni scheinbar ruhig inmitten der Caldéra. Ihre höchste Erhebung reicht auf 103 m. Doch obwohl sich an einigen Hängen zartes Grün angesiedelt hat, ist die schwarze Lavainsel noch nicht völlig zur Ruhe gekommen. Im Nordosten ist die Erde weiterhin in Form untermeerischer Schwefelquellen aktiv, deren Intensität jedoch seit vielen Jahren stetig abnimmt. Paléa Kaméni ist etwa 1,5 km lang bei einer Breite von ungefähr 600 m.

Warme Quellen: in einer gut 50 m in die Küstenlinie eingeschnittenen Bucht an der Nordostseite von Paléa Kaméni. Obwohl die Reisebüros und Kaíki-Besitzer von "hot springs" sprechen, sind sie – wenn man ehrlich ist – eigentlich nur lauwarm. Ein kurzer Badeaufenthalt an den untermeerischen Schwefelquellen gehört aber zu jeder Ausflugsfahrt zu den Inseln der Caldéra. Man steigt direkt vom Boot ins Wasser und muss dann in die kleine Bucht mit ihrem rotbraunen, eisen- und schwefelhaltigen Wasser, das auch so manche Badehosen einfärbt, hineinschwimmen. Erst dort sieht man nahe der Küste vereinzelt Luftblasen aus dem Meeresgrund aufsteigen. Da der Schwefelgehalt aber nicht sonderlich hoch ist, hält sich auch der ansonsten übliche beißende Schwefelgeruch in Grenzen. Vorsicht vor Verletzungsgefahren beim Schwimmen in der kleinen Bucht: Im rotbraun eingefärbten Wasser sieht man die Felsen und Steine kaum. An der Bucht stehen die *Kirche Ágios Nikólaos* sowie einige unbewohnte Betonruinen. Nebenan gibt es eine weitere Bucht mit leicht erwärmtem Wasser durch aufsteigende Schwefeldämpfe.

Néa Kaméni

Jüngste Insel des Santoríni-Archipels und wie Paléa Kaméni noch heute aktiv. Inmitten des Eilands steigen mehrere eindrucksvolle Krater auf. Einige Ausflugsboote legen auf Néa Kaméni an, man kann an Land gehen und auf den Vulkanen entlang wandern.

Aufzeichnungen eines Jesuitenpaters berichten vom Beginn der Entstehung Néa Kaménis am 23. Mai 1707. Eine erste Welle von Eruptionen, die sich bis zum 14. September 1711 hinzog, ließ das damals *Mikrá Kaméni* (Kleine Kamininsel) genannte Eiland aus dem Meer auftauchen. Es folgte eine längere Ruhezeit. Vom 4. Februar 1866 bis zum 15. Oktober 1870 wurden erneut Lavamassen aus der Tiefe gefördert und Mikrá Kaméni breitete sich nach Süden hin aus. Damals soll sogar eine kleine Siedlung auf der Insel bestanden haben, die aber verschüttet wurde. Anfang des 20. Jh. kam es wieder zu einem Ausbruch: vom 11. Juli 1925 bis zum 17. März 1928 vergrößerte sich das Inselchen fast bis auf die heute sichtbare Ausdehnung. Seither nennt man dieses Caldéra-Eiland *Néa Kaméni*. Zwischen dem 20. August 1939 und etwa Mitte Juli 1941 förderte der vulkanische Kamin erneut Lava und Asche auf die Insel. Hierbei entstand der 127 m hohe *Kraterhügel Geórgios*, heute die höchste Erhebung der Insel. Letztmals wurde eine kleinere Eruption vom 10. Januar bis zum 21. Februar des Jahres 1950 registriert. Seither befindet sich Néa Kaméni in einem relativen Ruhezustand.

Néa Kaméni wirkt mit Küstenlängen von jeweils etwa 2 km fast quadratisch. Einige Ausflugsboote legen am kleinen Kai in der in die nördliche Küstenlinie eingeschnittenen Bucht *Órmos Erinía* an und lassen die Gäste für kurze Zeit an Land, um auf den Vulkanen ein wenig spazieren zu gehen. Dabei werden neuerdings 2 € Inseltaxe pro Person kassiert, angeblich für die „Reinhaltung“ der Insel (wer auch immer das glauben mag …).

Geórgios-Krater: Der mit 127 m höchste Inselberg ist von der Anlegestelle Órmos Erinía aus in etwa 25 Min. zu Fuß zu besteigen. Leider „zieren“ Graffiti aus aller Herren Länder die dunklen Lavabrocken an der Anlegestelle. Entstanden ist der Geórgios-Krater bei einem Ausbruch erst in den 1940er-Jahren. Am Gipfel befindet sich eine runde Betonsäule, ein trigonometrischer Messpunkt mit der Aufschrift ΓΥΣ 1955. Zu sehen gibt es bizarre Lavaformationen und farbiges Auswurfgestein: gelbe Schwefel-, bräunliche Eisen- und rötliche Manganverbindungen. Am inneren Nordostrand des Kraters steigen bis zu 100 °C heiße Schwefel- und Stickstoffdämpfe aus einigen kleinen Erdspalten auf. Der Schwefel bildet auf den Felsen einen grünlich-gelben Niederschlag.

Aktivität des Santoríni-Vulkans nimmt wieder zu

Seit etwa Anfang 2012 zeigt der Vulkan von Santoríni wieder stärkere Anzeichen einer Aktivierung. Laut griechischen Presseberichten soll die Magmablase unter der Meeresoberfläche derzeit schnell wachsen. So viel geschmolzenes Gestein unterhalb der Insel Néa Kaméni habe es seit mindestens 70 Jahren nicht mehr gegeben. Zudem würde die Insel ständig leicht angehoben, um rund 10 cm pro Jahr. Das griechische Amt für Erdbebenschutz hat daher die geologische Überwachung auf der Insel Néa Kaméni verstärkt und hofft, bei Anzeichen für stärkere Erdbeben Vorkehrungen für die Hauptinsel Théra treffen zu können.

Weitere Krater: Wer den Weg vom Órmos Erinía hinauf zum Geórgios-Krater wandert, passiert zunächst auf der linken Seite die Krater *Dáphni III*, *Dáphni II* und *Dáphni I* (1926–28), bevor rechts die Krater *Fouquè* (1940), *Reck* (1941) und *Smith I* (1941) folgen. Gegenüber liegen die Krater *Níki* (1941) und *Smith II* (1941). Südlich des Geórgios befindet sich nur noch der kleine Krater *Aphróessa*, der 1870 entstand.

Órmos Taxiárchis: Bucht im mittleren Westen der Insel, auf der Thíra zugewandten Seite. Hinter dem nur mit einem Privatboot zu erreichenden Órmos liegt die *Kapelle Ágios Nikólaos*. Ausflugsboote halten hier nicht.

Unterwegs auf der Wanderung 1: Blick vom Kraterrandweg auf Oía

Kleiner Wanderführer

Wanderungen auf Santoríni

Thíra und Thirassía sind zwar keine idealen Wanderinseln, aber es gibt dennoch einige schöne Wanderwege. Thíra ist dicht besiedelt und im Zuge des Baubooms der Vor-Krisenjahre wurden viele der ehemaligen Fußwege planiert, asphaltiert oder gar überbaut. Außerdem ist die Topografie der vulkanischen Inseln durch die Caldérawand auf der einen Seite und die tief eingeschnittenen Erosionstäler andererseits generell schwierig.

Santoríni ist auf der flacheren Ostseite, im Norden und im Süden agrarisch geprägt. In mühsamer Arbeit wurden dort Terrassenhänge und Weinfelder angelegt, Maultierpfade und Treppenwege durchkreuzen die Landschaft. Schatten ist wegen fehlender Bäume meist Mangelware, kahle Hügelrücken und Erosionstäler müssen in sengender Sonne überwunden werden. Belohnt wird man aber immer wieder durch herrliche Ausblicke und die unvergleichliche Stimmung. Mittlerweile wurden an den beliebtesten Wegen auch Markierungen mit Holzschildern und kleinen Metalltäfelchen angebracht, jedoch nicht in ausreichender Zahl. An anderen Wegen finden sich teils farbige Punkte und/oder lose Steinpyramiden als Kennzeichnung. Oft verlieren sich die Pfade plötzlich in der kargen Landschaft bzw. enden an einem einsamen Gehöft oder in einer der Erosionsschluchten und man muss querfeldein weiterlaufen. Thíra und Thirassía sind jedoch so klein, dass man sich nicht ernsthaft verlaufen kann. Irgendwo wird man immer in einer Siedlung ankommen, zeitlich sollte jedoch großzügig geplant werden.

Wie oft und wie lange man wandern will, ist von der individuellen Kondition abhängig. Man sollte mit kurzen Strecken beginnen und erst allmählich steigern. Zwar muss man nicht unbedingt mit dem Sonnenaufgang loslaufen, aber in der Mittagshitze zu wandern kann unangenehm werden. Allerdings gibt es auf Santoríni kaum Langwanderwege, die einen ganzen Tag in Anspruch nehmen. Die Zeitangaben bei den Wanderungen sind reine Gehzeiten, also Pausen nicht mitgerechnet, und nur als Richtwerte zu verstehen.

Generell gilt, dass man *so wenig wie möglich allein wandern* sollte zumindest sollte immer eine Kontaktperson wissen, wo man unterwegs ist. Thíras Wege sind zwar keine einsamen Pfade, aber auf Thirassía kann es passieren, dass man den ganzen

Wandern mit GPS

Alle Wanderrouten in diesem Buch wurden bei der letzten Recherche im Sommer 2015 aktualisiert und mit GPS-Daten (Global Positioning System) erfasst. Auf der Basis dieser Daten wurden auch die Skizzen erstellt, die eine noch genauere Orientierung ermöglichen. Wer ein GPS-Gerät besitzt, kann unterwegs punktgenaue Standortbestimmungen vornehmen. Zwingend notwendig ist dies aufgrund der detaillierten Wanderbeschreibungen natürlich nicht. Die kompletten GPS-Routendaten mit den in der Wanderbeschreibung vermerkten Wegpunkten können über die Website des Michael Müller Verlags kostenlos heruntergeladen werden.

Adresse: www.michael-mueller-verlag.de/gps/homepage.html

Tag keinen Menschen trifft was also tun, wenn man sich verletzt? Zumindest ein Handy sollte deshalb immer dabei sein. Die Netzabdeckung ist auf Thíra und Thirassía nahezu vollständig.

Jahreszeit Mit Abstand beste Wanderzeit ist das Frühjahr (April bis Juni). Eher abzuraten ist dagegen von den extrem heißen Sommermonaten Juli und August. Gut möglich sind Wanderungen dann wieder im September und Oktober. Nachteil im Herbst: Die Sonne geht merklich früher unter und verringert die maximale tägliche Wanderzeit erheblich. Im Winterhalbjahr (November bis März) ist das Wetter in der Regel unsicher es kann trocken und warm sein, aber auch feuchtkalt mit häufigen Regenfällen, außerdem ist es oft reichlich windig.

Kartenmaterial Gut brauchbar ist die im Abschnitt Kartenmaterial empfohlene Karte von *Anavasi*, die zahlreiche Fußwege enthält. Allerdings gibt es in der Realität wesentlich mehr Wege als in den Karten verzeichnet sind, sodass man vor Ort oft Probleme mit der Orientierung hat und unsicher ist, welcher Weg gemeint ist.

Tipp: Oft wird man unterwegs nach dem Weg fragen müssen: „pou íne to monopáti pros" (wo ist der Fußweg nach ...), „pósa chiliómetra íne pros" (wie viele Kilometer sind es nach ...), „thélo stin" (ich möchte nach...). Wichtig: Die Einheimischen weisen einem natürlich immer den einfachsten Weg, nämlich die nächste Straße! Wer einen Fußweg sucht (den es so gut wie immer gibt), muss ausdrücklich nach dem „monopáti" fragen!

Wanderung 1: Von Firá über den Kraterrandweg nach Oía

Charakteristik: Eine der schönsten und sicherlich die beliebteste aller Wanderungen auf Thíra. Auf engen Pflastergassen und teils schmalen Pfaden meist direkt an der Kraterküste entlang. Gigantische Szenerie und eindrucksvolle, wild-romantische Vulkanlandschaft. Abwechslungsreiche Langwanderung von fast 12 km. **Wegstrecke**: Fast immer dicht am Kraterrand entlang auf Marmor, Pflaster, Sand, Vulkansteinen und Geröll sowie ein kurzes Stück über Asphalt und Beton. **Dauer und Länge**: Ohne Besichtigungs- und Fotografierpausen ungefähr 2:30 bis 3 Std. reine Wanderzeit für 11,7 km (inkl. Abstecher zur Antónios-Kirche). **Schwierigkeit und Ausrüstung**: Bis Imerovígli einfache Strecke über die gepflasterte Kraterrandgasse. Starke Steigungen hinauf auf den Mikró Profítis Ilías und auf den Mávro Vounó. Teils Eselspfad mit viel losem Geröll und Sand. Am Ende auf der Marmorpromenade von Oía. Hinter Imerovígli bietet ein Imbisswagen an der Asphaltstraße Snacks, Kuchen und Getränke. Etwa 1,5 Liter Wasser pro Person sollten genügen. **Ausgangspunkt**: Mitrópolis-Kirche Ypapantí in Firá.

Wegbeschreibung: Die Wanderung startet an der **Mitrópolis-Kirche Ypapantí** **1** in Firá an der großen Platia direkt an der Caldéra auf 225 Höhenmeter. Von hier aus wandern wir auf der Kraterrandgasse nach Norden in Richtung Oberstadt auf das Kastell-ähnliche Gebäude (Nomikós-Konferenzzentrum) am Kraterhang zu. Nach 200 m zweigt der Treppenweg zum alten Hafen nach links ab. Wir aber wandern geradeaus weiter in Richtung Norden und folgen den Stufen, auf denen „Cable Car" geschrieben steht. An der nächsten Ecke geht es rechts, dann sofort wieder links, weiter der Beschilderung „Cable Car" folgend. Sogleich wandern wir wieder direkt am Kraterrand auf die Kirche des katholischen Bezirks zu. Vorbei am neuen Museum „Santozeum" erreichen wir den kleinen Platz am **Archäologischen Museum** **2** mit den fünf Palmen. Dort biegen wir links Richtung Caldéra ab, der Eingang zur Seilbahn (Cable Car) bleibt rechts liegen. Der Kraterrandweg steigt weiter an und der katholische Kirchenbezirk bleibt ebenfalls rechter Hand liegen.

Nächster Orientierungspunkt ist das rostrote Gebäude oben am Hang. Es liegt auf 264 m Höhe und ist wenige Minuten später erreicht. Der Weg führt an der Caldéra-Seite am **Nomikós-Konferenzzentrum** vorbei. Von hier aus hat man einen schönen Blick auf die Stadt und hinunter in die Caldéra, wo täglich meist mehrere Kreuzfahrtschiffe ankern. Die Gasse namens Odós Nomikoú führt nördlich ein paar Stufen aufwärts und der Blick fällt jetzt auf den Skáros-Felsen und Imerovígli am Hang rechts darüber. Gut ist auch das Kloster Ágios Nikólaos kurz vor dem Ortseingang des höchsten Dorfes an der Caldéra zu sehen. Hier liegt unser nächstes Etappen-

Wanderung 1: Von Firá auf dem Kraterrand nach Oía

ziel. Der Weg am Kraterrand verläuft relativ eben und immer wieder folgen Bänke zum Sitzen und Genießen der Aussicht auf die Inseln der Caldéra. Bald erreicht man den Ortsteil **Firostefáni** mit einer kleinen Platía an der Kraterrandgasse. Nebenan befindet sich die **Kirche Ágios Gerásimos** mit ihrer blauen Kuppel und dem separaten Glockenturm. Es folgt eine Gasse mit zahlreichen Hotels und Tavernen, aber ohne Kraterblick.

Am Ende von Firostefáni treffen wir auf einen kleinen **Parkplatz** **3**. Hier halten wir uns links und folgen dem betonierten Hohlweg mit Santoríni-Lavasteinen an der Mauer. Kurz darauf erreichen wir das **Kloster Ágios Nikólaos**. Der Weg führt rechts am Kloster vorbei weiter hangaufwärts und in wenigen Minuten in den Ort **Imerovígli**. Wir passieren eine kleine Platía an der Caldéra und folgen der Gasse geradeaus, die auf die große Kirche mit der blauen Kuppel und dem fast venezianisch anmutenden, frei stehenden Glockenturm zuführt. Sie heißt **Agía Anastasía** **4** und ist wenige Minuten später auf jetzt 346 Höhenmetern erreicht. Danach bietet sich ein wunderschöner Blick auf den Skáros. Kurz nach der Agía Anastasía folgt die **Kirche Ágios Geórgios**. Hier gehen wir ein paar Stufen an der Caldéra hinunter und erreichen die *Taverne Blue Note*. Dort zweigt der Treppenweg auf den

Skáros ab. Wer früh genug am Vormittag losgewandert ist, kann die Besichtigung des Felsens mit in das Wanderprogramm einbeziehen. Die Alternative ist, eine separate Wanderung auf den Skáros zu unternehmen (*siehe Wanderbeschreibung Tour 2*).

Wir folgen der Gasse geradeaus, die bald wieder ansteigt und an weiteren Hotels, Tavernen und Cafébars vorbeiführt. An einer der nächsten Ecken ändert sich das Blickfeld: Imerovígli und Firá verschwinden und der Norden von Santoríni mit dem Ziel in Oía rücken ins Blickfeld an der Caldéra. Weiter einige Stufen hinauf führt der Weg auf einen kleinen Platz abseits der Caldéra. Vor dem Gedenkstein an der Platia halten wir uns links und am Ende der Platía erneut links, dann biegen wir in die erste Gasse rechts ein. Sogleich trifft man auf eine weitere Platía, die als Parkplatz genutzt wird. Wir wandern auf der Straße weiter in nördlicher Richtung. Fast am Ende des Parkplatzes biegen wir links in die betonierte Gasse ab und wandern auf einen Windmühlenstumpf zu. Wir passieren die **Windmühle** **5** auf dem Vulkanstein-/Betonweg, der nun hangabwärts führt. Auch das für santorinische Verhältnisse merkwürdig gehaltene Kastenhaus mit dreieckigen Giebeln bleibt rechts liegen. Das Gebäude entpuppt sich als **Mahnmal** für die Toten und die Schäden aus dem Zweiten Weltkrieg (in Griechenland von 1941 bis 1944) sowie gleichzeitig für die Zerstörungen durch das verheerende Erdbeben von 1956. Auch der folgende Friedhof von Imerovígli bleibt rechts liegen.

Bald erreichen wir eine kleine **Hotelsiedlung** auf breit eingefasstem Betonweg, der in eine Sandpiste übergeht und dann an einem mit Vulkansteinen gepflasterten Platz auf eine Hotelanlage trifft. Dort teilt sich der Weg **6**: Wir wandern rechts bergauf auf die geweißelte Kirche vor dem nächsten Hügel zu. Zur Hotelanlage gehört ein idyllisches, authentisch wirkendes **Café** direkt rechts am Wegesrand. An dieser Stelle bietet sich die Möglichkeit für einen kurzen **Abstecher** zu einer kleinen Kirche in der Caldérawand: Wir verlassen den Hauptweg nach links und wandern über den Hotelparkplatz geradeaus. Ein gepflasterter und geweißelter Treppenweg führt am Ende des Parkplatzes hinunter zur **Höhlenkirche Ágios Antónios** **7** (leider verschlossen). Der Abstecher lohnt wegen der idyllischen und ruhigen Lage in der Caldérawand. Vor der Kirche befindet sich ein kleiner **Rastplatz**. Danach gehen wir wieder auf demselben Weg hinauf zum Café und auf den Hauptweg zurück.

Der Feldweg steigt erneut an und führt wenige Minuten später rechts an der Kirche **Ágios Márkos** vorbei. Ein Treppenweg führt hinauf zu der leider meist verschlossenen Kirche. Vom Kirchenvorplatz bietet sich ein toller Blick zurück auf den Skáros und Imerovígli. Der breite, betonierte Fahrweg verläuft steil bergauf. Auf der Kuppe zweigt ein neu angelegter Kalderími rechts hangabwärts ab, der mit einem hölzernen Wegweiser „Vounia" gekennzeichnet ist. Wer will, kann diesen Weg wählen. Wir wandern jedoch geradeaus und treffen sogleich auf die auf 312 Höhenmetern liegende **Kirche Profítis Ilías** **8** am fast höchsten Punkt des Berggipfels **Mikró Profítis Ilías**. Die Kirche Profítis Ilías mit ihrer Ikonostase rechts vom Eingang ist eher wenig spektakulär und auch nicht sonderlich alt. Hinter der Kirche zweigt der Weg als Kalderími am Nordhang des Mikró Profítis Ilías nach links hangabwärts ab. An der Abzweigung befindet sich ein mit „Oía" beschrifteter Stein. Bald geht der Kalderími in einen Sandweg über, der durch viel loses Lavageröll in Dunkelrot, Braun und Schwarz den Hügel hinunterführt. Von rechts trifft nun der zuvor mit „Vounia" ausgeschilderte Weg auf unseren Wanderweg, der sich nach links hinunter zur Hauptstraße Imerovígli Oía fortsetzt. Bevor man die Straße erreicht, wandert man wenige Meter durch feinsten, schwarzen Lavasand.

Wir treffen an einem recht neuen Gebäude auf die Straße **9** und wandern nach links (westlich) auf dieser weiter (Vorsicht, teils viel Verkehr!). Nach etwa 250 m befindet sich links an der Straße eine kleine **Kantina** **10**. Der Ort wird **Stérna Louloudioú** genannt. Hier zweigt der Wanderpfad wieder von der Straße ab und führt in spitzem Winkel links oberhalb der Straße entlang nach Nordwesten. Über Sand und Vulkanschotter geht es hangaufwärts an einigen interessanten Vulkangesteinformationen vorbei auf den nächsten Hügel zu, den Mávro Vounó. Eine zwischen zwei hohen Mauern eingefasste Abzweigung bleibt unbeachtet rechts liegen. Zunächst über weißen Bims, dann über Lavakiesel geht es an einem Haus mit Pool links entlang einer Natursteinmauer auf eine tiefschwarze Vulkanformation zu. Dahinter folgen auf dem Eselspfad wenige Meter auf gepflastertem Natursteinweg, Schotter, Bimsstein und Geröll in allen Farben. Hier wächst ein wenig Phrygana, in der insbesondere der Thymiangeruch auffällt. Bald steigt der Pfad weiter entlang der Natursteinmauer wieder an. Über losen, schwarzen Lavakies, Sand und durch Phrygana erreicht man als nächsten Orientierungspunkt die auf 307 Höhenmetern gelegene **Kirche Tímios Stavrós** **11** auf dem **Mávro Vounó**.

Einkehrmöglichkeit am Kraterrandweg

Von hier aus bietet sich ein fantastischer Blick auf Oía und zurück auf Imerovígli. Die Kirche ist leider mit einem Vorhängeschloss gesichert. Nun ist auch der letzte Anstieg dieser Wanderung überwunden und es geht nur noch bergab Richtung Finikiá zunächst wieder über einen steinigen Eselspfad mit kleinen Kieseln, dann wenige Meter über einen gepflasterten Kalderími und schließlich wieder über Schotter und Kieselsteine. Nach knapp 10 Min. bleibt die (meist verschlossene) **Kirche Profítis Ilías** **12** rechts auf einem kleinen Plateau mit herrlichem Blick auf Oía liegen. Hier führt der Weg wieder über einen schönen, alten Kalderími, der sich direkt unterhalb der Kirche teilt: Wir wählen den linken Pflasterweg, der näher an der Caldéra entlang verläuft. Er führt auf ein hoch ummauertes Grundstück zu und an der Caldéraseite daran vorbei. Nun erreichen wir die ersten Hotelanlagen von **Finikiá**. Links am Wanderweg wurde hier eine Grillstelle angelegt.

Hinter Hotelanlagen mit Pool, den ersten Außenposten von Finikiá, bietet sich auf der rechten Seite die eindrucksvolle Ansicht einer vom Wind ausgehöhlten **Bimssteinwand** mit Einlagerungen von dunklen Lavabomben. Vorbei an einem kleinen Industriegelände führt der nun betonierte und natursteingepflasterte Treppenweg oberhalb des **Friedhofs** vorbei weiter an der Caldéra Richtung Ortszentrum. Nach dem Friedhof liegt die **Kirche Ágios Vassílios** etwa 40 m links in die Gasse hinein. Direkt hinter der Windmühle trifft man auf die Straße nach **Oía** **13** und setzt die Wanderung auf dem Kraterrandweg weiter fort. An der **Hotelanlage Canaves Oía** endet der Kraterrandweg zunächst und wir wandern auf der Straße weiter. Man passiert die links der Straße liegende, markante ockerfarbene **Kirche Panagía**

Marouliani. Von dort setzt sich der Kraterrandweg auf Marmorplatten in den Ortweiter fort. Nach etwa 10 Min. erreichen wir die **Platía** vor der **Kirche Panagía** **14**. Dies ist das Ziel unserer Wanderung auf 137 Höhenmetern. Der Busbahnhof von Oía befindet sich etwa 150 m die Gasse rechts der Kirche hinunter.

Wanderung 2: Von Firá auf den Skáros-Felsen

Charakteristik: Zunächst einfacher Weg über die Kraterrandgasse. Auf dem Skáros und bis hinunter zur Kirche Theosképasti etwas anspruchsvoller. Das eigentliche Skáros-Gipfelplateau ist nur über eine kurze Kletterpartie zu erreichen und bleibt trittsicheren Bergwanderern mit gutem Schuhwerk vorbehalten. **Wegstrecke:** Zunächst fast immer dicht am Kraterrand entlang über Vulkansteinpflaster und Beton, dann ein gutes Stück den Kraterhang hinunter, wieder hinauf, teils über Sanduntergrund. **Dauer und Länge:** Rund 1 Std. reine Wanderzeit für eine Distanz von etwa 3,1 km (ohne den Rückweg gerechnet). **Schwierigkeit und Ausrüstung:** Bis Imerovígli leichter Wegverlauf, von dort auf den Skáros hinauf zunächst Abstieg, dann Aufstieg und vom Plateau schließlich wieder Abstieg hinunter zur Kirche Theosképasti. Wer auf die kurze Kletterpartie auf das Skáros-Gipfelplateau verzichtet, kommt mit Trekking-Sandalen aus. Für das Gipfelplateau sind mindestens Turnschuhe unabdingbar, besser jedoch gute Bergwanderschuhe mit Profil. Wasser und Proviant kann man unterwegs in den Orten erwerben, nicht jedoch auf dem Skáros. **Ausgangspunkt:** Bergstation der Seilbahn im oberen Bereich von Firá.

Wegbeschreibung: Die Wanderung beginnt am Eingang der **Seilbahn-Bergstation** im oberen Bereich von Firá, nahe am Kraterrand **1**. Wir wandern auf dem Kopfsteinpflasterweg in Richtung Caldéra. Eine abwärtsführende Treppe lassen wir links liegen, passieren das *Café Zaforá* und biegen rechts hangaufwärts über einige Treppenstufen direkt an der Caldéra ab. Der Kraterrandweg führt nordwestlich weiter bergauf und passiert nach zwei Minuten die kleine katholische **Kirche Ágios Stylianós** links am Wegrand. An der nächsten Ecke bietet sich ein toller Blick zurück auf Firá. An der Abzweigung halten wir uns links auf dem Kraterrandweg **2**. Wir passieren das **Nomikós-Konferenzzentrum** (großes rotbraunes Gebäude) und folgen dem Kraterrandweg immer noch weiter aufwärts. Vorbei an einigen Höhlenwohnungen-Hotels und Café-Restaurants erreichen wir die **Platía von Firostefáni** **3** mit der Kirche Ágios Gerásimos.

Die Kirche bleibt rechts liegen und wir folgen dem Kraterrandweg bergauf, der hier durch eine Gasse führt. Erneut vorbei an Hotels, Restaurants und Cafés geht es durch den Ortsteil Firostefáni. Wir verlassen Firostefáni an einem kleinen Parkplatz **4** und halten uns hier links der Natursteinmauer. Bald kommen wir zum **Nonnenkloster Ágios Nikólaos** (nicht zugänglich). Vor der Klosterpforte **5** biegen wir rechts ab und umwandern das Kloster auf der östlichen Seite. Der Kraterrandweg führt danach weiter hangaufwärts und wenig später erreichen wir die ersten Häuser von Imerovígli. Kurz darauf lassen wir die untere **Platía von Imerovígli** rechts liegen **6** und folgen dem Kraterrandweg weiter, ein wenig hangabwärts, dann wieder aufwärts und sind sogleich an der **Kirche Agía Anastasía** rechts des Weges **7**. Auch von hier bietet sich ein fantastischer Blick zurück auf Imerovígli, Firostefáni und Firá.

Etwa eine Minute nach der Kirche Agía Anastasía erreichen wir das *Restaurant Blue Notes*. Direkt vor dessen Eingang biegen wir über die Treppenstufen links hangabwärts ab **8**. Nach wenigen Metern treffen wir auf die **Kirche Ágios Geórgios** mit einer herrlichen Aussichtsplattform auf den Skáros und weiter nach Oía so-

wie zurück auf Firá. An der Kirche, die leider zumeist verschlossen ist, beginnt der eigentliche Wanderweg auf den Skáros durch einen Bogendurchgang hindurch. Betonierte Treppenstufen führen hangabwärts vorbei an den Terrassen einiger exklusiver Hotels. Auch die kleine **Kirche Ágios Ioánnis** bleibt am Wegesrand liegen **9**. Unterwegs sind noch Reste von durch das Erdbeben 1956 zerstörten Gebäuden zu erkennen. Weiter über Betonstufen abwärts erreichen wir bald die tiefste Stelle der **Senke** zwischen Imerovígli und dem Skáros **10**. Hier ist an den Grundmauern einer Apsis beispielsweise eine ehemalige Kapelle zu erkennen.

Über Sanduntergrund vorbei an duftendem Thymian wandern wir sodann über Stufen hinauf direkt auf den Skáros zu. Der Pfad verläuft nun links (südwestlich) am Skáros vorbei und **teilt** sich danach **11**: Wer das Gipfelplateau des Skáros-

Felsens erklimmen will, hält sich nun rechts. Über loses Geröll und Felsen führt ein schmaler Pfad hangaufwärts. Er endet an der Nordseite des Skáros (mit Blickrichtung auf Oía) unterhalb einer Felswand. Hier muss man die rund 4 m hohe **Felswand** ohne jedwede Sicherung hinaufklettern, was nicht ganz einfach und nur geübten Bergwanderern zu empfehlen ist (nicht mit Flip-Flops möglich, mindestens feste Turnschuhe!). Oben auf dem **Gipfelplateau des Skáros-Felsens** bietet sich ein traumhaftes Rundumpanorama auf rund 308 Höhenmetern **12**. Wunderbarer Blick die wilde Küstenlinie entlang: Richtung Süden erkennt man die großen Bimssteinbrüche im Kraterhang hinter Firá, noch weiter dahinter erhebt sich der Profítis Ilías.

Nach dem Abstieg vom Skáros-Felsen zurück bis zur **Wegteilung 11**: Dort weiter über zwei Stufen hangabwärts Richtung Caldéra wandern. Es folgen einige betonierte **Stufen, Sand- und Treppenweg**. Nach einigen Serpentinen treffen wir rund 10 Min. später ganz unvermutet auf die **Kirche Theosképasti**, in atemberaubender Lage direkt an die Kraterwand „geklebt". Damit ist das Ziel unserer Wanderung auf rund 241 Höhenmeter erreicht **13**. Leider ist die Kirche zumeist verschlossen. Wer sie geöffnet vorfindet, kann eine Doppelkirche mit Gewölben und zwei Ikonostasen mit reichhaltigen Verzierungen und Bemalungen, Drachen am Giebel, modellierten Vögeln und Blumenmotiven unterhalb der Bilderreihe bewundern. Interessante Marmorplatte mit Relief von 1964 am Boden. Ansonsten bietet sich der große **Kirchenvorplatz mit Sitzgelegenheiten** bestens für eine Rast vor dem schweißtreibenden Rückweg (über den gleichen Pfad) an. Von der unteren Platía in Imerovígli gibt es alternativ einen Busanschluss nach Firá.

Wanderung 3: Rundweg von Éxo Goniá nach Vóthonas und zurück

Charakteristik: Einfache und gemütliche Rundwanderung zwischen zwei schönen Inseldörfern und mithin durch den grünsten Teil von Santoríni. Kombiniert mit der Besichtigung von Éxo Goniá und Vóthonas, sicherlich Programm für fast einen halben Tag. **Wegstrecke**: Über Schotter, Sand und Beton durch mehrere Erosionstäler nach Vóthonas und wieder hinauf zur Kirche Ágios Charálambos. **Dauer und Länge**: Der gesamte Rundweg dauert nur etwa 0:45 Std. reine Wanderzeit, jedoch empfiehlt es sich, großzügige Besichtigungszeiten für Vóthonas und alle am Weg gelegenen Kirchen einzuplanen. **Schwierigkeit und Ausrüstung**: Durchwegs problemlose Wegführung, lediglich in der Schlucht vor Vóthonas ist etwas Orientierungssinn hilfreich. Rückweg über eine breite Piste, zwar steiler, aber ohne Schwierigkeit. Turnschuhe genügen. Verpflegungsmöglichkeiten in Éxo Goniá und in Vóthonas. Etwas Wasser für unterwegs sollte also ausreichen. **Ausgangspunkt**: Kirche Ágios Charálambos in Éxo Goniá.

Wegbeschreibung: Wir starten an der markanten **Kirche Ágios Charálambos 1** im oberen Ortsteil von Éxo Goniá auf 213 Höhenmetern. Am Glockenturm zweigt auf der gegenüberliegenden Straßenseite an dem kleinen **Mäuerchen** ein geschotterter Feldweg ab, auf den wir einbiegen. Der Feldweg verläuft nach Nordosten zunächst an einigen Pistazienbäumen, dann an der Natursteinmauer eines Hauses vorbei. Weiter hangabwärts auf dem geschotterten Feldweg vorbei an Weinfeldern erkennt man auf der rechten Seite noch einen alten, bald überwucherten **Dreschplatz**. Am Ende des Weinfeldes mit dem Dreschplatz treffen wir auf eine quer verlaufende Schotterstraße **2**, auf die wir nach links einbiegen und gegen Westen weiterwandern. Nach links fällt der Blick zurück auf die Charálambos-Kirche oben am Hang, geradeaus reicht der Blick auf Firá und nach rechts auf den Flughafen.

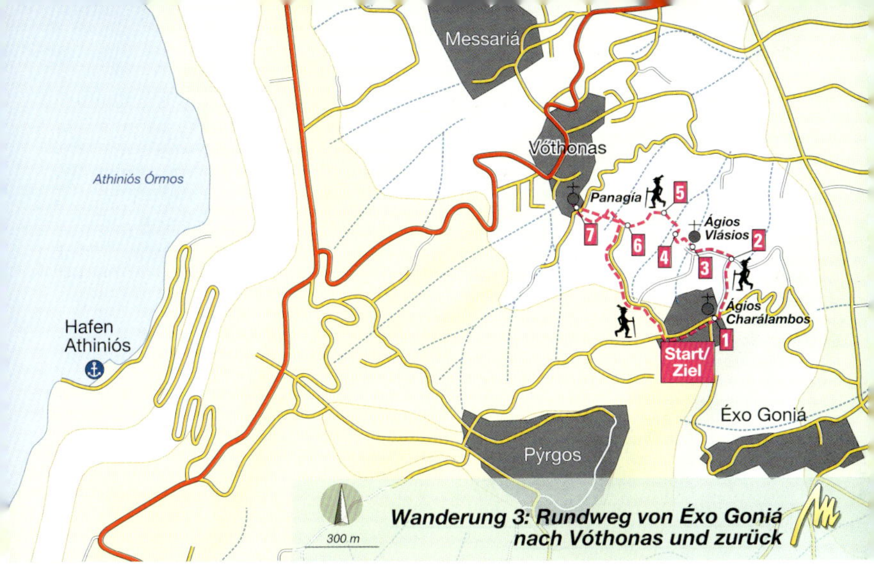

Wanderung 3: Rundweg von Éxo Goniá nach Vóthonas und zurück

Nach der nächsten Wegbiegung rückt die **Kirche Ágios Vlásios 3** ins Blickfeld. Sie liegt auf einem kleinen, betonierten Plateau, östlich ist unterhalb wieder ein kleiner Dreschplatz erkennbar. Die Kirche ist zweischiffig mit hölzerner Ikonostase im linken Schiff. Die Namensikone in Oklad findet sich ganz rechts an der Ikonostase. Vor dem Eingangsbereich der Kirche liegt ein schöner **Rastplatz** mit Bänken. An der Nordwestecke des Kirchenvorplatzes beginnt ein kleiner **Trampelpfad**, der mitten durch die **Pistazienplantage** führt. Der Dreschplatz bleibt rechts liegen, bevor der Weg über die Graslandschaft nach links abbiegt. Rechts folgt nun eine weitere, nach Osten führende Erosionsschlucht. Der Pfad verläuft kurzzeitig sehr steil abwärts in die Schlucht hinein. Unten in der **Schlucht** angekommen, geht es nach rechts weiter. Nach den beiden Feigenkakteen (Vorsicht, Stacheln!) biegen wir sofort nach links auf den schmalen Pfad ein, der steil den Hang hinauf und direkt rechts an einem weiteren **Feigenkaktus 4** vorbei verläuft (132 Höhenmeter).

Wir verlassen somit die Schlucht sogleich wieder nach Norden und halten uns auf der flachen Grasnarbe links den Hang hinauf nach Nordwesten. Auf dem Hang angekommen, bietet sich ein schöner Rückblick auf die Kirchen Ágios Charálambos und Ágios Vlásios, geradeaus Blick auf Firá. Wir unterqueren eine **Stromleitung 5** und folgen dem kaum erkennbaren Pfad rechts unterhalb einer halb eingewucherten Bruchsteinmauer. Am Ende des Feldes treffen wir auf einen kleinen **Metallzaun**, den man ganz bequem übersteigen kann. Wir wandern nun weiter auf dem Feldweg nach links in südwestlicher Richtung hangaufwärts. Nach rechts fällt der Blick auf Vóthonas. Wir erreichen einen betonierten Zugangsweg zu einem Haus und folgen dem Betonweg bis zu einer **Wegkreuzung 6**.

Der Betonweg setzt sich links hangaufwärts fort, wir wandern zunächst jedoch leicht schräg rechts in einen leicht hangaufwärts nach Norden verlaufenden Pfad hinein, der links einer Bruchsteinmauer verläuft. Rechts des Pfads steht eine wunderschöne Baumreihe mit Eukalyptus, links ein kleiner Olivenhain. (Der steil rechts bergab führende Pfad bleibt außer Acht). Der sandige Schotterpfad verläuft nun links von einem kleinen Mäuerchen leicht bergauf, bevor sogleich die runde, blaue Kuppel der Kirche Agía Triáda von Vóthonas ins Blickfeld gelangt und der Pfad nun in einen Betonweg übergeht. Nach der nächsten Linksbiegung öffnet sich der Blick auf den in der Schlucht liegenden Teil von **Vóthonas** mit der Windmühle und der dreischiffigen Hauptkirche Panagía in der Mitte (schöner Fotografierstandort!). Auf dem Betonweg geht es weiter abwärts ins Dorf hinein. Vorbei an Höhlenhäusern und mitten durch die Bimssteinwand gelangt man direkt an die **Platía** mit der großen, auf 134 Höhenmetern gelegenen **Panagía-Kirche 7**. Wer Vóthonas noch nicht gesehen hat, sollte eine ausgiebige Besichtigungstour durch die in dem Erosionstal gelegenen Gassen unternehmen.

Der weniger spektakuläre Rückweg beginnt wieder an der großen Hauptkirche Panagía. Zunächst wandern wir auf demselben Weg aus dem Dorf hinaus südlich in die schmale, leicht bergauf führende Gasse hinein. Wir lassen die Eukalyptus-Baumreihe links liegen und treffen wieder auf die betonierte **Wegkreuzung 6**. Dort biegen wir rechts hangaufwärts auf den breiten Betonweg ein. Der Blick geradeaus reicht nun oben am Hang auf Pýrgos. Rechts und links des Betonwegs befinden sich Weinfelder. Nach 10 Min. rückt links auch schon die Kirche Ágios Charálambos ins Blickfeld. Auf diesem (befahrbaren) Weg läuft man nun steil hangaufwärts, vorbei an Feigenkakteen, Weinfeldern, Feigensträuchern und vereinzelten Pistazienbäumen. Der Blick zurück umfasst nur noch den höher gelegenen Teil von Vóthonas und die südwestlichen Randgebiete von Messariá. An einem Haus gelangt erstmals auf dem Rückweg wieder die große Kirche Ágios Charálambos am oberen Ortsrand von Éxo Goniá ins Sichtfeld (am Hang halblinks). Bald geht der Beton in Asphalt über. Stets hangaufwärts verläuft der Weg an Weinfeldern und Neubauten vorbei auf die Asphaltstraße zu, die von Pýrgos hinunter nach Éxo Goniá führt. An der Einmündung angekommen, hält man sich links, d. h. nördlich, und läuft in 2 Min. die Straße bergab zum Ausgangspunkt, der **Kirche Ágios Charálambos 1**.

Wanderung 4: Von Kamári über die Kapelle Zoodóchos Pigí und Alt-Thíra nach Períssa

Charakteristik: Von Kamári auf schmalem Serpentinenpfad steil hinauf. Eine Höhlenkirche mitsamt Quelle bietet einen guten Rastplatz. Weiter auf steinigem Fußpfad zum Selláda-Sattel, dort Besichtigungsmöglichkeit der archäologischen Stätte Alt-Thíra (Öffnungszeiten beachten!). Anschließend schöner Panoramaabstieg mit Blick auf Períssa. **Wegstrecke**: Problemlose, aber anstrengende Wegführung von Kamári über einen teils gepflasterten Treppenweg hinauf zur Kapelle Zoodóchos Pigí, dann auf Schotter zum Sattel des Selláda. Hier Besichtigungsmöglichkeit des alten Thíra. Auf der gegenüberliegenden Seite des Sattels wieder auf einem breit ausgetretenen Schotterweg hinunter nach Períssa. **Dauer und Länge**: Reine Wanderzeit ohne Besichtigungszeiten (Felsenkirche Zoodóchos Pigí und Alt-Thíra) etwa 1:30 Std. für 4,2 km. **Schwierigkeit und Ausrüstung**: Steiler Aufstieg von Kamári und ebenso steil hinunter nach Períssa. Stets in der prallen Sonne, kaum Schatten. Gut erkennbare bzw. breit ausgetretene Pfade. Herrliche Ausblicke. In Anbetracht der Tatsache, dass oft schlecht ausgerüstete Badetouristen aus Kamári und Períssa mit Sandalen oder gar Flipflops die Wege hinaufschlappen, wäre die Empfehlung für feste Bergwanderschuhe sicherlich übertrieben. Turnschuhe sollten ausreichen. Auf dem Selláda-Sattel befindet sich während der Öffnungszeiten der Ausgrabung ein Kioskwagen. Hier kann man eine Kleinigkeit essen und Wasser kaufen. **Ausgangspunkt**: Gebäude der Ancient Thíra Tours in Kamári.

Wegbeschreibung: Unser Weg beginnt im oberen Ortsteil von **Kamári** am Gebäude von **Ancient Thíra Tours** 1 (22 Höhenmeter). Hier zweigt die Zufahrtsstraße nach Alt-Thíra von der Ortseingangsstraße von Kamári ab (beschildert). Wir folgen dem blauen Schild „Ancient Thira" und wandern zunächst auf der Asphaltstraße („Odós Archéas Thíras") bergauf. Das **Hotel Oríon** bleibt rechts liegen und etwa 300 m nach dem **Hotel Argó** verlassen wir die Asphaltstraße an einem kleinen Platz 2 nach rechts. Ein braunes Holzschild vor dem Kaktus markiert den Einstiegspunkt in den Wanderweg, der wenige Meter weiter rechts vor der Natursteinmauer als Kalderími beginnt. In vielen Serpentinen zieht sich der teils mit Natursteinen angelegte Treppenweg den Westhang des Profítis Ilías hinauf.

Meist sorgt der Wind während des beschwerlichen, schattenlosen Aufstiegs für etwas Erfrischung. Am Wegrand zeigt sich nur spärlicher Phryganabewuchs: Thymian, Salbei, Oregano usw., ansonsten dominiert die karge Berglandschaft. Es bieten sich immer wieder herrliche Blicke hinunter auf Kamári und den dunklen Sandstrand. Unterwegs lassen wir mehrere Hinweisschilder von Kletterern (die sich hier einige Tracks markiert haben) außer Acht. Nach rund einer halben Stunde Wanderzeit erreichen wir das erste Etappenziel: Die **Kapelle Zoodóchos Pigí** 3 ist schon vom Start weg als weißer Fleck in einer grünen Oase in der kargen Felswand zu sehen. Sie liegt auf 194 Höhenmetern unter einer überhängenden Felswand.

Zur Besichtigung der Kapelle Zoodóchos Pigí → S. 182

An der Südseite der Kapelle steigt der weitere Pfad wieder massiv an, zunächst auf Treppenstufen, dann nur noch über Geröll. Nach einigen Kurven rückt in der geraden Verlängerung des Weges die Doppelkapelle Ágios Stéfanos/Ágios Theódoros ins Blickfeld, die bereits innerhalb des archäologischen Geländes des antiken Thíra liegt. Bald ist die Sicht wieder frei auf die in Serpentinen angelegte Zufahrtsstraße zum Selláda-Sattel. Weiterhin über Schotter, Fels und loses Geröll zieht sich der Weg westlich näher an den grünen Hang mit der Zufahrtsstraße. Kurz bevor man auf die Straße trifft, biegt der Pfad 4 nach rechts ab, den Hang hinauf. Wir befinden uns nun auf 217 Höhenmeter. Der schmale Pfad führt über viel loses Geröll steil hinauf und trifft wenige Minuten später auf die betonierte Straße. Wir folgen der Straße nach rechts bergauf und lassen nach etwa 50 m die Überreste des **Fried-**

hofs von **Alt-Thíra** rechts am Hang liegen. Zu sehen sind ein Grab und mehrere Mauerfragmente aus Marmor.

Gut 30 m hinter dem Friedhof verlassen wir die Straße in der Rechtskurve und wandern über die geradeaus vor uns liegenden **Stufen** weiter zunächst über den kurzen Kalderími, dann über Geröll den Hang hinauf in Richtung Südost. Alsbald treffen wir auf einen Pfad und folgen diesem Treppenweg mit Sand-, Stein- und Gerölluntergrund. Er führt bis an den neu errichteten Metallzaun heran. (Alternative: Wer die antike Stätte nicht besichtigen will, kann direkt zum Parkplatz hinabsteigen und muss dann nicht vor dem Zaun entlanglaufen.) Leider müssen wir nun dem Zaun einige Meter bergab folgen, um auf den Betonweg zu gelangen, der vom Parkplatz am Ende der Straße hinauf zum Eingang **5** der **archäologischen Stätte Alt-Thíra** auf 283 Höhenmeter führt.

Informationen zur Besichtigung von Alt-Thíra (u. a. Beschreibung der archäologischen Stätte und Öffnungszeiten) → S. 184

Nach einer eventuellen Besichtigung von Alt-Thíra wandern wir über den betonierten Zugangsweg hinunter zum **Parkplatz**. Von der Südseite des Parkplatzes **6** auf 272 Höhenmetern zweigt ein Schotterpfad mit Blickrichtung hinunter nach Períssa ab. Wir passieren bald Überreste eines weiteren **Friedhofs** von Alt-Thíra, der sich außerhalb der Stadt befand. Nach gut 15 Min. seit dem Parkplatz treffen wir auf eine **Abzweigung 7**, an der wir den geradeaus führenden Weg nach rechts hangabwärts verlassen (153 Höhenmeter). Kurz darauf bleiben mehrere rechts und links abzweigende Pfade außer Acht und wir folgen dem Weg über Stein und Geröll hangabwärts.

In einer Rechtskurve zweigt etwa 10 Min. später ein weiterer Pfad geradeaus ab (119 Höhenmeter). Dieser Pfad führt zur Kirche Panagía Katefianí (→ Wanderung 7 und im Kapitel Períssa) und bleibt hier außer Acht. Wir setzen unseren Weg weiter mit Blick auf die breite Ebene um Períssa hangabwärts fort. Bald erreichen wir den Ortsrand von **Períssa** und treffen dort auf eine Kurve der **Asphaltstraße 8**. Nun folgen wir der Straße links hangabwärts. Eine Abzweigung bleibt rechts liegen und nach wenigen Minuten erreichen wir die **Paralía 9** von Períssa, wo unsere Wanderung endet.

Die große **Kirche Tímios Stavrós** liegt weiter rechts. An der Ecke mit der Snackbar „The magic bus" liegt die **Bushaltestelle** Richtung Firá, dort ggf. umsteigen zurück nach Kamári. Direkt am Strand davor fahren (in der Saison) auch Badeboote um den Méssa Vounó-Felsen herum zurück nach Kamári.

Wanderung 5: Spaziergang von Pýrgos zur Kirche Ágios Geórgios Katefío

Charakteristik: Kurze Wanderung mit lohnenswertem Ziel: Die Kirche Ágios Geórgios Katefío gehört kaum zum touristischen Standardprogramm auf der Insel. Sie wurde spektakulär auf einem Felsplateau am Nordfuß des Profítis Ilías errichtet. **Wegstrecke**: Von Pýrgos nach einigen Metern auf Asphalt und Beton über einen schönen alten Treppenstufenweg (Kalderími). **Dauer und Länge**: Die etwa 1,5 km Wegstrecke von Pýrgos zur Felsenkirche sind in etwa 30 Min. zu bewältigen. Gleiche Zeit dann für den gleichen Rückweg. **Schwierigkeit und Ausrüstung**: Problemloser Wegverlauf auf einfachem Untergrund, lediglich eine kurze Passage auf Bimssteingeröll erfordert etwas mehr Trittsicherheit. Turnschuhe sind dennoch ausreichend. Unterwegs keine Verpflegungsmöglichkeiten. **Ausgangspunkt**: Platía in Pýrgos.

Wegbeschreibung: Die Wanderung beginnt in **Pýrgos** an der **Platía** **1** mit dem Wendekreisel auf 320 Höhenmetern. Hier halten auch die Busse von Firá und Períssa. Wir wandern die nach Süden verlaufende Straße hangabwärts, die zum Kloster Profítis Ilías führt. Ein großer Parkplatz bleibt rechts liegen und wir folgen weiter der Straße. Ebenfalls bleiben ein **Gebetsstock**, die kurz darauf abzweigende Straße nach Períssa und die **Kirche Ágios Antónios** auf einem Privatgrundstück rechts liegen. Etwa 800 m nach Wanderbeginn zweigt nach links hangaufwärts ein zunächst betonierter Weg **2** von der Asphaltstraße ab. Er ist mit einem blauen und einem braunen Schild „Profítis Ilías" gekennzeichnet. Hier verlassen wir die Straße und biegen auf diesen Weg nach Südosten ein. Der Betonuntergrund geht bald in einen Kalderími über und wird schmaler. Um die nächste Ecke ist die große **Kirche Ágios Nikólaos** **3** erreicht, mit Ruinen einer ehemaligen Klosteranlage und einem schönen Innenhof.

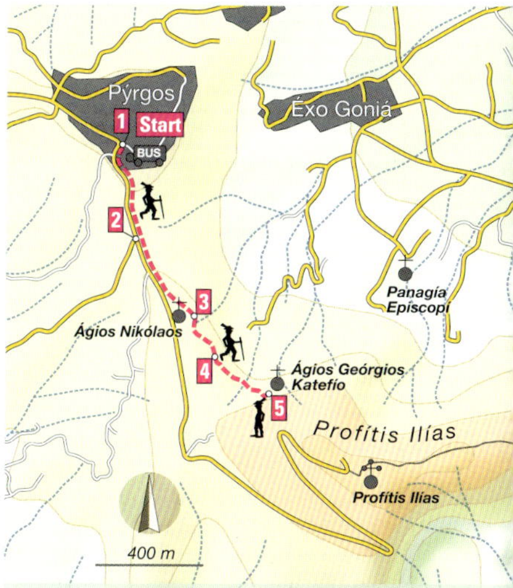

Wanderung 5: Von Pýrgos zur Kirche Ágios Geórgios Katefío

Links hangabwärts bietet sich von oben ein interessanter Blick auf die Bimssteinbrüche. Etwa 30 m nach der Kirche zweigt ein schmaler Trampelpfad links den Hang hinauf ab auf eine unverputzte **Hausruine** zu. Der Pfad führt nach rechts über das freie Feld vor der Ruine auf Treppenstufen zu, danach biegt er nach Süden ab und das Wanderziel, die Kirche Ágios Geórgios Katefío, rückt bereits geradeaus am Nordfuß des Profítis Ilías ins Blickfeld. Der schmale Pfad zieht sich links an einer Natursteinmauer entlang. Nach links geht der Blick auf den Flughafen, Méssa Goniá und Kamári. Der Pfad verläuft zunächst auf Bimsuntergrund (etwas rutschig!) und trifft dann auf betonierte **Treppen** **4**, die um eine Kurve herumführen. Dann folgen wieder Sand- und Bimsuntergrund, rechts und links herrlich duftender Thymian. Leider begleitet auf diesem Wegabschnitt eine stetige, laute Geräuschkulisse durch die unten im Tal liegenden **Bimssteinbrüche** den Wanderer. Wer genug Zeit auf der Insel verbringt, sollte diese Wandertour daher besser an einem Sonntag unternehmen, wenn in den Bimssteinbrüchen nicht gearbeitet wird.

Zur Besichtigung der Kirche Ágios Geórgios Katefío → S. 194

Kurz abwärts, dann wieder hinauf erreichen wir über Stufen den Eingang zum Kirchenvorhof. Hier ist bereits das Ziel unserer Kurzwanderung erreicht, die **Kirche Ágios Geórgios Katefío 5** auf 320 Höhenmetern. Leider gibt es keine Wegalternative, so dass man den gleichen Weg zurückwandern muss.

Wanderung 6: Auf dem alten Kalderími von Pýrgos hinunter nach Emborío

Charakteristik: Zweifellos einer der schönsten und ruhigsten Wanderwege der Insel. Auf einem alten, teils mit Vulkansteinen gepflasterten Eselspfad geht es durch die Weinfelder praktisch immer bergab nach Emborío. Bemerkenswert sind vor allem die bunten Farben des Gesteins in der zweiten Weghälfte. In den Erosionstälern lässt sich die geologische Struktur der Insel wunderbar beobachten. **Wegstrecke**: Von Pýrgos wenige Meter über eine Straße, dann über einen alten, weitgehend natursteingepflasterten Eselspfad praktisch immer bergab durch ein vulkanisches Erosionstal nach Emborío. Unterwegs teils üppiger Bewuchs durch Pistazien, Feigenkakteen und vor allem Weinfelder. **Dauer und Länge**: Je nach Wanderschritt in einer guten Stunde problemlos zu bewältigen. Für eine ausgiebige Besichtigung von Pýrgos und Emborío (beide Dörfer lohnen) bleibt genügend Zeit. Weglänge knapp 4 km. **Schwierigkeit und Ausrüstung**: Der Eselspfad führt gut erkennbar und stetig bergab. Schwierigere Abschnitte gibt es auf dieser Tour nicht. Für den teils sandigen, teils steinigen Untergrund reichen Turnschuhe völlig aus. Größere Mengen an Wasser und Proviant benötigt man nicht. Sowohl in Pýrgos als auch in Emborío gibt es reichlich Verpflegungsmöglichkeiten und Einkaufsgelegenheiten. **Ausgangspunkt**: Platía in Pýrgos.

Wegbeschreibung: Der Wanderweg beginnt am Kreisverkehr in **Pýrgos**, der zentralen **Platía 1**, an der auch die Busse aus Firá und Períssa halten (315 Höhenmeter). Von hier aus wandern wir zunächst auf der südlich hangabwärts abzweigenden Asphaltstraße, die hinauf zum Kloster Profítis Ilías führt. Vorbei an einem großen Parkplatz unterhalb der Platía laufen wir ein Stück weit durch die Außenbezirke des Ortes. Nach etwa 450 m passieren wir einen kleinen **Gebetsstock**, der rechts an der Straße steht. Eine etwa 20 m nach dem Gebetsstock nach rechts abzweigende Straße ignorieren wir. Etwa 50 m nach dem Straßenabzweig lassen wir die **Kirche Ágios Antónios** auf einem Privatgrundstück rechts liegen. Nach weiteren 200 m (ab der Kirche) zweigt der Wanderweg auf den Profítis Ilías links ab (beschildert). Wir verlassen die nun hangaufwärts führende Straße schräg gegenüber (etwa 20 m nach dem Profítis-Ilías-Abzweig) an einem breiten, befahrbaren Feldweg nach rechts hangabwärts. Ein kleines **Holzschild 2** markiert die Abzweigung.

Jedoch biegen wir nicht auf den breiten, befahrbaren Feldweg direkt ein, sondern halten uns unmittelbar rechts der Mauer und wandern auf dem schmalen Eselspfad, der oberhalb des Feldwegs am Hang entlangführt. Während der Feldweg bald an einem kleinen Bauernhof endet, zieht sich der Pfad weiter an der Mauer entlang gen Süden. Rechts folgen nun üppige Weinfelder. Ein runder, betonierter **Dreschplatz** bleibt rechts liegen. Kurz darauf ignorieren wir einen von links einbiegenden natursteingepflasterten Eselspfad. Weiter geradeaus hangabwärts wandern wir in diesem Wegabschnitt auf einem der schönsten alten Kalderímis, die es auf Thíra noch gibt.

Etwa 15 Min. nach dem Dreschplatz treffen wir auf eine breit planierte **Sand-/Kiesstraße 3**. Wir biegen auf diesen Feldweg nach links ein und folgen ihm etwa 120 m hangabwärts um eine Kurve. Sodann zweigt der Wanderweg **4** in einer Rechtskurve des Feldwegs nach links ab. Auf zunächst sandigem Untergrund verläuft der Pfad erneut zwischen zwei Mauern entlang in Richtung Süden. Ab hier wird es immer deutlicher, dass man ein **Erosionstal** hinunterwandert, das Richtung Emborío stets enger und tiefer wird. Auf Santoríni gibt es Dutzende solcher Täler. In diesem Abschnitt des Wegs ist auch das Gestein, aus dem die Mauern errichtet wurden, einen Blick wert: schwarze, rote und gelbliche sowie mehrfarbige Lavabomben, dazu Tuff, Bims und ausgewaschene Steine aus dem Meer. Links am Fuße des Bergs Profítis Ilías sind zwei große Höhlen im Bimsstein zu erkennen, während der Pfad wieder zu einem schönen Kalderími aus schwarzen Lavasteinen wird. Der Kalderími wird noch heute von den Bauern der Umgebung genutzt und ist nicht wie so viele andere alte Pfade längst zugewuchert.

Bald öffnet sich nach links der **wunderschöne Blick** in ein steiles Erosionstal mit zwei Kirchlein und einem halb verfallenen Natursteingebäude. Es sieht fast aus wie ein alter Klosterbau, war aber wohl einst ein einfaches Bauernhaus. Der Weg ist hier wieder deutlich breiter und verläuft entlang einiger privater Nutzgärten, Feigenkakteen, Feigen- und Zitronenbäume. Emborío rückt immer näher und nach rechts bietet sich der einmalige Blick auf die acht Windmühlen am Gavrílos-Hang südlich des Ortes. In einer weiten Kurve mit Stufen nähert man sich dem Tal mit den beiden Kirchen. Links des Weges folgt eine eindrucksvolle helle Bimssteinwand. Der Pfad verläuft danach ein Stück als Hohlweg zwischen zwei Mauern hindurch.

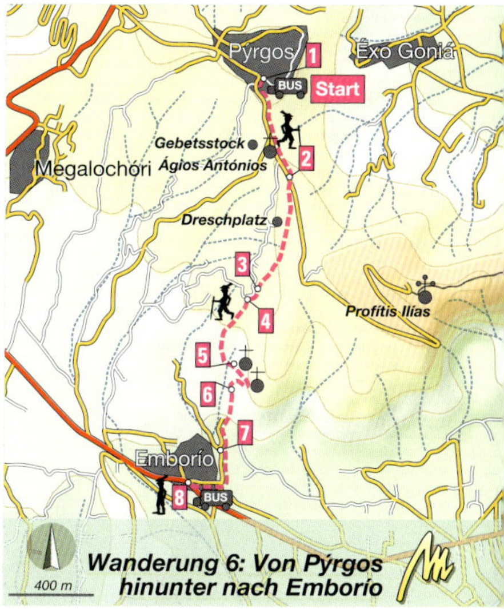

Sogleich erreicht man den ersten kleinen **Bauernhof** in einer Wegkurve. Danach bietet sich nochmals ein Blick in das Tal mit den beiden Kirchen, nun aber von unten. An den Hängen liegen **Höhlenwohnungen** und Neubauten. Prächtige Feigenkakteen, so groß, als seien es Plantagenpflanzen, fallen mit ihren bunten Früchten ins Auge. Über ein Stück Beton und mehrere Stufen gelangt man in das **Erosionstal** hinein und wendet sich auf dem natursteingepflasterten Weg **5** nach rechts, d. h. nach Süden. Durch einen Hohlweg geht es zwischen Mauern, Häusern und Feigenkakteen weiter talabwärts. Es folgen zwei **Bogendurchgänge**, bevor man die nördlichen Bezirke von **Emborío** auf einer Betonstraße an einer **Kirche** **6** mit Platía erreicht.

Weiter geradeaus durch die Gassen gelangt man nach Emborío hinein in Richtung **Kástro**. Bald reicht der Blick auf die nordöstliche Außenwand der Kástroanlage, darüber die blauen Kuppeln der Kirche und ein sehenswerter Glockenturm. Vor der rückseitigen Wand des Kástros treffen wir auf eine **T-Kreuzung** **7** und wandern hier links hangabwärts weiter. Etwa 300 m weiter biegen wir an einer erneuten **Abzweigung** (an der Ecke befindet sich ein Kindergarten) rechts ab. Wir folgen dieser Straße nun etwa 250 m und erreichen dann die große Straßenkreuzung an der zentralen **Platía** **8** in Emborío, wo unsere Wanderung endet (84 Höhenmeter). Dort befinden sich einige Cafés und Tavernen und direkt an der Abzweigung der Hauptstraße liegt die **Bushaltestelle** der Route Firá Períssa.

Wanderung 7: Hinauf auf den höchsten Berg der Insel von Períssa über den Sellάda-Sattel nach Pýrgos

Charakteristik: Vielleicht die anstrengendste Wanderung auf der Insel. Von Meereshöhe in Períssa geht es gut 550 Höhenmeter hinauf. Ein Abstecher führt zu der sehenswerten Höhlenkirche Panagía Katefianí. Auf dem Selláda-Sattel bietet sich die Möglichkeit, einen Abstecher zu den Ausgrabungen von Alt-Thíra zu unternehmen. Mit ein wenig Glück findet man auch das Kloster Profítis Ilías auf dem höchsten Berg der Insel geöffnet vor. Der Zielort Pýrgos ist eines der schönsten Dörfchen der Insel. **Wegstrecke**: Weitgehend über steinige und staubige Pfade von Períssa hinauf zum Selláda und weiter auf den höchsten Berg von Santoríni, den Profítis Ilías. Der Abstieg hinunter nach Pýrgos verläuft teils über einen sehr schönen, alten Kalderími, teils auch über Asphalt. **Dauer und Länge**: Reine Wanderzeit ohne Besichtigungszeiten (Felsenkirche Panagía Katefianí, Alt-Thíra, Kloster Profítis Ilías) etwa 2:30 bis 3 Std. für 7,8 km. **Schwierigkeit und Ausrüstung**: Von Períssa auf breit ausgetretenen Pfaden hinauf zum Selláda steigt der Weg stetig, aber nie sehr steil an. Lediglich der Abstecher zur Kirche Panagía Katefianí verzeichnet ein kurzes Steilstück. Oben auf dem Selláda-Sattel steht ein kleiner Kioskwagen, wo man in der Saison eine Kleinigkeit essen und Wasser kaufen kann. Weiter zum Profítis-Ilías-Gipfel auf schmalen, steinigen, staubigen und anstrengenden Pfaden. Oben keinerlei Versorgungsmöglichkeiten. Vor allem für den Mittelteil des Weges empfehlen sich feste Bergwanderschuhe. **Ausgangspunkt**: Uferpromenade in Períssa.

Wegbeschreibung: Die Wanderung beginnt am Buswendeplatz am Nordende der **Uferpromenade** **1** in **Períssa**. Von hier aus wandern wir mit dem Meer im Rücken auf der Asphaltstraße Richtung Westen. Das Ruinenfeld der frühchristlichen **Basilika Agía Iríni** bleibt rechts liegen. Wir folgen der nun nordwestlich leicht bergan verlaufenden Straße parallel zur hoch aufsteigenden Felswand. Nach 650 m biegt

Fast am Ziel der Wanderung 7: Traumhafter Blick auf Pýrgos

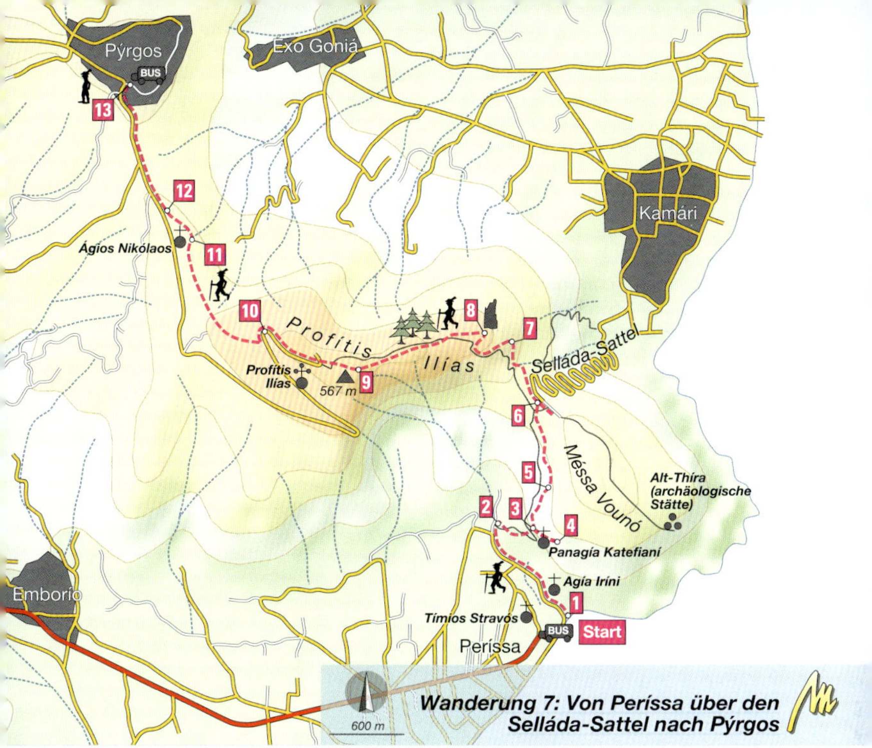

Wanderung 7: Von Períssa über den Selláda-Sattel nach Pýrgos

die Straße nach links ab und wir folgen dem **Metallschild** „Ancient Thira" geradeaus mit Blickrichtung auf den Sattel Selláda. Etwa 50 m weiter biegen wir auf den hier beginnenden **Wanderpfad** ein. Ein rot-weißes Metallschild „3" **2** markiert den Einstieg auf 49 Höhenmeter. Nach etwa 20 Min. Aufstieg auf Steinstufen, Sand und Geröll zweigt ein Pfad nach rechts in Richtung Meer **3** ab (112 Höhenmeter). Der Abzweig ist an dem kleinen, weißen Betonkreuz auf einem markanten Stein östlich der Spitzkehre des Hauptwegs zu erkennen.

Wir folgen diesem Pfad, der nach dem Kreuz zunächst betoniert ist. Bald folgen Stufen, die steil nach oben in die Felswand führen. Der Aufstieg zur **Kirche Panagía Katefianí** **4** dauert von der Abzweigung mit dem Kreuz etwa 10 Min. Die Kirche liegt auf 146 Höhenmetern auf einem kleinen Plateau in der teils überhängenden, steilen Felswand des Profítis Ilías. Die Kirche Panagía Katefianí ist eine große, tonnengewölbte Einraumkirche mit dunkelbrauner, hölzerner Ikonostase und Dutzenden Votivtäfelchen. Links befindet sich eine große Ikone der Génissis tis Theotókou. Jeden Morgen kommen Frauen aus dem Dorf hier hinauf, um das Ewige Licht zu erneuern.

Von der Kirche wandern wir wieder den gleichen Stichweg zurück bis zur **Abzweigung** mit dem Kreuz **3** und treffen dort wieder auf den Hauptweg. Dann halten wir uns rechts und folgen dem Wanderpfad bergauf. Der Stein- und Geröllweg ist teils in Stufen angelegt und führt vorbei an Sträuchern von Thymian, Salbei, Kamille und Oregano. Nach etwa 15 Min. treffen wir auf eine von rechts kommende Einmündung **5**. Wir folgen dem Pfad nach links bergauf auf den Sattel zu.

Etwa 45 Min. nach der Abzweigung mit dem Kreuz erreichen wir den **Selláda-Sattel** **6** auf 275 Höhenmetern. Dort befinden sich ein kleiner Kantinenwagen und der Parkplatz der Straße, die von Kamári hinaufführt. Der Zugang zur **historischen Stätte Alt-Thíra** erfolgt über den nach rechts abzweigenden Betonweg. Unser Wanderweg zweigt genau gegenüber des Betonwegs von dem Parkplatzrondell ab und führt als Schotter- und Geröllpfad nach Nordwesten auf den Berg Profítis Ilías zu. Der Weg verläuft zunächst nur schwach ansteigend und durchquert ein Feld mit leichtem, hellem Bimsstein. Der lose liegende Bims bietet zwar einerseits eine angenehmere, weil deutlich weichere Wanderunterlage, andererseits sinkt man aber kräftig in den Staub ein. Rechts und links des Weges liegen große dunkle, schwarze, rötliche und grünliche Lavabrocken. Hier verschwindet Períssa aus dem Blickfeld und der Blick fällt nun auf Kamári. Unser Pfad lässt am Ende des Bimssteinfeldes eine betonierte **Säule** mit Steinen links liegen, führt ein Stück auf Steinstufen aufwärts, um sich dann als schmaler Pfad durch die Phrygana zu schlängeln. An mehreren Weggabelungen muss man auf den ausgetretenen und durch Steinmännchen markierten Pfad achten. Teilweise erfolgt die Markierung auch durch Metallplättchen mit rotem Feld und der Nummer „1“. Der Pfad verläuft nordwärts und trifft etwa 20 Min. ab dem Parkplatz bei einem erneuten Bimssteinfeld auf eine steile Felswand. Wir wandern auf die Felswand zu und biegen dann unmittelbar unterhalb der **Steilwand** **7** nach links ab.

Es folgt ein Abschnitt über Schotter und Steine zwischen Felsblöcken hindurch noch immer unterhalb der Steilwand. Wenn man die Wand auf etwa 380 Höhenmetern hinter sich gelassen hat, führt der Pfad auf Felsplatten und Geröll mit angelegten Serpentinenmauern weiter stets bergauf. Der Blick reicht nun wieder bis hinunter nach Períssa. Über Steinplatten, Stufen und Geröll erreicht man bei 440 Höhenmetern einen **Grat**, an dem eine **Steinpyramide** **8** den weiteren Weg markiert. Von dieser Stelle bietet sich ein genialer **Rundblick**: Períssa, Kamári und erstmals auf unserer Wanderroute reicht die Sicht auch bis auf Firá, Imerovígli, Oía und in die Caldéra. Es folgt ein für die Füße erholsames Wegstück über weichen Bims, bevor sich der Weg über die mit Thymian bewachsenen Felsen fortsetzt. Der herrliche Pfad ist hier oben stets dem strengen Wind und der erbarmungslosen Sonneneinstrahlung ausgesetzt.

Auf felsigem, steinigem Untergrund schlängelt sich der Weg weiter auf der Nordseite des Profítis Ilías den Hang hinauf. Wir passieren erneut ein Metallschild mit „1“. Etwa 10 Min. hinter der Steinpyramide erreichen wir ein kleines **Kiefernwäldchen**, das wir links hangaufwärts auf schmalen Pfad umwandern. Der gut erkennbare Wanderpfad setzt sich unmittelbar hinter dem Kiefernwäldchen fort. Sogleich rückt die militärische **Funkstation** auf dem Gipfel des **Profítis Ilías** ins Blickfeld. Auf sandigem Untergrund wandern wir immer zwischen Felsblöcken hindurch in Richtung Funkstation und erreichen bald ein kleines **Plateau** auf 519 Höhenmetern. Der gut erkennbare Pfad führt nun über die kantigen Felsen. Teils fällt der Blick auf Kamári und den Norden, teils auf Períssa und Perívolos im Süden. Wir nähern uns der **Militärstation** **9** und erreichen sie schließlich auf 551 Höhenmetern, dem höchsten Punkt unserer Wanderung. Die (unzugängliche) Station liegt linker Hand ein wenig den Hang hinauf. Das **Kloster Profítis Ilías** befindet sich geradeaus und dann links hinter dem dunklen Metalltor.

Die Wanderung setzt sich auf der Zufahrtsstraße zur Militärstation hangabwärts fort. Wir passieren einen weiteren Eingang zum Kloster und verlassen die Straße nach etwa 120 m in einen nach rechts abzweigenden, betonierten Stufenweg. Dieser trifft sogleich wieder auf die Straße. Man folgt zwei scharfen Kurven der Straße und läuft unter der Stromleitung hindurch auf der Straße weiter bergab. Nach mehreren Unterquerungen der Stromleitung kommt eine scharfe Linkskehre mit schönem Blick hinunter auf Pýrgos. Etwa am Scheitelpunkt der Kurve zweigt ein schmaler Pfad nach rechts hangabwärts ab. Dieser Pfad bleibt außer Acht. Wir wandern weiter bergab auf der Straße. Gut 50 m hinter der Linkskurve zweigt ein schmaler **Eselspfad 10** nach rechts von der Straße ab (492 Höhenmeter). Ein kleines, rotes Metallschild mit einer „1" tief unten am Boden markiert die Abzweigung. Der schmale Eselspfad führt zwischen Feigenbüschen hindurch in nordwestlicher Richtung hangabwärts links einer Mauer entlang.

Wenig später verläuft der Weg zwischen zwei Mauern eingefasst weiter. Dies ist der alte Kalderími, der früher (vor dem Bau der Straße) als einziger Weg hinauf zum Kloster führte. Er ist im oberen Teil mittlerweile stark überwuchert, auch Teile der Begrenzungsmauer sind eingestürzt und haben kurze Wegabschnitte teils verschüttet. Dennoch bleibt der Kalderími gut zu erkennen und problemlos begehbar. In unregelmäßigen Abständen folgen einzelne Treppenstufen und parallel zieht sich die Stromleitung entlang. Es bietet sich ein hübscher Blick auf das Südende von Santoríni und die kleine Insel Aspronísi. Der Weg bleibt längere Zeit gut gepflastert, führt aber teilweise heftig bergab, man verliert recht schnell an Höhe. Der Pfad lässt bald eine betonierte **Wassersammelstelle** mit Zisterne links liegen und erreicht gut 20 Min. nach dem Abzweig von der Straße die große, geweißelte **Kirche Ágios Nikólaos 11**. Auf dem Areal befinden sich ein großer, gepflasterter Innenhof und rundum Ruinen eines ehemaligen Klosters. Heute existiert nur noch die Kirche.

Der Weg führt rechts an der Kirche vorbei und biegt dann vor einem großen, betonierten Platz nach links ab. Vorbei an den ersten Häusern von **Pýrgos** treffen wir alsbald auf die **Asphaltstraße 12**, die von Pýrgos hinauf zum Kloster führt. Wir biegen nach rechts in Richtung Nordwesten auf die Straße ein. In gut einer Viertelstunde auf dieser Straße erreichen wir nach einigen Kurven die **Platía 13** von Pýrgos mit dem kleinen Kreisverkehr, das Ziel unserer Wanderung auf 320 Höhenmetern. Hier befinden sich die empfehlenswerte *Taverne Kallísti* und die Bushaltestelle direkt am Kreisel mit Verbindungen nach Firá oder Períssa.

Informationen zur Besichtigung des Klosters Profítis Ilías (Beschreibung und Öffnungszeiten) → Seite 188

Wanderung 8: Rundweg von Akrotíri die Kraterwand hinunter zum Caldéra-Beach und wieder zurück nach Akrotíri

Charakteristik: Eine der wenigen Rundwanderungen auf Santoríni. Abwechslungsreicher Wegverlauf hinunter zum Meer auf der Caldéra-Seite und wieder hinauf. Tolle Einblicke in die Vulkanlandschaft und auf die Beschaffenheit der Kraterwand. Mehrfach Bademöglichkeiten, u. a. am schönen Caldéra-Beach. **Wegstrecke:** Ebenfalls abwechslungsreich über Asphalt, Beton, Treppenstufen, Sanduntergrund, Felsen, Kiesel und Strand. **Dauer und Länge:** Reine Wanderzeit rund 1:15 bis 1:30 Std. für eine Distanz von etwa 3,2 km. Die Höhendifferenz beträgt nur 140 m, da die Caldéra bei Akrotíri nicht so hoch ist. **Schwierigkeit und Ausrüstung:** Im Ort Akrotíri problemlos, hinunter zum Meer über teils rutschige Stufen und loses Vulkangeröll, am Meer entlang teils über Felsen. Insofern sind Trekking-

Schuhe auf jeden Fall empfehlenswert. Einkaufsmöglichkeiten gibt es in Akrotíri und Verpflegungsmöglichkeit unterwegs in der Taverne am Caldéra-Beach. **Ausgangspunkt:** Platía mit Bushaltestelle am Ortseingang von Akrotíri.

Wegbeschreibung: Die Wanderung beginnt an der **Platía** am Ortseingang von Akrotíri, wo auch der Bus hält **1**. Wir wandern von der Platía nordwärts Richtung Caldéra und biegen dann nach links in die bergaufführende Gasse ein. Ein Wegweiser schildert „Kasteli" aus. Wir folgen der Gasse hangaufwärts und biegen an der ersten Verzweigung vor der herrschaftlichen **Villa** nach links in Richtung Kastell ab. An der nächsten Ecke befindet sich nach 20 m auf der rechten Seite der Eingang zum **Kastell von Akrotíri** **2**. Eine kurze Besichtigung lohnt auf jeden Fall. Aus dem Kastell die Treppen hinab kommend, wandern wir durch die geradeaus führende Gasse an der großen **Kirche Agía Theodosía** vorbei. Wir treffen auf eine breite, befahrbare Gasse und biegen in diese nach rechts (nördlich) in Richtung Caldéra ab. Die Gasse steigt zunächst weiter an und biegt dann erneut nach rechts ab. Bald trifft sie auf die **Asphaltstraße**, die von Akrotíri zum Fáros führt **3**.

Wir überqueren die Straße geradeaus und treffen dort auf einen unbefestigten **Sand-Kies-Platz** direkt an der Caldéra. Mit Blickrichtung auf die Caldéra wenden wir uns nach links und biegen dort auf einen hangabwärts führenden **Feldweg** ein. Akrotíri liegt nun im Rücken und der Blick fällt direkt auf die Inseln im Krater. Nach zwei Minuten bergab auf dem Feldweg treffen wir auf eine **Steinreihe**, die dort Motorfahrzeuge am Weiterfahren hindern soll. Wir überqueren die Steinreihe **4** und biegen auf den – teils in Serpentinen, teils in Stufen und mit Vulkansteinen gepflasterten – weiter hinabführenden schmalen **Wanderpfad** in nordwestlicher Richtung ein. Es bieten sich tolle Blicke auf die Lavawände mit einigen eingegrabenen Höhlen.

Der Weg verläuft teils sehr steil auf losem rutschigem Bims-Untergrund und man verliert recht schnell an Höhe. Unten am Meer liegt die **Kirche Ágios Nikólaos**, das nächste Etappenziel. Kurz vor der Kirche zweigt ein Pfad nach links ab: Hier liegt

Gute Wanderwegweiser sind auf Santoríni eher selten zu finden

ein rund 100 m langer Strandabschnitt mit schwarzem Sand, Kieseln und Felsen, am Westende eine kleine betonierte Anlegemole. Unsere Wanderung führt aber direkt zur Kirche Ágios Nikólaos **5**. Die Kirche wurde direkt an die Felswand gebaut und daneben ein Glockenturm errichtet. Leider ist sie zumeist verschlossen, ihr Vorplatz bietet jedoch eine gute Rastmöglichkeit direkt am Meer. Östlich der Kirche liegt ein weiterer ca. 50 m langer Strandabschnitt aus schwarzem Sand, Kieseln und Felsen.

Die Wanderung setzt sich über den **östlichen Strandabschnitt** fort und führt von dort zunächst über eine **Felsnase** mit kurzem Aufstieg weiter nach Osten am Hang über dem Meer entlang. Vorbei an schönen dunkelroten Lavawänden, teils mit grünen Flechten überwachsen, fällt der Blick bald auf eine eindrucksvolle **weiße Lavawand**. Hier führt der Pfad wieder hinunter auf Meereshöhe zu einem kleinen Strandabschnitt mit Kieselsteinen. Vorsicht, loser und rutschiger Untergrund beim Abstieg! Unten am Meer angekommen, verläuft der Pfad praktisch stets auf Meereshöhe in östlicher Richtung an der **Caldérawand** entlang. Völlig schattenlos geht es über Sand, Kiesel und Felsen immer zwischen Meer und Kraterrand weiter. Nach rund 20 bis 25 Minuten ab der Kirche Ágios Nikólaos passieren wir eine auffällige Ansammlung von Kapernsträuchern und erreichen kurz darauf die ersten Fischerhütten und einen Bootssteg am westlichen Ende des Bálos-Strandes **6**.

Am **Bálos-Strand**, meist **Caldéra-Beach** genannt, schaukeln einige Fischerboote vor den kleinen Anlegestegen im Meer. Wenn der scharfe Nordwind nicht so sehr bläst, ein ruhiges relaxtes Kykladen-Traumambiente. Der Weg führt weiter östlich über den Strand bis zur Basis der Tauchstation und der auf einer Hochterrasse gelegenen **Taverne Remézzo** **7**. Wir setzen die Wanderung über den Fahrweg unterhalb der Taverne hangaufwärts fort und treffen auf den Taverneneingang rechts und den **Parkplatz** für die motorisierten Strandbesucher. Hier beginnt nun der schweißtreibende Aufstieg über die betonierte Zufahrtsstraße hinauf zum Kraterrand. In zwei langen Serpentinen gelangen wir in 20 bis 25 Minuten hinauf auf die nach Akrotíri führende **Asphaltstraße auf dem Kraterrand**. Direkt gegenüber an der Straße steht die **Kirche Kímissis tis Theotókou** **8**.

Wer die Kirche offen vorfindet, kann eine im Kreuzkuppelstil gewölbte Einraumkirche mit hölzerner Ikonostase bewundern. Die Namensikone befindet sich ganz rechts. Neben der Kirche liegt ein kleiner Friedhof. Von der Kirchenpforte kommend setzen wir die Wanderung nun geradeaus (westlich) über die **Asphaltstraße** in Richtung Akrotíri fort. Nach rund 100 m bleibt die Abzweigung Richtung Fáros rechts, weitere 50 m weiter die Abzweigung zur Ausgrabungsstätte Akrotíri links liegen. Kurz darauf erreichen wir den Ausgangspunkt unserer Wanderung an der **Platía** von Akrotíri **1**.

Wanderung 9: Auf Thirassía (I) – von Manolás zum Kloster Kímissi tis Theotókou

Charakteristik: Von Manolás zur Südspitze der Insel, vorbei an einigen Kirchen und hinauf auf den Berg Viglós. Der längere Spaziergang gibt einen guten Einblick in die dünn besiedelte Insel mit ihrer noch immer agrarischen Struktur. Ein Spiegelbild zum Caldéra-Höhenweg von Firá nach Oía (→ *Wanderung 1*). **Wegstrecke**: Von Manolás zunächst weiter bergauf, dann auf dem Caldéra-Höhenweg Richtung Süden mit eher geringen Höhenunterschieden. Abstecher mit kurzem Aufstieg auf den Berg Viglós. **Dauer und Länge**: Von Manolás zum Kloster Kímissi tis Theotókou auf direktem Wege etwa 45-50 Min. Mit Besichtigungen der rechts und links des Weges liegenden Kirchen und der Besteigung des Bergs Viglós etwa 1:30 Std. reine Wanderzeit plus Besichtigungszeiten. Wegstrecke mit allen Abstechern etwa 4,5 km. **Schwierigkeit und Ausrüstung**: Weitgehend einfache Strecke über einen breiten Feldweg. Etwas schwieriger ist der Aufstieg auf den Berg Viglós. Unterwegs existieren keine Möglichkeiten zum Einkehren und Wasserauftanken. Etwa 1,5 Liter Wasser pro Person sollten genügen, Proviant je nach Bedarf. **Ausgangspunkt**: Dorfkirche in Manolás.

Wegbeschreibung: Der Weg beginnt in **Manolás** an der großen, auf 175 Höhenmetern gelegenen **Dorfkirche Ágios Konstantínos** **1**. Von hier aus wandern wir in die Gasse in südsüdwestlicher Richtung am Gymnasium vorbei. Nach etwa 200 m bleibt ein betonierter Abzweig rechts liegen. Sogleich verlassen wir das Dorf auf einer hangaufwärts gerichteten Betonstraße, die geradewegs auf die Kirche Ágios Charálambos auf der nächsten Anhöhe zuführt. Am Wegrand bietet sich auch hier eine Gelegenheit, die vulkanische Geschichte der Insel anhand der **Bimssteinablagerungen** zu studieren. Etwa auf Höhe der **militärischen Radarstation** rechts der ansteigenden Betonstraße zweigt ein Betonweg **2** nach links ab (236 Höhenmeter). Die 1907 geweihte **Kirche Ágios Charálambos** mit ihrer blauen Kuppel und dem Glockenturm liegt am Ende dieses etwa 50 m langen Stichwegs. Vom Vorhof der Kirche hat man einen herrlichen Blick über ganz Manolás und über den Westteil der Insel. Nebenan befinden sich ein paar Räumlichkeiten für die jährlichen Weihfeste. Von der Kirche aus geht man dann zurück zum breiten Betonweg und biegt nach links ab, weiter bergauf Richtung Süden.

Informationen zur Kirche Ágios Charálambos im Kapitel Thirassía auf S. 242

Ein markanter **Windmühlenstumpf** mit geringen Überresten des alten Mahlwerks bleibt rechts liegen, hier geht der Betonuntergrund in Sand über. Rechts weit unten im Tal ist die weiße Kirche Christós vor der Küstenlinie gut zu sehen. Bald darauf fällt rechts unterhalb des Feldwegs die **Kirche Ágios Panteleímon** **3** mit ihrer blau, gelb und rot bemalten Kuppel ins Blickfeld. Ein kurzer Stichweg führt hinunter: Die Kirche besitzt eine schöne hölzerne Ikonostase mit Blumenornamenten, ganz rechts die Namensikone aus Oklad, außerdem uralte Fußbodenmosaike und eine Kuppel mit bunt bemalten Glasfenstern.

Nach der Besichtigung geht man zurück zum breiten Betonweg und biegt nach rechts ab, weiter bergauf Richtung Süden. An der nächsten Biegung rückt die Kirche Profítis Ilías halb links, d. h. südöstlich, ins Blickfeld. Direkt links davon ist im Osten der Gipfelquader des 295 m hohen Berges Viglós zu sehen. Kniehohe Phry-

Wanderung 9: Auf Thirassía (I) – Von Manolás zum Kloster Kímissi tis Theotókou

gana, Weinfelder und Feigenkakteen säumen den Weg, Ziegenglocken klingen von überall her. An der nächsten Wegbiegung rückt schon die Klosteranlage der Kímissi tis Theotókou unser Wanderziel ins ferne Blickfeld, doch zunächst steigen wir noch zur Kirche Profítis Ilías auf den Berg Viglós hinauf.

Da es von der Westseite keinen Weg hinauf gibt, wandern wir zunächst weiter auf dem breiten Feldweg am Berg **Viglós** vorbei, um dann von der Südseite hinaufzusteigen. Sodann sind bald links am Hang einige verfallene Gebäude zu erkennen. Wir wandern weiter auf dem Feldweg bis zur nächsten beschilderten **Abzweigung 4**. Hier biegen wir nach links ab und folgen dem Wegweiser nach **Kerá**, einem kleinen Weiler mit einer Handvoll Häusern. Der Weg nimmt eine lange Linkskurve und führt mit Blickrichtung auf die Kirche Profítis Ilías von Süden auf den Berg Viglós zu. Bald wird der Weg enger und wir durchqueren ein **Ziegengatter** und gelangen zu zwei Häusern rechts und links. Unmittelbar nach dem linken Haus steigen wir an der Zisterne links die Treppenstufen hinauf und dann vor der Natursteinmauer rechts weiter. Eine **Bimssteinhöhle** bleibt links liegen. Hier treffen wir auf den alten **Eselspfad** hinauf zur Kirche Profítis Ilías. Er ist teils mit Natursteinen und Treppenstufen angelegt, verliert sich gelegentlich in der Phrygana und findet sich

Informationen zur Kirche Profítis Ilías im Kapitel Thirassía auf S. 242

dann meist ein paar Meter weiter wieder. Einige seiner Begrenzungsmäuerchen sind eingestürzt. Eine gute Viertelstunde nach dem Weiler Kerá erreichen wir die **Kirche Profítis Ilías** **5** auf 288 Höhenmetern.

Nach der Besichtigung bzw. einer Rast am Kirchenvorplatz steigen wir wieder über denselben Weg nach Kerá hinunter und wandern danach zurück zur Abzweigung am Hauptweg **4**. Dort angekommen, halten wir uns links in Richtung Süden. An der nächsten Kurve lässt sich geradeaus eine nach rechts führende Serpentine des Feldwegs querfeldein abkürzen **6**. Diese Inselgegend zeigt sich völlig trocken und absolut karg. Teilweise wächst hier noch nicht einmal bodendeckende Phrygana. Nach einigen Biegungen des Feldwegs und einem erneuten kleinen Stück hangaufwärts erreicht man nach etwa einer Viertelstunde über einen nach rechts abzweigenden, kleineren Pfad den Eingang zur **Klosteranlage Kímissi tis Theotókou** **7**. Sie liegt auf etwa 195 Höhenmetern an der einsamen äußersten Südspitze Thirassías auf dem Kap Tripití und ist das Ziel unserer Wanderung. Der Rückweg nach Manolás erfolgt über denselben Feldweg.

Informationen zum Kloster Kímissi tis Theotókou im Kapitel Thirassía auf S. 242

Wanderung 10: Auf Thirassía (II) – Vom Hafen Ríva über das Kloster Agriliá und die Dörfer Potamós und Manolás zum Hafen Córfos

Charakteristik: Die Wanderung im zunächst flachen Westteil der Insel gibt einen guten Einblick in die agrarische Struktur der gering besiedelten Insel Thirassía. Unterwegs besucht man die vielleicht schönste Kirche des gesamten Santoríni-Archipels und die beiden einzigen bewohnten Orte der Insel Thirassía. Leider führt die Wanderung größtenteils über asphaltierte Pisten, jedoch wird man an einem normalen Wandertag kaum mehr als einer Handvoll Autos begegnen. **Wegstrecke:** Der flache Westteil der Insel ist recht mühelos zu durchqueren. Über Potamós dann den steilen Kraterhang hinauf nach Manolás ist durchaus Kondition erforderlich. Schöner Abstieg zum Hafen Córfos über vulkanisches Kopfsteinpflaster. **Dauer und Länge:** Die Wegstrecke umfasst insgesamt rund 11 km, die in einer reinen Wanderzeit von rund 3 bis 3:30 Std. bewältigt werden können. Man sollte aber großzügig Zeit für die Besichtigung der Kirchen und der Dörfer einplanen. **Schwierigkeit und Ausrüstung:** Durchwegs einfache Streckenführung. Für den Asphalt und die Feldwege empfehlen wir gut gefederte Turnschuhe oder Trekking-Wanderschuhe. Etwa 1,5 Liter Wasser pro Person sollten ausreichen, da man in Minimärkten in Potamós und Manolás nachkaufen kann. Quellen passiert man unterwegs keine. In Manolás und am Zielhafen Córfos besteht die Möglichkeit, in Tavernen einzukehren. **Ausgangspunkt:** Hafen Ríva.

Wegbeschreibung: Die Wanderung startet am Ammoúdi gegenüberliegenden **Hafen Ríva** **1**. Wir lassen die Betonstraße und die *Taverne Angístri* rechts liegen und wandern über die Schotterfläche südlich am **Ufer** entlang. Das Meer liegt linker Hand, rechter Hand Wohnhäuser und Bootsgaragen. Nach wenigen Minuten biegen wir vor der ehemaligen Taverne Kapetán Michális nach rechts in eine den Hang hinaufführende Betonstraße ein **2**. Der **Betonweg** steigt stark an und einige Häuser bleiben links liegen. Nach einer Biegung nach rechts lassen wir die (leider zumeist verschlossene) **Kirche Faneroméni** auf einem Grundstück rechts hinter uns zurück. Kurz darauf treffen wir auf eine asphaltierte Straße **3**. Wir wenden uns nach links und folgen dem Straßenverlauf nach Südwesten.

Agía Iríni
Hafen Ríva
1 Start
2
3
Faneroméni
4
5
Evangelismós
6
7
8
Ágios Geórgios
9
14
15
Ágios Ioánnis
Ágios Dimítrios
Panagía i Giátrissa
Potamós
P
16
10
13
Agriliá
17
Ágios Konstantínos
Ioánnis Pródromos
18
Manolás
Zoodóchos Pigí
Ziel 19
Hafen Córfos
11
Christós
12
Ágios Charálambos
200 m
Wanderung 10: Auf Thirassía (II) -
Vom Hafen Ríva zum Hafen Córfos

Wenige Minuten später treffen wir auf eine **Straßenkreuzung**: hier geradeaus weiter und dem Wegweiser „Potamós Agriliá" folgen **4**. Die Gegend ist recht dünn besiedelt, rechts und links befinden sich Felder und Gärten. Rund 500 m ab der Kreuzung zweigt rund 50 m vor einem Tempo-50-Schild ein schmaler **Pfad** nach links hangaufwärts ab **5**. Wir biegen auf diesen Pfad ein und kreuzen nach rund 60 m eine **Stromleitung**. Der Pfad knickt nach links ab, geradewegs auf die gut sichtbare Kirche Evangelismós mit ihrem markanten Glockenturm am Hang zu. Es folgt ein kurzer Wegabschnitt als Hohlweg zwischen Trockenmauern hindurch und wir treffen auf eine Felswand mit Höhlenwohnung. Hier links halten und auf dem betonierten Pfad hangaufwärts weitergehen **6**. Es folgen einige Stufen, dann über Beton und kurz darauf ist die Kirche Evangelismós erreicht **7**.

Die **Kirche Evangelismós** ist eine in den Hang hineingegrabene Einraum-Höhlenkirche mit einer hölzernen Ikonostase über die gesamte Breite. Die Ausstattung mit sakralen Gegenständen ist reich, vor allem die bunten Kerzenständer fallen auf. Interessant ist auch der Innenhof vor der Kirche mit bunt bemalten Betonbänken und einer Pinie, die über den halben Hof ragt, ein schöner schattiger Rastplatz.

Die Wanderung setzt sich fort, indem wir wieder zurück zur **Straße** wandern, dort links auf die Straße einbiegen und dem Verlauf folgen. Sogleich rückt geradeaus eine weitere Kirche ins Blickfeld und wenige Minuten später erreichen wir die **Kirche Ágios Geórgios**. Ein kurzer betonierter Weg mit aufgemalten Pflasterblumen führt zum Eingang **8**. Die Einraumkirche mit Kuppel ist mit einer prunkvollen Ikonostase von 1924 mit 3 großen und 12 kleinen Ikonen ausgestattet. Vor dem Eingang liegt ein kleiner Innenhof mit einer Pinie und einem Brunnen.

Nach der Kirchenbesichtigung wandern wir wieder zurück zur **Straße**, biegen rechts ab und folgen dem Straßenverlauf. Nach 5 Minuten bleibt eine Einmündung rechts liegen und weiter geradeaus kommt nach 80 m eine Kreuzung **9**. Wir folgen der Straße geradeaus und dem **Wegweiser** nach „Agriliá". Die asphaltierte Straße verläuft an dem Ankündigungsschild der Errichtung einer Kläranlage für die Insel Thirassía (mit EU-Mitteln finanziertes Projekt) vorbei und endet rund 8 bis 10 Minuten später an einem Erosionstal unterhalb der imposanten Klosterkirche von Agriliá **10**. Wir lassen die Kirche zunächst links am Hang liegen und biegen am Ende der Straße nach rechts ab. Hier folgen wir dem **Schotterweg**, der sich nach rund 50 m teilt: Wir wandern links hangaufwärts weiter in eine Linkskurve des Feldweges hinein.

Sogleich nach der Kurve rückt geradeaus das nächste Etappenziel ins Blickfeld: die Kirche Christós. Wir folgen dem **Feldweg** nach Süden geradewegs auf die Kirche zu. Auf der linken Seite öffnen sich immer wieder neue Erosionstäler der Vulkanhänge. Einige Abzweigungen nach rechts zu landwirtschaftlich genutzten Feldern bleiben außer Acht. Bald trifft der Feldweg auf ein abseits gelegenes **Anwesen**: Vor dem Haus folgen wir dem Feldweg nach links **11**. Am Ende der Natursteinmauer halten wir uns an der Wegteilung rechts und wandern weiter direkt auf die Kirche zu. Die **Kirche Christós** liegt auf einem kleinen **Plateau** mit einem schönen Blick über die Felder aufs Meer. Hier ist der südlichste Punkt unserer Wanderung erreicht **12**. Im Innern der tonnengewölbten Einraumkirche gibt es eine alte handgeschnitzte Ikonostase aus dunkelbraunem Holz mit mehreren Ebenen und vielen Ornamenten zu bewundern.

Von der Kirche Christós gehen wir über denselben **Feldweg** wieder zurück nach Agriliá. Dort treffen wir wieder auf das Ende der Asphaltstraße und wandern geradeaus direkt zur großen Klosterkirche. Allein ihr fantastischer Anblick ist die gesamte Wanderung wert: Die **Klosterkirche von Agriliá** ist sicher die schönste Kirche von Thirassía und wahrscheinlich auch des gesamten Santoríni-Archipels **13**. Es handelt sich um eine dreischiffige Kirche mit je zwei Säulen auf beiden Seiten und einer riesigen hölzernen Ikonostase über die gesamte Breite der drei Schiffe. Die grau gehaltene und handgeschnitzte Ikonostase von 1911 ist mit zahlreichen bunt bemalten Ornamenten übersät, ihre zahllosen Ikonen sind teils mit Oklad überzogen. Hinter der Ikonostase befindet sich ein Altar mit Reliquien und einem Kreuz.

Von Agriliá wandern wir wieder zurück zur **Asphaltstraße**, biegen dort nach rechts ab und folgen dem Wegweiser Richtung „Ríva" **10**. Etwa 8 bis 10 Minuten später erreichen wir wieder die **Abzweigung** nach Potamós **9**. Die beiden mächtigen Kirchenkuppeln rechts am Hang gehören bereits zum Dorf. Nun biegen wir auf der Asphaltstraße nach rechts Richtung **Potamós** ab. Wir erreichen sogleich die ersten Häuser des Dorfes. Gleich am Ortseingang rechts ein Minimarkt, in dem man ggf. Wasser und Proviant nachkaufen kann. Ein Stück weiter die Dorfstraße hinauf treffen wir zunächst links auf die große und durchaus prunkvoll ausgestattete **Kirche Ágios Dimítrios** mit bunter Bemalung, blauer Kuppel und einem doppelstöckigen Glockenturm **14**. Ihre hölzerne, ebenfalls doppelstöckige Ikonostase ist hellgrau gehalten und mit zahlreichen Ornamenten ausgestattet.

Ein paar Meter weiter dorfaufwärts liegt in Sichtweite die **Kirche Panagía i Giátrissa** ebenfalls linker Hand, sie ist aber leider zumeist verschlossen. Kurz vor dieser Kirche zweigt eine schmale Gasse von der Hauptstraße nach links ab. Hier gelangt man zur zweiten größeren Dorfkirche, der Ágios Ioánnis, etwas erhöht am nördlichen Hang **15**. Die **Kirche Ágios Ioánnis** ist eine große zweischiffige Kuppelkirche mit einer ebenfalls beeindruckenden Ikonostase. Sie ist aus Holz handgeschnitzt, mehrstöckig mit vielen bunt in Grün, Blau, Rot und Gelb bemalten Ornamenten verziert. Zurück zur Hauptgasse passieren wir die Kirche Panagía i Giátrissa und setzen unsere Wanderung in östlicher Richtung über die **Asphaltstraße** hangaufwärts fort.

Am Dorfausgang bleibt ein großer **Parkplatz** rechts liegen **16**. Wir folgen der Asphaltstraße in Kurven teils steil hangaufwärts zum **Kraterrand** hinauf. Nach 20 bis 25 Minuten schweißtreibenden Aufstieges treffen wir am Ortseingang des Inselhauptorts **Manolás** direkt auf die **Hauptkirche Ágios Konstantínos** **17**. An der Kirche vorbei führt die **Gasse** nach rechts und wir treffen dann auf die breite Hauptgasse durch Manolás. Die **Dorfschule** bleibt rechts liegen und wir biegen nach links in die abwärtsführende Gasse ein, die sofort erneut eine Linksbiegung macht. An der zweiten Einmündung rechts befindet sich der Minimarkt *Karkanías*, wo man ggf. Wasser und Proviant nachkaufen kann.

Wir folgen stets der **Hauptgasse** nördlich durch den Ort und passieren bald die **Kirche Ágios Ioánnis Pródromos**. Am Gemeindehaus (Geldautomat und Briefkasten) beginnt der **Treppenweg** **18** hinunter zum Hafen Córfos. Der etwa 2 m breite Serpentinenweg wurde aus vulkanischem Kopfsteinpflaster angelegt. Sogleich erreichen wir die *Tavérna Panórama*, ein guter Tipp zum Einkehren, falls noch genügend Zeit bis zur Abfahrt des Schiffes vom **Hafen Córfos** besteht. Von der Taverne aus ist der Hafenkai in rund 15 Minuten zügigen Schrittes gut zu erreichen. Unten auf Meereshöhe angekommen, wandern wir zunächst geradeaus über den Strand. Der **Hafenkai**, von dem die Kleinfähre zurück nach Ammóudi fährt, ist nach wenigen Metern nicht zu übersehen **19**.

Etwas Griechisch

Keine Panik: Neugriechisch ist zwar nicht die leichteste Sprache, lassen Sie sich jedoch nicht von der fremdartig wirkenden Schrift abschrecken – oft erhalten Sie Informationen auf Wegweisern, Schildern, Speisekarten usw. auch in lateinischer Schrift, zum anderen wollen Sie ja erstmal verstehen und sprechen, aber nicht lesen und schreiben lernen. Dazu hilft Ihnen unser „kleiner Sprachführer", den wir für Sie nach dem Baukastenprinzip konstruiert haben: Jedes der folgenden Kapitel bietet Ihnen Bausteine, die Sie einfach aneinander reihen können, sodass einfache Sätze entstehen. So finden Sie sich im Handumdrehen in den wichtigsten Alltagssituationen zurecht, entwickeln ein praktisches Sprachgefühl und können sich so nach Lust und Notwendigkeit Ihren eigenen Minimalwortschatz aufbauen und erweitern.

Wichtiger als die richtige Aussprache ist übrigens die Betonung! Ein falsch betontes Wort versteht ein Grieche schwerer als ein falsch oder undeutlich ausgesprochenes. Deshalb finden Sie im Folgenden jedes Wort in Lautschrift und (außer den einsilbigen) mit Betonungszeichen. Viel Spaß beim Ausprobieren und Lernen!

Das griechische Alphabet

Buchstabe groß	klein	Name	Lautzeichen	Aussprache
Α	α	Alpha	a	kurzes a wie in Anna
Β	β	Witta	w	w wie warten
Γ	γ	Gámma	g	g wie Garten (j vor Vokalen e und i)
Δ	δ	Delta	d	stimmhaft wie englisches „th" in the
Ε	ε	Epsilon	e	kurzes e wie in Elle
Ζ	ζ	Síta	s	stimmhaftes s wie in reisen
Η	η	Ita	i	i wie in Termin
Θ	θ	Thíta	th	stimmloses wie englisches „th" in think
Ι	ι	Jóta	j	j wie jagen
Κ	κ	Kápa	k	k wie kann
Λ	λ	Lámbda	l	l wie Lamm
Μ	μ	Mi	m	m wie Mund
Ν	ν	Ni	n	n wie Natur
Ξ	ξ	Xi	x	x wie Xaver
Ο	ο	Omikron	o	o wie offen
Π	π	Pi	p	p wie Papier
Ρ	ρ	Ro	r	gerolltes r
Σ	ς/σ	Sígma	ss	ss wie lassen
Τ	τ	Taf	t	t wie Tag
Υ	υ	Ipsilon	j	j wie jeder
Φ	φ	Fi	f	f wie Fach
Χ	χ	Chi	ch	ch wie ich
Ψ	ψ	Psi	ps	ps wie Kapsel
Ω	ω	Omega	o	o wie Ohr

Da das griechische und lateinische Alphabet nicht identisch sind, gibt es für die Übersetzung griechischer Namen in die lateinische Schrift oft mehrere unterschiedliche Schreibweisen, z. B. Chorefton (auf Pilion) - auch Horefto, Horefton, Chorefto; Kalkis - auch Chalkis oder Halkida.

Elementares

Grüße

Guten Morgen/ guten Tag (bis Siesta)	kaliméra
Guten Abend/ guten Tag (ab Siesta)	kalispéra
Gute Nacht	kaliníchta
Hallo! Grüß' Sie!	jassoú! oder jássas!
Tschüß	adío
Guten Tag und Auf Wiedersehen	chérete
alles Gute	stó kaló
gute Reise	kaló taxídi

Gespräch

Wie geht es Ihnen?	ti kánete?
Wie geht es Dir?	ti kánis?
(Sehr) gut	(polí) kalá
so lala	étsi ki étsi
und Dir?	ke essí?
Wie heißt Du?	pos se léne?
ich heiße ...	to ónoma mou íne ...
Woher kommst du?	apo pu ísse?
Ich spreche nicht Griechisch	den miló eliniká
Wie heißt das auf Griechisch?	pos légete aftó sta eliniká?
Ich verstehe (nicht)	(dén) katalawéno
Verstehst du?	katálawes? (katalawénis?)
In Ordnung (okay)	endáxi

Minimalwortschaft

Ja	nä
Nein	óchi
Nicht	dén
Ich verstehe (nicht)	(dén) katalawéno
Danke (vielen Dank)	efcharistó (polí)
Bitte(!)	parakaló(!)
Entschuldigung	sinjómi
groß/klein	megálo/mikró
gut/schlecht	kaló/kakó
viel/wenig	polí/lígo
heiß/kalt	sässtó/krío
oben/unten	epáno/káto
ich	egó
du	essí
er/sie/es	aftós/aftí/aftó
das (da)	aftó
(ein) anderes	állo
welche(r), welches?	tí?
Ich komme aus ...	íme apo ...
... Deutschland	... jermanía
... Österreich	... afstría
... Schweiz	... elwetía
Sprechen Sie Englisch (Deutsch)?	mílate angliká (jermaniká)?

Fragen und Antworten

Gibt es (hier) ... ?	ipárchi (edó) ... ?
Wo ist ... ?	pu íne ... ?
Ich möchte (nach) ...	thélo (stin) ...
Wann geht (fährt, fliegt)?	pote féwgi?
Um wie viel Uhr?	ti óra?
Wann kommt ... an?	póte ftáni ...?
Wie viel Kilometer sind es?	pósa kiliómetra íne?
Wie viel kostet es?	póso káni?

Wissen Sie ... ?	xérete ... ?
stündlich	aná óra
um 4 Uhr	tésseris óra
... der Hafen ...	... to limáni
... die Haltestelle	... i stási
ich weiß nicht	dén xéro
haben Sie ... ?	échete ... ?
... nein, haben wir nicht	... dén échoume
ja, bitte? (hier, bitte!)	oríste?/!

Wortschatz

Wann	póte
Wo	pu
Von wo ...	ápo pu
... von Iraklion	...ápo to Iráklio
Wieviel(e)...	pósso (póssa) ...
Wohin ...	jia pu ...
nach /zum ...	tin/stin ...
... nach Athen	... stin Athína
links	aristerá
rechts	dexiá
geradeaus	ísja
die nächste Straße	o prótos drómos
die 2. Straße	o défteros drómos
hier	edó
dort	ekí

Unterwegs

Abfahrt	anachórisis
Ankunft	áfixis
Gepäck-aufbewahrung	apotíki aposkewón
Information	pliroforíes
Kilometer	kiliómetra
Straße	drómos
Fußweg	monopáti
Telefon	tiléfono
Ticket	isitírio
Reservierung	fílaxi

Flugzeug/Schiff

Deck	katástroma
Fährschiff	férri-bot
Flughafen	aerodrómio
das (nächste) Flugzeug	to (epómene) aerópláno
Hafen	limáni
Schiff	karáwi
Schiffsagentur	praktorío karawiú

Bus/Eisenbahn

Bahnhof	stathmós
(der nächste) Bus	(to epómene) leoforío
Eisenbahn	ssiderródromos
Haltestelle	stásis
Schlafwagen	wagóni ípnu
U-Bahn	ilektrikós
Waggon	wagóni
Zug	tréno

Auto/Zweirad

Ich möchte ...	thélo ...
Wo ist ... ?	pu íne ...?
... die nächste Tankstelle?	... to plisiésteron wensinádiko?
Bitte prüfen Sie ...	parakaló exetásete ...
Ich möchte mieten (für 1 Tag)	thélo na nikiásso (jiá mia méra)
(die Bremse) ist kaputt	(to fréno) íne chalasménos
wie viel kostet es (am Tag)?	póso káni (jia mía méra)?
Benzin (super/ normal/bleifrei)	wensíni (súper/ apli/amóliwdi)
Diesel	petréleo
1 Liter	éna lítro
20 Liter	íkosi lítra
Auto	aftokínito
Motorrad	motossikléta
Moped	motopodílato
Anlasser	mísa

Auspuff	exátmissi
Batterie	bataría
Bremse	fréno
Ersatzteil	andalaktikón
Keilriemen	imándas
Kühler	psijíon
Kupplung	simbléktis
Licht	fos
Motor	motér
Öl	ládi
Reifen	lásticho
Reparatur	episkewí
Stoßdämpfer	amortisér
Wasser (destilliertes)	to (apestagméno) neró
Werkstatt	sinergíon

Übernachten

Haben Sie?	échete?
Gibt es ...?	ipárchi ...?
Zimmer	domátio
Bett	krewáti
ein Doppelzimmer	éna dipló domátio
Einzelzimmer	domátio me éna krewáti
mit ...	me ...
... Dusche/Bad	dous/bánjo
... Frühstück	proinó
wo ist?	pu íne?
wie viel kostet es (das Zimmer)?	póso káni (to domátio)?
ich möchte mieten (...) für 5 Tage	thélo na nikásso (...) jia pénde méres
kann ich sehen ... ?	bóro na do ...?
kann ich haben ... ?	bóro na écho ... ?
ein (billiges/gutes) Hotel	éna (ftinó/kaló) xenodochío
Pension	pansión
Haus	spíti
Küche	kusína
Toilette	tualétta
Reservierung	enikiási
Wasser (heiß/kalt)	neró (sässtó/krió)

Bank/Post/Telefon

Post und Telefon sind in Griechenland nicht am selben Ort! Telefonieren kann man in kleineren Orten auch an manchen Kiosken und Geschäften.

Wo ist	pu íne?
... eine Bank	... mia trápesa
... das Postamt	... to tachidromío
... das Telefonamt	to O. T. E.
Ich möchte ...	thélo ...
... ein Tel.-Gespräch	... éna tilefónima
... (Geld) wechseln	... na chalásso (ta chrímata)
Wie viel kostet es (das)?	póso káni (aftó)?
Bank	trápesa
Brief	grámma
Briefkasten	grammatokiwótio
Briefmarke	grammatósima
eingeschrieben	sistiméno
Euro-/Reisescheck	ewrokárta
Geld	ta leftá, ta chrímata
Karte	kárta
Luftpost	aeroporikós
Päckchen	paketáki
Paket	déma
postlagernd	post restánd
Telefongespräch (anmelden) (nach)	(na anangílo) éna tilefónima (jia)
Telefon	tiléfono
Telegramm	tilegráfima
Schweizer Franken	elwetiká fránka

Essen & Trinken

Haben Sie?	échete?
Ich möchte ...	thélo...
Wie viel kostet es?	póso káni?
Ich möchte zahlen	thélo na pliróso
Die Rechnung (bitte)	to logariasmó (parakaló)
Speisekarte	katálogos

Getränke

Glas/Flasche	potíri/boukáli
ein Bier	mía bíra
(ein) Mineralwasser	(mia) sóda
Wasser	neró
(ein) Rotwein	(éna) kókkino krassí
(ein) Weißwein	(éna) áspro krassí
... süß/herb	glikós/ímíglikos
(eine) Limonade (Zitrone)	(mia) lemonáda
(eine) Limonade (Orange)	(mia) portokaláda
(ein) Kaffee	(éna) néskafe
(ein) Mokka	(éna) kafedáki
... sehr süß	... varí glikó
... mittel	... métrio
... rein (ohne Z.)	skéto
Tee	sái
Milch	gála

Griech. Spezialitäten

Fischsuppe	psaróssupa
Suppe	ssúpa
Garnelen	garídes
Kalamari („Tintenfischchen")	kalamarákia
Fleischklößchen	keftédes
Hackfleischauflauf mit Gemüse	musakás
Mandelkuchen mit Honig	baklawás
Gefüllter Blätterteig	buréki
Gefüllte Weinblätter (mit Reis & Fleisch)	dolmádes
Nudelauflauf mit Hackfleisch	pastítsio
Fleischspießchen	suwlákia

Sonstiges

Hähnchen	kotópulo
Kartoffeln	patátes
Spaghetti (mit Hackfleisch) (me kimá)	makarónia
Hammelfleisch	kimás
Kotelett	brísola
Bohnen	fasólia
Gemüse	lachaniká
Pfeffer	pipéri
Salz	aláti

Einkaufen

Haben Sie?	échete?
kann ich haben?	bóro na écho?
geben Sie mir	dóste mou
klein/groß	mikró/megálo
1 Pfund (= 1/2 Kilo)	misó kiló
1 Kilo/Liter	éna kiló/lítro
100 Gramm	ekató gramárja
Apfel	mílo
Brot	psomí
Butter	wútiro
Ei(er)	awgó (awgá)
Essig	xídi
Gurke	angúri
Honig	méli
Joghurt	jaoúrti
Käse/Schafskäse	tirí/féta
Klopapier	hartí igías
Kuchen	glikó
Marmelade	marmeláda
Milch	gála
Öl	ládi
Orange	portokáli

Pfeffer	pipéri
Salz	aláti
Seife	sapúni
Shampoo	sambuán
Sonnenöl	ládi jia ton íljon
Streichhölzer	spírta
Tomaten	domátes
Wurst	salámi
Zucker	sáchari

Sehenswertes

Wo ist der/die/das?	pu íne to/i/o?
Wo ist der Weg zum ...?	pu íne i ódos jia ...?
Wie viel Kilometer sind es nach ...?	póssa chiliómetra íne os to ...?
rechts	dexiá
links	aristerá
dort	ekí
hier	edó
Ausgang	éxodos
Berg	wounó
Burg	kástro (pírgos)
Dorf	chorió
Eingang	ísodos
Fluss	potamós
Kirche	eklisiá
Tempel	naós
Platz	platía
Stadt	póli
Strand	plas
Höhle	spilíon, spilía
Schlüssel	klidí

Hilfe & Krankheit

Gibt es (hier) ...?	ipárchi (edó) ...?
Haben Sie ...?	échete ...?
Wo ist (die Apotheke)?	pu íne (to farmakío)?
Arzt	jatrós
Wann hat der Arzt Sprechstunde?	póte déxete o jiatrós?
Ich habe Schmerzen (hier)	écho póno (edó)
Helfen Sie mir	woithíste me
Ich habe verloren ...	échassa ...
Deutsche Botschaft	presvía jermanikí
Krankenhaus	nossokomío
Polizei	astinomía
Touristinformation	turistikés plioforíes
Unfall	atíchima
Zahnarzt	odontíatros
Ich bin allergisch gegen ...	egó íme allergikós jia ...
Ich möchte (ein)...	thélo (éna) ...
Abführmittel	kathársio
Aspirin	aspiríni
die „Pille"	to chápi
Kondome	profilaktiká
Penicillin	penikelíni
Salbe	alifí
Tabletten	hapía
Watte	wamwáki
Ich habe ...	écho ...
Ich möchte ein Medikament gegen...	thélo éna jiatrikó jia ...
Durchfall	diária
Fieber	piretós
Grippe	gríppi
Halsschmerzen	ponólemos
Kopfschmerzen	ponokéfalos
Magenschmerzen	stomachóponos
Schnupfen	sináchi
Sonnenbrand	égawma
Verstopfung	diskiljótita
Zahnschmerzen	ponódontos

Zahlen

½	misó	9	ennéa	60	exínda
1	éna	10	déka	70	efdomínda
2	dío	11	éndeka	80	ogdónda
3	tría	12	dódeka	90	enenínda
4	téssera	13	dekatría	100	ekató
5	pénde	20	íkosi	200	diakósia
6	éxi	30	triánda	300	trakósia
7	eftá	40	sarránda	1000	chília
8	ochtó	50	penínda	2000	dio chiliádes

Zeit

Morgen(s)	proí
Mittag(s)	messiméri
Nachmittag(s)	apógewma
Abend(s)	wrádi
heute	ssímera
morgen	áwrio
übermorgen	méthawrio
gestern	chtés
vorgestern	próchtes
Tag	méra
jeden Tag	káthe méra
Woche	ewdomáda
Monat	mínas
Jahr	chrónos

Uhrzeit

Stunde	óra
Um wie viel Uhr?	piá óra (ti óra)?
Wie viel Uhr (ist es)?	tí óra (íne)?
Es ist 3 Uhr (dreißig)	íne trís (ke triánda)
Stündlich	aná óra
Wann?	póte?

Achtung: nicht éna, tría, téssera óra (1, 3, 4 Uhr), sondern: mía, trís, tésseris óra!! Sonst normal wie oben unter „Zahlen".

Wochentage

Sonntag	kiriakí
Montag	deftéra
Dienstag	tríti
Mittwoch	tetárti
Donnerstag	pémpti
Freitag	paraskewí
Samstag	sáwato

Monate

Ganz einfach: fast wie im Deutschen + Endung „-ios"! (z. B. April = Aprílios).

Ianuários	Januar
Fewruários	Februar
Mártios	März
Aprílios	April
Máios	Mai
Iúnios	Juni
Iúlios	Juli
Awgustos	August
Septémwrios	September
Októwrios	Oktober
Noémwrios	November
Dekémwrios	Dezember

Abruzzen • Ägypten • Algarve • Allgäu • Allgäuer Alpen • Altmühltal & Fränk. Seenland • Amsterdam • Andalusien • Andalusien • Apulien • Australien – der Osten • Auvergne & Limousin • Azoren • Bali & Lombok • Barcelona • Bayerischer Wald • Bayerischer Wald • Berlin • Bodensee • Bornholm • Bretagne • Brüssel • Budapest • Chalkidiki • Chiemgauer Alpen • Chios • Cilento • Comer See • Cornwall & Devon • Costa Brava • Costa de la Luz • Côte d'Azur • Cuba • Dolomiten – Südtirol Ost • Dominikanische Republik • Dresden • Dublin • Ecuador • Eifel • Elba • Elsass • Elsass • England • Fehmarn • Föhr & Amrum • Franken • Fränkische Schweiz • Fränkische Schweiz • Friaul-Julisch Venetien • Gardasee • Gardasee • Genferseeregion • Golf von Neapel • Gomera • Gran Canaria • Graubünden • Hamburg • Harz • Haute-Provence • Ibiza • Irland • Island • Istanbul • Istrien • Italien • Span. Jakobsweg • Kalabrien & Basilikata • Kanada – Atlantische Provinzen • Karpathos • Kärnten • Katalonien • Kefalonia & Ithaka • Köln • Kopenhagen • Korfu • Korsika • Korsika Fernwanderwege • Korsika • Kos • Krakau • Kreta • Kreta • Kroatische Inseln & Küstenstädte • Kykladen • Lago Maggiore • La Palma • La Palma • Languedoc-Roussillon • Lanzarote • Lesbos • Ligurien – Italienische Riviera, Genua, Cinque Terre • Ligurien & Cinque Terre • Limnos • Liparische Inseln • Lissabon & Umgebung • Lissabon • London • Lübeck • Madeira • Madeira • Madrid • Mainfranken • Mainz • Mallorca • Mallorca • Malta, Gozo, Comino • Marken • Mecklenburgische Seenplatte • Mecklenburg-Vorpommern • Menorca • Rund um Meran • Midi-Pyrénées • Mittel- und Süddalmatien • Montenegro • Moskau • München • Münchner Ausflugsberge • Naxos • Neuseeland • New York • Niederlande • Norddalmatien • Norderney • Nord- u. Mittelengland • Nord- u. Mittelgriechenland • Nordkroatien – Zagreb & Kvarner Bucht • Nördliche Sporaden – Skiathos, Skopelos, Alonnisos, Skyros • Nordportugal • Nordspanien • Normandie • Norwegen • Nürnberg, Fürth, Erlangen • Oberbayerische Seen • Oberitalien • Oberitalienische Seen • Odenwald mit Bergstraße, Darmstadt, Heidelberg • Ostfriesland & Ostfriesische Inseln • Ostseeküste – Mecklenburg-Vorpommern • Ostseeküste – von Lübeck bis Kiel • Östliche Allgäuer Alpen • Paris • Peloponnes • Pfalz • Pfälzer Wald • Piemont & Aostatal • Piemont • Polnische Ostseeküste • Portugal • Prag • Provence & Côte d'Azur • Provence • Rhodos • Rom • Rügen, Stralsund, Hiddensee • Rumänien • Sächsische Schweiz • Salzburg & Salzkammergut • Samos • Santorini • Sardinien • Sardinien • Schottland • Schwarzwald Mitte/Nord • Schwarzwald Süd • Shanghai • Sinai & Rotes Meer • Sizilien • Sizilien • Slowakei • Slowenien • Spanien • St. Petersburg • Steiermark • Südböhmen • Südengland • Südfrankreich • Südmarokko • Südnorwegen • Südschwarzwald • Südschweden • Südtirol • Südtoscana • Südwestfrankreich • Sylt • Teneriffa • Teneriffa • Tessin • Thassos & Samothraki • Toscana • Toscana • Tschechien • Türkei • Türkei – Lykische Küste • Türkei – Mittelmeerküste • Türkei – Südägäis • Türkische Riviera – Kappadokien • Umbrien • Usedom • Venedig • Venetien • Wachau, Wald- u. Weinviertel • Wales • Warschau • Westböhmen & Bäderdreieck • Westliche Allgäuer Alpen und Kleinwalsertal • Wien • Zakynthos • Zentrale Allgäuer Alpen • Zypern

Reisehandbuch MM-City MM-Wandern

Register

ISBN 978-3-95654-223-7

 Druck: Druckerei Westermann Zwickau GmbH.

myclimate
Protect our planet

Klimaschutz geht uns alle an.

Der Michael Müller Verlag verweist in seinen Reiseführern auf Betriebe, die regionale und nachhaltig erzeugte Produkte bevorzugen. Ab Januar 2015 gehen wir noch einen großen Schritt weiter und produzieren unsere Bücher klimaneutral. Dies bedeutet: Alle Treibhausgasemissionen, die bei der Produktion der Bücher entstehen, werden durch die Ausgleichszahlung an ein Klimaprojekt von myclimate kompensiert.

Plan Vivo
Carbon management and rural livelihoods

Der Michael Müller Verlag unterstützt das Projekt »Kommunales Wiederaufforsten in Nicaragua«. Bis Ende 2016 wird der Verlag in einem 7 ha großen Gebiet (entspricht ca. 10 Fußballfeldern) die Wiederaufforstung ermöglichen. Dadurch werden nicht nur dauerhaft über 2.000 t CO_2 gebunden. Vielmehr werden auch die Lebensbedingungen der lokalen Bevölkerung deutlich verbessert.

In diesem Projekt arbeiten kleinbäuerliche Familien zusammen und forsten ungenutzte Teile ihres Landes wieder auf. Eine vergrößerte Waldfläche wird Wasser durch die trockene Jahreszeit speichern und Überschwemmungen in der Regenzeit minimieren. Bodenerosion wird vorgebeugt, die Erde bleibt fruchtbarer. Mehr über das Projekt unter **www.myclimate.org**

myclimate ist einer der weltweit führenden Anbieter im Bereich der freiwilligen CO_2-Kompensation. myclimate Klimaschutzprojekte erfüllen höchste Qualitätsstandards und vermeiden Treibhausgase, indem fossile Treibstoffe durch alternative Energiequellen ersetzt werden. Das Projekt »Kommunales Wiederaufforsten in Nicaragua« ist zertifiziert von Plan Vivo, einer gemeinnützigen Stiftung, die schon seit über 20 Jahren im Bereich Walderhalt und Wiederaufforstung tätig ist und für höchste Qualitätsstandards sorgt.

www.michael-mueller-verlag.de/klima

myclimate
neutral
Drucksache